STEPHEN RHODES

Schnelles Geld

Buch

Als der Rechtsanwalt Rick Hansen einen Superjob bei Wolcott, Fulbright & Company angeboten bekommt, sieht er seine Karriere als gesichert an – bis er zu wissen glaubt, daß der Selbstmord seines Vorgängers Thomas Bingham ein Mord war. Wie besessen sucht er in Binghams Unterlagen nach Hinweisen auf illegale Geschäfte. Was er entdeckt, läßt seinen Atem stocken. Eine Verschwörergruppe will mit einem perfiden Plan den größten Börsencrash seit 1929 herbeiführen – und nebenbei um Milliarden reicher werden.

Hansen hat keine andere Wahl, als sich seinem Boß anzuvertrauen. Doch dann überschlagen sich die Ereignisse, denn irgend jemand bespitzelt Hansen. Wer ist der Verräter in den eigenen Reihen? Die Antwort auf diese Frage könnte Rick das Leben kosten...

Schnelles Geld ist ein brillanter Thriller, der die Gratwanderung der Trader zwischen Genialität, Größenwahn und Illegalität meisterhaft und spannend thematisiert.

Autor

Stephen Rhodes ist das Pseudonym eines erfolgreichen Wall-Street-Traders. Er hat für einige Investmentfirmen in New York, London und Hongkong gearbeitet. Rhodes lebt mit seiner Familie in Fairfield, Connecticut, und Stratton, Vermont.

Stephen Rhodes

Schnelles Geld

Roman

Aus dem Amerikanischen
von Jens Plassmann

GOLDMANN

Die amerikanische Originalausgabe erschien 1997
unter dem Titel »The Velocity of Money«
bei William Morrow, New York

Das Buch von Kevin Kelly, *Das Ende der Kontrolle*,
erschien 1996 im Bollmann Verlag, Köln.
Abdruck mit freundlicher Genehmigung.

Umwelthinweis:
Alle bedruckten Materialien dieses Taschenbuches
sind chlorfrei und umweltschonend.

Der Goldmann Verlag
ist ein Unternehmen der Verlagsgruppe Bertelsmann GmbH

Deutsche Erstausgabe 1/99

Umschlaggestaltung: Design Team München
Umschlagfoto: G + J/Photonica
Satz: Uhl + Massopust, Aalen
Druck: Elsnerdruck, Berlin
Verlagsnummer: 44270
Redaktion: Ralph Thoms
FB · Herstellung: Sebastian Strohmaier
Made in Germany
ISBN 3-442-44270-2

3 5 7 9 10 8 6 4 2

Jamie in Liebe

deine unermüdliche Unterstützung,
Kraft und Ermutigung
machten dies möglich.

Entkörperlichtes Geld – jeglicher materieller Basis enthoben – ist beschleunigtes Geld. Es reist weiter und schneller. Eine erhöhte Geldumlaufgeschwindigkeit wirkt sich ähnlich aus wie eine erhöhte Geldumlaufmenge. Als die Satelliten hochgeschossen wurden und einen weltweiten Börsenhandel mit annähernder Lichtgeschwindigkeit rund um die Uhr erlaubten, erhöhte sich die globale Geldmenge um 5 Prozent. Die Verwendung von digitalem Geld in großem Maßstab wird die Geldumlaufgeschwindigkeit noch einmal erhöhen. ... Auf die Wunschliste der Hacker können wir jetzt getrost auch die Finanzen setzen. ... Geld ist so formbar wie digitalisierte Information.

Kevin Kelly *Das Ende der Kontrolle*

Prolog

Tod eines Wall-Street-Anwalts

Samstag, 29. November

Das frischvermählte Paar aus Berwick, Pennsylvania, verbrachte eine herrliche Zeit in der großen Stadt, bis der Wall-Street-Anwalt vom Himmel fiel und Ordell Coover mit Blut, Hirn und pinkfarbenen Fleischfetzen vollspritzte.

Der Vorfall ereignete sich an dem unmittelbar auf Thanksgiving folgenden Wochenende – für das New Yorker Fremdenverkehrsgewerbe die drei umsatzstärksten Tage im Jahr. Ordell und Tricia Coover zählten zu den sechshunderttausend Besuchern, die zu einem langen Wochenende, bestehend aus Einkaufen, Sightseeing, Burgers im Harley-Davidson Café und dem Kampf um Tickets für Letterman oder das Radio City Christmas Spectacular, in der Stadt weilten. Es war ein Zusammenspiel voneinander völlig unabhängiger Umstände und nichts weiter, das sie in diesem einen Moment, da L. Thomas W. Bingham auf dem Erdboden detonierte, an diesem einen Ort sein ließ.

Wie die meisten Auswärtigen, die noch nie zuvor einen Fuß auf New Yorker Boden gesetzt hatten, hegten die beiden seit der High School liierten Sechsundzwanzigjährigen eine irrationale Angst, daß irgendein Psycho im Weihnachtsmannkostüm sie mit vorgehaltener Waffe ausrauben würde oder etwas in der Art. Doch bis zu diesem Augenblick hatte die Stadt ihren Provinzlererwartungen getrotzt. Die Coovers mußten feststellen, daß die Festtagsstimmung auf geheimnisvolle Weise New York City von einem seelenlosen, bedrohlichen Ort der Hölle in die Welthauptstadt für übersprudelnden Weihnachtsjubel verwandelt hatte.

Samstagmorgen: Drei Zentimeter Neuschnee hatten die Stadt mit einem makellosen weißen Mantel überzogen. Ordell und Tricia traten aus der Lobby des Milford Plaza Hotels in eine schneegeräumte Stadtlandschaft wie aus einem Kalenderbild.

»Es ist so wunderschön«, sagte Tricia in ihrem für die Deutschstämmigen Pennsylvanias typischen Singsang. »Wie auf einer Weihnachtskarte.«

Sie schlangen ein Frühstück aus Egg McMuffins am Broadway hinunter und gönnten sich eine kurze, von schallendem kindlichem Gelächter begleitete Schneeballschlacht. Dann schlenderten die Coovers Arm in Arm in Richtung der festlich geschmückten Fifth Avenue. Tricia zog ihre Ausgabe des *New York Post Guide to Holiday Lights and Displays* zu Rate und wies unterwegs auf besonders sehenswerte weihnachtliche Dekorationen hin. Auf der Fifth Avenue schlug sie die verwirrende Mischung aus Lichtern, Klängen und Gerüchen in ihren Bann. Die Kalksteingebäude der Avenue waren mit festlichen roten Bändern, funkelnden Lichterornamenten und silbrig glitzernden Girlanden geschmückt. Beide Seiten der Hauptverkehrsstraße säumte eine Doppelreihe schneebedeckter Nadelbäume, um deren mit silbernen Glasfiguren und Engelsputten verzierten Zweige sich rot-grün-goldene Lichterketten schlängelten. An einer Ecke füllte der scharfe Fichtennadelgeruch von Kränzen ihre Nasen, an der nächsten der Duft gerösteter Kastanien vom Stand eines fliegenden Händlers. Weihnachtsmänner läuteten mit stoischer Eindringlichkeit ihre Glocken, die Einkäufer antworteten auf angemessene Weise mit dem musikalischen Klimpern von in dickbäuchigen Büchsen verschwindenden Silbermünzen. Vor jeder Ladenfront plärrten Weihnachtschoräle aus den Lautsprechern. Überwältigt schüttelte Ordell seinen Kopf. Wie alles andere in Big Apple besaß auch das Weihnachtsfeiern eine unentrinnbare Aggressivität.

Die Coovers tauchten in den Strom der Kauflustigen ein, der in bedächtigem Tempo dahinfloß. Sehr zur Freude der örtlichen Händler schleppten die meisten Fußgänger mehrere pastellfarbene Einkaufstüten mit exklusiven Geschenken für ihre Lieben mit sich herum. Jeder Ladeninhaber hatte lange und hart gearbeitet, um sich auf die Weihnachtssaison vorzubereiten, und am Ende war daraus eine Art Wettbewerb entstanden, die Konkurrenz hinsichtlich der Ungeheuerlichkeit der Dekoration noch zu übertreffen. Da gab es pittoreske Ausstellungen von mit Juwelen übersäten Figurinen, handbemalte Trommlerjungen und Bäume mit Origamiverzierungen. Tricia hatte es besonders die ständig in Bewegung begriffene Spielzeugwelt bei Lord & Taylor mit ihren mechanischen Nußknackern und Teddybären angetan. Ordell gefiel am besten die Krippe der St.-Patrick's-Kathedrale, die aus Dutzenden etwa dreißig Zentimeter hohen Terrakottafiguren bestand, modelliert von europäischen Holzschnitzern im achtzehnten Jahrhundert.

Den absoluten Höhepunkt aber bildete natürlich die riesige, fast sechsundzwanzig Meter hohe Rottanne vor dem Rockefeller Center, die erst acht Tage zuvor in einem Forstbetrieb in Glastonbury, Connecticut, geschlagen worden war. Die Coovers blieben am Geländer der Plaza stehen und bestaunten mit offenen Mündern ehrfurchtsvoll die Erhabenheit der dreißigtausend bunten Lichter, die in dessen Ästen strahlten. Auf der anderen Seite der Plaza intonierte der Harlem Boys Choir »Silver Bells« a cappella, während Schlittschuhläufer in leichten Wollpullovern auf dem glänzenden Eis unter ihnen lässig ihre Runden drehten.

Tricia hakte ihren Arm in den von Ordell und legte ihren Kopf an dessen Schulter. Die Verachtung und das Mißtrauen, die Ordell ein Leben lang der großen, bösen Stadt New York gegenüber empfunden hatte, verschwanden in diesem Augenblick aus seiner Weltsicht. Er strich mit seinen Fingern durch das hüftlange, kastanienbraune Haar seiner Frau und murmelte: »Vielleicht ist New York ja doch kein solch gottloser Schreckensort.«

Er hatte es zu früh ausgesprochen.

Ab ihrer Begegnung mit dem *Beauty Pageant of Death* sollte sich alles sehr schnell zum Schlechten wenden. Irgendein Spektakel, das sich unterhalb der mit dreitausend Birnen beleuchteten, gut acht Meter großen Schneeflocke an der Ecke Fifth Avenue und Fifty-seventh Street abspielte, erregte Ordells Neugierde. »Hey, Zukkerschnute, was mag denn da los sein?« sagte Ordell und dirigierte sie in Richtung der erregten Menge.

Sie bahnten sich einen Weg durch den Kreis der Zuschauer, um einen Blick auf die Ursache für den Trubel zu werfen. Es handelte sich um eine Gruppe militanter Pelzhandelsgegner, die die Parodie eines Schönheitswettbewerbs aufführten. Zum Entsetzen des Touristenpärchens waren die »Kandidatinnen« dabei in mit falschem Blut durchtränkte Bettlaken gehüllt, an denen die Knochen kleiner Tiere klebten. Zum Soundtrack kreischender Tierstimmen, der aus einer voll aufgedrehten Boombox dröhnte, rappte der als Tod verkleidete Conférencier in schnellem Tempo: »Isn't she lovely, ladies and gentlemen? She's so lovely. So lovely, isn't she? So lovely ...«

»O mein Gott«, würgte Tricia. »Mir wird gleich schlecht.«

Der Zeremonienmeister unterbrach die Vorstellung, um demütigend sein Megaphon auf eine vorbeigehende Frau zu richten, die dreist genug war, einen Pelzmantel zu tragen.

»Ihrer Eitelkeit fielen zweiunddreißig Tiere zum Opfer, Weib!« brüllte seine verstärkte Stimme

»Das ist gar kein echter Pelz«, jammerte die pelzgewandete Frau kläglich und hastete davon.

»Lieber tot, als Pelze tragen«, begann der Wortführer zu skandieren und die anderen fielen ein.

»Um Himmels willen, können wir jetzt bitte *gehen*, ja?« bettelte Tricia und hielt sich die Ohren zu.

Ordell lotste seine junge Frau aus dem Tumult heraus und brachte sie so schnell wie möglich weg. Sie gingen zur Madison Avenue hinüber, um ihren Schaufensterbummel fortzusetzen, aber Tricia – die eine Schwäche für alle Pelztiere hatte – war unverkennbar nicht mehr bei der Sache. »Diese armen kuscheligen Geschöpfe«, murmelte sie immer wieder vor sich hin.

Der Himmel hatte ein unheilverkündendes metallisches Grau angenommen. Ein heftiger Schneeregen setzte ein und pikte ihre

Gesichter. Als sie schließlich beschlossen, den Ausflug zu beenden und ins Hotel zurückzukehren, hatte Ordell die Orientierung verloren und war sich nicht mehr sicher, in welcher Richtung ihr Hotel lag. Gelbe Taxen rauschten vorbei, alle besetzt mit ausgelaugten Käufern. Die nächsten zwanzig Minuten marschierten Ordell und Tricia glücklos weiter nach Norden, bis an der Ecke Eighty-third und Madison das Taxi von Alejandro Melendez holpernd neben ihnen zum Stehen kam.

Alejandro Melendez aus der Bronx war unter den anderen Fahrern der Jenny Cab Company bekannt für sein heißblütiges Temperament und für seinen tiefen Groll darüber, daß seine Lizenz ihm lediglich eine Durchschnittseinnahme von fünfundachtzig Dollar brutto pro Zwölfstundenschicht erlaubte. Nie reichte es, seine Familie zu ernähren. Melendez war immer zu Streit aufgelegt und führte stets eine Waffe mit sich.

Ordell Coover stieg den Bordstein hinunter und bat Melendez, sie zum Milford Plaza beim Broadway zu bringen. Melendez zuckte mit den Achseln. Angesichts des schlechten Wetters und der vielen Touristen in der Stadt überstieg die Nachfrage nach Taxen das Angebot beträchtlich, und es erschien Melendez keineswegs unangebracht, für eine Tour downtown eine taxameterunabhängige Vorabzahlung von, sagen wir, zehn Dollar zu erwarten. Ordell erklärte ihm, daß er doch nicht von gestern wäre und daß für ihn die zehn Dollar doch sehr nach Abzockerstadt riechen würden.

Unbeeindruckt erwiderte Melendez: »Entweder oder, Meister.«

Durch das geöffnete Fenster brach ein heftiger Streit zwischen den beiden Männern aus.

Tricia stand auf dem Bürgersteig, hatte die Arme um sich geschlungen und zitterte in der beißenden Kälte. Oje. *Wieder diese Machonummer.* Sie hatte Ordell schon bei zahlreichen Anlässen so erlebt und mochte diese Seite an ihm überhaupt nicht. Tricia wandte sich von den Streithähnen ab. Sie schützte ihre Augen vor dem Schneeregen und ließ ihren Blick über die Spitzen der Hochhäuser um sie herum wandern. Sie empfand einen kurzen Anfall von trunkenem Schwindel, während sie das Majestätische der Gebäude auf sich wirken ließ. *Wie wäre es wohl, im obersten Stockwerk eines solchen Wolkenkratzers zu wohnen?* fragte sie sich und starrte dabei zu der Penthousewohnung des unmittelbar vor ihnen aufsteigenden Apartmenthauses hinauf, das zu einem luxuriösen Gebäudekomplex namens The Diplomat gehörte. Sie bemerkte eine vage Bewegung siebenundsechzig Stockwerke über dem Straßenniveau.

Der Polizei würde Tricia Coover später erzählen, ihr erster Eindruck sei gewesen, daß da irgend so ein gedankenloser Spinner einen großen Müllsack über seine Balkonbrüstung geworfen hätte. *Pfui, wer so was macht, der sollte sich was schämen*, dachte sie.

Im nächsten Augenblick wurde ihr klar, daß es sich bei dem Gegenstand, der da zu Boden stürzte, in Wahrheit überhaupt nicht um Müll handelte. Es war ein *Mensch*.

Der direkt auf uns zukommt!

Die menschliche Gestalt ruderte wild mit den Armen und näherte sich dabei mit einer irren Geschwindigkeit der Erdoberfläche.

Vor Verwirrung und Panik war Tricia unfähig, sich zu bewegen oder zu sprechen. Sie erzwang einen Aufschrei, indem sie ihre Fäuste so fest zusammenballte, daß die Fingernägel in ihre Haut schnitten.

Ordell riß sich von dem Streit los, schnellte herum, und seine Augen folgten Tricias in den Himmel gerichtetem Blick.

Und er sah, was sie sah…

Ein Mann mit weit aufgerissenen Augen in den letzten Momenten, bevor ihn ein gewaltsames Ende ereilen würde, in der Luft verzweifelt herumtastend, während die Schwerkraft sein Gesicht zu einer starren Schreckensmaske verzerrte.

Ordells Selbsterhaltungstrieb setzte ein und veranlaßte ihn, sich mit einem Urschrei von dem Taxi fortzustoßen. Er taumelte rückwärts auf den Bürgersteig, wo sich der Ringerchamp der

Berwick High-School des Jahres 1989 und Angehöriger der freiwilligen Feuerwehr auf dem vereisten Asphalt zu einem embryonalen Knäuel zusammenrollte.

Alejandro Melendez hatte eben die Waffe unter seinem Sitz ergriffen, als die achtundsiebzig Kilo des Wall-Street-Anwalts Tom Bingham mit dem Kopf zuerst durch das Dach seiner gelben Limousine krachten. Das Metalldach gab beim Aufprall nach wie dünnes Kuchenblech, ließ den Schädel des Anwalts zerplatzen und im 180-Grad-Winkel einen Schrapnellregen aus Hirnmasse, Blut und Knochen niedergehen. Reflexartig hob Ordell seine Hände, um sich vor dem blutigen Schwall zu schützen, aber es nützte wenig. Angeekelt heulte er auf, als er das Blut des toten Mannes warm und kupfrig auf seinen Lippen schmeckte.

Es folgte eine schreckliche Stille. Tricia kroch an ihrem wimmernden Ehemann vorbei zu dem eingedellten Fahrzeug. Die Beine des Toten ragten in unmöglichem Winkel gekrümmt aus dem aufgerissenen Rachen im Wagendach. In katatonischer Benommenheit betrachtete sie das Bild, ohne daß ihr Gehirn dazu fähig gewesen wäre, diese Realität mit dem eben Erlebten in Übereinstimmung bringen zu können.

Und wie Zombies vom Blut angezogen, begannen sich innerhalb weniger Minuten Trauben faszinierter New Yorker um die grausige Szene zu scharen.

»Da hat sich ein Typ in Gehsteigmus verwandelt«, grölte einer. »*Echt* cool.«

Der koreanische Inhaber eines rund um die Uhr geöffneten Smiler's Deli ein Stück die Straße hinunter besaß die Geistesgegenwart, den Notruf zu wählen. Aber bevor Detective O'Bannon und die anderen Cops eintrafen, hatte auf der gegenüberliegenden Straßenseite der Fahrer eines weißen Chevy Corsica in aller Ruhe den Motor gestartet und die Automatikschaltung auf Drive geschoben. Unbemerkt reihte sich der Mietwagen in den Verkehr uptown in Richtung Triborough Bridge ein.

Teil I

Der Tag der Contrarians

4.–30. Januar

Finanzkrisen resultieren aus dem normalen Funktionieren der Wirtschafts- und Handelssysteme über die Dauer eines Konjunkturzyklus hinweg

Wolfson, 1994

1

Upper East Side, Manhattan
Montag, 4. Januar

Zu unchristlicher Zeit weckte Rick Hansen an seinem ersten Arbeitstag im neuen Jahr ein undeutlicher Weichzeichnertraum jener schokoladenbraunen Neufundländerhündin, die ihn seine gesamte Kindheit über begleitet hatte. Es war zwar schon elf Jahre her, seit sie sie im Wald hinter seinem Elternhaus im Norden des Bundesstaates New York begraben hatten, aber er träumte noch immer gelegentlich von ihr.

Rick warf einen Blick auf die indigoblaue Digitalanzeige seines Radioweckers, der auf dem Nachttisch stand – 4.17 Uhr. Auch wenn sich der Morgen erst in einigen Stunden über dem East River ankündigen würde, an Weiterschlafen war nun nicht mehr zu denken. Eine Weile betrachtete Hansen die auf der Decke spielenden Lichter und Schatten. Von der Straße zehn Stockwerke tiefer drang das pneumatische Keuchen eines Wagens der Stadtreinigung und das entfernte Wuup-wuup eines Autoalarms einen Block weiter hinauf. Die Woge der Erregung erfaßte ihn ganz plötzlich.

Heute war der erste Arbeitstag in seinem neuen Job an der Wall Street.

Wall Street. *Wall Street.*

Die beiden Wörter beschworen unmißverständliche Bilder von Macht, Reichtum, Beständigkeit, Tradition und Geschichte herauf. Wall Street war der Motor, der Inbegriff des sagenumwobenen American Dream. Und hier war der achtundzwanzigjährige Rick Hansen und erwachte zu seinem ersten Arbeitstag in der

Rechtsabteilung einer der weltweit führenden Investment Banking Firmen: Wolcott, Fulbright & Company.

In den Fünfzigern war es die Poststelle von William Morris, in den Sechzigern der *Rolling Stone*, in den Siebzigern erst *Saturday Night Live* und dann MTV. In den Achtzigern war es Drexel Burnham Lambert (zumindest eine Zeitlang) und in den frühen Neunzigern dann Microsoft. Jetzt in den späten Neunzigern, das Ende des Jahrtausends in Sicht, war der Anziehungspunkt für qualifizierte Einsteiger wieder einmal die Wall Street. Und vom heutigen Tage an würde Hansen dazugehören, hätte einen Platz mitten im Herzen des Zeitgeists gefunden. Noch immer war er verblüfft über die unberechenbare Mixtur aus harter Arbeit, Ausbildung und Glück, die ihn dorthin gebracht hatte.

Die Liga der Großen.

Er wälzte sich auf die Seite und zeichnete liebevoll die schlafende Gestalt seiner Frau Stephanie nach. Ausgiebig genoß Hansen den süßlichen Geruch von Pantene-Shampoo in dem schulterlangen, honigblonden Haar seiner Frau. Stephanie regte sich ein wenig, als er ihren mit feinen Härchen bedeckten Nacken küßte. Behutsam schlang er einen Arm um sie, legte seine Handfläche auf den leicht gewölbten Bauch und liebkoste ehrfürchtig das neue Leben, das eingetaucht in warmes Fruchtwasser in Stephanies Gebärmutter schwamm.

»Hey, Baby X«, flüsterte Hansen, wobei seine Lippen über die goldbraune Haut von Stephanies entblößtem Bauch strichen. »Schläfst du gut da drin?«

Zu seiner Überraschung antwortete das noch namenlose Baby mit einer Serie aufgeregter Tritte, so als wollte es ihm in einer ertastbaren Variante des Morsecodes einen Morgengruß übermitteln. Rick unterdrückte den Wunsch, seine Frau mit dieser Neuigkeit zu wecken – sie brauchte ihren Schlaf.

Mit einem Scherenschlag kickte er die Decke zur Seite und trottete zu der stotternden Dusche, die ihn in ihrem Vorkriegsbadezimmer erwartete.

Es war 5.04 Uhr, als Hansen schwungvoll aus der Lobby auf die Fifty-fourth Street hinaustrat. Weit und breit war keine Menschenseele zu sehen. Hansen liebte diese frühmorgendliche Zeit, die ihm die Illusion gab, die ganze Stadt – zumindest für einen kurzen Moment – für sich allein zu haben. Mit entschlossenen Schritten ging er zum Zeitungsstand an der Ecke, erwarb eine frischgedruckte Ausgabe des *Wall Street Journal* und bewältigte die vier Blocks bis zur U-Bahn-Station Lexington Avenue in flottem Tempo.

Als er die kaugummigesprenkelte Treppe in den Bahnhof hinunterstieg, schlug ihm der säuerliche Gestank von frisch Erbrochenem entgegen. Schnell zog er seine blaue MetroCard durch den Schlitz am Drehkreuz, drückte sich durch und wich dabei dem ekligen Batzen Fast food aus, der irgend jemandem prompt wieder hochgekommen sein mußte.

Der Bahnsteig und der Tunnel tief unter der Erde besaßen alle Reize eines Minenschachts. Morgens um diese Zeit war es zwar unheimlich ruhig, aber keineswegs ausgestorben. Noch ein Dutzend andere Leute wanderten ziellos den Bahnsteig auf und ab, mißmutig darüber, die Zombieschicht im Krankenhaus, Nachrichtenstudio oder Großunternehmen erwischt zu haben. Begleitet von kreischendem Eisen schaukelte kurz darauf die Vierer downtown in den Bahnhof. Mit schauerlichem Rumpeln glitten die Türen auseinander.

Hansen konnte sich zwar nach Belieben einen Sitzplatz wählen, war jedoch trotzdem erstaunt über die Anzahl der Frühaufsteher, die wie er zur südlichsten Spitze Manhattans fuhren, um dort zu dieser absurden Uhrzeit ihren Lebensunterhalt zu verdienen. Jeder von ihnen war in die Leitartikel des *Journal* oder in den Wirtschaftsteil der *New York Times* vertieft. Alle schnitten die gleichen stirnrunzelnden Grimassen, als ob die neuesten Ereignisse ihnen ernste Sorgen bereiteten. Mit aufheulendem Elektromotor und dem chaotischen Rumms-Schepper-Quietsch des Losrollens verließ der Zug die Haltestelle und gewann an Fahrt.

Rick schlug seine Ausgabe des *Journal* auf und widmete sich mit der Hingabe eines Sportfans, der sich durch Ergebnistabellen arbeitet, dem Studium der statistischen Momentaufnahmen der weltweiten Finanzmärkte. Der redaktionelle Teil des *Journal* war in erster Linie einer Rückschau auf das traumhafte Jahr vorbehalten, das die Börsenwelt gerade abgeschlossen hatte.

Die amerikanischen Aktienmärkte erlebten einen bislang beispiellosen Höhenflug, bei dem der Dow Jones Industrial Average auf die irrsinnige 10 000er Marke zuraste. Im Gleichschritt mit den einflußreichen amerikanischen Börsenhäusern hatten einundzwanzig der fünfundzwanzig wichtigsten Börsenmärkte der Welt im vergangenen Jahr deutliche Zuwachsraten erlebt.

Siebzehn dieser Börsen hatten das Jahr mit Rekordzahlen beendet.

Dreizehn Stunden zuvor hatten die asiatischen Börsen ihren ersten Handelstag des neuen Jahres abgeschlossen, und der Weltmarktbericht des *Journal* auf Seite C-16 deutete darauf hin, daß der ungehemmte Optimismus der letztjährigen Märkte im neuen Jahr seine Fortsetzung finden würde.

In Tokio war der 225 Werte umfassende Nikkei-Index unterstützt durch eine Stärkung des Dollars gegenüber dem Yen weiter angestiegen. Obwohl die europäischen Börsen bei Redaktionsschluß des *Journal* eben erst öffneten, sprach der sofortige Anstieg des FTSE-100-Index der Londoner Leitbörse für eine lebhafte Handelsstimmung unter den Briten, die für das Jahr mit einer alles in allem positiven Entwicklung der Unternehmensgewinne rechneten. In Frankfurt sprang der Deutsche Aktienindex DAX zur Börseneröffnung auf 5230,40 Punkte, wieder ein neuer Rekord. Der CAC 40 in Paris war bemerkenswerterweise der einzige bedeutendere Aktienindex, der, nachdem Investoren beim Rekordhoch zum Jahresende ihre Profite abgeschöpft hatten, nun leichte Einbußen aufwies. Die anderen Börsen, die Kursanstiege verbuchen konnten, waren Mexico City, Sydney, Kuala Lumpur und Zürich. Außerdem schnellten die Aktienkurse noch in Amsterdam, Mailand, Madrid, Stockholm, Brüssel, Seoul, Taipeh und Bangkok in die Höhe.

Der Reichtum der Welt vervielfachte sich in unerhörter Geschwindigkeit.

Hansen löste seinen Blick von dieser endlosen Bleiwüste an Graphiken, Listen und Tabellen und überlegte, während er sich in dem in beruhigenden Hellgrau-, Zimt- und Cremetönen gehaltenen U-Bahn-Waggon umsah, was wohl für den ersten Handelstag an den U.S.-Börsen zu erwarten war.

Analfissuren? Die Werbeplakate um die Waggonkuppel herum erregten mit ihren zutiefst persönlichen Fragen seine Aufmerksamkeit. Weinen Sie exzessiv? Kokainabhängig? Leiden Sie an chronischen Schmerzen? Schwanger? Berührt Dein Vater Dich unanständig? Osi eres Hiv positivo? Eine Welt voller Schmerz, dachte er. Die Aktienmärkte boomten, und der Zustand der Menschheit verfiel.

Ricks Gedankenfluß wurde gestoppt durch das rhythmische Tröpfeln von Urin, der aus dem Hosenbein eines obdachlosen Mannes auf den Boden lief. Zu seinem Entsetzen bahnte sich ein dünnes Rinnsal der Körperflüssigkeit einen Weg durch den auf dem Linoleumboden festgetretenen Dreck und steuerte direkt auf seinen Sitz zu. Er konnte die Sohlen seiner neuen Allen-Edmonds noch eben rechtzeitig anheben, um Kontakt zu vermeiden. Sobald sich die Türen an der stahlblau gefliesten Wall Street Station öffneten, stürzte er aus dem Waggon auf den Bahnsteig heraus und war froh, daß es auf seiner ersten Fahrt zum neuen Job nichts weiter als einen Beinahezusammenstoß gegeben hatte.

Es war noch nicht einmal halb sechs, als Hansen im Finanzviertel eintraf. Kein Grund, sich im Innern eines Bürohauses zu verkriechen und die Zeit zu verbummeln, entschied Rick. Statt zu seiner neuen Arbeitsstätte zu eilen, streifte er also ein wenig um die Wall Street herum, während sich die Morgenröte des anbrechenden Tages über der Stadt ausbreitete.

Das erste, worauf er stieß, war der winzige, jahrhundertealte Friedhof ganz in der Nähe der Rector Street. Die uralten Grabsteine längst vergessener holländischer Siedler, die wie kaputte

Zähne aus dem braunen Gras ragten, kauerten sich eng aneinander.

Der Friedhof machte auf Rick den Eindruck eines Warnsignals. *Sieh nur, wie leicht man auf der Wall Street sein Leben lassen kann.* Dann überquerte er die Rector und betrat den asphaltierten Hohlweg, der sich durch die imposanten Kalkstein- und Granitschluchten des Finanzbezirks schnitt.

In wenigen Stunden würden 875 000 Arbeiter auf diesem weltweit bekanntesten, nicht einmal anderthalb Quadratkilometer großen Fleckchen von Manhattans Erde zusammenströmen. Aber da die gewaltigen Heerscharen hochqualifizierter Frauen und Männer, die jeden Werktag im Finanzbezirk arbeiteten, in diesem Moment erst per Bus, Zug, Fähre oder Wagen herangekarrt wurden, konnte es noch Stunden dauern, bis sie alle versammelt waren. Hansen blieb also alle Zeit der Welt, um über die Wall Street zu schlendern und dessen Architektur und Atmosphäre wie ein Tourist in sich aufzunehmen.

Ein Schild korrigierte das weitverbreitete und von Rick bislang geteilte Mißverständnis, daß die Wall Street ihren Namen den riesigen Basreliefbauten verdankte, die über die schmale Einbahnstraße aufragten und dabei eine Art »Wand« formten. Die Straße war vielmehr nach der Stadtmauer von New Amsterdam benannt, die 1653 erbaut worden war, um die Einwohner vor Angriffen zu schützen, und die somit den Gebäuden, die heute in kosmischen Höhen über den Köpfen schwebten, um Jahrhunderte voraus war. Die Bauten verbreiteten ein würdevolles Fluidum aus Integrität, Macht und Selbstsicherheit. *Altes Geld*, dachte Rick, besonders verglichen mit der neureichen Pracht der unpersönlichen, hochmodernen Glas- und Stahlhochhäuser in Midtown Manhattan.

Altes Geld, neues Geld, wie auch immer, dieser Ort strotzte jedenfalls davon. Jeden Tag pulsierten Umsätze im Wert von 1,4 Billionen Dollar in Form elektronischer Zeichen durch die glasfiberoptischen Leitungen einer Handvoll von Finanzinstituten, die in diesen Gebäuden residierten. Zusammen bildeten die Firmen der Wall Street das wahre Nervenzentrum der Weltwirtschaft. Ihr Geld verdienten sie, indem sie anderen zu mehr Geld verhalfen, indem sie die Reichen noch reicher machten. Der Lauf der Welt.

An der nächsten Ecke kam Rick am Denkmal aller Kapitalmärkte, der ehrwürdigen New Yorker Börse vorbei – ein weißer griechischer Tempel, üppig ausstaffiert mit Säulen, Fries und Marmoraufgang. Es war leicht, sich die kannelierten Säulen als riesige Zahnräder des Handels vorzustellen, die sich majestätisch in Bewegung setzen würden, sobald die Aktienmärkte um halb zehn öffneten. Im Vorübergehen war er erstaunt über die olymphafte Erhabenheit des Baus und widerstand der merkwürdigen Versuchung, huldigend sein Knie zu senken.

Um Viertel vor sieben betrat Rick Hansen die strahlend hell erleuchtete, mit Chrom, Mahagoni und Spiegeln ausgekleidete Eingangshalle jenes Hochhauses in der Wall Street 44, in dem sich sein neuer Arbeitsplatz befand, und zückte den provisorischen Ausweis, den ihm die Personalstelle letzte Woche ausgestellt hatte. Die beiden schläfrigen Sicherheitsbeamten am Empfang nickten kaum merklich und winkten ihn zu den Aufzügen durch.

Der Aufzug katapultierte ihn in unerwarteter Geschwindigkeit in den siebenunddreißigsten Stock hinauf, wo er seine Arbeit antreten sollte. Zu seiner Rechten wies ein wohlpoliertes Aluminiumschild an einer glänzenden Glastür die dahinterliegenden Räumlichkeiten aus als:

RECHTS-, REGULIERUNGS- & REVISIONSABTEILUNG

Hansen verschaffte sich Zugang, indem er den Magnetstreifen seiner provisorischen Ausweiskarte über das leuchtendrote Auge kreisen ließ, woraufhin die Tür mit einem dumpfen mechanischen Klicken aufsprang. Hansen trat ein.

Sein erster Eindruck war nicht sonderlich vielversprechend. Den allgemeinen Arbeitsbereich des siebenunddreißigsten Stockwerks hatte man in ein Gewirr wachsbrauner Arbeitszellen zerstückelt. Dies war ein untrügliches Kennzeichen für eine Abteilung, die von den Erbsenzählern zu den reinen »Kostenfaktoren« gezählt wurde, das heißt eine nicht für Umsatz sorgende Backoffice-Einheit, deren Budget bis auf jeden Pfennig durchgerechnet werden mußte. Die kochnischenförmigen Arbeitsplatzmodule, aus denen die in ein spärlich beleuchtetes Ghetto des Gebäudes abgeschobene Abteilung im wesentlichen bestand, hätten nicht einmal als Kälberboxen genügt.

Du bist eben nicht mehr in einer Anwaltskanzlei, rief Hansen sich in Erinnerung und schlängelte sich durch das Zellengewirr.

Er war erleichtert, als er auf ein mittelgroßes, eingeglastes Büro mit Ausblick ins Freie stieß, an dem ein kleines Messingschild mit seinem Namen angebracht war. Er ging hinein, streifte seinen Mantel ab und würdigte die respektable Sicht auf das Empire State Building. Das Büro bot zwar kaum genug Platz, um einen VW-Käfer darin zu parken, aber es verfügte – Gott sei Dank – über eine Freisprechanlage, Bücherregale und eine Tür, die man hinter sich schließen konnte. Die absolute Grundausstattung, die ein Finanzanwalt für seine Arbeit benötigt. Zugegeben, der Schreibtisch war ein unförmiger Klotz aus beamtentauglichem, elefantengrauem Metall, diese Sorte, die immer ein dumpfes Scheppern von sich gab, wenn man sich sein Knie an einer Seite stieß. Kein Vergleich zu dem eleganten Teakholzschreibtisch, den er in seiner alten Anwaltskanzlei hatte, aber was sollte es, dies war eben nicht seine alte Anwaltskanzlei. Er würde schon zurechtkommen.

Hansen öffnete die oberste Schublade seines Schreibtischs. Sie war leer bis auf einen repräsentablen ledergebundenen Terminkalender für das neue Jahr. Er blätterte ein wenig darin herum und fand keinerlei Eintragungen. Jungfräulich. *Hübsch*. In einer Umschlagtasche am Ende des Jahresplaners steckte eine interessante kreditkartengroße Beigabe. Das schmale Elektronikteil besaß ein Metallgehäuse und eine Flüssigkristallanzeige wie ein billiger Taschenrechner. Das Display zeigte eine sechsstellige

Nummer an: 098-740. Während Hansen zusah, änderte sich diese Nummer. Sie lautete jetzt 915-667. Und genau hundertzwanzig Sekunden später wurde die Zahl wieder von einer neuen ersetzt: 347-672. Hansen schob den Apparat in die Tasche des Ringbuchplaners zurück und legte diesen beiseite. Die nächsten zwei Stunden verbrachte er damit, die Bücher und Aktenordner auszupacken, die in der vergangenen Woche von seiner Anwaltsfirma herübertransportiert worden waren.

»Frohes neues Jahr, Rick.«

Rick blickte von seiner Lektüre des *Verfahrensrechtliches Handbuch für Wolcott Fullbrights Wertpapierhandel* auf und sah seinen neuen Chef in der Tür stehen. »Oh, hallo, Mike, guten Morgen und frohes, neues Jahr.«

Kilmartin rückte seine unauffällig gestreifte Vertreterkrawatte zurecht und nahm einen Schluck seines dampfenden Lipton-Tees. »Was haben Sie denn an Silvester gemacht?«

Rick zuckte mit den Achseln. »Meine Frau hat eine Wohltätigkeitsveranstaltung mit ungefähr zweihundert ihrer engsten Freunde organisiert. Ich mußte quasi nur meine schwarze Krawatte anziehen und Anwesenheit demonstrieren. Und Sie, haben Sie etwas Ungewöhnliches unternommen?«

»Ja, etwas höchst Ungewöhnliches: Ich bin um halb zehn ins Bett gegangen.« Kilmartin machte eine abschätzige Geste. »Wenn man in mein Alter kommt, wird Silvester weniger ein Anlaß zu feiern als etwas, das man durchleidet.«

Was das Alter betraf, so war Mike Kilmartin nur ein paar Jahre jenseits der Vierzig, ein hoch aufgeschossener, drahtiger Jurist, der vor hyperkinetischem Bewegungsdrang zu bersten drohte und fünf Jahre jünger aussah, als er tatsächlich war. Er hatte einen blassen Teint, wie es sich für einen Iren mitten im tiefsten Winter gehörte, und benötigte dringend einen Urlaub in Südflorida, war jedoch mit einem Terminkalender geschlagen, der einen solchen Luxus nur selten zuließ. Mit seinen dicken, schmalrandigen Brillengläsern und einer Frisur, die aus einem widerspenstigen Dickicht rötlichbrauner Haartollen bestand, entsprach Kilmartin exakt dem Bild eines paragraphensicheren Fachanwalts für Börsenrecht. Hansen stellte sich vor, daß Mike Kilmartin früher bestimmt bei Abschlußprüfungen einer jener begehrten Tischnachbarn für alle Mogler gewesen war, die sich einen Seitenblick auf seinen Antwortbogen erhofften, während er durch die Testfragen raste.

Kilmartin trank einen großen Schluck Tee und fragte: »Und Sie beginnen sich einzuleben?«

»Yeah, ich denke schon.« Hansen umfaßte mit einer Geste all die Stapel Aktenordner auf dem Boden. »Wird noch eine Weile dauern, aber ich schaff's schon.«

Kilmartin betrachtete das Durcheinander lächelnd. »Tja, wenn Sie sich einen Moment losreißen können, hätte ich Ihnen gerne einen der wichtigsten Handelsräume unter Wall Streets Finanzhäusern gezeigt. Was meinen Sie, hätten Sie ein wenig Zeit?«

»Aber selbstverständlich«, erwiderte Hansen, während seine Hände unter den Bergen von Umschlägen wühlten, die den Schreibtisch bedeckten. »Ich muß nur eben noch meine Ausweiskarte finden.«

Kilmartin lächelte. »Oh, und Rick? Ziehen Sie doch das Jackett aus. So etwas trägt hier keiner.«

2

Aus Sicherheitsgründen war der Zugang zum sogenannten Trading Floor streng reglementiert. Um dorthin zu gelangen, mußte Kilmartin mit Hansen erst wieder in die Lobby hinunter, wo er ihn dann zu einem speziellen Expreßaufzug in einer anderen Fahrstuhlreihe führte. Der Bereich wurde von einem Triumvirat aufmerksamer Sicherheitsleute bewacht, die von einem ganz anderen Schlag waren als die Mietcops, die ein Stück weiter an der Empfangstheke arbeiteten. Ein stattlicher Wachmann mit riesigem Brustkasten kniff mißtrauisch seine Augen zusammen und prüfte Hansens provisorische Ausweiskarte unangenehm lange, bis Kilmartin auf zügigere Abfertigung drängte. Schließlich erlaubten die Sicherheitsbeamten ihnen, die Magnetstreifen der Ausweiskarten durch den Schlitz des elektronischen Sicherheitssystems zu ziehen, wodurch ein Computervermerk ihres Besuchs angefertigt wurde.

Sie gingen durch das Drehkreuz und bestiegen den Aufzug, der nur einen Halt hatte. Gesellschaft leistete ihnen auf der Fahrt ein Poststellenyoungster mit glasigem Blick, der einen Wagen randvoll mit Handelsberichten vom Umfang der Gelben Seiten Manhattans schob, sowie eine junge, an Schlafmangel leidende, jamaikanische Handelsassistentin, die mit den Fingerknöcheln energisch ihre Augenhöhlen massierte, um frisch für das neue Jahr auszusehen. Die Türen glitten zu, und mit einem beruhigenden Summen sauste der Fahrstuhl himmelswärts in die höchsten Bereiche von Wall Street 44, wo das Wertpapierhandelszentrum der Firma über den Turmspitzen der Skyline von Lower Manhattan residierte.

»Die Unannehmlichkeiten mögen zwar gewaltig sein«, bemerkte Kilmartin, während die Stockwerknummern auf der Digitalanzeige anstiegen, »aber nach dem Bombenanschlag auf das World Trade Center 1993 sah sich die Firma gezwungen, die Sicherheitsmaßnahmen zu verschärfen. Früher hat die Firma die Spinner noch ignoriert, die den Wall-Street-Unternehmern im Namen irgendeiner militanten religiösen Idee mit gewaltsamen Aktionen drohten. Das geht heute nicht mehr. Und irgendwann werden sie auch die Wall Street treffen, das ist nur eine Frage der Zeit.« Der Aufzug bremste ab und hielt sanft an. »Unser Stock.«

Während sie den kurzen Flur zum Handelsbereich hinuntergingen, meinte Kilmartin lächelnd: »Ein Wertpapierhändler aus dem Blockhandel hat mir mal erzählt, den Fuß zum ersten Mal auf Wolcotts Trading Floor zu setzen, hätte sich angefühlt, als würde man das berühmte Streifentrikot überziehen und ins Yankee Stadium einlaufen. Er sagte, es sei wie eine Berufung in die erste Liga gewesen.«

Als Rick Hansen sich den riesigen Ausmaßen des Saals näherte, sah er selbst, was der Händler gemeint hatte…

Es war eins der eindrucksvollsten von Menschenhand geschaffenen Schauspiele, denen Rick je begegnet war. Schon allein von der Größe her war der Handelsraum eine höchst erstaunliche Angelegenheit. Und bei der Einrichtungsgestaltung von Wolcotts Trading Floor war nicht ein einziger Quadratmeter vergeudet worden. Hunderte voll ausgerüsteter Zweipersonenarbeitstische waren über den Raum verteilt, um die Anzahl der Arbeitsplätze und damit die Provisionseinkünfte für externes Personal zu maximieren. Vielleicht um für die beengten Arbeitsbedingungen zu entschädigen, strotzte der Raum vor exklusiver Innenausstattung. Der Eingangsbereich war mit geölten Mahagonitäfelungen und St.-Sour-Patricio-Marmor ausgekleidet, auf denen an prominenter Stelle in Falschgold das Firmenwappen prangte. Der tiefrote, antistatische und schalldämpfende Teppichboden war so edel, daß die Sohlen der Schuhe darin versanken. Schimmernde Messinggeländer beschrieben die Grenzen der tiefer liegenden Trading Pits. Das hochmoderne Zümtobel-Beleuchtungssystem der Firma tauchte den gesamten Raum in ein gleißend eisblaues Licht.

Als eindringliche Erinnerung daran, daß Zeit in dieser Welt tatsächlich Geld bedeutete, hingen sechs Uhren an jeder Seite, die die jeweilige Ortszeit der wichtigsten Finanzzentren anzeigten – New York, Chicago, Los Angeles, London, Hongkong und Tokio. Ein kurzes Aufblicken von seinem Bildschirm genügte dem Händler und sofort wußte er die Ortszeit in den sechs Zonen. (Allerdings war dies völlig unnötig; eine Leiste mit digitalen Uhren auf seinem Bildschirm leistete genau dasselbe.) Da schnelle Information in Händlerkreisen als wertvollstes Gut galt, hatte die Firma viel Geld in das LED-»Tickerband« investiert, das die gesamte Länge der nördlichen und südlichen Wand des Börsensaals einnahm und das unter den Händlern nur der »Zipper« genannt wurde. Wie bei den Nachrichtenschlagzeilen am Times Square lief ein permanenter Strom leuchtender, über sechzig Zentimeter großer Zahlen und Buchstaben das schwarze Band entlang und gab Auskunft über die letzten Notierungen von an der US-Börse gehandelten Wertpapieren. Der Zipper erinnerte Hansen an eine Anzeigentafel im Sport, was der ganzen Veranstaltung den Anstrich eines mit allen Tricks ausgetragenen Wettkampfs verlieh und zudem den Quantensprung demonstrierte, den die Technologie im Finanzbereich seit den Vierzigern durchgemacht hatte, als kuppelförmige Ticker umständlich Börsennotierungen in Form endloser Papierstreifen ausspuckten. Der Basketballkorb, den das Derivateteam an die Wand neben dem Zipper angebracht hatte, unterstrich das Verständnis vom Aktienhandel als Sport nur noch.

»Unglaublich«, staunte Hansen. »Muß die Firma doch ein Vermögen gekostet haben.«

»Das hat es«, versicherte Kilmartin ihm. »Vor ein paar Jahren hat die Chefetage beschlossen, daß Wolcott sich an dem Rennen, der erste wirklich global operierende Finanzriese zu werden, beteiligt. Als ersten Schritt beschlossen die hohen Tiere, den besten Trading Floor auf der Wall Street einzurichten. Und – was das wichtigste ist – sie waren bereit, den Preis dafür zu zahlen.« Kilmartin drehte seine Handflächen nach oben und verkündete mit großer Geste. »Und das bekommt man für 147 Millionen Dollar.«

Hansen pfiff durch die Zähne. »Einhundertsiebenundvierzig *Millionen*?«

»Wenn Sie mich fragen, war's für die Firma den Preis wert. Sehen Sie sich zum Beispiel nur die Decke an. Während der Umbauten wurde die Decke um weitere zehn Meter angehoben, damit die warme Luft weiter aufsteigen kann. Sie glauben ja gar nicht, welche Hitze fünfhundert Händler und deren technisches Gerät an einem lebhaften Börsentag entwickeln. Und der Boden.« Kilmartin stampfte mehrmals mit seiner Ferse auf den Fußboden.

»Hohl.«

»Richtig. Sie mußten die Böden absenken und für die Versorgung der Computer Hunderte Meilen Glasfaserkabel und Kupferkabel verlegen. Schauen Sie sich die Arbeitsplätze an, wie viele Computer sehen Sie?«

Hansen drehte sich um seine Achse und musterte prüfend die Händlertische. »Vier oder fünf, denke ich.«

»Einige davon verfügen über neun Systeme. Im heutigen Informationszeitalter tut's ein Computer einfach nicht mehr. Nein, man muß einen Bildschirm haben für Bloomberg, Telerate, ADP, Quotron, Reuters, Dow Jones, GLOBEX. Wenn Sie sich bewußtmachen, daß jeder der ungefähr neun Computer, die einem Wertpapierhändler an seinem Arbeitsplatz zur Verfügung stehen, unermeßlich leistungsfähiger ist als die von der NASA bei der Mondlandung Neil Armstrongs benutzten, dann erhalten Sie eine Vorstellung von der Feuerkraft, mit der diese Jungs ausgestattet sind.«

»So viel Hardware dürfte hundertfünfzig Millionen ziemlich schnell auffressen, könnte ich mir denken«, bemerkte Hansen.

»Genau. Und in dieser Summe ist noch nicht der Bau einer speziellen Notanlage für den Katastrophenfall eingeschlossen, die an einem anderen Ort im Gebäude installiert wurde und die ebenfalls Millionen gekostet hat.« Kilmartin grinste. »Gar nicht so einfach, mit dem Dow Jones mitzuhalten, nicht? Kommen Sie, ich zeige Ihnen, wer hier was tut.«

Die Anwälte marschierten durch die Kommandotrupps von Händlern, die in ihren Schützenlöchern hockten und in den letzten fünfzehn Minuten vor Börseneröffnung die Telefone heißlaufen ließen. Eine kollektive Energie wie die Hitzewelle aus einem Hochofen strömte von der Händlerschar aus. Dank des unvergleichlichen Siegeszugs des Dow Jones herrschte eine mitreißende Stimmung auf dem Floor. Rick fühlte sich an die Partyatmosphäre auf einem Parkplatz vor einem Grateful-Dead-Konzert erinnert. Auf Zuruf schleuderte jemand einen Football knapp fünfzig Meter durch den Saal. Auf der anderen Seite gelang einem Händler ein spektakulärer Fang und anerkennender Beifall brauste auf. Hansen war begeistert vom kameradschaftlichen Klima im Handelsraum, das nicht zuletzt von der Nähe der Arbeitsposten und dem gemeinsamen Ziel, Geld zu machen, gefördert wurde. Hier war die Hauptbühne, sagte Hansen zu sich selbst, hier spielte sich der eigentliche Film ab, das wahre Geschäft, die große Magie... Das war *Wall Street*, der Dreh- und Angelpunkt der Finanzwelt.

Auf ihrem Besichtigungsgang durchquerten sie der Länge nach den gesamten Trading Floor, und Kilmartin schien praktisch jeden Händler im Raum und jeden leitenden Investmentmanager in seinem verglasten Büro zu kennen. Wie ein um seine Wiederwahl besorgter Politiker wechselte er mit Händlern und Vertretern freundschaftliche Worte und stellte dabei Hansen als den neuen Hausjuristen für die Derivateabteilung vor.

Zugleich erklärte Kilmartin ihm die verschiedenen Geschäftsbereiche. »Das ist die OTC-Abteilung, die Market-Maker für NASDAQ-Emissionen. Das ist der Blockhandel, der sich nur mit Paketgeschäften institutioneller Kunden ab fünfundzwanzigtausend Aktien beschäftigt..., da drüben sitzt der Beteiligungsfinanzierungsmarkt und daneben das Konsortialgeschäft. Dahinter dann die Risikoarbitrage..., der Bereich für Auslandsanleihen … und auf der anderen Seite Programmhandel, Indexarbitrage und Derivative, der Bereich, für den wir in erster Linie verantwortlich sind.« Der Leiter der Revisionsabteilung grinste den frisch gekürten Mitarbeiter an. »Derivate, da sitzen die Junggenies, wie Sie sicher wissen, die Technofreaks von Edelunis wie MIT, die das ganze Unternehmen in die Luft jagen können. Programmhandel, Indexarbitrage und maßgeschneiderte Strukturierung synthetischer Wertpapiere zählt alles dazu. Das ist McGearys Truppe.«

»Gil McGeary ist ja schon legendär.« Hansen grinste. Im Verlauf der sieben Interviewrunden, die Hansen anläßlich seiner Bewerbung hatte führen müssen, war McGeary für ein Vieraugengespräch im letzten Moment abgesprungen, da ein lebhaft steigender Markt offenbar nicht ohne ihn auskommen konnte. McGeary hatte sich der Terminpflicht entledigt, indem er seinen Kopf in den Konferenzraum gestreckt und gesagt hatte: »Hansen, Ihr Curriculum vitae ist hervorragend, also Daumen hoch von seiten Gil McGearys und willkommen in der Firma, ich muß wieder los.« Mit diesen Worten war er wieder zurück an seine Workstation gerast, um Preisdiskrepanzen im aufgewühlten Markt nachzujagen. Und das war auch bereits alles, was Rick Hansen bisher an persönlichen Erfahrungen mit dem legendären Derivatehändler gesammelt hatte.

»Ja, das kann man wohl sagen. Gil McGeary zählt zu den besten Derivatehändlern auf diesem Globus, gehört direkt in eine Reihe mit Jon Najarian oder Victor Sperandeo. Aber seien Sie gewarnt – mit Gil in Ihrem Zuständigkeitsbereich müssen Sie genau wissen, was Sie tun. Er ist gewieft, er ist aggressiv, und er stellt an die juristischen Berater enorm hohe Erwartungen.«

»Gefahr ist mein Geschäft«, erwiderte Hansen trocken.

»Tja, das sagen Sie jetzt so leicht daher. Aber es sind in den letzten Jahren eine Menge negativer Meldungen über derivative Finanzinstrumente erschienen. Im Kongreß und unter den Steuerzahlern im Orange County sind sie zur Zeit nicht sonderlich beliebt. Ein einziges Arschloch genügte, um die Barings Bank mit einem Milliardenverlust beim Handel mit Nikkei-Index-Futures zu ruinieren. Unter uns gesagt, auch Magilla McGeary besitzt die Macht, die ganze Firma in den Ruin zu treiben. Angesichts des Initial Public Offering, das zum beabsichtigten Börsengang der Firma für das Frühjahr ansteht, möchte das Management ihn genau beobachtet wissen. Deshalb ist es unbedingt nötig, daß Sie sich *toute de suite* einen Durchblick in unserem Derivategeschäft verschaffen.« Ein wenig unpassend gab Kilmartin ihm einen kameradschaftlichen Klaps auf die Schulter. »Ach, sehen Sie nur, in dreißig Sekunden ist Börseneröffnung.«

Wie auf ein Zeichen hin flaute der Lärmpegel im Saal auf ein erwartungsvolles Summen ab, während alles auf die Eröffnungsglocke wartete. Die Ruhe vor dem Sturm. Die Eröffnung rückte näher, und das Gemurmel schwoll deutlich an, wurde schließlich zu einem Crescendo, als die Stunde X unmittelbar bevorstand. Wie alle um ihn herum spürte Hansen den Adrenalinstoß, fühlte Stimmung und Erregung fiebergleich ansteigen. Als die Zeiger der perfekt synchronisierten Analoguhren die letzten fünf Sekunden durchliefen, waren einige gellende Ausrufe herauszuhören:

»Laßt die Spiele beginnen!« schrie jemand.

»Sprengt dem Laden das Dach weg!« brüllte ein anderer.

»Get ready to rrrrrrummmmmmmble!«

Dann war es 9:30:00 Uhr Eastern Standard Time.

Die Versammlung brach in ein begeistertes *Hurra!* aus.

Der erste Börsentag des neuen Jahres hatte begonnen.

Der Trading Floor wurde lebendig, knisterte vor hektischer Betriebsamkeit. In den ersten paar Minuten sprang der Dow Jones schon sechs Punkte höher auf den neuen Rekordwert von 9115 Punkten. Unaufhörlich klingelten Telefone mit institutionellen Anlegern am anderen Ende, die Aufklärung verlangten. *Hat der Markt seinen Höhepunkt erreicht? Kommt jetzt die unausweichliche Kursberichtigung? Sollen wir Long Positions kaufen, verkaufen oder halten?* Rick beobachtete die Händler und Vertreter, alles dem Anschein nach Mitt- bis Endzwanziger, die hemdsärmelig und mit durchgedrückten Rücken an ihren Posten standen, in einem engen Halbkreis vor- und zurückhüpften wie Pitbullterrier, die mit einer Telefonschnur an ihre Arbeitsstelle gekettet waren. Frenetisch bearbeiteten sie ihre Telefone, hämmerten die Schnellwähltasten ihrer Vorzugskunden ein und sprachen in abgehacktem, atemlosem Ton, um die Hitze, Energie und Dramatik der Börse von ihren Erste-Reihe-Plätzen aus nachvollziehbar zu machen. Sich überlappende Fetzen erregter Geschäftsgespräche drangen an Hansens Ohr.

»Furman Selz hat dreihunderttausend zu verkaufen, aber sie lassen erst mal kommen, da sie wissen, es gibt genug Nachfrage...«

»Sorry, Dan-o, in dieser Sache kann ich die Decke nur ein wenig lüften.«

»Immer wenn die Gewinnkurve eine Phase negativer Konvexität durchläuft, hast du als Effekt einen niedrigen Gammafaktor, niedrige Volatilität und du rutschst weiter, sobald der Markt sich erholt. Kannst du mir folgen?«

»Wie weit mußt du denn gehen bei diesem Futures-Hedging? Auggies? Wenn du willst, kann ich dir DCs besorgen...«

»...hören Sie, der Abteilungschef bei Bankers wird mir was husten, wenn ich ihn mit diesen Zahlen zurückrufe. Soll das vielleicht ein Versuch sein, die zu bewegen, das Geschäft ohne uns zu machen, oder was...«

»...wenn Sie mich fragen, das Stellagegeschäft schreit nach Kauf...«

Es war ein elektrisierendes Spektakel, die Finanzgeschäfte auf dem Trading Floor zu verfolgen. Stephanie gegenüber würde es Hansen später als anteilige Mischung aus Auktion, Spielcasino und Symphonieorchester zu beschreiben versuchen. Es gab eine Musik des Geschäftemachens, unterlegt vom dauernden Klappern der Zeitautomaten, an denen die Händler ihre Tickets abstempelten, die sie anschließend in Drahtkörbe warfen, damit die Sales Assistants sie zur Kassenabteilung hinüberbringen konnten. Jeder Börsentag bestand aus 390 zermürbenden Minuten,

23 400 strapaziösen Sekunden, hochgradig aufgeladen mit Angst, Gier, Ehrgeiz, Adrenalin, Endorphin, Testosteron, Koffein und Konditorzucker. Und dieser erste Vorgeschmack gefiel Hansen ganz ausgesprochen gut.

Kilmartin riß Hansen aus seiner Trance. »Na, kommen Sie, mein Freund. Ich möchte Sie dem Derivateteam vorstellen.« Er führte ihn zum südlichen Ende des Trading Floors.

Die zweiundzwanzig Mann starke Derivatetruppe saß direkt an jenem großen Panoramafenster, das einen Postkartenblick über den New Yorker Hafen bot, ein sicheres Zeichen für den Beitrag, die die Gruppe zur »P & L«, der *Profit & Loss*-Aufstellung des Departments, leistete. Pro Mitarbeiter gerechnet, waren die Derivate die profitabelste Abteilung bei Wolcott Fulbright überhaupt, mit der möglichen Ausnahme der Akquisition- und Fusionsjungs zwei Stockwerke über ihnen.

Die hochqualifizierten Männer, aus denen sich die Derivategang zusammensetzte, waren in erster Linie unverbrauchte, handverlesene Absolventen einer exklusiven Auswahl der besten Businеßhochschulen, denen Wolcotts Leitung jährlich Hunderttausende an Spendengeldern zukommen ließ. Vielleicht ein Drittel von ihnen waren in der Highschool noch die großen Verlierer gewesen – unbeholfene Pfeifen, die als wandelnde Rechenschieber die Schachauswahl der Schule anführten und nicht einmal zum Abschlußball ein Date arrangieren konnten. Aber jetzt hatten es diese Spinner ins Zentrum der Geldwelt geschafft, und die meisten von ihnen verfügten über ein größeres Jahreseinkommen als der Präsident der Vereinigten Staaten. Allerdings vermieden sie gewissenhaft die provokative Konsumwut der »Yuppie-Idioten« in den 80er Jahren. Diese Youngster trugen nicht die wieder in Mode gekommenen Uhren von Audemars Piquet und Vacheron Constantin, sie trugen Timex-Indiglo-Ironman-Triathlon-Digitaluhren für $ 39,95. Sie trugen weiße Hemden von Hathaway, steif vor Stärke, und die Ärmel bis zu den Ellbogen hochgekrempelt. Eitelkeit demonstrierten sie allein noch bei den modischen europäischen Seidenkrawatten (insbesondere Ferragamo, Princeß

Mara und Hermès) und den Fünfundsiebzigdollarfrisuren. Die Derivatejungs fanden ihre Erfüllung in ihrer Arbeit und die finanzielle Ausbeute interessierte sie dabei weitaus weniger. Die Kakophonie aus ratternden Zeitstemplern, enthusiastischem Verkäuferstakkato und den zischenden Stimmen aus dem firmeneigenen Sprechfunk war an Intensität und Lautstärke hier einfach ein paar Dezibel höher als irgendwo anders im Saal.

Mike Kilmartin unterbrach eine hitzige Diskussion zwischen sieben der Händler und stellte Rick als den neuen, für den Derivatehandel zuständigen Hausjuristen vor. Die Händler wurden Rick mit ihren Spitznamen vorgestellt: The Stain, Joe Money, Train Wreck, Eddie Pockets, Zaps, Danny Patridge, Gumby. Spitznamen schienen obligatorische Bestandteile dieser Händlerkaste zu sein – ganz ähnlich wie bei Profisportlern, Militärangehörigen, Burschenschaftlern und Mafiosi. Beunruhigt fragte sich Hansen, welchen Spitznamen sie wohl ihm später anhängen würden.

»Wo steckt denn McGeary?« fragte Kilmartin mit einem Blick in das leere gläserne Büro des Chefs.

»Ist auf der allmonatlichen Vorstandssitzung der nationalen Päderastenvereinigung«, meinte Zaps nüchtern und stempelte das Ticket für einen Fidelity-Trade.

In einem eindeutig nach London School of Economics klingenden Dialekt fügte The Stain hinzu: »Heute war er an der Reihe mit Punsch und Keksen.«

»Und mit den Fünftkläßlern«, mischte Danny Patridge sich ein.

Joe Money blickte von der Tabellenkalkulation auf seinem Hewlett-Packerd 200 LX Palmtop auf und stieß einen Daumen in Richtung der Londoner Programmhandelsgruppe. »In Wahrheit handelt er gerade mit den Blauhemden den Kurs für ein außerbörsliches Paket Schrottaktien aus.« Joe spielte auf ihre britischen Konkurrenten an, die blaue Hemden bei der Arbeit trugen, während ihre amerikanischen Widersacher weiße bevorzugten (und von der anderen Seite daher folgerichtig »Weißhemden« genannt wurden).

»Wann kommt er zurück?«

»Keine Ahnung.«

Das Telefon klingelte, und Train Wreck hob den Hörer ab. Statt sich mit dem Firmennamen zu melden, nannte er sofort die aktuelle Höhe des S & P 500 Index. Mit einer Hand über der Sprechmuschel brüllte er: »Danny Patridge, PIMCO für dich auf acht-sieben.«

»Ruf in fünf Minuten zurück, muß das hier erst regeln«, erwiderte Danny Patridge.

»Also gut«, sagte Kilmartin. »Wenn McGeary zurück ist, soll er mich doch bitte anrufen.«

»Eine Sekunde mal«, sagte Zaps. »Ihr Jungs seid doch Anwälte – oder zumindest annehmbare Kopien derselben. Vielleicht könnt ihr ja ein Problem für uns lösen.«

»Wir können's versuchen.«

Zaps machte weiter eine unbewegte Miene. »Wen würdet ihr lieber flachlegen – Betty oder Veronica?«

Ohne Zögern antwortete Rick: »Betty, natürlich.«

»Betty!« stöhnte Danny Patridge. »Warum Betty?«

»Veronica wirkte immer so gängelnd, verstehst du, was ich meine? Ständig spielt sie Archie und Reggie gegeneinander aus.«

»Reiche Schlampe«, pflichtete The Stain bei, obwohl er fern der Comic-Helden in London aufgewachsen war.

»Wurde mit 'nem silbernen Löffel im Mund geboren«, bemerkte Train Wreck.

»Laßt uns nicht vergessen«, schaltete Kilmartin sich ein, »es waren die sexuellen Spannungen um Veronica Lodge, die zum Auseinanderbrechen der Archies geführt haben. Sie war die Yoko Ono der Comicseiten.«

»Ach, ihr Kerle habt doch wirklich keinen Geschmack.« Danny Patridge machte eine wegwerfende Handbewegung. »Betty schien doch direkt aus irgendeinem verrotteten Trailerpark zu stammen. Schon wie sie sich immer an Arch rangemacht hat. Ekelhaft.«

»Tja, ekelhaft oder nicht, das Problem wurde gelöst«, entschied Zaps. »Betty fickt man, Veronica heiratet man. Zahlen, Danny.«

Die Entscheidung ließ die im Halbkreis um sie herum stehenden Händler in Jubel ausbrechen. Offenbar hatte Hansens Antwort bei einer Wette unter den Händlern den Ausschlag zuungunsten von Danny Patridge gegeben. Der Verlierer brummelte mißmutig, zog ein Bündel Geldscheine aus der Hosentasche und verteilte Zehndollarnoten an Zaps, The Stain und Train Wreck. Zaps steckte den Zehner ein und erhob seine Stimme über den Lärm. »Okay, Zeit für die Hauptrunde. Penelope Pitstop contra Jessica Rabbit. Wer ist dabei?«

Das Telefon meckerte erneut, und The Stain hob ab: »Wolcott. Yeah, am Apparat. Hey, Steve, na, was sagst du zum Rangers-Spiel gestern abend? Das war ein Finish, was? Zwei Schlägereien und Verlängerung, yeah. Bist du bis zum Ende geblieben? Sekunde mal.« Stainsby bedeckte die Sprechmuschel. »Hey, ich hab' hier Soros am Apparat. Muß jetzt weitermachen, okay?«

»Sag Magilla, er möchte mich anrufen«, rief Kilmartin ihm über das Getöse zu.

The Stain winkte bestätigend und begann den Anleger vollzuquatschen.

Auf dem Rückweg in die Rechtsabteilung fragte Kilmartin seinen neuen Mitarbeiter im Fahrstuhl: »Und, was halten Sie von dem täglichen darwinistischen Dschungel, auch bekannt unter dem Namen Wolcott Fulbright?«

»Ziemlich drastischer Unterschied zum Alltag in meiner alten Kanzlei.«

»Mit Sicherheit.« Grübelnd nagte Kilmartin an seiner Unterlippe. »Manchmal beneide ich McGearys Truppe richtig, ihre Chuzpe und ihren Korpsgeist. Manchmal frage ich mich sogar, warum ich mich nicht selbst umorientiere und Händler werde. Aber dann reiß' ich mich zusammen, und mir wird wieder bewußt, daß dies die Jungs sind, die Tag für Tag in der Schußlinie stehen und ihren Arsch hinhalten, Risiken eingehen und vollen

Druck schon zum Frühstück haben. Die sind wie Profisportler – mit deren Karrieren kann es im Nu vorbei sein. Und plötzlich hab' ich dann nicht mehr viel dagegen, ein Zehntel von dem zu verdienen, was sie nach Hause bringen.« Kilmartin massierte sein Kinn. »Schließlich, wenn ich nicht so risikoscheu wäre, hätte ich wahrscheinlich nicht Jura studiert, sondern gleich eine Business School besucht.«

Nachdem sich die Aufzugtüren im siebenunddreißigsten Stock geöffnet hatten, führte Kilmartin ihn herum und machte ihn mit den anderen Kollegen der Abteilung bekannt.

Den Rest des Tages verbrachte Rick in seinem Büro damit, Abhandlungen zum Thema Derivate und Datensammlungen aus sieben Trading-Runs zu studieren, die ein Bote in seiner Abwesenheit auf dem Schreibtisch abgeladen hatte. Gegen zwanzig nach acht machte Rick schließlich Feierabend, nicht ohne sich allerdings noch etwas Heimlektüre einzupacken.

Als er sich nach vorn lehnte, um seinen PC für den Tag auszuschalten, warf er einen Blick auf das Fenster mit dem Börsenticker. Wie sich herausstellte, hatte der Markt am heutigen Tag 77,34 Punkte zugelegt und damit das Jahr gleich mit einem neuen Rekordstand begonnen.

»Himmel, Arsch und Zwirn«, murmelte Hansen ehrfurchtsvoll vor sich hin. *Und keiner weiß, wie lange der Krug noch zum Brunnen geht.*

Er schaltete das Gerät aus, und die Farben auf dem Monitor fielen zu einem kleinen weißen Punkt in der Mitte des dunklen Bildschirms zusammen, bevor sie völlig verschwanden.

Ebenso wie den meisten anderen Benutzern des internen Computernetzwerks von Wolcott Fulbright war auch Rick unbekannt, daß jedesmal ein automatischer Eintrag erfolgte, sobald ein Mitarbeiter Zugriff auf das System nahm. Ein Programm führte Buch über die im System verbrachte Zeit, die eingesehenen Dateien, die auf Firmenkosten aufgerufenen Internetseiten und – für die Dauer von jeweils sechzig Kalendertagen – alle Eingaben, die nach Zugriff auf das System durchgeführt worden waren. Die Techniker aus Wolcotts Datensicherheitsabteilung hatten das Big-Brother-Überwachungssystem eingerichtet, um sicherzustellen, daß kein Firmenangestellter unbemerkt Kopien vertraulicher Wolcottunterlagen anfertigen, via E-mail geschmacklose Polenwitze verbreiten oder zuviel Zeit mit dem Studium der *Penthouse*-Homepage verbringen konnte.

Aber wie alle derartigen Kontrolleinrichtungen war auch Wolcotts Sicherheitssystem anfällig für Mißbrauch. Rick Hansen hätte sich niemals vorstellen können, daß sein Tun von unsichtbaren Augen verfolgt wurde. Erst in den folgenden Monaten würde er sich mit diesem Aspekt beschäftigen müssen. Und dann würde ihn dieser Aspekt ganz außerordentlich beschäftigen.

Hansen schloß die Tür zu seinem Büro und fuhr nach Hause, um Stephanie zu erzählen, wie sehr ihm der erste Tag in seinem neuen Job gefallen hatte.

3

St. Barthélemy's Island
Mittwoch, 6. Januar

Zwei Tage später versammelten sich auf einer Luxusyacht zwei Meilen vor der Küste von St. Barthélemy im Südpazifik neun Finanzspekulanten von internationalem Ruf. Colbert sprach von diesen Männern stets als den Contrarians, eine spöttische Anspielung auf den Kern ihres ehrgeizigen Projekts.

Colbert hatte jeden einzelnen von ihnen mit kritischen Augen ausgewählt und dabei sorgfältig differenziert. Unverschämter Reichtum bildete selbstverständlich die Eingangsvoraussetzung. Jeder, der weniger als einhundert Millionen Dollar netto flüssig hatte, schied für die Contrarians von vornherein aus. Allerdings würde auch eine Verbindung aus Megamillionären, die keinerlei Biß mehr zeigten und nur das schöne Leben genießen wollten, unweigerlich zu einem schlimmen Resultat führen.

Doch die Contrarians setzten sich aus einer völlig anderen Sorte von Leuten zusammen. Im Unterschied zu den verweichlichten Erben von Treuhandvermögen, die man überall antraf und deren gesellschaftliche Kreise aus altem Geld den hier Versammelten auf immer verschlossen bleiben würden, war keinem der Partner sein Vermögen von einem verstorbenen Sproß irgendeiner Familiendynastie in den Schoß gefallen.

Jeder von ihnen hatte sich selbst zum Magnaten hochgearbeitet. In ihrem Innern brannte ein verzehrendes Feuer.

Mit wenig oder keinem Startkapital hatten sie sich geschickt und entschlossen der drei zentralen Aspekte der Geschäftswelt – Gesetzeslücken, Anwälte und Prozesse – bedient. Sie hatten Armeen hochbezahlter Söldner in Juristen- und Buchhalterkluft rekrutiert, um sich betrügend, stehlend und bestechend ihren Weg zu neunstelligem Reichtum zu bahnen. Während sich die juristische Vorgehensweise für diese Gruppe als ein effizientes Mittel zur Akkumulation von Reichtum bewährt hatte, fühlte sich jeder Contrarian freigesprochen von diesen Gesetzen und hatte für diese Welt nur Verachtung übrig. Jeder vertrat die feste Überzeugung, daß er niemals, wie ungeheuerlich das begangene Verbrechen auch immer sein mochte, einen Tag seines privilegierten Lebens hinter Gittern verbringen würde.

Ihre Vermögen waren in den undurchsichtigen Welten dunkler Geschäfte gemacht worden. So handelte es sich bei van der Leun beispielsweise um einen Industriellen, der seine Profite in erster Linie als internationaler Waffenhändler erzielte; Reich führte weltweit fragwürdige Aktiengeschäfte durch; Zull hatte sich die Mehrheitsanteile an einem südafrikanischen Unternehmen ergaunert, das auf eine enorm lukrative Diamantenader gestoßen war; Pethers, ein australischer Anwalt, hatte während des Golfkriegs Hunderte von Millionen Dollar des kuwaitischen Öltrusts veruntreut; De Moncheaux hatte Milliardenbeträge für das Kokainkartell in Medellín gewaschen. Sollten andere sich doch an Regeln und Gesetze halten; diesen Männern machten es genetische Kodierung und Milieuprägungen unmöglich, solchen Normen zu folgen. Das gesellschaftliche Regelwerk galt für andere, nicht für sie – diese Unterscheidung hatte sie unbegreiflich reich werden lassen. Aber nicht reich genug.

Habsucht, Ego, Unsicherheit, Rache, Selbsthaß – Colbert war es ziemlich gleichgültig, was das Feuer im Innern der Mitspieler speiste. Einen Contrarian mußte es permanent nach Anhäufung von Reichtum verlangen. Jedes Mitglied in dieser Partnerschaft mußte jeden bewußten Moment seines Seins der Obsession widmen, den höchsten Preis zu erringen, den das Leben zu bieten hatte.

Eine Milliarde Dollar netto zu besitzen.

Eine Milliarde Dollar – für Colbert bedeutete das keineswegs eine unerreichbare Zielvorstellung. Es war nichts weiter als *ein-tausend* Millionen. Wahrscheinlich würden einige, wenn nicht die meisten der auf der Yacht versammelten Männer auch ohne diese Initiative die magische Grenze überspringen. Aber solche Männer waren von Natur aus ungeduldig. Als sie Contrarians wurden, versprach ihnen Colbert, ihre Aufnahme in diesen exklusiven Club von lediglich fünfhundert Menschen weltweit erheblich zu beschleunigen. Für jeden Dollar, den sie investierten, würden sie wenigstens einhundert zurückbekommen. Colbert wußte genau, diese Männer konnten ein solches Angebot niemals ablehnen, nicht die Sorte von Männern, die er ausgewählt hatte.

Von all seinen Yachten besaß die *Full Acquittal (Kompletter Freispruch)* für Colbert den größten sentimentalen Wert. Von vorn bis achtern war die vierunddreißig Meter lange Hatteras ein herrliches Schiff, das eine Höchstgeschwindigkeit von fünfundzwanzig Knoten erreichte. Zugegebenermaßen handelte es sich bei der Yacht um einen Spontankauf, den Colbert getätigt hatte, unmittelbar nachdem ihn eine Geschworenenjury vom Vorwurf des Betrugs mit Bundesanleihen und der Steuerhinterziehung in insgesamt siebenundzwanzig Fällen freigesprochen hatte. Es war ein maßloses Geschenk an sich selbst für seine Ausgebufftheit, sein Draufgängertum und seinen Scharfsinn. Schließlich und endlich war Colbert doch noch immer der Beste in der Branche. Die *Full Acquittal* bot den idealen Versammlungsort für eine vertrauliche Zusammenkunft fern aller vorwitzigen Blicke.

Kurz nach elf Uhr Ortszeit entsandte Colbert seinen Ersten Offizier, um den anderen mitzuteilen, daß ihr Gipfeltreffen jetzt beginnen würde. Er übertrug die Steuerung des Schiffs der Viermanncrew, stieg nach unten in die Hauptkabine und wartete auf seine Gäste.

Der Rest der Contrarians kam die Treppe in die mit Marmor ausgeschmückte Kabine der *Full Acquittal* hinunter. Von mehreren Stunden Sportfischen in tropischer Sonne war ihre Haut rosig. Sie trugen ihre harmlosen kleinen Kämpfe miteinander aus, wie es Männer ihres sozioökonomischen Kalibers gerne tun, und prahlten mit ihren Megadeals und kürzlich abgeschlossenen Transaktionen. An dem Unterton todernsten Konkurrenzgeists, der sich hinter ihrem freundlichen Benehmen verbarg, konnte dabei jedoch kein Zweifel bestehen.

Während die Männer sich um den Konferenztisch aus honduranischem Mahagoni versammelten, stellte ein Steward Krüge mit einer kaum bekannten Marke Mineralwasser, die aus den italienischen Alpen eingeflogen wurde, sowie Platten mit Croissants und Fruchtaufstrichen unter den von der Decke hängenden Waterford-Kronleuchter. Kühl musterte Colbert die Gruppe der anwesenden Männer: Reich, Kuypen, van der Leun, Jermyn, Lanzaretti, Zull, Pethers und De Moncheaux. *Wenn ein zynisches Schicksal das Schiff in diesem Moment untergehen ließe, würden drei Milliarden Dollar Nettovermögen im Meer versinken*, überschlug er. Dann lächelte er vor sich hin. Wenn die Initiative dem Three-Rivers-Modell in allen Einzelheiten folgte, würden die Männer bald ein Vielfaches dieser Summe wert sein.

Er blickte auf seinen Patek-Philippe-Chronograph und stellte fest, daß es exakt 11.30 war. *Showtime.* Colbert rief die Versammlung zur Ruhe.

»Gentlemen, es ist mir eine außerordentliche Ehre, Gastgeber dieses letzten Treffens vor dem Beginn der ersten Phase unserer Initiative zu sein. Herzlichen Dank, daß jeder von Ihnen all die vielen Termine umarrangieren und es einrichten konnte, an diesem so kurzfristig einberufenen Treffen teilzunehmen. Da die Fische beißen, werde ich meine Ausführungen kurz halten.«

»Wie wahr, wie wahr«, dröhnte Gunter van der Leun, der am Morgen einen Hai gefangen hatte und schon nach der nächsten Trophäe lechzte.

»Ich habe Sie heute hierher gebeten, um Sie darüber zu informieren, daß es für unsere Initiative jetzt tatsächlich ›volle Kraft voraus‹ heißt. Die Unterlagen für die Offshore-Einrichtungen sind in den diversen, vor uns festgelegten steuerfreundlichen Hoheitsgebieten eingereicht worden.«

»Wann werden wir damit beginnen, sie zu benutzen?« fragte Antar Reich.

»Montag morgen.«

Jubel brach aus. Endlich würde die Sache beginnen.

»Das bedeutet selbstverständlich auch, daß die letzte Rate Ihres finanziellen Engagements fällig wird, zahlbar per telegrafischer Anweisung an unsere Offshore-Bank auf der Isle of Man. Bitte, spätestens bis Montag morgen, zehn Uhr, New Yorker Ortszeit.«

»Auf den Haken hab ich schon gewartet«, witzelte Gunter van der Leun.

»Der Zeitfaktor ist von entscheidender Bedeutung, fürchte ich. Wir stehen kurz vor dem Abschluß eines Geschäfts mit der Dartmouth Funds Group in Baltimore, und wir dürfen diesen nicht wegen eines vorübergehenden Mangels an Investitionskapital gefährden.«

Die Nachricht über den bevorstehenden Deal mit Dartmouth entlockte den Contrarians ein beifälliges Gemurmel. Es hatte unmöglich gewirkt, und trotzdem stand Colbert kurz vor der Umsetzung.

»Außerdem«, fuhr Colbert fort, »haben die beiden Broker-Dealer-Futures-Büros, die wir in Los Angeles und Florida eingerichtet haben, von den jeweiligen Aufsichtsbehörden ihre Lizenz erhalten und sind mit Mitteln der Contrarians finanziell angemessen ausgestattet worden. Sie stehen nun bereit, Ihre Derivategeschäfte durchzuführen.« Colbert nahm ein Bündel vorbereiteter Fotokopien zur Hand und begann sie zu verteilen. »Der Name der Einrichtung in L. A. ist *Infinity Technology Securities Company*. Florida heißt *GoldBridge Capital Advisors*. Dieter, Gunter, Dirk und Graham werden ihre Derivategeschäfte über Infinity finanzieren; Mario, Marty, Antar und Jean-Claude benützen GoldBridge. Die Kontonummern Ihrer fiktiven Offshore-Einrichtungen finden Sie auf den Seiten, die ich gerade ausgeteilt habe.«

Dieter Kuypen hob einen Zeigefinger. »Der Zeitplan listet Transaktionen bis zum neunundzwanzigsten Januar auf.«

»Freitag, der neunundzwanzigste Januar, ist der Tag, an dem wir uns einschalten werden«, erwiderte Colbert.

»Warum ausgerechnet der Neunundzwanzigste?«

»Das vom Three Rivers Expertensystem entwickelte Modell hat offenbar den sogenannten Januar-Effekt in seine Berechnungen einbezogen. Auf der Grundlage historischer Modelle hat es festgestellt, daß der Neunundzwanzigste der optimale Tag ist, um sich irgendwelche künstlichen Run-ups im Kurs breitgestreuter Aktienindizes zunutze zu machen.«

Zull runzelte die Stirn. »Wollen Sie damit sagen, daß all unser Kapital einer *Maschine* anvertraut wird? Ich kann mich noch immer nicht richtig anfreunden mit dieser Idee.«

»Stellen Sie es sich einfach als automatisierten Händler vor, Marty«, erklärte Colbert beruhigend. »Eine Maschine, die augenblicklich auf jede feine Veränderung des Marktes reagieren kann. Aber es steckt noch mehr dahinter, viel mehr. Auf alle Fälle besteht wenig Risiko für Ihr Kapital.«

»Wir werden sehen«, orakelte Zull.

»Erlauben Sie mir einige nähere Ausführungen.« Colbert kehrte zu seinem Platz am Konferenztisch zurück. »Um der Initiative zum Erfolg zu verhelfen, muß jede eingebrachte Order durch eine gleichartige, aber gegenläufige Transaktion durch einen Ihrer Partner wirtschaftlich aufgehoben werden. Es ist ein Nullsummenspiel, verstehen Sie... Da die spiegelbildlichen Orders ökonomisch die Folge haben, sich zu neutralisieren, wird das Anfangskapital der Contrarians zu keiner Zeit in Gefahr sein. Aber aufgrund der Größenordnung jeder dieser Transaktionen erzeugt das Three Rivers Expertensystem eine Art *self-fulfilling prophecy.*« Colbert blickte in die verständnislosen Gesichter um ihn herum und beschloß, es dabei bewenden zu lassen. »Das ist alles, was ich im Moment dazu sagen kann.«

»Sind die Fehler in dem Black-box-System behoben?« fragte Dirk Jermyn.

»Das wollte ich als nächsten Tagesordnungspunkt ansprechen, Dirk, schönen Dank. Trotz der inakzeptablen Ergebnisse früherer Testläufe des Black-box-Systems, kann ich Ihnen zu meiner Freude berichten, daß das System dank unseres Mannes Stiletto in New York nun voll funktionsfähig ist. Die letzten Resultate waren makellos. Jeder Versuch der Behörden, den Ursprung der Handelsaktivitäten zu lokalisieren, ist zum Scheitern verurteilt.«

»Das ist tatsächlich eine gute Nachricht«, schwärmte Antar Reich. »Ehrlich gesagt, hielt ich die technischen Probleme für unüberwindlich.«

»Ich auch«, bemerkte Kuypen und schüttelte grinsend seinen Kopf.

Van der Leun schaltete sich ein: »Wann werden wir übrigens die Identität dieses geheimnisvollen Stiletto erfahren?«

»Niemals. Nächste Frage.«

Die Männer lachten. Colberts Geheimniskrämerei mit Stilettos wahrer Identität war für die Contrarians zu einem Daueranlaß für ironische Seitenhiebe geworden. Alles, was man über Stiletto wußte, war, daß es sich um jemanden mit beträchtlichem Einfluß in amerikanischen Finanzkreisen handeln mußte. Stiletto war die unsichtbare Hand, die jene Hebel in Bewegung setzte, die den Contrarians einen unvorstellbaren Reichtum bescheren würde.

»Wer kam denn nur auf diesen Decknamen?« murmelte van der Leun vor sich hin. »*Stiletto*, meine Güte. Klingt wie aus einem Hollywood-Spionagefilm.«

Jermyn meldete sich zu Wort. »Ich möchte ja keinen Streit vom Zaun brechen, aber ich verstehe nicht ganz, warum wir in dieser Runde zum Zusehen gezwungen werden. Ich meine, was ist schon dabei, wenn wir im außerbörslichen Derivatehandel ein paar relativ kleine Nebenwetten plazieren und uns so ein Teil unseres Investitionskapitals zurückholen?«

Diese Bemerkung sorgte für zustimmendes Nicken bei einigen in der Runde, denen es nach einem sofortigen Einfahren von Profiten verlangte. Natürlich war dies eine Frage, die Colbert schon erwartet hatte. »Noch einmal, Gentlemen, die Januar-Initiative ist bloß ein Vorspiel auf das Hauptereignis. Wie ich bereits früher ausgeführt habe, können wir uns das Risiko nicht leisten, daß außerbörsliche Derivategeschäfte im Radar der US-Behörden auffallen und für Nachforschungen sorgen.«

»Aber wir könnten das Ganze offshore durchführen. In den privat ausgehandelten ...«

Colbert hob seine Hand und gebot Schweigen. »Ich versichere Ihnen, die Belohnung am Ende dieser ersten Tranche wird fürstlich sein und Sie werden Ihre Geduld bestätigt finden. Aber bis dahin ist es Ihnen und allen anderen Mitgliedern der Contrarians untersagt, vor der Januar-Initiative ungenehmigte außerbörsliche Derivatetransaktionen zu plazieren. Lassen Sie mich das völlig klarmachen: *Niemand unter uns darf die gesamte Unternehmung gefährden.* Daher muß ich noch einmal auf eine Versicherung von jedem einzelnen von Ihnen bestehen, daß er nicht gegen diese Abmachung verstoßen wird.« Sein Blick wanderte durch den Raum und musterte die anderen genau, um sicherzustellen, daß niemand es wagen würde, dieses Gebot zu verletzen.

Graham Pethers, der junge australische Veruntreuungsmeister, begegnete Colberts Blick auf eine – wie es schien – abschätzige Weise.

»Graham, haben Sie damit irgendwelche Probleme?« erkundigte sich Colbert spitz.

Graham erwiderte scharf: »Damit? Nein, damit nicht.«

»Schön.«

»Was mich, offen gesagt, beunruhigt«, fuhr Pethers fort und dehnte dabei jedes Wort, »ist, daß bei unserem Eintritt in diese Unternehmung von Blutvergießen eigentlich keine Rede war.«

Colbert erstarrte. »Wie bitte?« zischte er.

»Ich glaube, Sie haben mich sehr genau verstanden. Dieser Wall-Street-Anwalt ist tot. Bingaman oder wie immer er hieß. Stilettos Jüngelchen. Weder wurden wir zu Rate gezogen, noch über seine Ermordung informiert, nicht einmal im nachhinein.«

Sorgsam wählte Colbert seine Worte: »Thomas Bingham diente diesem Projekt als Berater, das stimmt. Und es stimmt auch, daß er seinem Leben ein Ende bereitet hat. Er hatte schwere persönliche Probleme, war manisch-depressiv und unheilbar spielsüchtig. Sein Tod mag zwar verfrüht und tragisch gewesen sein, aber die Contrarians sind mittlerweile an einem Punkt angelangt, an dem sie nicht länger auf die Sachkenntnisse eines…«

»Ach, kommen Sie«, schnappte Pethers. »Bei allem Respekt, erwarten Sie wirklich von uns, zu glauben, dieser Tom Bingham habe sich *selbst* umgebracht? *Vor* seinem großen Zahltag?«

»Jetzt reicht's, Graham«, mischte sich Kuypen ein.

Der nicht sonderlich attraktive Colbert benutzte sein unvorteilhaftes Aussehen gerne als Waffe. Sein Gesicht konnte sich in eine kalte, harte Maske aus gehässiger Verachtung verwandeln, die einen ausbrechenden Disput am Verhandlungstisch augenblicklich zum Verstummen brachte. Und nun, angesichts dieser schwerwiegenden Anschuldigung, die das Vertrauen seiner Finanzpartner am Vorabend der Beitragszahlungen zu erschüttern drohte, starrte Colbert seinen Ankläger mit eisigem Blick an. »Was wollen Sie damit sagen, Mr. Pethers?«

»*Gar nichts* will ich damit andeuten. Ich bitte Sie lediglich um die Versicherung, daß für Binghams Unglücksfall nicht wir – will heißen die Contrarians – die Verantwortung tragen.«

»Ein für allemal, die Contrarians können nicht für die dunklen Mächte verantwortlich gemacht werden, die Bingham zu seiner Tat getrieben haben.«

»Würden Sie unter Eid versichern, daß…«

»Jede weitere Erörterung dieses Punktes muß in inoffiziellem Rahmen erfolgen«, fauchte Colbert.

»Inoffiziell ist der Rahmen ja«, erwiderte Pethers gelassen.

Eine kalte Wut stieg in Colbert auf. Er legte seine Handflächen auf die Tischplatte und lehnte sich nach vorn. »Von Beginn an habe ich zugesagt, daß diese Initiative rein finanzieller Natur sein würde.« Die letzte Bemerkung richtete er direkt an Pethers, der seinen stechenden Blick erwiderte. »Jede Andeutung, daß ich nicht zu meinem Wort stehe, verstehe ich als persönliche Beleidigung.«

Die anwesenden Männer bekräftigten murmelnd ihre Unterstützung für Colbert und ihr Engagement für die Initiative. Dann fiel der Raum in Schweigen, und nur das Rasseln der Klimaanlage war noch zu hören.

»Gibt es noch weitere Fragen?« erkundigte Colbert sich schließlich.

Niemand wagte es, sich zu melden.

»Das Mittagessen wird um eins auf dem Hauptdeck serviert«, verkündete Colbert kurz angebunden. »Etwa um fünf werden wir wieder in den Hafen einlaufen. Genießen Sie Ihren Aufenthalt.«

Mit ernsten Mienen marschierten die Männer aus der Kabine, um sich wieder dem Sportangeln zu widmen. Colbert hob sein Kinn und feuerte einen bösartigen Blick – wie es schien – in Richtung des Waterford-Kronleuchters.

Die glasfiberoptische Videokamera japanischer Bauart mit dem gut einen Zentimeter großen CCD Sony Microchip war in einem unscheinbaren gläsernen Bogen versteckt, der für den beiläufigen Beobachter völlig unverdächtig aus der Mitte des Kronleuchters herauswuchs. Die stecknadelgroße Linse löste die Aufnahme von Colberts Gesicht in dreihunderttausend Punkte auf und übertrug ein fünfhundertzeiliges Bild an den Sicherheitschef, der das Treffen im Achterdeck befehlsgemäß auf Video festhielt.

Viktor Alexejew nickte bestätigend in den Monitor. Er hatte die Botschaft seines Auftraggebers verstanden: *Um Pethers mußte sich von nun an gekümmert werden.*

Colberts Gesichtsausdruck hatte Alexejew klargemacht, daß es mit dem Morden noch nicht vorbei war, nicht, wenn sich erneut die Notwendigkeit dazu ergeben sollte. Aber das Töten war unwichtig, ein Nebenschauplatz, nichts als eine kleine Ablenkung von ihrem eigentlichen Leitsatz, und der besagte kurz und bündig: Keinem würde gestattet werden, die gesamte Unternehmung zu gefährden. Niemandem.

4

Wall Street 44, Manhattan
Freitag, der 8. Januar

»Lust, eine zu rauchen?«

So lauteten die ersten Worte, die Gil McGeary seit dem Tag ihres flüchtigen Bewerbungsgesprächs an Rick Hansen richtete. Es war dann doch Ende der Woche geworden, bis Hansen den legendären Leiter von Wolcotts Derivateabteilung zu fassen bekam. Mit der Begründung, der lebhafte Handel mache seinen persönlichen Einsatz zur Zeit unbedingt notwendig, hatte McGeary eine Verabredung nach der anderen platzen lassen, bis sich Freitagmorgen um Viertel nach neun schließlich die Möglichkeit zu einem Treffen bot. Aber selbst dann erschien McGeary mit gut fünfundzwanzig Minuten Verspätung.

Auf dem Trading Floor vertrieb Rick sich die Zeit damit, eine Liste der zu erledigenden Dinge in seinen neuen ledergebundenen Terminkalender einzutragen. Als ihm nichts mehr einfiel, zog er die merkwürdige Metallkarte aus der rückwärtigen Tasche des Kalenders und verfolgte, wie die Digitalanzeige alle hundertzwanzig Sekunden wechselte.

129–567…

435–778…

099–987…

Um ungefähr 9.40 Uhr vernahm Hansen ein erregtes Stimmengewirr, das ihn aufblicken ließ. In diesem Moment sah er den Leiter des Derivateteams zum ersten Mal wieder.

Gil »Magilla« McGeary durchquerte den Raum in einer majestätisch-prahlerischen Haltung, die ihn wie ein Panzer umhüllte.

In einer Hand trug er einen Beutel mit Yoghurt bestrichener Brezeln aus der Cafeteria und in der anderen einen vollen Kaffeebecher mit der Aufschrift TYPE A'S HAVE MORE FUN.

Mit seinen sechsunddreißig Jahren strahlte McGeary die lässige Selbstsicherheit des Profisportlers aus, der er früher tatsächlich einmal gewesen war, als er in Toledo drei Spielzeiten in der Triple-A-League Baseball gespielt hatte, bevor er seine Stollenschuhe mit einer ganz passablen Trefferquote von 25,7 Prozent an den Nagel gehängt hatte. Er verfügte über die massige, stiernackige Statur eines Ex-Profis, der nach einigen Jahren des Wohllebens Speck anzusetzen begann. Seine aristokratische Nase war bei Kollisionen an der Home Plate zwar zweimal gebrochen worden und seine Knie waren nach schweren Verletzungen bereits beide zum Teufel, aber er besaß eine eindrucksvolle, herkulische Mähne aus schlohweißem Haar und eine volltönende Baritonstimme, die Nachrichtenmoderatoren neidisch hätte werden lassen, und beides verlieh ihm im Dschungel des Börsengeschäfts einen schwer erschütterbaren Schein von Autorität. Vor allem aber war McGeary mit einer quicklebendigen Auffassungsgabe gesegnet, die sich besonders in Zeiten extremer Marktturbulenzen bewährte. Als einer der langjährigen Moneymaker für Wolcott Fulbright ging McGeary nicht einfach, er stolzierte; und er redete nicht, er deklamierte.

Magillas Speichellecker lärmten um ihn herum und wetteiferten um seine Aufmerksamkeit, als wäre er eine Art Rockstar. Für ein Ego von der Größe McGearys mußte das Spektakel das reinste Ambrosia sein.

Der rothaarige Händler mit dem Spitznamen Danny Patridge mischte sich ein: »Magilla, wir haben das Rennen um die Putnam EFP gemacht!«

»Oh, ja? Größe? Fetter als ein Truthahn?«

»Zwei Millionen Anteile, außerbörslich abgewickelt, nach Dienstschluß in Crossing Session 2.«

»Wie hoch ist der Preis?«

»Sechs Cents pro Anteil.«

McGeary strahlte. »Jawollo, mein Freund. So läßt man die Mäuse tanzen!« McGeary entnahm der Tüte eine Yoghurtbrezel. »Das muß belohnt werden. Mund auf und aaahh sagen.«

Danny Patridge sperrte den Mund auf, und McGeary ließ die Yoghurtbrezel in hohem Bogen durch die Luft fliegen. Selbst aus seiner sitzenden Position gelang es Danny Patridge, sie gekonnt mit den Zähnen zu schnappen. Seine Kollegen brachen in Applaus aus, sowohl für den Trick als auch für die Größe des profitablen Abschlusses. Danny Patridge genoß es sichtlich, im Mittelpunkt der Aufmerksamkeit zu stehen, und reagierte mit einer theatralischen Verneigung.

Hansen räusperte sich. »Gil?«

McGeary schnellte herum.

Hansen streckte ihm seine Hand entgegen. »Rick Hansen von der Rechtsabteilung. Wir waren verabredet, richtig?«

Einen Moment lang erwiderte McGeary nichts. Statt dessen wanderten seine Augen über Rick, als wollte er ihn genau taxieren. »Lust, eine zu rauchen?«

»Eine zu rauchen?«

»Ja, Sie wissen schon. Eine Ziie-garre?«

Mitgefangen, mitgehangen, dachte Hansen und antwortete: »Klar, warum nicht?«

Der Chef der Händler machte eine einladende Handbewegung zur Tür seines gläsernen Büros. »Na, dann treten Sie ein in mein kleines Goldfischglas.«

McGeary schloß die Tür und dämpfte damit den chaotischen Lärm, der draußen im Handelsraum herrschte. Das Büro war zwar von bescheidenen Ausmaßen, zog man allerdings in Betracht, daß viele Managing Directors bei Wolcott an denselben offenen Plätzen saßen wie die ihnen unterstellten Händler, dann zeugte dies bereits von einer unzweifelhaft privilegierten Stellung.

McGeary hatte seinen Glaskasten in ein bemerkenswertes Warenhaus voller Popkulturutensilien und Spielzeuge zum Abreagieren verwandelt. Da gab es den sportlichen Aspekt – Crikketschläger, Billardqueue, Baseballschläger, Basketball, Hockeyschläger – und die Hommage an den Trash-Kultur-Kitsch der Generation X – eine Batman-Lunchbox aus der TV-Serie von 1973, ein Speed-Racer-Trinkbecher, ein Kekstopf in Poppin'-Fresh-Form, das Pillsbury-Männchen. Als einer der unbestrittenen Händlerkönige zierte McGearys Wand natürlich die obligatorische Handarbeit mit dem eingestickten persönlichen Wahlspruch. Danach lautete McGearys Credo: THOSE WHOM THE GODS DESTROY, THEY FIRST MAKE PROUD.

»Es ist also ein neuer Sheriff in der Stadt, und der sind Sie.« McGeary ging um seinen Schreibtisch herum und schaltete den CNBC-Sprecher auf seinem Mitsubishi-Bildschirm stumm. Dann zog er den Deckel von dem Poppin'-Fresh-Kekstopf und brachte ein Bündel kubanischer Zigarren mit tiefbraunen Deckblättern zum Vorschein. »Ich hab eigentlich ein wenig damit gerechnet, Sie würden Handschellen bei sich tragen, Councelor.«

»Da müssen Sie etwas verwechseln«, konterte Hansen. »Ich wurde angestellt, um Sie vor Handschellen zu *bewahren*.«

»Gute Antwort«, meinte McGeary grinsend, kappte eine Zigarre sauber mit seinem silbernen Zigarrenabschneider und reichte sie Hansen. »Damit wollen Sie ja hoffentlich nicht sagen, daß Sie all meinen exotischen Handelsstrategien eine Schraubzwinge verpassen wollen.«

»Mike Kilmartin sagte mir, ich sei dazu da, Ihnen zu helfen, die Geschäfte auf bestmögliche Weise abzuwickeln.«

»Musik in meinen Ohren.« McGeary gab erst Hansen mit einem Chrom-Zippo Feuer und zündete dann seine eigene Zigarre an. Die beiden Männer stießen üppige Rauchpilze aus dunkelblauem Qualm aus. »Na, wie schmeckt sie Ihnen?« erkundigte sich Geary.

»Gut, wirklich gut. So weich.«

»Kräftig mit einer Spur Gewürze und Nüsse, stimmt's?«

»Yeah. Gewürze kann man auf jeden Fall herausschmecken.«

McGeary benutzte seine Zigarre als Zeigestock und deutete auf Hansens Zigarre. »Sehen Sie die Binde an dem bösen Buben?«

Hansen untersuchte die gelb-schwarze Banderole um das schokoladenbraune Deckblatt mit 38er Ringmaß seiner Zigarre. COHIBA, LA HABANA, CUBA, stand darauf. »Ja, und?«

»Was Sie da rauchen, mein Freund, ist eine Cohiba Corona Especiale. Das ist keine normale Zigarre, die man so einfach bei Nat Sherman's mitnehmen kann. Bis 1982 war dies eine der drei handgerollten Marken, die allein für Fidel Castro hergestellt wurden. Sie besteht aus einer Mischung der beiden Blättersorten ligero und seco, die in einem streng geheimen Verfahren in der Liguito-Fabrik luftgetrocknet und fermentiert werden. Anschließend werden sie von Frauen – und zwar nur von Frauen – mit der Hand gerollt.«

»Huh«, brummte Hansen und nahm einen weiteren Zug.

»Ich glaube, der Deckname der Fabrik lautete Liguito Number two. Wie auch immer, jedenfalls sind es auch heute noch verbotene Früchte für imperialistische Yankees wie Sie und ich. So eine Kiste muß diese Säcke glatt achthundert Dollar gekostet haben.«

Welche Säcke? hätte Hansen fast nachgefragt, bremste sich jedoch noch rechtzeitig und sagte statt dessen: »Woher haben Sie sie? Geschäftsreise ins Ausland?«

»Ein Weihnachtsgeschenk der Sondergruppe Risikomanagement. Ihr tiefempfundener Dank an mich dafür, daß ich die Firma nicht mit aggressiven Derivategeschäften in den Ruin getrieben habe. Und nebenher hab ich noch schätzungsweise sechs- oder siebenhundert Millionen in die betriebseigene Kasse gespült, was den bevorstehenden Börsengang Wolcotts zweifellos erleichtern dürfte.« Beifällig betrachtete McGeary die Cohiba. »Verstehen Sie mich nicht falsch – es ist eine verdammt feine Zigarre. Aber wenn Bobby Wolcott sich einbildet, das würde eine Erhöhung meines nächsten jährlichen Grundgehalts erübrigen, dann hat er sich geschnitten.«

Hansen lachte amüsiert. Trotz all der Warnungen von Mike Kilmartin verbrachte er bislang eine recht angenehme Zeit.

Die folgenden Minuten rauchten sie ihre Zigarren und hielten freundlichen Small talk. Themen waren die Chancen der Knicks auf die Meisterschaft in der Eastern Conference und die Sinnlosigkeit von guten Vorsätzen zu Neujahr. Dann nahm McGearys schnarrende Fagottstimme unvermittelt einen autoritären Tonfall an. »Hoffentlich haben Sie die richtige Entscheidung getroffen, Hansen. Das ist keine Anwaltskanzlei hier, wissen Sie.«

»Aus genau diesem Grund bin ich gekommen. Ich wollte raus aus diesem höllischen Buhlen um eine Aufnahme in die Sozietät.«

»Tja, da haben Sie eine Hölle gegen eine andere eingetauscht. Schade übrigens um Ihren Vorgänger. Cleverer Kerl, aber die Sache mit den Insidergeschäften hat ihn vermutlich zugrunde gerichtet. Kann nicht behaupten, daß sein Ausraster mich gänzlich unerwartet getroffen hat.«

»Mein Vorgänger?«

McGeary warf ihm einen überraschten Blick zu. »Tom Bingham?«

»Ist er zu einem anderen Derivatehändler gewechselt?«

McGeary antwortete mit undurchschaubarer Miene: »Tommy Bingham hat sich umgebracht. Am letzten Thanksgiving ist er von seinem Balkon gesprungen.«

Rick zuckte zusammen. McGeary hatte etwas von *Insidergeschäften* erwähnt. Hansen nahm sich vor, Kilmartin später auf taktvolle Weise danach zu fragen.

»Hören Sie, reden Sie mit Kilmartin darüber«, sagte McGeary und wechselte das Thema. »Da Zeit Geld ist, lassen Sie mich an dieser Stelle kurz ein paar grundsätzliche Dinge klarstellen.« Er legte seine Zigarre ab und richtete seine Augen wie zwei Laserstrahlen auf Rick. »Als diese Firma mich vor fünf Jahren von Goldmine, Sachs abwarb, wurden mir zur Deckung Wertpapiere in Höhe von 1,3 Milliarden Dollar überantwortet und ein simpler Auftrag erteilt: So viel Geld für die Firma zu erwirtschaften, wie überhaupt nur möglich ist. Und nach allem, was man so hört, hat Gil McGeary in dieser Hinsicht verdammt gute Arbeit geleistet. Ich bin nun seit fünf Jahren in Folge der führende Divideneintreiber im Haus.

Nun, was bedeutet das genau? Das bedeutet, daß die vornehmen Herrschaften da oben in der Vorstandsetage dem verrückten Magilla McGeary eine *Menge* durchgehen lassen. Sie haben mir hier mein eigenes kleines Reich gegeben – einschließlich der Verantwortung über zwei Dutzend zu stopfende Mäuler und *reichlich* Kapital, um meine Geschäfte zu betreiben. Daraus folgt dann, ein Kerl wie McGeary besitzt ein in Anführungsstrichen ›risikoträchtiges Profil‹ und die fliegentragenden Paragraphenreiter aus der Rechtsabteilung – mit anderen Worten: Sie müssen ihm genau auf die Finger sehen.«

McGeary sprach häufig von sich in der dritten Person, als wäre er selbst gar nicht anwesend. Das unverwechselbare Zeichen eines Egomanen, wie Rick wußte.

»Aufgrund der mir eingeräumten Freiheiten«, fuhr McGeary fort, »war ich in der Lage, ein A-Team von Parkettkünstlern anzuheuern, mit dem ich einige der innovativsten Derivategeschäfte, seit Howard Sosin bei AIG arbeitete, auf die Beine gestellt habe. Und wissen Sie, worauf ich dabei am meisten stolz bin?«

»Nein.«

»Am meisten mit Stolz erfüllt mich dabei die Tatsache, daß ich nicht ein einziges Arschloch eingestellt habe. Das sind alles verläßliche, prima Kerle. Lassen Sie sich nicht von deren Pipi-Kacka-Humor täuschen; meine Jungs sind Vollblütler, Ausnahmekönner, die verfluchten Chicago Bulls der Liga, und ich würde sie über jedes andere Derivateteam an der Wall Street stellen – ohne Ausnahme. Salomon, Leman, Morgan – nehmen Sie, wen Sie wollen.« An dieser Stelle legte er eine Pause ein, um nachdenklich an seiner exklusiven Zigarre zu ziehen. »Aber als Fliegenträger ist Ihnen das ja bestimmt egal, Hansen. Sie fragen sich: Sind diese Spinner fähig, die Firma zu ruinieren? Das ganze Unternehmen mit riskanten Abschlüssen und betrügerischen Aktivitäten zu zerstören? Und ich müßte lügen, wenn ich bei den von mir gemachten Erfahrungen mit der menschlichen Natur behaupten würde, das sei völlig ausgeschlossen. Sind wir mal ganz ehrlich: Auf diesen Jungs lastet eine Menge Druck.«

Hansen nickte zustimmend. Als Anwalt in der Kanzlei von Cleary Gottlieb hatte er an zahllosen Schiedsgerichtsverfahren teilgenommen, in denen es um Broker ging, die nach und nach auf die schiefe Bahn geraten waren. »Der Druck in dieser Branche bringt Leute mitunter dazu, Dinge zu tun, zu denen sie ansonsten nie fähig wären. Tickets in einer Schreibtischschublade bunkern, um ein Verlustgeschäft zu vertuschen. Scheinabschlüsse anerkennen lassen, indem sie zu Buchungsfehlern deklariert werden.«

McGeary spann den Faden weiter: »Ein wenig P & L aus den Büchern anderer Abteilungen abzapfen. Die Unterschrift eines Aufsichtsleiters für irgendeine nachträgliche Stornierung fälschen. Glauben Sie mir, ich achte genau auf einen solchen Scheiß. Und in Gil McGearys Welt gibt es für derartige Vorfälle keinen Strafkatalog, sondern nur die Todesstrafe. Keine zweite Chance! Weil am Ende stets ich dafür zur Verantwortung gezogen werde. Ich bin derjenige, der Gefahr läuft, von der SEC wegen ›Verletzung der Aufsichtspflicht‹ belangt zu werden. Und ich möchte nicht, daß meine Mom auf der Titelseite des *Wall Street Journal* schlimme Dinge über mich lesen muß, nur weil irgend so ein Bekloppter einen auf Pete Rose macht und sich einbildet, über den Spielregeln zu stehen.«

Mittlerweile klingelte das Telefon hartnäckig, aber McGeary ignorierte es. Er gestattete sich ein breites Grinsen. »In meinen neun Jahren im Derivategeschäft ist bloß ein einziger meiner Jungs auf die schiefe Bahn geraten. Er begann seine Bücher mit fiktiven Einträgen im Fehlerkonto von miesen Abschlüssen zu reinigen. Und jetzt können Sie fragen, wen immer Sie wollen – fragen Sie zum Beispiel Mike –, *ich* war es, der bei der NASD dafür gesorgt hat, daß dieser Dreckskerl auf Lebenszeit vom Wertpapierhandel ausgeschlossen bleibt. Nach meinen letzten Informationen arbeitet der Wichser jetzt hinter dem Tresen irgendeiner Chicken-Wing-Kneipe in Buffalo.« McGeary lehnte sich in seinem Rennwagensitz zurück und blickte Rick ruhig in die Augen. »Joe Jett, Barings, Drexel? Kriminelle Trader, die eine

Firma unmittelbar vor deren Börsengang ruinieren? Hm-hm. Nicht unter Magilla McGearys Augen.«

Endlich hob McGeary das trillernde Telefon ab. »McGeary. Ja, am Apparat. Ach, Trader Vic, ein paar Tips vom Parkett der Merc für mich?« McGeary drückte diverse Tasten an seinem Computer und runzelte die Stirn. »Spoos sind im Kommen, wie? Ja, ich seh's auf dem Schirm... Fünf Punkte geklettert seit der Eröffnung. Spread sieht ziemlich fett aus, finde ich. Sekunde mal...« Der Leiter der Derivateabteilung bedeckte die Sprechmuschel. »Hören Sie, Rick, ich muß jetzt weitermachen, okay? Willkommen an Bord.«

Hansen nickte, drückte die Zigarre aus und stand auf. McGeary hatte sich bereits von ihm abgewandt und war in die Zahlen auf seinem Computerbildschirm vertieft. Er quasselte im Stakkato mit dem Futures Broker auf dem Parkett der Chicago Mercantile Exchange: »Vic, biete neunzig zu zwanzig, fill-or-kill. Genau, läuft's schief, zahl ich die Zeche. Manchmal muß man all seinen Mumm zusammennehmen und einfach springen...«

Hansen verließ das Büro und schloß die Tür hinter sich.

An der Wall Street hörten die Telefone niemals zu klingeln auf, so hatte es zumindest den Anschein. Ständig stand ein neues Derivategeschäft an, mußte *unverzüglich* ein neuer Optionsvertrag umgesetzt werden, oder ein Kunde brauchte ein wenig Händchenhalten bei einer Anlagestrategie oder einem ISDA-Master-Agreement. Ohne das Telefon würden sich die Derivatejuristen als vollkommen überflüssig erweisen.

Während der ersten Woche in seinem neuen Job hatte Mike Kilmartin ihm wiederholt die Grundwahrheit des Finanzdienstleistungsgeschäfts eingetrichtert: die institutionellen Anleger bildeten den Lebensnerv jedes bedeutenden Wall-Street-Hauses. Natürlich stellte in *jedem* Geschäft der Kunde das A und O dar, aber nirgends wurde er so verehrt wie bei den wichtigsten Broker-Dealern. Das Haus ist immer nur so gut wie seine Anleger.

Ungeachtet all des Geschreis an der Wall Street über Händlertricks, sechster Sinn, richtigen Mumm und so weiter lautet die schlichte Wahrheit doch noch immer, daß Wall-Streeters nichts ohne ihre institutionellen Anleger sind. In Zahlen: Die fünf Prozent der Konten mit den höchsten Anlagewerten erwirtschaften neunzig Prozent des Firmengewinns.

Fidelity, Soros, Steinhardt, Kemper, GE Pension, Tiger, Strong. BlackRock, T. Rowe Price, CALPERS, BEA, Moore, TIAA-CREF. Mellon, Brinson, GM Pension, IDS, PIMCO, Scudder. Wenn du für deine Firma die Beziehungen zu einer dieser Top-Anleger verwaltest, herzlichen Glückwunsch, du zählst einwandfrei zu den großen Abräumern. Hast ausgesorgt. Noch ein oder zwei Jahre und der begehrte Titel des Managing Directors sowie all die damit einhergehenden Vergünstigungen gehören dir. Ein Blue-Chip-Konto wie das von Fido oder Dreyfus zu betreuen, ist der schnellste und sicherste Weg, in die Spitzenklasse vorzustoßen, sich unter die Wall-Street-Elite zu mischen.

Das Problem dabei ist, wie Kilmartin ausführte, die Anleger wissen das natürlich auch und lassen es dich niemals vergessen.

Der Anleger schreit. Du buckelst.

Der Anleger fordert. Du gehorchst.

Der Anleger beschwert sich über einen lausigen Abschluß. Du steckst es weg.

Der Anleger kommt nach New York. Du kümmerst dich um Zweite-Reihe-Parkettkarten für das *Phantom*.

Der Anleger räumt ein, daß deine letzte Investmentidee sich als Volltreffer erwiesen hat. Du bittest ihn, doch rechtzeitig zur Festlegung der Jahresprämie bei deinem Boß anzurufen.

Wie bei Ehepartnern sind die attraktivsten Anleger immer bereits an jemanden vergeben, der sie weniger verdiente als du. Schlimmer noch, die Konteninhaber sind mit dem Service, den sie bei deinem Konkurrenten genießen, ausnahmslos zufrieden und legen überhaupt keinen Wert darauf, zu deinem Unternehmen zu wechseln, trotzdem schönen Dank für Ihren Anruf und auf Wiederhören. In der Praxis gelingt es ungeheuer selten, einen institutionellen Anleger der Spitzenklasse zum Wechseln zu überreden. Hat dein Abwerbungsversuch von jemandem, der das Anlagegeschäft ›im großen‹ betreibt, Erfolg, dann bist du Michael Jordan und konferierst schon am nächsten Morgen mit dem Vorstandschef deiner Firma am Frühstückstisch.

Letzten Endes sind Anleger einfach alles.

Und die Anwälte sind dazu da, diesen Kunden zu Diensten zu sein, anders gesagt: dafür zu sorgen, daß das Geschäft auf jeden Fall zustande kommt. Ansonsten braucht man sie eigentlich nicht, zumindest ist das die Meinung der Leute im Verkauf.

Und so verbrachte Hansen den größten Teil des Nachmittags am Telefon, um mit einer Bank in Pennsylvania einen Futures-Vertrag mit einigen Modifikationen unter Dach und Fach zu bringen.

»Ich denke, einige der Änderungen, die Sie bezüglich der Säumniskonditionen vorgeschlagen haben, können wir einräumen, Marianne«, sagte Hansen zu der Anwaltskollegin irgendwo in Philadelphia, »aber die zuletzt angesprochene Änderung müßte ich zuerst mit der Kreditabteilung abklären. Es liegt nicht in meiner Befugnis, die Aufrechnungsklauseln ohne deren Einverständnis zu ändern.«

»Schön. Tun Sie das und rufen Sie mich Montag morgen an«, sagte die Anwältin. »Wenn Ihre Leute die Änderung akzeptieren, werden unsere Leute die Sache sofort ins Laufen bringen. Andernfalls müßte ich zu unseren Finanzleuten gehen und sehen, ob sie mit dieser Aufrechnungswendung leben können. Aber das bezweifle ich fast.«

»Ich melde mich Montag wieder bei Ihnen«, sagte Hansen.

»Danke.«

Er legte auf und notierte sich in seinem ledergebundenen Kalender, daß er mit Scott Mendelsohn, den für Derivate zuständigen Mann in der Kreditabteilung, wegen der Änderungen sprechen mußte.

»Richard?«

Hansen blickte auf und sah eine großgewachsene, schlanke Frau in seinem Büroeingang stehen. Die erste Sache, die ihm auffiel, war ihr makellos professionelles Erscheinungsbild. Um ihren Hals lag eine schlichte Perlenkette, und ihr edles Clairborne-Outfit war faltenfrei bügelfrisch.

»Ich bin Kathleen Oberlin«, sagte sie. »Ich soll für Sie als Anwaltsassistentin arbeiten …«

Hansen sprang von seinem rollenden Schreibtischsessel auf, um sie zu begrüßen. »Das ist ja wunderbar. Ich freue mich, Sie …«

»… aber ich werde es nicht. Ich verlasse Wolcott Fulbright.«

Für einen Augenblick stand Rick Hansen da und wußte nicht, was er sagen sollte. »Das ist aber schade, Kathleen. Langsam wird mir klar, wieviel Arbeit hier anliegt, und da hätte ich Sie sehr gut brauchen können. Haben Sie eine Stellung bei einer anderen Firma angenommen?«

»Nein. Ich werde einfach nur … eine Pause machen. Keine Ahnung wie lange, aber es wird eine Weile dauern.«

Er nickte. Jetzt, da er unmittelbar vor ihr stand und sie aus der Nähe betrachten konnte, regte sich in ihm der Verdacht, daß unter dieser eleganten Arbeitskluft eine Frau steckte, die nur mit Mühe ihre Fassung behielt. Kathleens schokoladenbraune Augen waren blutunterlaufen und wirkten teilnahmslos, und die Ringe darunter verrieten eine Reihe schlafloser Nächte. Ihr schulterlanges, kastanienbraunes Haar war matt und voller Knoten und gebrochener Spitzen. Normalerweise wäre sie eine auffallend gutaussehende Frau gewesen, stellte Hansen fest. Doch jetzt blickte er auf jemanden, der innerlich schwer erschüttert war. Er wartete darauf, daß sie die Leerstellen ausfüllte.

»Ich habe für Tom Bingham gearbeitet, wissen Sie, und sein Tod hat mich wirklich sehr, sehr stark mitgenommen.« An dieser Stelle packte sie ihre Ellbogen, als wollte sie sich mit dieser Selbstumarmung vor einer plötzlichen Kälte schützen. Sie blickte an ihm vorbei und schien einen Gegenstand zu betrachten, der tausend Meilen jenseits seines Panoramafensters lag. Ihre Stimme klang weich, fast wie in Trance. »Es mögen Ihnen Gerüchte über meine Beziehung zu Tom zu Ohren kommen, aber das sind tatsächlich nur Gerüchte – nichts weiter. Es stimmt, wir waren enge Freunde, Tom und ich. Er war ein großartiger Chef, stets hilfsbereit.«

»Das war er bestimmt.«

»Ein Ort wie dieser – ich möchte ja nicht in Ihrer ersten Woche gleich darüber herziehen, Rick, aber es kann ein äußerst brutaler Ort sein, um seinen Lebensunterhalt zu verdienen. Wall Street saugt das Leben aus einem heraus, und deshalb sind auch so viele Leute in ihren Dreißigern schon aus dem Geschäft.« Kathleen seufzte schwer. »Und wegen des für Frühjahr vorgesehenen Börsengangs ist das Hauen und Stechen bei Wolcott auf einem Höhepunkt.« Sie begann geistesabwesend ihre Schläfen zu massieren. »Im Moment brauche ich einfach einen langen Urlaub. Vielleicht sogar einen dauerhaften.«

Hansen wies auf einen Stuhl neben seinem Schreibtisch. »Möchten Sie sich nicht setzen? Ein Kaffee, eine Limonade oder sonst etwas?«

»Nein«, sagte Kathleen Oberlin und trat aus seinem Büro zurück auf den Flur. »Ich hab in ungefähr fünf Minuten ein Auflösungsgespräch mit der Personalstelle. Tut mir leid, Richard. Es ist nicht persönlich gemeint, aber ich bin einfach nicht in der Lage, wieder von vorn anzufangen.«

»Verstehe.« Sie schüttelten sich nicht die Hände. Rick senkte seine Stimme, um zu bedeuten, daß er es ehrlich meinte. »In meiner ehemaligen Kanzlei ist man mir noch einige Gefallen schuldig, sollten Sie also irgendwann zu dem Entschluß kommen, etwas Neues ausprobieren zu wollen …«

Kathleen Oberlin wandte ihren Blick dem Teppichboden zu. »Diesen Ort zu verlassen ist etwas Neues. Ich wünsche Ihnen viel Glück.« Mit diesen Worten ging sie und verschwand in dem Zellengewirr der Abteilung.

5

Manhattan – Amelia Island, Florida
Pittsburgh, Pennsylvania
Samstag, 9. Januar

Im Halbdunkel der nur teilweise beleuchteten unterirdischen Anlage wartete der Mann, der darauf bestand, »Stiletto« genannt zu werden, gespannt auf den Anruf. Er war zwar kein Mann, dem das Warten leichtfiel, aber im Moment konnte er nichts tun, um den Ablauf zu beschleunigen. Er saß an einem ungewohnten Schreibtisch, spielte mit der Binde seiner Zigarre und rauchte. Sicherlich half das Rauchen, die Zeit zu vertreiben, ein gewisses Maß an Befriedigung zog Stiletto jedoch auch aus seiner Leck-mich-am-Arsch-Haltung den Rauchverbotsschildern gegenüber, die in großer Zahl in der Anlage angebracht waren. Den New-York-City-Clean-Indoor-Air-Code zu verletzen, stellte indes ein belangloses Vergehen dar verglichen mit dem, das er zu verüben im Begriff war.

Das schrille Zwitschern seines Handys durchbohrte die Stille der Anlage und riß Stiletto aus seinen Träumereien. Mit schweißnasser Hand ergriff er das Telefon und drückte es an sein Ohr. »Ja.«

»Ist die Leitung sicher?« sprach die Stimme am anderen Ende.

»Digital verschlüsselt. Unmöglich abzuhören.«

»Ich werde das Verfahren nunmehr einleiten.«

»Feuer frei«, sagte Stiletto und legte auf. Er drehte sich dem Computerbildschirm zu, dessen grüner Schein sein Gesicht in ein unheimliches Licht tauchte.

Auf einer Yacht, die vor der Westküste Florida ankerte, wurde die Enter-Taste eines 266 MHz Pentium Laptops gedrückt. Diese eine Eingabe aktivierte ein Künstliche-Intelligenz-Softwareprogramm, dem sein Entwickler den Namen LINDA gegeben hatte.

LINDA seinerseits übermittelte via Funkmodem ein verschlüsseltes Signal zum Netzwerk SprintLink SONET. Von dort aus wurde das digitale Signal zum Transponder eines solarbetriebenen Low-Earth-Orbit-LEO-Satelliten gesandt, der in einer Umlaufbahn siebenhundert Kilometer über dem Äquator stationiert war. Dieser LEO-Satellit beschleunigte LINDAS digitales Signal und übertrug es mit einer Frequenz von dreißig Gigahertz pro Sekunde zurück zur Erde.

Auf der Erde speiste ein ausgeklügeltes Netz von Schnellpaketvermittlungsstellen das Signal in einen Gateway in Ohio ein, über den es sein Ziel in Pittsburgh, Pennsylvania, erreichte.

All dies geschah in Lichtgeschwindigkeit.

In Pittsburgh reagierte ein unendlich leistungsfähigeres Computersystem auf das zweite Klingeln von LINDA. Die entsprechenden Modems des Laptops und des Pittsburgher Systems tauschten ein für das menschliche Ohr unverständlich hochtöniges Piepsen und Gezwitscher aus. Dies war die elektronische Begrüßung, bei der zwei völlig verschiedene Computersysteme Fragen der Datentransfergeschwindigkeit, Assemblersprache und anderer Basiseinrichtungen aufeinander abstimmten. Die Begrüßung verlief erfolgreich und die beiden Computer nahmen ein zweiseitiges Gespräch miteinander auf.

CCITT HANDSHAKE	UART 16-BIT 16450
ZMODEM PROTOCOL	ZMODEM OK
DB9 CONNECTOR	DB9 CONNECTOR OK
NO PARITY ›ON/OFF‹	OFF
USER NAME	LINDA-1
PASSWORD	STILETTO

WELCOME TO THE CARNEGIE-MELLON CENTER
FOR SUPERCOMPUTING STUDIES.
ENTER COMMAND NOW.

LINDA sandte ein kurzes Bündel an Instruktionen, mit denen der »Master/Slave«-Modus aufgerufen wurde. Das bedeutete, der Supercomputer in Pittsburgh war nun eine Marionette des Laptops und ganz den Launen eines anderthalb Kilo schweren Pentium-Computers unterworfen, der über fünftausend Kilometer entfernt vor der Küste Floridas lief.

Drei Minuten waren vergangen, und LINDA kam erst in Schwung.

CD/BACKBONE, befahl LINDA.

Mit BACKBONE hatte LINDA das System angewiesen, eine höchst leistungsfähige neue Technologie in Anspruch zu nehmen, die es der Pittsburgher Anlage erlaubte, sich mit neun anderen, ähnlich leistungsfähigen Supercomputern in anderen, über das ganze Land verteilten wissenschaftlichen Einrichtungen zusammenzuschalten. Verbunden durch einen achtförmigen Schaltkreis aus über 22 000 Kilometer Glasfaserkabel war dieser Backbone Network Service einem superschnellen Sonderklasse-Internet vergleichbar. Der Pittsburgher Supercomputer allein war bereits zu viertausend MTOPS – oder Millionen theoretischer Operationen, das heißt ungefähr vier Milliarden Einzelbefehlen – pro Sekunde fähig, doch gemeinsam erhöhte der Backbone-Verbund diese Geschwindigkeit noch einmal um das Zehnfache. Innerhalb von sechs Minuten hatte das Pittsburgher System sich mit den anderen neun Supercomputern zusammengeklinkt.

In diesem Augenblick stand LINDA die sechststärkste Computeranlage auf der ganzen Welt zur Verfügung.

RUN 3RIVERS, befahl LINDA.

Augenblicklich begannen die im Netzwerk verknüpften 156 Prozessoren mit ihrer irrwitzigen Datendurchforstung. Neun Jahrzehnte Daten über Aktien, Anleihen, Indizes und Kurse wurden von dem Systemverbund auf der Suche nach Logikmomenten in den zufällig wirkenden Bewegungen des Markts durchkämmt. Urbana-Champaign spürte historische Bezüge zwischen traditionellen Benchmarks auf, indem es das Datenmeer analysierte, das von Bloomberg, S & P Comstock, TeleRate, Reuters, Bonneville, DBC Signal und DataCode in seine Prozessoren strömte. Cornells IBM SP2 spielte Monte-Carlo- und Rastermodelle durch, wobei permutierende Fragetechniken auf das variantenreiche Datenset angewandt wurden. U-Penn simulierte zweihunderttausend Wenn-dann-Situationen im Echtzeitbetrieb.

Dann wurden die Ergebnisse aus technischer Analyse und Patternsuche von Billionen Bits an Information per Asynchronous Transfer Mode (ATM) an den Cray Superserver 6400 in Pittsburgh zurückgesandt.

RUN BEACON, sagte LINDA.

Das Pittsburgher System gehorchte und wählte einen Cray EL-94 Minisuper in einem Kellergeschoß unterhalb der Straßen von Downtown New York City an.

Der New Yorker Computer erwachte zum Leben.

Stiletto war bereit. Der Bildschirm fragte ihn nach Benutzer-ID und Paßwort. Im Zweifingersuchsystem gab Stiletto Schritt für Schritt WOLFULB03 als Benutzername ein. Das Paßwort – das nur wenige andere kannten – hieß MUDHENS. Dann drückte Stiletto die Enter-Taste.

Er bemerkte, daß ihm der Atem stockte, während er verfolgte, wie es auf dem Bildschirm zu arbeiten begann.

DIALING. PLEASE WAIT.

Nach gegebener Zeit antwortete das angewählte Computersystem:

WELCOME TO SUPERDOT.

Stiletto atmete tief aus. Jetzt war LINDA an den Supercomputer der New Yorker Wertpapierbörse angeschlossen. Sobald am Montag morgen die New York Stock Exchange den Handel eröffnete, würde das Computersystem entsprechend der Anweisungen des Three-Rivers-Modells damit anfangen, Wertpapiere zu kaufen und zu verkaufen.

LINDA, sagte Stiletto zu sich selbst, *darf ich dich mit SuperDOT bekannt machen? Wollen wir doch mal sehen, was für ein Bastard aus eurer Verbindung entspringen wird.*

Er nahm das Handy auf und drückte die Schnellwahltaste. »Erledigt«, sagte er nur und legte auf.

Anschließend drückte er seine Zigarre aus, lehnte sich zurück und ließ die Tragweite seiner Handlung auf sich wirken. Er hatte sich geistig auf diesen Moment vorbereitet und eigentlich eine schreckliche Flut an Gewissensbissen erwartet. Daher stellte er überrascht fest, daß die Tat, die er soeben begangen hatte, ihn mit einem unbestimmten Triumphgefühl zurückließ. Mit einem Wort: Es handelte sich um Rache, und Rache war süß.

Stiletto schaltete die Workstation aus und verließ die Anlage.

Auf seiner Yacht im Golf von Mexiko klappte Colbert sein Handy zu und empfand eine grimmige Genugtuung. Stiletto hatte – wie versprochen – seinen Beitrag geleistet und das Pittsburgher Netzwerk mit dem Rechner der New York Stock Exchange verbunden. Damit war der erste Schritt der Contrarians-Initiative erfolgreich abgeschlossen.

Doch auch jetzt erlaubte Colbert sich noch kein Lächeln. Es war noch so viel zu erledigen vor dem 29. Januar. Zahlreiche weitere lose Enden waren zu verknüpfen.

6

Lower Manhattan
Sonntag, 10. Januar

»Stephanie, darf ich ganz ehrlich sein? Du siehst einfach großartig aus.«

»Ich weiß nicht. Sieh mich doch an. Ich fresse wie ein russischer Bodybuilder. Ich kann mich nicht bremsen, von anderer Leute Teller zu naschen. Und ich hab ein perveres Verlangen nach dieser Fertigwürze für Hamburger.«

»Das ist völlig normal. Du ißt ja nicht mehr nur für dich alleine.«

»Aber Hamburgerwürze?«

»Jenna hat ganz recht. Du trägst alles nur vor dir. Du siehst großartig aus.«

»Tja, herzlichen Dank. Tut gut zu hören.«

»Wißt ihr schon, was es ist?«

»Könnten wir, wenn wir wollten. Die Ergebnisse der Fruchtwasserspiegelung liegen bereits vor, aber wir haben dem Arzt gesagt, wir wollten es nicht wissen.«

»Es wird ein Junge.«

»Warum glaubst du das?«

»Die Form des Bauches. Siehst du, wie alles so nach vorn geht? Das sind die männlichen Hormone des Babys.«

»Ich komme überhaupt nicht darüber weg, wie schlank du bist.«

»Oh, ich muß euch erzählen, was ich letzthin in der U-Bahn erlebt habe...«

Der Sonntagmorgenbrunch war natürlich Stephanies Idee gewesen. Darin hatte sie Talent: eine Gruppe grundverschiedener Leute zu einem bestimmten Anlaß zusammenzubringen und das stets mit großem Erfolg. An diesem Morgen war der Anlaß, den neuen Job ihres Mannes beim Investmentinstitut Wolcott Fulbright zu feiern. Daher hatte sie drei weitere junge Pärchen aus der Upper East Side zum Brunch eingeladen – Tracie und Robbie Singer, Jenna und Paul Gelbaum sowie Lisa und Tim Carella. Robbie und Paul hatten gemeinsam mit Rick als Anwälte bei Cleary Gottlieb gearbeitet. Lisa war eine Kollegin von Stephanie aus der Werbeabteilung von Sony Records.

Stephanie hatte das *America* ausgewählt, ein höhlenartiges Yuppie-Bistro auf der 18th Street, dessen Wochenendgäste für einen Dezibelpegel sorgten, der an die Akustik des Kingdome in Seattle erinnerte. Aber das Essen war gut, der Service verläßlich und es handelte sich um ein allseits bekanntes Szenelokal, in dem sich die jungen Aufsteiger Manhattans trafen, es war mithin einen Besuch wert, selbst wenn dies bedeutete, daß man brüllen mußte, um von seinem Gegenüber verstanden zu werden.

Es war gegen ein Uhr mittags. Die Fetakäse-Omeletts und Zwiebelbagels waren verspeist, die Kellnerin hatte ihre Tassen pflichtbewußt dreimal mit exzellentem Sumatrakaffee nachgefüllt, und die Angelegenheit ging nun in den entspannten, wohlgesättigten Schlußteil über. Die Unterhaltung drehte sich um das Baby der Hansens, das im März auf die Welt kommen sollte. Die Frauen rückten wie bei einem High-School-Ball auf einer Seite des Tischs zusammen und bestätigten einander, welche Unhöflichkeiten sich die New Yorker inzwischen in der U-Bahn gegenüber schwangeren Frauen erlaubten.

»Ach, es ist furchtbar, kann ich euch sagen. Niemand bietet dir mehr einen Sitzplatz an. Erst vor kurzem habe ich einen Wall Streeter mit Rolex am Handgelenk gesehen, der sich hinter seiner Zeitung versteckte, als eine Schwangere in die Nähe seines Sitzplatzes kam. Als ob sie überhaupt nicht existierte.«

»Und es wird noch schlimmer. Ich habe gesehen, wie schwangere Frauen zur Seite gerempelt wurden, wenn solche Typen sich auf einen Platz stürzen.«

»Meiner Meinung nach ist es eine Art Gegenreaktion.«

Die Männer steckten derweil auf der anderen Seite des Tischs die Köpfe zusammen und besprachen eine kürzlich veröffentlichte wissenschaftliche Untersuchung, der zufolge die Männer in Manhattan über die höchste Spermienzahl landesweit verfügten.

Paul Gelbaum sagte: »Die Studie zeigt, daß der New Yorker irgendwas um die einhundertdreißig Millionen Spermien pro Milliliter hat und damit doppelt soviel wie einer aus L. A.«

»Na, das ist ja keine große Überraschung«, sagte Tim Carella. »Um sich in dieser Stadt zu behaupten, braucht man schon eine kleine Extraportion Testosteron.«

Paul fragte: »Wie war's denn bei dir, Hansen? Hat's mit dem Nachwuchs gleich im ersten Anlauf geklappt?«

»Na ja, wir probierten es tatsächlich erst seit ein paar Wochen.«

»So ist's richtig. Aber ich sag's ja immer wieder, Cleary Gottlieb bringt wirklich potente Anwälte hervor.«

Robbie Singer klopfte Rick auf die Schulter. »Ich wünsch euch alles Gute, Rick, aber was uns angeht, wir sind wohl noch nicht soweit, unsere Freiheit aufzugeben. Nächtliches Füttern, der familientaugliche Kleinbus in irgendeiner Vorstadt... nee, danach steht mir noch nicht der Sinn. Erst muß noch gelebt werden.«

Hansen zuckte mit den Achseln. »Man merkt schon, wenn der rechte Zeitpunkt gekommen ist. Und für uns war's jetzt der richtige.«

Robbie spielte mit seiner Gabel. »Yeah, ich glaube, ich fahr auch lieber Moped als Kleinbus. Das ist so was wie die öffentliche Todeserklärung aller Coolness, hab ich recht?«

Paul Gelbaum bedachte Singer mit einem Clint-Eastwood-Blick. »Wovon redest du überhaupt?«

»Kleinbusse sind einfach nicht mein Ding.«

»Na, dann kauf dir keinen.«

»Yeah, wenn ich mal in Kinderstimmung komme, werd ich das Frauchen zu einem Range Rover überreden.«

»Oh, oh, oh!« rief Stephanie in diesem Moment.

Rick schaltete automatisch in Alarmzustand. Ging es schon los? »Liebling?«

»Das Baby bewegt sich!« verkündete sie.

Sofort legten die drei Frauen ihre Hände auf Stephanies mäßig gewölbten Bauch und schlossen ihre Augen, als würden sie an irgendeiner gemeinsamen New-Age-Übung teilnehmen.

»Fühlt ihr's?«

»Nein, noch nicht...«

Traci schrie auf. »Daa! Da! Ist das sein Bein? Oder ist das sein...«

»Penis?« bot ihr Mann Robbie an.

»Robbie!« schimpfte Tricia. »Laß die dummen Witze.«

»Nun, theoretisch könnte er doch recht haben.« Singer zwinkerte Hansen verschwörerisch zu. »Oder, Tripod?«

Aber Rick war ganz damit beschäftigt, seine Frau zu beobachten, die den Mittelpunkt all dieser Aufregung bildete. In diesem Moment wurde ihm bewußt: *Die Frau war eindeutig die überlegenere Species. So etwas auszuhalten.* Es ließ ihn innerlich erschaudern, als er einmal mehr über das Wunder der Schwangerschaft nachdachte. Daß dies das Endergebnis eines Liebesakts zweier Menschen sein konnte, erfüllte ihn noch immer mit Staunen. *Das alltägliche Wunder.* Sechs Milliarden Menschen auf der Erde und nahezu alle gezeugt durch diesen einen Akt... Die Vorstellung machte ihn schwindeln.

Aber hier waren sie, fast sechs Monate lagen bereits hinter ihnen, und Hansen fühlte sich nach wie vor unzureichend vorbereitet auf diese Welt, die durchnäßte Windeln, Spielzeugfluten, und ja, womöglich auch einen Chrysler-Kleinbus in einer Vorstadt draußen in Connecticut zu versprechen schien. Herrgott, sogar der Jargon bei so einer Geburt war einschüchternd. Kolostrum, Leukorrhoe, Episiotomie, Linea nigra, Eklampsie, Epiduralanästhesie. Mucus-Pfropf. *Was zum Teufel war ein Mucus-*

Pfropf überhaupt? Er könnte sicherlich sein ganzes Leben glücklich verbringen, auch ohne darüber Bescheid zu wissen.

Doch während Rick sich wie ein Fremder in unbekanntem Land vorkam, hatte Stephanie sich durchweg als unerschütterlicher Fels gezeigt. Die bevorstehende Mutterschaft hatte sie in Hochform versetzt. *Wir werden eine Familie sein.* Er betete es sich so oft selbst vor, es wurde zu einer Art gregorianischem Gesang, der in seinem Kopf widerhallte.

Plötzlich rutschte Stephanie unruhig zur Seite und löste sanft die Hände von ihrem Bauch. »Sorry, ihr Leute, aber ich muß noch mal auf die Toilette.« Hansen kam herum, half ihr beim Aufstehen, und sie bahnte sich einen Weg durch das volle Lokal.

Während Rick um die Rechnung bat, berührte Lisa Carella seinen Unterarm. »Herzlichen Glückwunsch zum neuen Karriereschritt.«

»Danke schön, Lisa.«

Die Aufmerksamkeit des Tisches wechselte nun zu Rick und von allen Seiten wurden Gratulationen und Glückwünsche gemurmelt.

»Hat's geschafft, unser Kumpel. Kein endloses Aktenstudium mehr.«

Paul Gelbaum meinte: »Mann, ich bin ja so neidisch. Wie hast du denn diesen Job bekommen?«

Mein Vorgänger hat sich umgebracht, dachte Hansen im stillen. »Headhunter.«

Robbie Singer sagte: »Kannst du bitte auch meinen Namen weitergeben? Oder noch besser, kannst du mich nicht als Assistenten einstellen? Ich bin mir auch nicht zu vornehm, meinem Chef mal eine Tasse Kaffee zu bringen.«

»Was machst du da eigentlich?« fragte Jenna Gelbaum.

»Ich bin bei Handelsabschlüssen der Derivateabteilung von Wolcott, Fulbright & Company für die rechtliche Seite verantwortlich.«

Ricks neues Aufgabengebiet rief bei den andern verständnislose Blicke hervor.

»Im Namen der übrigen Anwesenden am Tisch«, sagte Robbie Singer, »was zum Teufel sind *Derivate?«*

»Und, bitte«, warnte Tim Carella, »hab Erbarmen mit uns. Belaß es bei ›Derivate für Anfänger‹.« Der Rest der Gruppe lachte.

Hansen schwieg einen Moment und versuchte, sich eine Erklärung in einfachen Worten zurechtzulegen. »Ihr wißt doch, was Aktien sind?«

Ja, sagte die Gruppe. Jede Aktie repräsentiert einen Anteil am Besitz eines Unternehmens.

»Und ihr wißt auch, was Anleihen sind?«

Ja, erwiderte die Gruppe. Eine Anleihe bedeutet eine Schuldverschreibung beispielsweise eines Unternehmens gegenüber dem Anleger.

Rick arbeitete sich weiter vor: »Derivate sind Finanzinstrumente – manchmal simpel, häufig komplex –, die so heißen, weil sie ihren Wert von anderen Basisinstrumenten wie einem Zins, einer Währung, Aktie oder Anleihe ›ableiten‹.«

»Derivate sind also genauso wie Aktien und Anleihen?« fragte Traci Singer.

»Ja und nein. Allgemein gesagt, ist ein Derivat *kein* Wertpapier, das an einer Börse gehandelt wird. Es ist eine vertragliche Übereinkunft zwischen zwei hochspezialisierten Investoren, die sich zur Zahlung eines bestimmten Betrags an den jeweils anderen verpflichten, je nachdem wie an einem bestimmten Stichtag das zugrunde liegende Finanzinstrument, das keinem von beiden gehören muß, abgeschnitten hat. Wolcott Fulbright behauptet, zweitausendzweihundert verschiedene Arten dieser synthetischen Instrumente schaffen zu können.«

Paul Gelbaum pfiff beeindruckt. »*Zweitausendzweihundert* Arten von Derivaten?«

»Na ja, eigentlich sind es Variationen von einem halben Dutzend Basiskategorien an Derivaten – Cash-settled Puts und Calls, Forwards, Swaps, Futures …«

»Langsam, langsam, Großer«, bat Rob Singer. »Gib mir 'ne Chance. Ich möchte nicht, daß mir der Schädel platzt wie diesen

Figuren in *Scanners*. Warum kaufen denn die Leute nicht lieber die, ähh, zugrunde liegende Aktie oder Anleihe statt eines dieser derivativen Finanzinstrumente?«

»Zwei Gründe: Flexibilität und Leverage.«

»Okay, Herr Professor, dann erklären Sie mir mal erst die Flexibilität.«

»Da es sich bei Derivaten um individuell ausgehandelte Verträge handelt, können sie oft maßgeschneiderte Lösungen für die Bedürfnisse institutioneller Anleger liefern...«

»Wie wär's mit einem Beispiel?«

»Na gut, stellt euch den fünfzehn Milliarden Dollar schweren Pensionsfonds von IBM als einen unbekleideten Dreizentnerhünen vor.«

Die Gruppe lachte.

Rick fuhr fort: »Und nun denkt euch den Aktienmarkt als das Wetter draußen. Zur Zeit ist der Markt auf Rekordniveau, also ist das Wetter wunderbar. Der Kerl kann splitterfasernackt rumlaufen und fühlt sich pudelwohl, da es warm und sonnig draußen ist. Aber unser Hüne weiß aus Erfahrung, daß alles nur eine Frage der Jahreszeit ist. Früher oder später wird das Wetter unvermeidlich wieder schlechter werden. Aktien und Anleihen sind standardisierte Wertpapiere – es gibt sie lediglich in einer Größe und die paßt unserem Hünen nicht gut genug, um ihn gegen den Wetterumschwung zu schützen. Also kleidet er sich in eine Reihe von derivativen Verträgen mit anderen, die wie ein Maßanzug auf ihn zugeschnitten sind. Wenn das Wetter sich verschlechtert, mit anderen Worten: wenn der Markt nachgibt, dann wird unser Freund nicht allzuviel aus seiner Kasse verlieren, weil die Derivate nämlich für Profite sorgen, wenn der Rest seiner Aktien und Anleihen an Wert verliert. Eine Absicherung vor Verlust, die ähnlich einer Wette funktioniert, und deshalb nennt diese Strategie sich ja auch ›Hedging‹.«

Drei Tische weiter stimmten ein paar Kellner »Happy Birthday« an und überreichten der Mutter von irgend jemandem ein kleines Törtchen mit einer brennenden Kerze darauf.

Über den Krach hinweg sagte Jenna Gelbaum: »Soweit ich das verstanden habe, hören sich Derivate ja wundervoll an. Warum sind sie dann aber in den letzten Jahren in den Medien so verrissen worden?«

»Das hängt mit dem Leveragefaktor zusammen.«

»Dem Leveragefaktor?«

»Vereinfacht gesagt bedeutet es, daß ein Derivateanleger eine kapitalschwere Marktposition einnehmen kann, ohne selbst viel investiert zu haben. Zum Vergleich, wenn ihr bei euren Charles-Schwab-Broker Aktien kauft, bezahlt ihr den vollen Preis des Wertpapiers, oder falls ihr über Mindesteinschuß kreditiert zumindest noch die Hälfte davon. Das ist bei außerbörslichen Derivaten, insbesondere bei den sogenannten Turboderivaten, nicht der Fall. Hier bekommt ihr für jeden Dollar, den ihr investiert, zwanzig oder dreißig Dollar an Marktpräsenz. Nun, um auf unser Beispiel von eben zurückzukommen, wenn man sein Aktienpaket mit Derivaten bloß absichert, dann ist alles in Ordnung, weil jeder Verlust auf seiten der Derivate durch Gewinne im Aktienhandel wieder aufgehoben wird. Aber wenn man mit ihnen *spekuliert,* dann ist das wie Herumspielen mit Atomwaffen.«

Tim Carella sagte: »Mit Spekulieren meinst du, eine ungedeckte Wette auf die Marktentwicklung abschließen?«

»Richtig. In Derivaten zu spekulieren unterscheidet sich kaum von einem Wetteinsatz auf Rot oder Schwarz an einem Roulettetisch in Atlantic City, weil man ja nur wettet, daß es besser oder schlechter wird – entweder das eine oder das andere. Aber aufgrund des genannten Hebelfaktors können Derivateinvestoren weitaus mehr Geld verlieren, als sie ursprünglich einzahlen mußten.«

An dieser Stelle kehrte Stephanie von der Toilette zurück und mischte sich ein: »Und genau das ist dem Orange County in Kalifornien passiert, hab ich recht?«

Rick nickte. »Ja, genau, Steph. In der Hauptsache hat der für die Verwaltung der Countyfinanzen gewählte Behördenchef Milliarden von Dollar entliehen und über riesige Derivateverträge gewettet, daß der Zentralbankrat den Leitzins 1994 nicht verändern oder allenfalls senken würde. Der Bund zog den Leitzins aber bekanntlich innerhalb von neun Monaten um zweihundert Basispunkte an, die kräftigste Steigerung in vierzig Jahren. Und als sich der Rauch verzogen hatte, stand Orange County mit zwei Milliarden in der Kreide.«

»Whow. Zwei *Milliarden.*« Lisa Carella schüttelte ihren Kopf angesichts dieser Summe.

Tim Carella bemerkte: »Und die waren nicht die einzigen, die beim Spekulieren mit Derivaten auf die Schnauze gefallen sind. Erinnert ihr euch noch an den Vorfall Anfang 1995, als eine über zweihundert Jahre alte britische Bank wegen eines Milliardenverlusts im Derivatehandel von einem Tag auf den anderen ihre Zahlungsunfähigkeit erklären mußte?«

»Nick Leeson«, präzisierte Hansen.

»Ein achtundzwanzigjähriger Youngster ruinierte im Alleingang eins der mächtigsten Finanzinstitute der Welt, indem er an der Terminbörse in Singapur riesige Positionen an japanischen Aktienindex-Futures aufbaute.«

Die Rechnung kam, Hansen unterschrieb auf dem Kreditkartenbeleg und sagte: »Der Derivatehandel läuft fast völlig unreguliert von der Börsenaufsicht SEC. Manche Leute glauben, daß diese Branche wegen ihrer Größe und der mangelnden Kontrolle eine Gefahr für den gesamten Finanzmarkt darstellt. Die Sache mit Barings hätte in einer Katastrophe enden können, wären da nicht zur Deckung der Verpflichtungen die Rücklagen von einer Milliarde Dollar gewesen, die den Markt davor bewahrten, in Panik zu verfallen. Aber wenn es zum nächsten Barings kommt, könnte es einen Dominoeffekt geben, der zu einem Zusammenbruch der Weltwirtschaft führt. Zumindest sagen das die Schwarzseher voraus. Aber es läuft einem schon eiskalt den Rücken hinunter, wenn man sich überlegt, was ein Mike Milken der amerikanischen Wirtschaft hätte antun können, hätten ihm diese Instrumente schon zur Verfügung gestanden.« Rick Hansens Stimme wurde leiser. »Oder sogar der Weltwirtschaft.«

Dieser Gedanke brachte den Tisch zum Schweigen. Robbie Singer beendete schließlich die Stille. »Tja, dann mal viel Glück bei deinem neuen Job. Hört sich so an, als könntest du es gebrauchen.«

Vierzig Minuten später, zurück in ihrer Wohnung in der Fifty-fourth Street zwischen First und Second, flüsterte Stephanie: »All dieses Gerede über Derivate hat mich richtig scharf gemacht.«

Rick lachte: »Gut möglich. Die Schwangerschaft hat deinen Hormonhaushalt ja auch ganz schön in Wallung gebracht.«

»Sei's drum. Laß es uns einfach machen.«

Im nächsten Augenblick waren sie bereits im Schlafzimmer und durchlebten diese erregenden, sich wechselseitig stimulierenden Erwartungsmomente vor dem Liebesakt. Als sie sich ausgezogen hatten, bestieg Stephanie ihn, so daß ihr geschwollener Bauch auf seinem Unterleib lag. Langsam, sanft und rhythmisch begann sie vor- und zurückzuschaukeln. Seit ihrer Schwangerschaft war der Sex besser denn je, hatte sie ihm mitgeteilt. Irgend etwas im Zusammenhang mit einer besseren Durchblutung des Beckenraums steigerte ihre sexuelle Reaktion und ließ sie mühelos mehrere Orgasmen erleben. Rick seinerseits erwiderte zwar ihre Leidenschaft, fühlte sich dabei jedoch ein wenig unbehaglich, da er sich Sorgen machte, das Baby würde von den schlimmen Dingen, die Mommy und Daddy da trieben, irgendwie etwas merken. Rick strich mit seinen Fingerspitzen leicht und ehrfürchtig über die straffe, glänzende Haut ihres Bauchs und umschloß dann ihre angeschwollenen Brüste – Gott, waren sie groß geworden – und drückte sanft ihre Brustwarzen. Stephanie biß auf ihre Unterlippe, stöhnte leise und schwang eine ganze Weile gleichmäßig vor und zurück, bis sie plötzlich versteifte, den Kopf mit ekstatisch verdrehten Augen nach hinten gekippt, die sinnlichen Lippen zu einem großen O aufgeworfen, und in einem spannungslösenden Höhepunkt erschauderte. Sie gab sich ganz dem spiralförmig durch sie strömenden Beben hin. Ricks Gedanken kehrten – ohne daß er etwas dagegen hätte tun können –

zum Baby zurück, und er überlegte, wie das ungeborene Kind wohl die orgastischen Wellen erlebte, die den Geburtskanal ihrer Mutter zusammenzogen, jene Körpereinrichtung, die den doppelten Zweck erfüllte, sowohl Lust als auch Leben zu spenden. Die Vorstellung brachte ihn völlig durcheinander.

Das helle Läuten des Nachttischtelefons riß ihn aus seinen Gedanken.

»Yeah«, sagte er knapp.

Am anderen Ende war McGeary, dem es schrecklich leid tat, ihn am Sonntag zu stören, doch ein neuer Portfoliomanager, der in weltweiten Geldgeschäften engagiert war, wollte sich nach einem umfangreichen Swap-Arrangement erkundigen. Ob Rick eben mit McGeary die technischen Fragen durchgehen könnte, um sicherzustellen, daß er keinerlei Einwände hätte?

Die interkontinentale Vierertelefonkonferenz nahm beinahe zweieinhalb Stunden in Anspruch und der Rest des Tages war damit so gut wie gestorben. Es war noch immer Hansens erste Woche in seinem neuen Job, und trotzdem bereitete sich seine Frau schon wieder darauf vor, die Wachstunden ihres Mannes mit dessen Geliebten – seiner Arbeit – zu teilen. Nicht zum ersten Mal machte Stephanie Hansen sich Sorgen, ihr bald zur Welt kommendes Kind würde es mit einem Rabenvater zu tun bekommen, einem, der sich derart hoffnungslos seinem Beruf verschrieben hatte, daß er keine Zeit für seine Familie erübrigen könnte.

Herrgott noch mal, dachte sie, *hat er nicht behauptet, aus genau diesem Grund die Anwaltskanzlei verlassen zu wollen?*

7

Long Beach, Kalifornien
Montag, 11. Januar

»Verdammter Mist, wo haben Sie denn gesteckt?« Die Stimme fauchte ihn mit einer solch unverhohlenen Wut an, daß es Eddie Slamkowskis Blut zum Gefrieren brachte. »Ich versuche Sie nun schon seit *fast einer Stunde* zu erreichen.«

Herr im Himmel, sagte Slam im stillen zu sich selbst. *Was erwartet der Kerl eigentlich von mir?* Also gut, zugegeben, es war 5.57 Uhr, Pacific Time, und damit siebenundzwanzig Minuten nach dem vereinbarten Arbeitsbeginn. Aber wenn Stone Slams Vorschlag gefolgt wäre und den Laden irgendwo am Pacific Coast Highway aufgemacht hätte, statt sich für diese düstere, weit ab vom Schuß am Kilroy Airport Way liegende Bude zu entscheiden, vielleicht hätte Slam ja noch sein rituelles Vordämmerungssurfen mit Damien und Derf einbauen und es *trotzdem* zur vereinbarten, unchristlichen Stunde zur Arbeit schaffen können.

Doch Eddie Slamkowski *brauchte* diesen Job und so griff er auf den Text zurück, den er sich auf seiner rasanten Fahrt nach Long Beach im Kopf zurechtgelegt und einstudiert hatte.

»Mr. Stone, es tut mir wirklich sehr leid, ich wurde durch einen furchtbaren Unfall auf dem PCH aufgehalten. Der Verkehr staute sich zurück bis…«

»Fangen Sie jetzt nicht noch mit Entschuldigungen an!« donnerte Charles Stone am anderen Ende. »Das macht die Sache nur noch kläglicher.«

»Aber wir haben immer noch…«

»Ich darf Sie daran erinnern, daß die Kunden, die ich der Infinity Technology Securities bringe, einige der begehrtesten Offshore-Konten auf der ganzen Welt repräsentieren. Es handelte sich hierbei um erstklassige Hedge-Fonds, ausländische Banken und Investmentbeauftragte souveräner Regierungen...«

»Ja, Sir, ich weiß.« Slam wußte es nur allzugut, schließlich war er es gewesen, der die schier endlose Prozedur durchlitten hatte, die Formulare für die fünfzig oder mehr neuen Konten jener Kunden, die Charles Stone für Infinity angeworben hatte, auszufüllen. Eddie hatte zwar nie zuvor von einem der ausländischen Anleger gehört, aber von Stone war er mit den vierteljährlichen Buchprüfungsberichten versorgt worden, die zu den vom Bund geforderten Nachweisen zur Eröffnung neuer Futures Accounts gehörten. Keins der Konten umfaßte weniger als einhundert Millionen Dollar. Für ein kleines, frisch gegründetes Unternehmen wie Infinity handelte es sich zweifellos um eine ziemlich beeindruckende Kundenbasis, gestand Slam bewundernd ein. Obwohl Eddie den Mann nie persönlich getroffen hatte, war er überzeugt, daß Stone ein mit übernatürlichen Beziehungen ausgestatteter Finanzhexer sein mußte.

Stones wütende Tirade ging weiter. »Denken Sie doch nur mal darüber nach – warum sollten Anleger von solchem Kaliber auch nur eine einzige Einheit über Infinity Securities abwickeln, statt sich an Foldman oder Merill oder JP Morgan zu wenden? Einen Grund gibt es hierfür, einen ganz allein« – ab diesem Punkt sprach Slamkowski die Worte stumm mit, die Stone wie ein angestaubtes Mantra herunterbetete –, »weil ich nämlich persönlich *die beste Handelsabwicklung* an amerikanischen Terminbörsen zum *denkbar niedrigsten Provisionssatz* versprochen habe. Und Sie werden mich zum Lügner stempeln, wenn Sie es sich zur Gewohnheit machen, an jedem Börsentag zu spät zur Arbeit zu erscheinen...«

»Mr. Stone, bitte«, unterbrach Slam ihn. »Sie haben Ihren Punkt klargemacht, jetzt lassen Sie bitte auch mich mal ran.«

Es folgte ein langes Schweigen am anderen Ende. Dann: »Ich höre.«

»Okay, Sie haben natürlich absolut recht, das ist eine beschissene Art, anzufangen, aber lassen Sie's uns einfach vergessen und zum Geschäftlichen übergehen. Die Märkte in Chicago öffnen in weniger als dreißig Minuten, und wir müssen die Market-on-open-Orders unserer Kunden so schnell wie möglich den Parkettmaklern zukommen lassen. Ich bin zuversichtlich, daß wir die Abschlüsse zu den Preisen bekommen, die Infinity ihnen versprochen hat.«

»In Ordnung, schön«, schnaubte Stone, allerdings schon deutlich ruhiger.

»Wann übermitteln Sie die Aufträge?«

»Ich hab sie vor fünfundvierzig Minuten an Ihr Faxmodem geschickt.«

»Stimmt, gut. Ich hab sie auf dem Bildschirm. Ich werde sie sofort an die Jungs in Chicago E-mailen.«

»Tun Sie das. Oh, und Eddie?«

»Ja?«

»Wie Sie wissen, erwarte ich, daß Infinity im nächsten Monat für den automatischen Handel voll ausgerüstet ist. An Ihrer Stelle würde ich die Sache nicht wieder vermasseln. Sie sind hiermit offiziell auf *Bewährung.*«

Bevor Slam etwas erwidern konnte, ertönte das Zwitschern, das die Trennung der Satellitenverbindung signalisierte.

»Mistkerl!« fluchte Slamkowski und knallte vor Zorn über die Demütigung den Hörer auf den Apparat. Die Sticheleien regten ihn auf. Stone hatte Slamkowski unbesehen der notwendigen technischen Einrichtungen – einem vollcomputerisierten Wertpapierhandelsbüro, das Aufträge über Internet weiterleitet – angeheuert, und Slam brauchte den Job. Er konnte sich nicht den Luxus leisten, die Sache – wie Stone es so herablassend formuliert hatte – zu vermasseln. Trotzdem, mit seinen Psychospielchen konnte er ihm gestohlen bleiben. Auf *Bewährung. Leck mich, Alter!*

Slamkowski ergriff einen Stift und einen Stapel unbeschriebener Order-Tickets und ging zum Faxgerät hinüber. Die Seiten lagen bereits im Auswurffach, und er blätterte sie im Halbdunkel durch. Die Größenordnung der Anfangsorder überraschte ihn:

S & P 500 März-Futures

Alles Kauf/Market-on-open-Orders

Bis zu fünf Ticks über Marktpreis nach eigenem Ermessen

Menge	Anleger	Strategie
100	Singing Oak Properties/London	Bona Fide Hedger
150	Megafund II (Caymans)	Bona Fide Hedger
150	Banque de Lyonnais	Passive Indexer
100	OPM Partners	Bona Fide Hedger
150	Hemisphere Bank of Britain	Passive Indexer

Gesamt: 650 Kontrakte

Zuteilung auf Konten entsprechend

Slam pfiff beeindruckend. Sechshundertfünfzig Kontrakte zur Börseneröffnung, die noch dazu über dem Marktpreis liegen durften, würden – wie er sehr gut wußte – den Markt deutlich nach oben drücken. Ein einziger S&P 500 Futures-Kontrakt umfaßte bezogen auf den Schlußkurs vom Freitag einen Wert von $ 318 750. Sechshundertfünfzig Kontrakte bedeuteten demnach, daß die fünf Konten zusammen – er gab die Zahlen in seinen Sharp-Taschenrechner ein – mehr als zweihundert Millionen Dollar an Aktienindex-Futures kontrollieren würden. Zum Glück für die Offshore-Konten betrug die Initial Margin für diese Finanzinstrumente lediglich zwölftausend Dollar pro Kontrakt. Letztlich würde die Gruppe von Anlegern also die zweihundert Millionen an Aktienindex-Futures für einen Bareinschuß von 7,8 Millionen – oder gerademal dreieinhalb Prozent – kontrollieren.

Slam füllte fünf Order-Tickets aus, für jedes Konto eins, und jagte sie durch den Zeitstempler. Dann nahm er den Hörer ab und rief das Parkett der Chicago Mercantile Exchange an. Sein Herz begann aufgeregt zu schlagen, während er darauf wartete, mit der Händlerbox verbunden zu werden, in der er einst zu Hause gewesen war.

Eine vertraute Stimme meldete sich mit dem Schlußkurs des März-S-&-P-Futures-Kontrakt: »Neunhundertsiebenunddreißig Dollar und sechsundvierzig Cents.«

Es war Vic! Fröhlich trällerte Slam: »Trader Vic?«

»Am Apparat.«

»Hier ist Slamkowski.«

Ungläubiges Schweigen. »Slammer, bist du's wirklich?«

»Wie er leibt und lebt.«

»Sssslammer!« Trader Vic wandte sich an seine Händlerkollegen. »Leute, es ist der Slam-man!«

Über den ausgelassenen Lärm in der Händlerbox hinweg hörte er Swanky Frankie jaulen: »Slammmmuh!«

Slamkowskis Stimmung stieg zusehends. Hatten ihn die Säcke also doch noch nicht vergessen.

»Slam, alter Rumtreiber, wie steht's denn so mit dem Liebesleben in Kalifornien?«

Lässig erwiderte Slamkowski: »Machst du Witze? An Weiber rankommen in Souther Cal?«

»Yeah ...?«

»Ist einfacher als Robbenbabys jagen.«

»Robbenbabys jagen?« grölte Trader Vic. »Ist ja wieder mal *typisch!* Aber frag lieber nicht zurück, bei mir ist der Notstand so groß, schon Angela Lansbury sorgt für 'ne enge Hose. Hey, bleib mal kurz dran ...«

Trader Vic parkte ihn für einen Moment in der Warteschleife und klang eilig, als er sich wieder meldete. »Hey, Eddie, war wirklich toll, mit dir zu plaudern, aber ich muß weiter. Wenn du nach Chicago kommst, komm aufs Parkett und wir gehen in den Cactus.«

»Hey, nicht so schnell«, meinte Slam hämisch. »Du glaubst doch wohl nicht, ich hätte bloß angerufen, um ein wenig zu tratschen, oder?«

»Na ja, ich...«

»Ich hab ein paar Orders, die ausgeführt werden müßten.«

Trader Vics erstaunte Stimme drang zu ihm zurück. »Du bist wieder im Geschäft, Slammer?«

»Yeah«, brüstete sich Slam. »Wieder drin und besser denn je.«

Gott, fühlte es sich gut an, das zu sagen! Der Slammer war wieder zurück.

Die Infinity-Orders wurden notiert, mit Zeitstempel versehen und von einem Boten in goldgelbem Jackett namens Swanky Frankie DiMarco in den abgesenkten Pit geschickt, in dem die S & P Futures gehandelt wurden. Dort drückte Swanky die Karten mit den Infinity-Orders in die Hände von Andy Studd, einem Parkettmakler, der mit Trader Vics Firma zusammenarbeitete. Da Infinitys Kauforders in bezug auf den Preis einen gewissen Spielraum zuließen, legte Studd diese Karten oben auf seinen Stapel, wodurch Infinity Priorität gegenüber anderen Kunden eingeräumt wurde, die ebenfalls März-Futures-Kontrakte abschließen wollten.

Um 8.30 Uhr, Ortszeit Chicago, läutete die Eröffnungsglocke und die Börsensitzung begann. Auf dem Parkett brach der alltägliche Höllenlärm los. Studd drängelte, rempelte und schubste sich im Trading Pit seinen Weg durch das chaotische Gewühl aus Brokern und Händlern in grellen Jacketts, als wollte er sich bei einem Who-Konzert näher an die Bühne schieben. Studd schrie und winkte heftig, um die Aufmerksamkeit eines verkaufenden Brokers auf sich zu ziehen, wobei er seinen Kaufwunsch signalisierte, indem er sich wiederholt mit der offenen Hand auf die Brust schlug. In der Menge tauchte ein verkaufswilliger Broker auf, der die umgekehrte Bewegung machte und seine offene Hand energisch von seinem Körper wegschnellen ließ. Das sonderbare Balzritual ging weiter. Studd bedeutete mit seinen Fingern die Menge – sechs, fünf, null, gleich sechshundertfünfzig Kontrakte –, und mit den gleichen Handzeichen wurde anschließend der Preis festgesetzt, der leicht über dem aktuellen Marktpreis liegen durfte. Im Grunde hielten die zwei unter sich eine kleine Auktion ab. Am Ende signalisierten beide, daß das Geschäft abgeschlossen war. Ein in ein blaues Jackett gekleideter Börsenmitarbeiter verfolgte die Szene von einem Steg oberhalb des Pits und registrierte den Abschluß im computerisierten Kursfeststellungssystem der CME, wodurch die Börsenkunden weltweit darüber informiert wurden, daß ein Abschluß über sechshundertfünfzig Kontrakte in März-Index-Futures den Kurs um fünf Ticks hatte steigen lassen. Und so war der Handel vollzogen, ohne daß ein einziges verständliches Wort zwischen Studd und seinem Brokerkollegen gewechselt worden wäre.

Keine drei Minuten nach Börseneröffnung war Infinity »erledigt«.

Trader Vic übermittelte Eddie Slamkowski in Long Beach, Kalifornien, die Auftragsdurchführung. »Bumm-tschäng, und schönen Dank auch, Slam. Abgeschlossen bei fünfundfünfzig.«

»Abgeschlossen bei fünfundfünfzig«, bestätigte Slam.

»Slam? Schön, deine Stimme wieder zu hören.«

»Du wirst sie schon bald wieder hören.« Slam legte auf. Befriedigt stempelte er die Order-Tickets ein drittes Mal ab. Dann rief er die 1-700-Nummer von Charles Stones Voice-Box an, um die Erledigung der Kundenaufträge durchzugeben. Nachdem er den Hörer wieder auf die Gabel gelegt hatte, sagte Slamkowski zu sich selbst: Stone wird zufrieden sein, daß wir die Orders sofort durchbekommen haben. Zumindest sollte er das.

Eddie Slamkowski hatte recht. Stone würde tatsächlich zufrieden sein. Aber wovon Slam nichts ahnte, war seine ungewollte Beteiligung an der Vorbereitung eines raffinierten Finanzkomplotts, das in Kürze Wall Streets kühnste Phantasien übersteigen sollte.

8

Norwalk, Connecticut
Mittwoch, 13. Januar

Kathleen Oberlin war sich nicht jener Weltenuhr bewußt, auf der die letzten Minuten ihres Lebens abliefen und die ihr nur noch weniger als zwölf Minuten zubilligte.

Es war 16.32 Uhr. Sie saß bereits seit etwa zwanzig Minuten auf dem Fahrersitz ihres Saab, auf dem Parkplatz von Stew Leonards berühmtem Laden mit Milchprodukten aller Art in Norwalk, Connecticut, und starrte ihr Gesicht im Rückspiegel an.

Gott, sah sie furchtbar aus!

Die schwarzvioletten Säcke unter den Augen, die Haut ohne jede Farbe. Sie war tatsächlich eine Frau, die eine sinnlose Tragödie zur emotionalen Aufgabe getrieben hatte. Sechs Wochen waren vergangen und dennoch hielten die quälenden Depressionen sie ohne ein Zeichen der Besserung gefangen. Nachts konnte Kathleen nicht schlafen. Sie drehte und wälzte sich und ging auch die winzigsten Details der vergangenen acht Monate durch, um etwas Sinn in der ganzen Sache zu entdecken. Sie mußte die Wahrheit wissen.

Es war ein Selbstmord, hatten die Cops gesagt.

»Nie und nimmer war es das«, brummte sie trotzig den Spiegel an.

Der Name des Detectives war O'Bannon gewesen. Für einen abgestumpften Cop hatte er sich relativ einfühlsam gezeigt und berücksichtigt, daß es sich bei dem Verstorbenen um Kathleens Boß handelte. Fünfundvierzig Minuten lang war O'Bannon auf dem Revier mit ihr bei abgestandenem Kaffee geduldig den Fall durchgegangen.

Es macht einfach keinen Sinn, hatte sie gesagt.

Auf die Hinterbliebenen macht ein Selbstmord selten Sinn, hatte er erwidert.

Aber er hat keinen Brief hinterlassen.

Im Widerspruch zur landläufigen Meinung, hatte O'Bannon gesagt, *werden nur in zwanzig Prozent aller Fälle irgendwelche Aufzeichnungen hinterlassen.*

O'Bannon hatte unterstrichen, daß zu Beginn jeder solchen Untersuchung das NYPD mit derselben Skepsis an den Fall herangehe, wie Kathleen sie zeige. Selbst offensichtliche Selbstmorde würden stets wie Mordfälle behandelt; die Beweismittel selbst sollten den Ausschlag geben. In diesem Fall gäbe es keine einzige Spur, die auf einen Kampf oder ein gewaltsames Eindringen hindeuten würde.

Die von den beteiligten Beamten zusammengetragenen Indizien würden vielmehr stark für das Gegenteil sprechen. Die gerichtsmedizinische Autopsie hatte unter anderem ergeben, daß sein Magen voller Wodka gewesen war, was zu der Annahme verleitete, ein Selbstmörder habe sich für den letzten Schritt Mut angetrunken. Darüber hinaus deutete ein in seinem Arzneischränkchen gefundenes verschreibungspflichtiges Medikament darauf hin, daß er gegen manisch-depressive Anfälle behandelt worden war. Für Kathleen, die die Hochs und Tiefs in Toms Zustand miterlebt hatte, keine große Überraschung. Auf seinem Nachttisch hatte man eine zerlesenen Ausgabe von *Final Exit* gefunden. Und die Cops hatte auch Indizien für den sogenannten »Motivationsfaktor« aufgespürt: Einer Abrechnung seiner firmeneigenen American-Express-Karte zufolge, hatte er über drei Wochenenden hinweg in Atlantic City Bargeld in Höhe von zwölftausend Dollar abgehoben. (Wie Tommy entdeckt hatte, war auf seiner AmEx Corporate Card kein Ausgabenlimit installiert.) Sobald seine Vorgesetzten bei Wolcott Fulbright davon erfahren hätten, wäre es mit Binghams Karriere aus gewesen. Höchstwahrscheinlich wäre ihm deshalb sogar seine Anwaltslizenz entzogen worden.

Kathleen hatte das alles zur Kenntnis genommen. Dann hatte sie O'Bannon gestanden, *Tommy Bingham und ich hatten ein Verhältnis.*

O'Bannons Gesicht war ausdruckslos geblieben. *Das hab ich mir schon gedacht,* hatte er gesagt.

Tommy Bingham hat sich nicht selbst umgebracht, hatte sie ihm versichert.

Sie glaubte an die Aussage, die sie dem New Yorker Detective gegenüber abgegeben hatte, aber ganz sicher konnte sie sich nicht sein.

Denn Tommys Leben war für sie nicht unbedingt ein offenes Buch gewesen. Wie oft hatte er ihr gegenüber angedeutet, daß er eine Art Doppelleben führe. Tagsüber spielte er bei Wolcott seine Rolle als ordentlicher, konservativer Hausjurist, aber dann gab es da noch die andere, dunkle Seite von Tommy Bingham. Ein komplett gegenläufiges Leben. Häufig erwähnte er irgendein Projekt von internationalen Dimensionen, das mit unheilvollen Geheimnissen verbunden zu sein schien, die er ihr jedoch nie offenbarte. Und dann waren da noch die Gerüchte, die sich um Tommys letzte Tage rankten..., seine Verwicklung in Insidergeschäfte...

Tock, tock!

Ein Parkwächter in grüner Uniform klopfte an ihre Scheibe und ließ sie aufschrecken.

»Alles in Ordnung, Ma'am?« erkundigte er sich.

Sie nickte.

»Na wunderbar«, sagte er freundlich. »Sollten Sie den Parkraum dann nicht mehr benötigen, könnten wir ihn sehr gut anderweitig brauchen. Vielen Dank.«

Kathleen bedachte ihn mit einer wegwerfenden Handbewegung und startete den Wagen. Während sie vom Parkplatz auf die Post Road rollte, schluckte sie eine weitere Dosis Serotonyl trocken hinunter. Sie schmiß die Kapseln zur Zeit wie Pfefferminzdrops ein. Wenn dieser permanente Schmerz nur durch chemische Mittel unterdrückt werden konnte, dann war dem halt so.

Kathleen bog von der Post Road auf die zur Interstate 95 führende Auffahrt des Exit 16, reihte sich in den Verkehr ein und fuhr südwärtes in Richtung des Hauses, das sie und ihr Mann in Stamford besaßen.

Bald schon dämpfte das Medikament ihre Verzweiflung ein wenig. Ihre Gedanken kehrten zu Tommy zurück.

Tom Bingham war manisch-depressiv gewesen; er hatte Anfälle von Größenwahn gehabt. Aber vor allem war er geradezu süchtig nach Geheimnissen und Intrigen gewesen. Und jetzt stellte sich langsam heraus, wie groß seine Sucht tatsächlich gewesen sein mußte. In einem anderen Leben wäre er sicherlich ein Spion oder irgendeine Art von Geheimdienstagent geworden, auf jeden Fall etwas anderes als ein überlasteter, mit Koffein vollgestopfter Börsenanwalt an der Wall Street.

War er umgebracht worden?

Wenn ja, warum? Sie hatte sich diese Frage seit November beinahe stündlich gestellt und war von einer Antwort noch immer so weit entfernt wie damals. Mord? Es machte so wenig Sinn wie Selbstmord.

In diesem Augenblick schob sich ein weißer Oldsmobile Cutlass auf der Überholspur neben sie. Er fuhr nun mit exakt der gleichen Geschwindigkeit wie ihr Saab – einhundert Stundenkilometer. Sie blickte zu dem Wagen hinüber. Im Innern saßen zwei Männer. Der Fahrer sah sie an. Er schien sich ihr Gesicht genau einprägen zu wollen. Und dann der Beifahrer – ein junger Mann mit häßlichen Gesichtszügen, die an Mißbildung grenzten. Als er seine vergilbten Zähne in einem verzerrten Lächeln bloßlegte, durchfuhr es sie eiskalt. Instinktiv trat sie auf die Bremse und verringerte die Geschwindigkeit ihres Saab um zwanzig Kilometer. Der Cutlass raste an ihr vorbei.

Aus irgendeinem Grund verlangte es sie, *sofort* anzuhalten. Eine Tankraststelle kam in Sicht. Die leuchtenden, in Grundfarben gehaltenen Logos von McDonald's und Mobil wirkten merkwürdig beruhigend auf sie. Eine Zufluchtsstätte. Ohne zu blinken, lenkte sie ihren Saab auf die rechte Spur und schnitt dabei einen roten Lieferwagen mit der Aufschrift BEACON SERVICES. Der Lieferwagen hupte laut, aber sie kümmerte sich nicht darum, biß in Erwartung einer Kollision, die ausblieb, ihre Zähne zusammen und konzentrierte sich einzig darauf, von der Interstate herunterzukommen.

Sobald sie mit sechzig Stundenkilometern in die Abfahrt eingebogen war, spürte sie, wie eine große Erleichterung sich in ihr breitmachte.

Komm schon, Kathleen. Nun laß dich nicht hängen, Mädchen.

Im selben Moment erschütterte eine dumpfe Explosion den Wagen von seinem Fahrgestell aus. Bevor Kathleen noch reagieren konnte, schoß eine Stichflamme durch das Bodenblech im Fond. Ihr wurde bewußt, was geschah, und Todesangst durchzuckte sie. Sie schrie. In einer gewaltigen Explosion, die Kathleen zu Asche verbrannte und ihre Schreie für immer erstickte, zerriß es den Benzintank. Der Tod trat in barmherziger Schnelligkeit ein.

In hilflosem Schrecken verfolgten die anderen Verkehrsteilnehmer, wie die rollende Feuerbombe direkt auf eine Reihe von Mobil-Zapfsäulen zusteuerte. Auf den letzten siebzig Metern kam sie allerdings von der Spur ab und rollte auf einen Grünstreifen, wo sie gefahrlos für andere stehenblieb. Die Karosserie war zu einem glühenden Blechhaufen zusammengeschmolzen, aus dem Überhitzungsflammen sprühten. Ein öliger Rauch stieg aus dem Wrack auf und schwärzte den Himmel. Schon das Ausmaß der Hitze hielt Rettungswillige auf Distanz, die allerdings auch nichts mehr zu retten gefunden hätten.

Fast eine Meile weiter ließ Viktor Alexejew die Fernbedienung in seine Tasche gleiten. »Tot?« fragte er.

»Keine Frage«, antwortete *Die Fratze* Gagarow auf russisch und drehte den Kopf, um einen Blick auf das Massaker zu werfen.

Alexejew war überzeugt, daß die Beobachtung seines Begleiters zutraf, und nickte. In den letzten zehn Jahren hatte er etwa ein Dutzend dieser vom KGB entwickelten Autobomben gezündet, und sie hatten ihn nie im Stich gelassen. Während sie weiter Richtung New York City fuhren, schaltete er einen Klassikkanal ein und trank gedankenverloren einen Schluck McDonald's-Kaffee aus seinem Styroporbecher. Angeekelt verzog er das Gesicht.

»Was ist?« fragte *Die Fratze*.

Alexejew fluchte heftig, öffnete das Fenster und schleuderte den Becher samt Inhalt auf die Interstate.

»Ich *verabscheue* kalten Kaffee«, antwortete er.

9

Wall Street 44, Manhattan

Donnerstag, 14. Januar

In einem multimedial ausgestatteten Konferenzzimmer mit dem Namen New-Dehli-Raum ging das Licht aus, und Mike Kilmartin begann seinen Diavortrag. Die Zuschauerschaft bestand lediglich aus drei Personen, allerdings handelte es sich dabei um ein sehr wichtiges und einflußreiches Trio – die Sondergruppe Risikomanagement der Firma.

Showtime, sagte er zu sich selbst, als das erste Dia in den Projektor glitt.

Das Bild zeigte nichts als blendend weiße Helvetica-Lettern auf signalrotem Hintergrund. Kilmartin las laut vor: »First Capital Advisors – 350 Millionen Dollar.«

Katschank! Die Drehscheibe auf dem Projektor sprang eine Stufe nach vorn, und das nächste Dia fiel an seinen Platz. »Kidder, Peabody – 350 Millionen Dollar Verluste.«

Mike Kilmartin trat ein paar Schritte vor, um an das handverlesene Zuschauertrio die rhetorische Frage zu stellen: »Was haben all diese Ereignisse gemeinsam?« Er drückte auf die Fernbedienung des Diaprojektors – *katschank!* – und das nächste Bild faßte es alles zusammen.

DERIVATE UND DAS PHÄNOMEN ROGUE TRADER:
ÜBERBLICK ÜBER EINE KONZERNGEFÄHRDUNG

»Jeder dieser katastrophalen Verluste wurde von einem Händler verursacht, der derivative Finanzinstrumente mißbraucht hatte.

Dieses Phänomen hat sich in unserem Jahrzehnt in solcher Regelmäßigkeit ereignet, daß der Begriff des »Rogue-Trade« schon Eingang in den allgemeinen Sprachgebrauch gefunden hat.

Fünf Meter entfernt räusperte sich ein Mitglied der Sondergruppe vernehmlich. »Ähh, Mike?«

»Ja, Irv?« Kilmartin blickte im Halbdunkel mit zusammengekniffenen Augen zu Irv Siegel, dem Managing Director vom Risikomanagement-Ertragsmanipulation. »Haben Sie eine Frage?«

»Ähh, Mike, würde es Ihnen etwas ausmachen, wenn wir auf dieses ganze Brimborium verzichten würden? Mir wäre es lieber, wir könnten uns eher informell dieser Rogue-Trader-Geschichte annehmen. Offen und direkt.«

»Überhaupt nicht«, sagte Kilmartin. Im Grunde war er erleichtert über den Vorschlag. Mike fühlte sich im Frage-Antwort-Spiel einer Beratung wesentlich wohler als beim steifen Vortrag eines vorformulierten Textes. Eine Diashow für drei Zuschauer? Zweifellos ein übertriebener Aufwand. Allerdings ging er auf die Anregung eines der drei Gruppenmitglieder zurück, die jetzt im New-Dehli-Raum anwesend waren, und zwar auf die von Bobby Wolcott. *Wieder eine deiner brillanten Ideen, Bobby*, dachte Kilmartin sarkastisch, wandte sich an die Frau von der Präsentationsabteilung und sagte: »Licht an, Ann.«

Die plötzliche Helligkeit ließ Farbkleckse vor Kilmartins Augen tanzen. Sobald sich seine Augen an das Licht gewöhnt hatten, drehte er sich zu den drei um einen Konferenztisch sitzenden Managing Directors um. Alle waren von Max Schomburg, dem umtriebigen Vorstandsvorsitzenden von Wolcott, Fulbright & Company, persönlich für diesen exklusiven Kreis ausgewählt worden.

Eine Mitteilung Schomburgs, die im Dezember auf Büttenpapier unter den Firmenangestellten verteilt worden war, besagte: »Ziel der Sondergruppe ist es, ›Autopsien‹ katastrophaler Geschäftspannen anderer weltweit tätiger Investmenthäuser durchzuführen, in der Hoffnung, unserer Firma ein ähnliches Schicksal vor ihrem Börsengang im nächsten Frühjahr ersparen zu können.« Ein paar Zyniker in der Firma merkten an, Schomburg habe seinem Memo zufolge offenbar nichts dagegen, wenn ein verantwortungsloser Händler das Unternehmen *nach* seinem geglückten Börsengang in den Ruin treibe. Würde das Initial Public Offering gutgehen, so mutmaßten die Zyniker, könne Max Schomburg seinem Privatvermögen weitere 125 Millionen Dollar gutschreiben.

Die Sondergruppe war demnach gebildet worden, um die goldene Gans zu beschützen, bis alles erledigt war. Die Sondergruppe Risikomanagement ihrerseits hatte den tagtäglich mit Rechts-, Regulierungs- und Revisionsfragen beschäftigten Abteilungsleiter Mike Kilmartin gebeten, ihnen darzulegen, ob ein solcher *Rogue Trader* auch ihre Firma in den Ruin treiben könnte.

»Wie sieht's aus, Mike?« fragte Irv Siegel. »Kann es auch hier passieren?«

»Ja. Es kann in jeder Firma passieren, auch in unserer.«

Alan Milgrim zog die Stirn in Falten. »Wollen Sie damit sagen, in diesem Moment könnte ein *Rogue Trader* mitten unter uns sein?«

»Ja, Alan, so ist es. Es besteht kein Anlaß, von der Annahme auszugehen, aber es ist durchaus denkbar. Es läuft stets darauf hinaus: Führt ein Händler Böses im Schilde und besitzt ausreichende Geschäftskompetenzen ohne entsprechende Kontrolle, kann sich ein Vorfall wie der bei der Barings Bank auch bei uns ereignen.«

Die Männer rutschten unbehaglich auf ihren Sitzen hin und her und bemühten sich, diese Information zu verdauen. *Was wollt ihr denn von mir?* dachte Kilmartin. Eine von allen Zweifeln bereinigte Erklärung, daß alles Friede, Freude, Eierkuchen ist, nur damit sie mit Max Schomburg zusammen eine keimfrei schöngefärbte Mickeymaus-Aktennotiz abfaßten, daß *es hier nicht passieren kann?* Tut mir leid, Jungs, aber nicht mit mir. Kilmartin würde seiner Firma einen Bärendienst erweisen, wenn er die harte Wirklichkeit in rosarotem Licht tauchte. Und das schlimmste daran wäre, er hätte seinen Job nicht richtig erledigt.

Kilmartin zog sich einen der mit Rollen versehenen Stühle heran und nahm neben den drei Managing Directors der Sondergruppe am Konferenztisch Platz. »Bevor wir hier allerdings in Panik geraten, muß betont werden, daß 99,9 Prozent der Händler und Verkäufer in dieser Firma gewissenhafte und ehrliche Leute sind. Prozentual gesehen, meine Herren, existiert weit mehr Korruption im Polizeiapparat von New York City als an der Wall Street. Ich bin nun seit annähernd zwölf Jahren in diesem Geschäft. Die Uniabsolventen, die wir bei Wolcott einstellen, betrachten es als enormes Privileg, einen Platz im Handelsraum eines globalen Investmentunternehmens dieser Größenordnung zu bekommen. Sie wissen genau, da draußen gibt es ungefähr eintausend frisch diplomierte Absolventen renommierter Institute, die für diesen Platz bereitwillig alles geben würden. *Unsere Leute wollen sich an die Spielregeln halten.* Das letzte, was ein Händler möchte, ist die Verletzung irgendeiner technischen Bestimmung, die seiner Karriere schneller ein Ende bereitet, als sie ›Michael Milken‹ sagen können.«

»Sehen Sie sich nur das Formular B-D unserer Firma an«, bemerkte Irv Siegel. »Verglichen mit anderen Finanzhäusern dieses Kalibers steht Wolcott mit ziemlich reiner Weste da.« Das Formular B-D war eine von allen Broker-Dealern vorzulegende detaillierte Aufstellung aller im abgelaufenen Jahr gegen sie von den Aufsichtsorganen verhängten Bußgelder, Sanktionen und Strafen.

»Das stimmt. Das Kunststück besteht also darin, die Nadel im Heuhaufen aufzuspüren, den einen Drecksack, der die ganze Firma in die Knie zwingen wird.«

»Die Anzahl der Zusammenbrüche großer Unternehmen in den vergangenen fünf Jahren ist wirklich beängstigend«, gestand Milgrim.

»Ohne Zweifel. Von den zehn Rogue-Trader-Vorfällen in den vergangenen sechs Jahren zerstörten vier die jeweiligen Unternehmen. Kidder, Barings, Drexel. Alle wurden Opfer eines einzigen Superhändlers, der seine Quittung für die Verletzung der Spielregeln erhielt. Mir sind Gerüchte von weiteren verbrecherischen Händlern bei unserer Konkurrenz zu Ohren gekommen, die aber nicht veröffentlicht wurden. Wohlgemerkt bei Hauptkonkurrenten von uns.«

Siegel beharrte: »Warum also plötzlich diese Zunahme?«

»Da spielen verschiedene Faktoren eine Rolle, Irv, ein paar neue, ein paar altbekannte. Neu ist die Computerisierung des Gelds. Moderne Telekommunikationseinrichtungen und Computer machen es möglich, mit wenigen Mausklicks Millionenbeträge zu verschieben. Darüber hinaus erschwert die Globalisierung des Geschäfts den Finanzinstituten in hohem Maße, riskante Manöver in weit entfernten Regionen noch zu kontrollieren.«

»Das ist bei der Barings Bank passiert«, sagte Milgrim. »Das Londoner Management besaß keinen tiefergehenden Einblick in Leesons Aktivitäten in Singapur.«

»Richtig. Einen weiteren neuen Faktor in der Gleichung stellen die Derivate dar. Derivative Finanzinstrumente in den Händen von Händlern sind wie Kernenergie. Verantwortungsvoll eingesetzt sind sie durchaus nützlich – wie die Atomkraft. Doch im Fall eines Mißbrauchs ähneln sie eher Kernwaffen und können eine Firma völlig zerstören. Manche glauben sogar, sie könnten das gesamte globale Finanzsystem lahmlegen.«

Irv Siegel runzelte die Stirn. »Derivate. Mir zieht sich alles zusammen, wenn ich an all die Zweiundzwanzigjährigen in ihren Händlerboxen denke, die damit herumspielen.«

Kilmartin nickte. »Das ist ein weiteres potentielles Problem. Die Wall Street zeigt sich zur Zeit geradezu vernarrt in Jugendlichkeit. Diese Youngster beherrschen die neuen Finanztechniken und das dazugehörige Einmaleins, aber als Nebenfolge vertrauen wir echten *Kids* Milliarden von Dollars an Risikokapital an. Einige von denen sind derart jung, die haben noch gar kein ausreichendes moralisches Wertesystem entwickelt.«

Milgrim schüttelte den Kopf. »Und dann geraten sie in Panik, wenn sie Geld verlieren, lassen die Trade-Tickets in ihrer Schublade verschwinden, buchen die Verluste auf versteckte Konten um und beten, daß niemandem im Backoffice etwas auffällt.«

»Der Druck in dieser Branche ist außerordentlich. Und dieser Druck führt dazu, die Leute in andere, härtere Ausgaben ihrer selbst zu verwandeln. Händler befinden sich plötzlich auf unerforschtem Terrain und tun das Unvorstellbare. Das ist ein durchgängiges Merkmal bei Barings, Kidder und First Capital.«

Bobby Wolcott räusperte sich und ergriff das Wort. »Hoffentlich werde ich hier nicht falsch verstanden, Mike, aber zahlen wir euch Jungs in der Rechtsabteilung nicht genau aus diesem Grund die dicken Gehälter? Herrgott, ist es nicht eure Aufgabe, sicherzustellen, daß sich eine Katastrophe, wie sie Barings kaputt gemacht hat, bei Wolcott nicht ereignen kann?«

Mike Kilmartins Augenbrauen schnellten hoch. Er berührte mit den Fingerspitzen seine Brust. »Bob, die Rechtsabteilung ist weder eine Polizeitruppe, die allzu Habgierige dingfest machen könnte, noch eine Versicherungspolice gegen ungenehmigte Händleroperationen. Alles, was wir tun können, ist, das Führungsmanagement beraten, wie die Gefahr eines solchen Zwischenfalls in diesem Haus minimiert werden kann.«

Milgrim hob beschwichtigend eine Hand. Mit einem vorsichtigen Seitenblick auf Bobby Wolcott sagte er: »Niemand hier behauptet, daß Sie allein das Problem verhindern müßten. Wir wenden uns an Sie in der Rechtsabteilung, um Rat zu suchen. Also – beraten Sie uns. Was sollen wir Schomburg erzählen? Welche Schritte sollte die Firma unternehmen?«

»Diese Sondergruppe ist schon ein brauchbarer erster Schritt, aber oberes Management und leitende Führungskräfte müßten einen Firmengeist wiederbeleben, der es keinem Starhändler gestattet, die vorgeschriebenen Bahnen zu verlassen und die Obergrenzen des Handelsvolumens in riskanten, kreditfinanzierten Transaktionen zu überschreiten.« Kilmartin teilte eine stichwortartige Liste mit Vorschlägen aus, welche Initiativen die Firma ergreifen kann. »Die Wertpapierbranche ist vermutlich der einzige Industriezweig in diesem Land, der seinen Managern hinsichtlich der ihnen unterstellten Leute eine *gesetzliche Haftung* bei ›Verletzung der Aufsichtspflicht‹ abverlangt. Das mag nicht sonderlich fair sein, aber so ist es nun mal. Und diese Tatsache muß allen leitenden Angestellten in Erinnerung gerufen werden.«

Milgrim hakte die Punkte auf der Liste ab: »Vermehrte schriftliche Fixierung von Vorgängen; regelmäßige Überprüfung des Fehlerkontos; eine persönliche Ansprache an die Belegschaft durch Schomburg. All das ist machbar.«

Bobby Wolcott verzog das Gesicht, als er seine Kopie überflog. »Sie schlagen eine Personalaufstockung in den Kontrollabteilungen vor?«

»Wie die Sache aussieht, Bob, sind die Kontrolleure des Geschäftsbereichs nach der letzten Stellenabbaurunde hoffnungslos unterbesetzt. Und wenn diese Aufgabengebiete einen Mangel an Arbeitskräften verzeichnen, steigt nun mal die Gefahr, daß unzulässige Aktivitäten unentdeckt bleiben. Das ist die nackte Wahrheit.« Kilmartin mußte daran denken, daß die Firma allein von Bobby W.'s Grundgehalt zehn Erbsenzähler anstellen könnte, um Handelsberichte im Echtzeitrahmen zu kontrollieren.

»Was ist denn hiermit?« sagte Irv Siegel. »Sie empfehlen eine sofortige Überprüfung der zehn führenden Händler der Firma?«

»Niemand beabsichtigt, einem Starhändler auf die Pelle zu rücken, wenn er der Firma Profite einbringt. Aber Starhändler werden zu kriminellen Händlern, wenn sie zig Millionen Dollar verlieren und dies niemandem rechtzeitig auffällt. Finanzinstitute wie das unsere neigen dazu, ihren Starhändlern enorme Freiheiten zu gewähren. Also müssen wir mit den zehn produktivsten Händlern anfangen, jeden einzelnen in einen Raum zerren, ihm in die Augen sehen und ihn fragen, ob er irgendwelche Geheimnisse hat, über die wir Bescheid wissen sollten.«

Ein amüsierter Ausdruck huschte über Irv Siegels Gesicht. Er drehte sich zu Alan Milgrim. »Ein Name kommt mir da für dich in den Sinn, Alan: Gil McGeary.«

Milgrim schüttelte den Kopf und lächelte vielsagend. »Nach dieser Besprechung werde ich selbst runtergehen und seine P-&-L-Berichte unter die Lupe nehmen.«

Mike Kilmartin betrachtete sein Auditorium und verspürte eine gewisse Befriedigung. Der Sondergruppe Risikomanagement waren ein wenig die Augen geöffnet worden, und mit etwas Glück würden die Kernaussagen bis zu Schomburg vordringen. Vielleicht war ihnen ja bewußt geworden, daß es zwar Jahrzehnte schwerer Arbeit gebraucht hatte, den Ruf von Wolcott Fullbright zu etablieren, daß ein einziger *Rogue Trader* ihn jedoch mit ein paar Mausklicks von einem Tag zum anderen ruinieren konnte.

Eine Frauenstimme fragte aus dem Hintergrund: »Michael?«

Kilmartin wandte seinen Kopf zu Ann Brady, der Medienassistentin, die eben wieder in den Raum zurückgekehrt war. »Ja, Ann?«

»Ihre Sekretärin sagt, es ist dringend und kann nicht warten.«

»Entschuldigen Sie«, sagte Mike und ergriff das Telefon auf dem Konferenztisch. »Ja, Felicity, ich bin hier in ein paar Sekunden fertig.«

Nachdem Felicity ihn mit tränenerstickter Stimme von Kathleen Oberlins Unfall informiert hatte, drückte Kilmartin seine Nasenwurzel zwischen Daumen und Zeigefinger und stöhnte leise: »Gott, nein.«

Die Präsentation fand damit ein abruptes Ende.

10

Zug, Schweiz – Manhattan

Montag, 18. Januar

Die ersten telegrafischen Überweisungen stammten von den Schweizer Konten. Bescheidene Beträge in Höhe einiger Millionen Dollar wurden nach London, San Francisco, Baltimore, New York, Hongkong und Abu Dhabi transferiert. Das Geld war im wesentlichen für Bilanzzwecke gedacht, mit anderen Worten, es sollte Firmenmäntel nichtexistierender Unternehmen einen seriösen und liquiden Anschein verleihen.

Eine der Überweisungen lautete auf einen Betrag von zehn Millionen Dollar und war für ein Nummernkonto auf den Cayman Islands bestimmt, das zugunsten Stilettos eingerichtet worden war. Es handelte sich um eine teilweise Vergütung für Stilettos Beitrag zur Initiative, die erste von vier gleichen Raten. Colberts Bestimmungen entsprechend war das Konto bis zum erfolgreichen Abschluß des Plans für jegliche Abhebung gesperrt.

An diesem Morgen um 9.07 Uhr, Pacific Standard Time, schwappte die erste Geldwelle auf das Hauptkonto von Infinity Technology Securities bei der Wells Fargo Bank in Los Angeles. Die Mittel würden zur Fütterung der unersättlichen LINDA dienen, die mühelos Millionen an Investmentkapital verschlang. Der 29. Januar rückte immer näher, und das Geld mußte an seinem Platz sein. Alles verlief planmäßig. Um genau zu sein, waren sie ihrem Zeitplan sogar ein wenig voraus.

Am Nachmittag desselben Tages packte Hansen seinen ledernen Terminkalender und ging den Flur hinunter, um einige anstehende Fragen mit Mike Kilmartin zu besprechen. Da die Tür zu Mikes Eckbüro offenstand, streckte Hansen vorsichtig seinen Kopf hinein. Kilmartin saß zwar an seinem Schreibtisch, aber es war noch jemand bei ihm im Büro. Sowohl Kilmartin als auch der Mann im Stuhl ihm gegenüber hörten zu sprechen auf und drehten sich zu Rick um.

»Entschuldigung, ich wollte nicht stören«, sagte Hansen.

Kilmartin winkte Rick herein. »Schon gut, Rick, wir waren sowieso fast fertig.«

»Ist das der Mann, von dem Sie mir erzählt haben?« fragte der Mann.

»Genau der«, sagte Kilmartin. »Rick Hansen, das ist Detective Dan O'Bannon vom New York City Police Department.«

Hansen trat in das Büro seines Chefs und nahm neben O'Bannon Platz. Unzweifelhaft ein Cop – der Bancroftanzug aus Polygemisch für $ 175 war ein todsicheres Indiz. Mitte Vierzig, schätzte Hansen, obwohl Polizistenjahre ja stärker als Hundejahre zählten und man nie sicher sein konnte. Das Gesicht mit dem fleischigen Kinn war eine einzige Straßenkarte aus Sorgenfalten, die zwei Jahrzehnte Streß und Schrecken im großstädtischen Polizeidienst widerspiegelte. Die massige Statur des Cops hätte manch einer womöglich etwas unliebenswürdig mit der Form eines Hydranten verglichen. O'Bannons Augen waren feucht wie von Tränen, worin Hansen ein Zeichen für hartes Trinken zu erkennen meinte. Das schüttere sandfarbene Haar trug er gewagt über die wachsende Glatze auf seinem Schädel gekämmt. Doch trotz all dieser äußerlichen Mankos betrachtete Rick den Mann vor sich als höherstehendes Wesen. Denn die Polizei bildete die dünne Trennungslinie, die seine Frau und ihn vor dem Chaos schützte, das ohne Leute wie O'Bannon in Manhattan unweigerlich ausbrechen würde.

Der Detective zog ein schmutziges Taschentuch aus seiner Hose und entleerte auf überaus musikalische Weise seine Nebenhöhlen. »Ihr Chef hat mir erzählt, Sie hätten in Fordham Law Ihren Abschluß gemacht.«

Hansen nickte. »Vor fünf Jahren.«
»Abendstudium oder Tag?«
»Tag.«
»Ich besuche die Abendkurse«, sagte der Cop. »Mein letztes Semester. Im Mai werde ich mein Examen machen.« O'Bannon nahm einen Schluck Kaffee aus dem Styroporbecher. »Ausgezeichnete Schule. Hatten Sie jemals Vertragsrecht bei Perillo?«
»Nein, ich hatte Yorio.«
»Yorio soll hervorragend sein«, sagte der Cop. »Genau wie Perillo. Er hat das Lehrbuch verfaßt, wissen Sie?«
»Yeah.« Hansen blickte Kilmartin an. Er verstand nicht ganz, was hier vor sich ging.
Kilmartin klärte ihn auf. »Detective O'Bannon kam vorbei, um ein paar Fragen bezüglich Kathleen Oberlin zu stellen«, sagte er mit betrübter Stimme.
Hansen nickte. Die halbe Abteilung hatte am Wochenende dem Begräbnis beigewohnt.
»Fällt allerdings nicht in meine Zuständigkeit«, sagte O'Bannon. »Der Fall Oberlin wird von den Connecticut State Troopern bearbeitet. Ich hatte nur eben die Akte in der Bingham-Untersuchung geschlossen, da steckte mir ein Freund in einer Kneipe, daß Mrs. Oberlin auf der I-95 tödlich verunglückt ist. Und es war halt schon etwas merkwürdig, da sie ja für Tom Bingham gearbeitet hatte, der – wie Sie wissen – Selbstmord begangen hat.«
Kilmartin war in tiefes Schweigen versunken und schien einen Tintenfleck auf seinem Schreibtisch anzustarren.
»Wie auch immer«, fuhr O'Bannon zögernd fort, »man kann jedenfalls nie vorsichtig genug sein, wenn solche Dinge zusammentreffen, daher komme ich hier nur meiner Sorgfaltspflicht nach.«
Hansen war geschockt. »Die Polizei glaubt, es war ... Mord? Ein Doppelmord?«
Der Detective hob abwehrend seine Hände. »Holla, Sekunde mal, das hab ich nicht behauptet. Gibt es irgendwelche Indizien, die auf Fremdverschulden hindeuten? Nein, keine. Ich meine,

Kathleen Oberlin starb in einem verrückten Unfall auf der I-95, als der Benzintank ihres Wagens plötzlich explodierte. Wollte man hier nach einem Mörder suchen, müßte man sich an die Autofirma halten. Trotzdem, wie ich bereits Ihrem Chef sagte, Oberlin hat mir gegenüber zugegeben, ein Verhältnis mit Bingham gehabt zu haben, und da sie verheiratet war, läßt sich der Aspekt eifersüchtiger Ehemann also nicht völlig ausschließen. Ich meine, wenn meine Frau sich mit einem anderen rumtreiben würde, dann...« O'Bannon brach ab und zuckte mit den Achseln. »Wie auch immer, nach Verbrechen aus Leidenschaft sieht's jedenfalls nicht aus. Aber wir werden Mr. Oberlin heute nachmittag zur Sicherheit noch einmal vernehmen, mal sehen.« O'Bannon stand von seinem Stuhl auf. »Eins habe ich bei meinem Besuch immerhin erfahren.«

Kilmartin fragte: »Ja?«

»Der Kaffee, den sie euch Jungs hier an der Wall Street servieren, der ist genauso schlecht wie auf einer Polizeiwache.« O'Bannon kippte den Rest der Flüssigkeit herunter und verzog das Gesicht. »Eigentlich sogar noch schlechter.«

O'Bannon bedankte sich bei beiden für die Zeit, die sie erübrigen konnten, gab jedem seine Visitenkarte und stapfte aus dem Büro.

Nachdem er gegangen war, starrte Kilmartin noch eine Weile ins Leere. Dann sagte er: »Schließen Sie bitte die Tür.«

Hansen schloß die Tür und setzte sich auf den Platz, den O'Bannon eingenommen hatte.

Kilmartin sprach mit heiserer Stimme. »Tja, das erklärt, warum Kathleen Toms Tod so schwer getroffen hat. Ich hätte vermutlich ahnen sollen, daß die beiden eine Affäre miteinander hatten. Nicht, daß es mich etwas angegangen hätte, aber – sehen Sie, eine von Kilmartins Regeln besagt nun mal: alles zu seiner Zeit, alles an seinem Ort. Man scheißt nicht dort, wo man ißt, hab ich recht? Ich meine, Tom war geschieden, damit war es also allein seine Sache, aber Kathleen war noch verheiratet und ... na ja, das ist einfach kein guter Stil.« Mikes Stimme wurde langsam leiser. »Beweist mal wieder, daß die Leute alle ihre Geheimnisse haben. Aber eins hat jeder, Bingham hatte gleich zwei.«

»Zwei?«

»Kurz vor Toms Tod kamen Anhaltspunkte dafür ans Licht, daß er in Insidergeschäfte verwickelt gewesen war.«

»Uhh«, Hansen fuhr sich mit einer Hand durch die Haare und starrte nachdenklich vor sich hin. »Wirklich?«

»Anscheinend hat er völlig auf eigene Kappe gearbeitet und über ein Nummernkonto bei einem Broker-Dealer in Kanada auch nur mit einer Sorte Aktie, die auf unserer vertraulichen Liste stand, gehandelt. Furchtbar schlampig gemacht. Obwohl Tom ja nun... ähh, verstorben ist, sind die Oberhäuptlinge hier äußerst nervös, wie die Aufsichtsbehörde darauf reagieren wird. Die betriebsinterne Buchprüfung hat einen ersten Bericht darüber verfaßt. Wenn er Sie interessiert, werde ich Felicity bitten, Ihnen Einsicht zu geben.«

»Doch, das würde mich sehr interessieren«, sagte Hansen. »Glauben Sie denn, es ist etwas dran an dem, was der Detective erzählte?«

»Daß an der Sache etwas faul sein könnte? Gott im Himmel, nein. Einfach nur eine furchtbare Geschichte, ein entsetzlicher Zufall. Tom Bingham hat das Geschäft völlig allein durchgezogen. Es handelte sich lediglich um ein paar tausend Aktien. Vermutlich genug, um sich deshalb das eigene Leben zu nehmen.«

»Was war denn mit Tom los? Warum sollte er bloß... so etwas tun?«

»Sie meinen, gestützt auf Insiderinformation spekulieren? Ich weiß es ehrlich nicht.« Kilmartin verschränkte die Arme vor der Brust und starrte auf die Schreibtischplatte. »Tom war vier Jahre in der Firma und hat meiner Ansicht nach immer ausgezeichnete Arbeit geleistet. Ich habe ihm stets hervorragende Beurteilungen ausgestellt, mich jedes Jahr für eine Gehaltserhöhung stark gemacht. Aber im vergangenen Jahr hat sich Tom irgendwie verändert. Ich kann Ihnen auch nicht sagen, was genau es war, aber er begann sich zurückzuziehen. Er isolierte sich, verbrachte den ganzen Tag hinter verschlossenen Türen. Und nach einer Weile ließ er nur noch Anrufe von Gil McGeary zu sich durch. Ich weiß nicht. Es war seltsam, wie er sich vor meinen Augen plötzlich derart abzuschotten begann. Ich kann es mir immer noch nicht erklären.«

Rick Hansen nickte. Alles, was ihm als Erwiderung dazu einfiel, schien unangemessen. Also wechselte er statt dessen lieber das Thema. »Haben Sie schon einmal so etwas gesehen?« fragte er und zog die Metallkarte aus der Rückseite seines Terminkalenders.

Kilmartin betrachtete sie verwundert. »Was ist das?«

»Irgendeine technische Spielerei, die ich in Toms Büro gefunden habe.« Rick gab sie seinem Chef. »Es ist eine sechsstellige Nummer darauf, die sich alle zwei Minuten ändert. Und mehr scheint das Ding nicht zu machen.«

Kilmartin studierte es eingehend und grunzte. Er drehte es um, um nach Kennzeichnungen zu suchen, und fand keine. »Keinen blassen Schimmer. Vielleicht sollten Sie sie in der Sicherheitsabteilung abgeben. Ich wette, die wissen, wofür's gut ist.« Mike reichte Rick die Karte zurück. »Hören Sie, es tut mir schrecklich leid, Sie aus meinem Büro zu werfen, aber ich hab morgen mittag ein Arbeitsessen mit Siegel, Milgrim und Wolcott, um die Firmenstrategie zum globalen Risikomanagement vertiefend zu besprechen. Und bis dahin muß ich noch eine ganze Menge Kleinarbeit erledigen.«

Den Rest des Tages hielt Mike Kilmartin seine Tür ebenso geschlossen, wie er es von Tom Bingham berichtet hatte. Seine Sekretärin Felicity war angewiesen, keine Anrufe durchzustellen und keine Besuche hereinzulassen. Als Rick Hansen an diesem Abend um halb neun nach Hause ging, konnte er durch die gläserne Frontwand des Eckbüros einen kurzen Blick auf seinen Chef werfen. Obwohl Mike Kilmartins grüne Schreibtischlampe noch brannte und vor ihm die ausgebreiteten Unterlagen lagen, saß Mike offenbar nur da und tat nichts. Außer nachdenken.

11

Manhattan

Freitag, 29. Januar

Am Morgen jenes Tages, der bald unter dem Namen *Freefall Friday* bekannt sein würde, schien der Markt sich eine Verschnaufpause gönnen zu wollen, bevor er seinen unaufhaltsamen Anstieg fortsetzte.

Das Morgengeschäft war träge. Um Viertel nach elf lag der Dow fast genau auf 9368 Punkten und damit zwölf Punkte über der Schlußnotierung vom Donnerstag. Lediglich achtundfünfzig Millionen Aktien hatten an der New Yorker Börse den Besitzer gewechselt.

Auf dem Trading Floor bei Wolcott Fullbright ging es relativ gelassen zu. Die Händler träumten von festen Pulverschneedecken auf den Hängen direkt neben den angemieteten Ferienapartments in Stratton, Killington oder Mad River Glen. Inmitten des dahindämmernden Derivateteams begann Julian Stainsby Pokerkarten auszuteilen. Die Sekretärinnen und Assistenten vertrieben sich die Zeit mit einem elektronischen Kettenbrief des Singapurer Büros, demzufolge sie sieben Kopien per E-mail an andere Wolcott-Beschäftigte senden mußten, sonst würde ihnen großes Unglück drohen. Wie kolportiert wurde, hatte einst die arme Kathleen Oberlin, die damals noch in der Rechtsabteilung beschäftigt gewesen war, die Kette während einer Beurlaubung abbrechen lassen, und seht nur, wie es ihr ergangen ist! An diesem Vormittag wurden über achthundert Kopien über Wolcott Fullbrights weltweites E-mail-Netz verschickt.

Um 11.17 Uhr sprang Danny Patridge von seinem Monitor

auf und verkündete, daß er heute eine halbe Stunde früher als gewöhnlich Essensbestellungen annehmen würde. Wie immer entbrannte ein heftiger Disput innerhalb des Derivateteams, ob es Tex-Mex, thailändisch oder von *Sylvia's of Harlem* geliefertes Soulfood sein sollte. Am Ende einigte man sich darauf, daß eine Order bei Smiler's Deli einen akzeptablen Kompromiß darstellen würde. Aber auch dann erregten sich die Händler noch über die richtige Zusammenstellung der Sandwichs – Mayo oder Senf, Baquette oder Mehrkorn, Snapple oder Fruitopia, und vergiß die saure Gurke nicht...

Joe Money war der letzte, der seine Bestellung aufgeben sollte. Joe schien intensiv genug in seinen Bildschirm zu starren, um die Zukunft darin lesen zu können. Danny sagte: »Und was ist mit dir, Money-man? Was soll's sein?«

»Scheiße!« stieß Joe Money plötzlich aus.

»Auf Baquette oder Roggenbrot?« erwiderte Danny Patridge trocken.

Die Händler blickten auf den in seinen Monitor vertieften Joe Monetti und glucksten. »Nicht einmal eine nackte Elle MacPhearson auf einem Silbertablett könnte diesen Kerl von seinem Bloomberg wegreißen«, witzelte Train Wreck.

»Laßt den Quatsch!« rief Joe und bedeutete ihnen, ruhig zu sein. »Irgend etwas ist auf dem Markt los.«

Das Grinsen auf den Gesichtern der Händler verschwand.

»Was ist es?« fragte Stainsby.

»Der Dow ist sechzig Punkte runtergeplumpst. Einfach so.«

Mit der Gott-sei-Dank-endlich-Freitag-Heiterkeit war Schluß. Alle versammelten sich um den Farbmonitor von Joes Sun SPARC Station.

»Sechzig Punkte ist nichts«, erklärte Zappia abschätzig. »Keine zwei Drittel eines Prozents. Nichts weiter als ein kleiner Schluckauf.«

»Ein *Schluckauf*?« erwiderte Joe Money. »Der Markt verliert nicht einfach im Handumdrehen sechzig Punkte, ohne daß etwas dahinterstecken würde.«

Kaum hatte er seinen Satz beendet, begannen schon auf dem Bildschirm die Aktiennotierungen der Einzelwerte feuerrot zu blinken. Unisono sackten alle auf dem Bildschirm verzeichneten Kurse ab.

»Hey! Habt ihr das gesehen?«

»Yeah – die Kurse sämtlicher Notierungen sinken.«

»Alles in Spitzenwerten, die in den Dow Jones Industrial Average eingehen«, bemerkte Joe Money.

»Der Dow ist *achtundsiebzig* runter.«

»Wurde was gemeldet? Irgendwelche neuen Nachrichten?« Erfahrenen Wertpapierhändlern war der Impuls, die rationale Ursache hinter einer derartigen Marktbewegung aufzuspüren, bereits in Fleisch und Blut übergegangen. Joe Money dirigierte seine Maus über das Ikon der Dow Jones News (DJN), doppelklickte, und in der rechten oberen Ecke des Bildschirms wurde das Nachrichtenfenster aufgemacht. Die schlagzeilenartigen Kurzinfos, die das Fenster hinaufliefen, waren unglaublich.

11.23 DJN – Mobil (MOB) Sell Imbalance: 246 700 Shrs
11.23 DJN – Ford (F) Sell Imbalance: 220 400 Shrs
11.23 DJN – Amer Express (AXP) Sell Imbalance: 170 000 Shrs
11.23 DJN – Disney (DIS) Sell Imbalance: 314 500 Shrs
11.23 DJN – Exxon (XON) Sell Imbalance: 275 200 Shrs
11.23 DJN – AT&T (T) Sell Imbalance: 300 100 Shrs
11.23 DJN – General Elec (GE) Sell Imbalance: 323 000 Shrs
11.23 DJN – Intl Bus Mach (IBM) Sell Imbalance: 312 500 Shrs

»Verdammter Mist«, murmelte The Stain. »Könnte sich um ein massives Abstoßen handeln.«

»Hey«, sagte Danny Patridge, »sollte nicht irgendeiner Magilla benachrichtigen?«

Aber in seinem Glaskasten saß McGeary bereits über dem Computer gebeugt und befaßte sich mit nichts anderem.

11.32 Uhr. DJIA stand bei 9281, ein Verlust von siebenundachtzig Punkten.

Gil McGeary hatte genügend Jahre in dieses Geschäft investiert, um zu spüren, daß diese Marktentwicklung sehr schnell auf breiter Ebene Dynamik gewinnen würde. Der Markt war ausgekauft, war es seit Wochen, und auf das erste Anzeichen einer Gewinnrealisierung hin würde sich das Smart Money schnell verabschieden, in kurzem Abstand gefolgt von den Investmentfonds und Rentenkassen, dann der Abzug der Offshore-Gelder und schließlich der Kleinanleger. Es war das, was die Professoren für Finanzwirtschaft an der University of Chicago den kaskadenartigen Marktabsturz genannt hatten.

Aber jetzt war nicht die Zeit, überstürzt zu handeln. Jetzt hieß es, einen kühlen Kopf bewahren und sich nicht mitreißen lassen. McGeary begann auf seinem Computer große »Körbe« mit Verkaufsaufträgen zu füllen, die sämtliche Papiere des Standard-&-Poor's-500-Aktienindex betrafen. Da McGeary die Kontrolle über drei Milliarden Dollar an Aktienkapital der Firma besaß, mußte er vorbereitet sein für den Fall, daß der Markt weitere fünfzig Ticks abrutschte. Während der Computer automatisch die Wertpapierkörbe ausstellte, die über den Börsengateway für Programmhandel SuperDOT verkauft werden konnten, drückte McGeary die Schnellwahltaste für die Rechtsabteilung.

»Rick Hansen.«

»Am besten kommen Sie gleich mal rüber«, blaffte McGeary den Anwalt an. »Wir sind gerade in den 80-A-Modus eingetreten, und ich habe einen riesigen Schwung Aktien, den ich jeden Moment verramschen muß.« McGeary legte auf und wandte sich wieder seinem Bildschirm zu.

Ein paar Stockwerke tiefer wirbelte Hansen in seinem Schreibtischsessel herum und schaltete sein Bloomberg-Terminal an. Seltsam! Der Markt schien auf geradem Weg in den Keller zu sacken. Hansen holte die *Börsenordnung* der New York Stock Exchange aus seinem Regal und sprintete zum Fahrstuhl. Mit dem dicken Satzungstext unter dem Arm kam er sich wie ein bibelbestückter Priester vor, der gerufen wurde, um am Bett eines schwer erkrankten Haussemarkts zu beten.

11.40 Uhr. Der Dow war 102 Punkte gefallen.

In der Broad Street 20 hatten sich Dutzende von Kursmaklern in billigen Kunstfaserjacketts auf dem Bürgersteig vor der New Yorker Börse zu einem kollektiven Nikotinschuß versammelt. Für die stoppelbärtigen Parkettbeschäftigten bedeutete diese gemeinsam Zigarettenpause ein Ritual, das dreimal täglich zelebriert werden mußte. Conti, der Philip-Morris-Spezialist für die Market-Maker Firma Corcoran & Corcoran, und sein Spezi Katz, der Chrysler-Spezialist von Bear, Stearns, musterten eine Gruppe blonder Französinnen mit Rucksäcken. Die Mädchen gehörten zu etwa hundert Touristen, die in einer langen Schlange anstanden, um an einer Führung zur Besuchertribüne der Börse teilzunehmen. Eine der Französinnen bemerkte, daß die Börsianer sie ansahen. Sie errötete, lächelte aufgeregt und begann mit ihren Begleiterinnen zu tuscheln.

»O là, là«, meinte der Philip-Morris-Spezialist lüstern. »Den Abschluß würde ich nur allzu gern unter Dach und Fach bringen.«

»Wirklich hübsch«, stimmte der Chrysler-Spezialist zu. »Warum sprichst du sie nicht an? Biet ihr doch an, sie und ihre Freundinnen ins Planet Hollywood einzuladen, um sie Arnold Schwarzenegger vorzustellen.«

»Meine Frau wäre davon bestimmt nicht begeistert.«

»Na und?« Der Chrysler-Spezialist zuckte grinsend die Achseln: »Dann bringst du deine Frau halt nicht mit, und sie wird Arnold nicht vorgestellt.«

In diesem Augenblick trat ein leitender Kursmakler für IBM aus dem Gebäude. »Hey, ihr Nikotinsüchtigen. Drückt eure Kippen mal besser aus und bewegt eure Ärsche zurück in eure Posten. Der Markt befindet sich im freien Fall.«

Nach einem Moment der Verwirrung traten die Specialists alle hektisch ihre Zigaretten aus, drängten durch die Drehtüren und mischten sich unter das Chaos, das auf dem Parkett bereits herrschte.

Staunend verfolgten die Touristen in der Warteschlange den Tumult. »Es stimmt«, erklärte die französische Schülerin namens Thésèse Baingot ihren Freundinnen. »Die Wall Street ist wirklich ein aufregender Ort.«

11.51 Uhr. In Long Beach, Kalifornien, war es 8.51 Uhr. Der Dow Jones hatte inzwischen 112 Punkte verloren.

Eddie Slamkowski hatte seinen Fernseher auf CNBC eingestellt. *The Money Wheel* berichtete Tick für Tick von den Kursrückgängen. In Lake Worth, Florida, sah Slams Vater dieselbe Sendung und machte sich Sorgen um die Anlagen, aus denen er seine Rente bestritt. »Soll ich meinen Broker bei Schwab anrufen und mich auszahlen lassen?« fragte er seinen Sohn.

»Dad, das Schlimmste, was du tun kannst, ist in Panik verfallen. Nur Herdenvieh wird geschlachtet. Sieh mal, siebzig Punkte sind kaum ein Prozent des Marktgesamtwerts.« Der andere Anschluß klingelte. »Dad, ich muß Schluß machen. Ja, ich ruf dich zurück, sobald ich Luft hab.« Eddie schaltete die zweite Leitung durch. Nicht unerwartet war es Stone.

»Stellen Sie alles zum bestmöglichen Preis glatt«, wies Stone ihn an.

Slam war verblüfft. Infinitys zweiunddreißig Offshore-Anleger verfügten über beträchtliche Long-Positions in führenden Aktienwerten. Diese Anteile zu veräußern würde den Markt mit Sicherheit weiter abrutschen lassen. Nicht nur das, einige von Infinitys Kunden, die zu kürzlichen Rekordwerten gekauft hatten, würden mit großer Wahrscheinlichkeit Verluste hinnehmen müssen.

»Alles?« fragte Slam.

»*Alles*. Und jetzt wiederholen Sie, was ich gesagt habe.«

»Alles zum Höchstpreis veräußern.«

»Guter Junge. Und jetzt geben Sie sich dran.« Als wäre es sein Markenzeichen, legte Stone auf, ohne sich zu verabschieden.

Bevor Eddie allerdings die Nummer des Maklers auf dem Parkett der NYSE wählte, rief er erst seinen Vater zurück. Der war über die Warteschleife von Schwabs Kundenbetreuung in San Francisco noch nicht hinausgekommen. »Dad, spring sofort ab«, empfahl er ihm. »Verkauf, soviel du nur kannst.«

11.59 Uhr. Der Markt 142 Punkte runter.

Gil McGeary sammelte seine Truppen vor seinem Büro. Hansen traf eben noch rechtzeitig zu McGearys Ansprache auf dem Trading Floor ein. Unter McGearys Arm steckte ein leuchtendoranger Basketball: Der Coach in der entscheidenden Phase eines wichtigen Spiels.

»Okay, ich werde dies so kurz und bündig machen, wie es nur geht. Das ist die World Series, Jungs. Wir müssen unseren Kunden gegenüber betonen, daß dies nicht die richtige Zeit ist, um die Notbremse zu ziehen, zumindest noch nicht. Es kann sich hier einfach um jene Korrektur handeln, mit der wir schon seit langem gerechnet haben, eine Gegenreaktion auf den Januar-Effekt. Als Marktprofis können wir unseren Anlegern keinen besseren Dienst erweisen, als einen klaren Kopf zu behalten und alle substanzlosen Börsengerüchte auszublenden. Denkt daran, in einem fallenden Markt sind die besten Abschlüsse oft die, die man nicht macht. Und jetzt, ab an die Telefone und unsere Kunden auf dem laufenden gehalten. Danny, ich möchte, daß du ein bißchen Mäuschen spielst und dich in der Gerüchteküche umhörst, was den Markt so runterzieht.«

»Wird erledigt.«

»Das wär's.« McGeary machte eine schwungvolle Drehung und warf den Ball in Richtung Ticker. Er prallte von der Wand in den Korb. Sein Team johlte und klatschte Beifall. »Na, dann los. *Kick ass, trade smart, have fun.*«

Damit war die Truppe entlassen, kehrte an die jeweiligen Arbeitsplätze zurück, stach auf die Schnellwahltasten ihrer Telefone ein und brachte die Leitungen zu ihren besten institutionellen Anlegern zum Glühen. McGeary wandte sich zu einer jungen, hübschen Handelsassistentin mit dem Namen Staci Hanover, die im vergangenen Mai das Brad College mit einem *Summa cum laude*-Abschluß verlassen hatte. Er drückte ihr drei Hunderter in die perfekt manikürten Hände. »Besorg den Jungs etwas aus dem Deli«, knurrte er. »Ich kann sie nicht mit leeren Mägen Firmenkapital riskieren lassen.«

»Schon unterwegs, Gil«, erwiderte sie schnell.

»Schön.« Er drehte sich zu Hansen. »Counselor, Sie kommen mit mir.«

Sie betraten McGearys Glaskasten. Der Chefhändler ließ sich in seinen $ 3499 teuren, ledernen Recaro-Rennfahrersitz fallen. Er bewegte die Maus, der Bildschirmschoner verschwand und sichtbar wurden die Ausführungsbefehle für Programmhandel über das SuperDOT-System. »Lassen Sie's sich kurz erklären. Ich habe hier abschußbereit Verkaufsorder für Anleger und Holdinggesellschaften im Wert von 450 Millionen Dollar. Wenn ich die nicht sofort ausführe, besteht die Gefahr von Millionenverlusten für die Firma. Ihre Aufgabe, so Sie bereit sind, diese zu übernehmen, besteht nun darin, die verantwortliche Entscheidung darüber zu fällen, ob die Ausführung dieser Order *jetzt sofort* irgendwelche Börsenregeln über den Programmhandel verletzt.«

Hansen atmete durch und sagte: »Dann wollen wir mal die Heilige Schrift zu Rate ziehen.« Rick schlug die NYSE-*Börsenordnung* auf und blätterte zu dem komplizierten Text des Paragraphen 80-A, dem sogenannten »Circuit-Breaker«, nach dem bestimmte Arten des Programmhandels in Phasen extremer Marktschwankungen verboten sind. Die Firma war verpflichtet, dieses Regelwerk buchstabengetreu einzuhalten, wollte sie schwerwiegende Konflikte mit der Aufsichtsbehörde vermeiden.

»Zum Lesen ist jetzt keine Zeit«, schnappte McGeary. »Ich muß es jetzt sofort wissen: *Kann ich dieses Geschäft durchführen?*«

Ein Drahtseilakt ohne Netz und doppelten Boden konnte tödlich enden. Das Bild der verfallenen Grabsteine auf dem nahe gelegenen Friedhof an der Rector Street kam Hansen kurz in den Sinn. »Steht der Abschluß in Verbindung mit Indexarbitrage?«

»Nein. Alles Verkäufe. Kann ich das Geschäft nun durchführen?«

»Verkaufen Sie die Papiere leer?«

»Nein, stammt alles aus meinem Long-Bestand. Kann ich das Geschäft nun durchführen, Counselor, ja oder nein?«

»Gil, ich werde diesen Abschluß nicht gutheißen, bis Sie jede meiner Fragen zufriedenstellend beantwortet haben.«

»Richard«, sagte McGeary ruhig, »wenn ich diese Verkäufe nicht auf der Stelle tätige, nimmt mein P & L die nächste Expreß U-Bahn Richtung Hölle. Und Sie werden dafür verantwortlich sein.«

Die Tragweite der Entscheidung begann an Hansen zu nagen. »Wie steht der Spix denn jetzt?« Spix war Börsenslang für SPX, das Tickersymbol für den Standard-&-Poor's-500-Aktienindex.

McGearys Blick schnellte zum Bildschirm. »Dreizehneinhalb Punkte runter und schnell fallend.«

Eins war sicher. Sobald der S-&-P-500-Cash-Index – der »Spix« fünfzehn Punkte vom Eröffnungsstand desselben Tags gefallen war, würde McGeary auf Grund gewisser Börsenregeln, die allzu steile Abstürze verlangsamen sollten, jeder Programmhandel mit S-&-P-Wertpapieren untersagt werden. In diesem Sinn hatte Gil McGeary recht – entweder der Handel ging jetzt sofort über die Bühne oder gar nicht.

Manchmal muß man all seinen Mumm zusammennehmen und einfach springen.

»Machen Sie das Geschäft«, sagte Rick.

Gil McGeary drückte die grüne Go-Taste auf seinem Keyboard. Augenblicklich rasten Verkaufsorder im Wert von 450 Millionen Dollar, die zehn Millionen Anteile führender Aktiengesellschaften betrafen, über Telefonleitungen zu den Kursmaklern auf dem Parkett der New York Stock Exchange. Innerhalb weniger Minuten purzelte der Dow Jones Industrial Average unter die psychologisch wichtige Marge von hundert Verlustpunkten. Die »Sidecar«-Regel trat in Kraft, die jeden weiteren Programmhandel für mindestens fünf Minuten verbot. Hansen fühlte, wie sich sein Magen zusammenknotete. *War das die richtige Entscheidung gewesen?*

12.30 Uhr. Die erste Stunde des großen Blutvergießens war überstanden. Der Markt hatte 176 Punkte verloren. Das Umsatzvolumen dieser einer Stunde allein betrug 97,3 Millionen Aktien.

Die folgenden sechzig Minuten waren nicht weniger mörderisch. Der seidene Faden aus Anlegervertrauen, der den Markt noch gehalten hatte, riß schließlich doch. Die Widerstandsbereitschaft fiel unter dem Druck der aus aller Welt eintreffenden Verkaufsorder in sich zusammen. Der Dow fiel nun mit einer Geschwindigkeit von drei Punkten pro Minute.

Auf dem Trading Floor von Wolcott war die Stimmung unter den Händlern von Verwunderung in Verzweiflung umgeschlagen. Verkaufsagenten hüpften mit hochgekrempelten Hemdsärmeln aufgeregt an ihrer Arbeitsstelle herum und schwitzten Halbmonde durch ihre Brooks-Brothers-Hemden. Ihren institutionellen Anlegern gegenüber spielten sie den Kurseinbruch nicht länger als »Profitabschöpfung«, »vorübergehenden Rückzieher«, »Preisdrückung« oder »Korrektur« herunter. Mit heiser gewordenen Stimmen drängten sie ihre Kunden vielmehr, jetzt sofort abzuspringen.

»Es hat sich zu einem *Blutbad* entwickelt. Gehen Sie sofort raus.«

»... eine von Investmentfonds genährte Kernschmelze ...«

»... der Lemminge-Effekt hat eingesetzt. Realisieren Sie Ihre Gewinne sofort, oder schreiben Sie sie in den Wind.«

»... ein freier Fall ...«

»... könnte sich um eine Neuauflage des Schwarzen Montags handeln ...«

Überall auf den Trading Floors der Wall Street wurden diese Sprüche wiederholt, und als Folge davon sackte der Markt tiefer und tiefer ab.

Um 13.45 Uhr lag der Dow 250 Punkte unter seinem Eröffnungskurs, und das Führungsgremium der New York Stock

Exchange verkündete einen Handelsstopp für Wertpapiere an allen amerikanischen Börsenhäusern. Die Chicago Mercantile Exchange, American Stock Exchange und Chicago Board Options Exchange kamen dieser Erklärung augenblicklich nach. Die Märkte würden für sechzig Minuten geschlossen bleiben, eine Abkühlphase, die nach dem Börsenkrach von 1987 als weiterer »Unterbrecher« installiert worden war. Von der sechzigminütigen Auszeit war noch nie Gebrauch gemacht worden. Bis jetzt.

Die Finanzmärkte hielten gemeinsam den Atem an, während die Minuten verstrichen, und alle warteten gebannt auf die Wiedereröffnung um 14.45 Uhr.

Der Chairman der New York Stock Exchange blickte aus dem Fenster seines Büros im fünften Stock und schnaubte verärgert angesichts der Übertragungswagen der Nachrichtenstationen, die unter ihm die Bond Street verstopften. Reporter bemühten sich, vor der Fassade des Börsengebäudes in Positur zu kommen. Es verstimmte den Börsenchef, zu sehen, wie sich der ganze Medienrummel unmittelbar vor der eigenen Haustür ausbreitete, wie der ehrwürdige Bau der New Yorker Börse dazu benutzt wurde, jenen dümmlichen Sensationsmeldungen, die lediglich zu Panikverkäufen unter den Kleinanlegern im Land führten, einen Anstrich von Legitimität zu verleihen. Geier. Er sah die Schlagzeilen der morgigen Zeitung schon vor sich: DER JONES DOWN! BÖRSENSCHOCK! STANDARD & POOR-ER! DIE Medien waren so entsetzlich berechenbar.

Die Sekretärin des Chairmans öffnete die Tür eben weit genug, um ihren Kopf hineinzuschieben. »Die anderen warten jetzt auf der Hotline.«

Der Chairmans nickte. »Stellen Sie bitte wenigstens dreißig Minuten lang keine weiteren Gespräche durch.«

Als sie gegangen war, betrachtete der Börsenchef für einen kurzen Moment das Hotlinetelefon, bevor er den Hörer abnahm. Seit ihrer Einrichtung kurz nach dem Börsenkrach von 1987 war sie erst viermal benutzt worden: Der Mini-Crash 1989, der Golfkrieg, ein 130-Punkte-Verlust innerhalb einer Stunde 1995, und jetzt. Alle würden der New Yorker Börse peinlich genau auf die Finger sehen, und es dürfte höchste unangenehm werden. Er seufzte und schaltete sich in die Telefonkonferenz ein.

Die Namen der Beteiligten wurden aufgerufen. Insgesamt zwölf Personen nahmen an dem Gespräch teil, darunter Vertreter der American Stock Exchange, der Merc und der CBOE. Der Kreis schloß zudem hochrangige Beamte des SEC, des CFTC, des Zentralbankrats und des Finanzministeriums ein. Der Chairman räusperte sich und kam ohne Umschweife zum Thema: »Lassen Sie mich zu Anfang nur klarstellen, daß diese Marktentwicklung zum gegenwärtigen Zeitpunkt keine grundlegende Gefahr für das Finanzsystem bedeutet. Wir sind sehr zuversichtlich, daß es sich hier um eine längst fällige Berichtigung auf dem Aktienmarkt handelt, die sich in der letzten Börsenstunde sehr wohl auch noch umkehren kann.«

»Walter, wissen wir, was für diesen Abwärtstrend sorgt? Ist es bloß eine Portfolioversicherung?« fragte der Commissioner der CFTC.

»Erste Anzeichen sprechen für Programmhandel.«

»Nicht *das* schon wieder«, stöhnte jemand.

»Indexarbitrage?« fragte ein für Marktregulierung zuständiger Vertreter der Börsenaufsicht SEC.

»Nein. Für Indexarbitrage herrscht zu wenig Kaufinteresse auf der Futures-Seite.«

»Haben sich die Hedge-Fonds zusammengetan, um die Preise zu drücken? Soros, Steinhardt? Oder vielleicht heißes Geld?« »Heißes Geld« bezog sich auf die großen Währungsspekulanten, die über enormen Einfluß auf die Weltwirtschaft verfügten.

Der Chairman atmete tief durch. »Nicht daß ich wüßte, aber ich wiederhole, wir werden keinen genauen Überblick haben, bis alle angeschlossenen Firmen ihre Tagesberichte für den Programmhandel eingereicht haben.«

»Wann wird das sein?«

»Handelstag plus zwei. Also Dienstag.«

Der Chairmankollege der AMEX meldete sich zu Wort.

»Wenn wir wissen, daß der Programmhandel diese Rückgänge verursacht, wäre es dann nicht besser, ihn für den Rest des Börsentags ganz einfach vom Handel auszuschließen?«

»Wie war das?« Hatte er ihn richtig verstanden?

»Ich sagte, sollten wir nicht die Programmhändler völlig sperren? SuperDOT kappen und nur noch telefonische Orders zulassen.«

Dem Chef der New Yorker Börse sträubten sich die Haare bei diesem Vorschlag. »Erstens, rechtmäßige Aufträge institutioneller Anleger, die ausschließlich über Kommissonäre laufen, dürfen keine Wettbewerbsbenachteiligung erfahren, nur weil sie über Computer und nicht über Telefon abgewickelt werden. Zweitens, der Telefondienst ist sowieso bereits im Rückstand mit Verkaufsorders und kann die Flut der Anrufe schon jetzt nicht mehr bewältigen. Drittens, wenn man ihnen genug Zeit läßt, neigen die Programmhändler dazu, in einen fallenden Markt zu kommen und den Trend umzukehren. Und viertens, ganz ehrlich, selbst wenn ich die Macht dazu besäße, würde ich den Programmhandel nicht einschränken.«

Der Commissioner der CFTC ergriff das Wort. »Also gut, was machen wir denn nun? Sollen wir die Märkte für den Rest des Tages schließen und Montag ganz normal wieder öffnen?«

»Ich bin dagegen«, erklärte der SEC-Vertreter. »Die Bestimmung sieht vor, daß wir nach einer Stunde wieder öffnen. Ich bin dafür, sich daran zu halten.«

»Ich stimme Mary zu«, sagte der Chairman der Merc. »Vielleicht hat diese Abkühlphase ja ein wenig Sand ins Getriebe geworfen. Im übrigen – wenn die Frage gestattet ist – wie groß kann der Schaden denn schon werden in der letzten eineinviertel Stunde? Nicht viel größer, *hoffe* ich.«

In Wahrheit wuchs der Schaden noch beträchtlich. Und die Aussetzung des Handels trug nichts zu einer Abkühlung der Anlegerpanik bei. Wenn überhaupt, war sie weiter angefacht.

Als die Märkte die Geschäfte wieder aufnahmen, überschwemmten die aufgestauten Ordereingänge das System. Aus allen Ecken der Erde strömten die Verkaufsaufträge ein: Heißes Geld, ausländische Investoren, Institutionen, Rentenkassen, Kleinanleger und vor allem von Investmentfonds, deren Manager flüssig sein mußten angesichts der vielen Rückzahlungsforderungen, die unweigerlich von ihren verunsicherten Anlegern gestellt werden würden. Versuche wohlmeinender Programmhändler, den Markt zu stabilisieren, wurden von dem gewaltigen Abwärtstrend einfach hinweggefegt. Es ähnelte dem Versuch, die Steilwand eines Berges zu meistern, während darüber eine Lawine niedergeht.

Kursnotierungen verzögerten sich um fünf, später zehn und schließlich fünfzehn Minuten. Den Kursmaklern wären beinahe die liquiden Mittel ausgegangen. Nachdem die Toronto Stock Exchange bekanntgegeben hatte, ihre Börsensitzung eine halbe Stunde früher als gewöhnlich zu beenden, rief deren Präsident die SEC an, um herauszufinden, was zum Teufel da unten in den Vereinigten Staaten eigentlich los sei.

Um 16.00 Uhr erbarmte sich die Schlußglocke und ihr Läuten klang in den Ohren der Börsianer wie der Schlußgong eines blutigen Titelkampfs. Am Ende des Gemetzels hatte der Markt 616 Punkte verloren, der schlimmste Tageseinbruch seit dem Schwarzen Montag 1987. Aktienvermögen im Wert von 570 Milliarden Dollar war in knapp fünf Stunden ausgelöscht worden.

In Pittsburgh hatte Professor Howard Gammage sein Nachmittagsseminar ausfallen lassen, um Zeuge dieser historischen Vorgänge zu sein. Und nun, während er in seinem bescheidenen Wohnzimmer in Squirrel Hill auf seinem 51-cm-Bildschirm die CNBC-Berichterstattung über das Massaker verfolgte, hämmerte Gammage vor freudiger Erregung auf die Lehne seines Sessels. *Verflucht noch mal.* LINDA hatte wie angekündigt funktioniert. *Ich bin reich,* sagte er zu sich selbst. Dann sprach er es laut aus: »Ich bin reich, verdammt noch mal.« Vielleicht war jetzt ein guter Zeitpunkt, um sich nach der Begleichung seines Beraterhonorars zu erkundigen. Und bei der Gelegenheit womöglich gleich noch einen kleinen Erfolgsbonus obendrauf…

12

Vom frühen Abend bis spät in die Nacht brannten in Hunderten von Konferenzräumen in Finanzunternehmen über das ganze Land verteilt die Leuchtstoffröhren – insbesondere in New York, Chicago, Washington und San Francisco. Das Thema dieser Adhoc-Treffen war praktisch überall das gleiche: Freefall Friday – wie groß war der entstandene Schaden und was wird geschehen, wenn am Montag morgen der Handel wieder einsetzte?

In Buenos-Aires-Konferenzzimmer im fünfundfünfzigsten Stock der Wall Street 44 hatten die Mitglieder von Wolcott Fulbrights Sondergruppe Risikomanagement ihre Wagenburg errichtet und zwei Dutzend Mitarbeiter aus Schlüsselabteilungen vorgeladen, die erste Momentaufnahmen über die Auswirkungen des Markteinbruchs liefern sollten. Die Sitzung wurde von Irving Siegel und Alan Milgrim gemeinsam geleitet. Sogar ihr Sondergruppenpartner Bobby Wolcott hatte eine Teilnahme an diesem speziellen Freitagtreffen einrichten können und damit seine »dringlichen Verpflichtungen mit einigen Politikern« in Washington, D. C., wo er eine Wohnung besaß, absagen müssen. Allerdings konnte Wolcott hier niemandem etwas vormachen – es war allgemein bekannt, daß er in Washington ein Verhältnis mit Alyssa Sumner unterhielt, die als Lobbyistin für die Firma Gesetzesvorgaben im Kongreß zu beeinflussen suchte.

Die Sitzung schleppte sich dahin. In dieser Runde waren anwesend: Mendelsohn aus der Kreditabteilung, Pascarella aus dem Geschäftsbereich, Welch vom Risikomanagement, die Systemtechnikerin Chi sowie Klimartin und Hansen aus der Rechtsabteilung. Hansen fühlte sich unbehaglich inmitten dieser Gruppe – das Kind am Tisch der Erwachsenen. Er hatte sich vorgenommen, seinen Mund während des gesamten Verfahrens möglichst geschlossen zu halten, um sich nicht mit einer dummen Bemerkung zu blamieren.

»Max Schomburg hat uns gebeten, diese Marktentwicklung so genau wie möglich zu analysieren«, erklärte Alan Milgrim. »McGeary?«

McGeary mußte erst einen Mundvoll chinesisches Essen herunterschlucken, bevor er antworten konnte. »Yeah?«

»Der Markt hat heute über 600 Punkte verloren, mehr als am Schwarzen Montag 1987. Allerdings stand der Dow damals bei etwa 2250, während er heute viermal so hoch ist. Im großen und ganzen betrachtet, reagieren wir vielleicht etwas überzogen?«

»Zwei Anmerkungen«, sagte McGeary. »Sie haben recht. Heute entspricht ein 600-Punkte-Abrutsch etwa sechs oder sieben Prozent des Dow. Damals siebenundachtzig verlor der Markt 508 Punkte und das waren zweiundzwanzig Prozent des Gesamtwerts. Was mir jedoch im vorliegenden Fall Sorgen bereitet, ist die Geschwindigkeit des Einbruchs. Um halb elf begann der Markt nachzugeben und der Niedergang legte über die nächsten vier Stunden stetig an Tempo zu. Die Leute vergessen meist, daß dem Schwarzen Montag ein Rekordeinbruch des Dow von 109 Punkten am Freitag vorausgegangen war. Das entsprach damals auch fünf oder sechs Prozent. Die Sache kommt mir also mehr wie ein Vorspiel zum Hauptakt vor.«

Einige der Anwesenden zeigten sich sichtbar erschrocken.

»Wollen Sie damit sagen, der Markt wird am Montag noch tiefer einbrechen?« fragte Siegel.

McGeary zuckte mit den Achseln. »Wer weiß? Sollten Sie jemanden finden, der den Montagmarkt voraussagen kann, dann schicken Sie ihn bitte zu mir, ja? Ihm ist ein Job auf Lebenszeit in meiner Truppe sicher.«

Es war spät am Freitag abend und Milgrim nicht in der Stimmung für Witzeleien. »Ich habe etwas über einen angekündigten Besuch der Börsenkontrolleure von der SEC wegen unseres Vorgehens im Programmhandel gehört. Was hat es damit auf sich?«

Mike Kilmartin räusperte sich und sagte: »Für die Marktregulierung zuständige SEC-Mitarbeiter haben um einen Gesprächstermin mit Gil irgendwann nächste Woche gebeten, das stimmt.«

»Soweit ich informiert bin, haben sie auf einem solchen Treffen regelrecht *bestanden.*«

»Warum bestehen sie denn so entschieden darauf?« fragte Siegel nach.

»Meiner Meinung nach untersuchen sie alle Operationen im Programmhandel, die während des Kurseinbruchs durchgeführt wurden. Meinen Kontakten bei Morgan Stanley und Nomura zufolge treffen die sich nächste Woche ebenfalls mit den Regulierungsleuten. Ich würde sagen, es handelt sich eher um ein Sondierungs- als ein Ermittlungsverfahren, zumindest momentan noch.«

»Sind wir juristisch irgendwo verwundbar? Haben wir vielleicht Paragraph 80-A oder 80-B verletzt?«

McGeary antwortete, bevor Kilmartin oder Hansen dies konnten: »Nicht daß ich wüßte, Alan. Ich habe vielmehr« – McGeary machte eine Handbewegung in Richtung Hansen – »darauf bestanden, für Derivate zuständige Hausjuristen an meiner Seite zu haben, wenn ich den Knopf drücke, um sicherzugehen, daß auch alle Richtlinien eingehalten worden sind.«

Ein Alarmsignal ertönte in Hansens Kopf. Ihm wurde bewußt, daß der Mistkerl auf seine Kosten soeben ein gerissenes politisches Manöver vor der Untersuchungskommission abgezogen hatte. Jetzt stand McGeary als der große Held da, der auch im hektischsten Chaos noch verantwortungvoll handelte. Und sollte die SEC-Kontrolle in einer Katastrophe enden, würde der zuständige Jurist die Schläge bekommen. So konnte McGeary alle Lorbeeren für die Aktion ernten und bei Fehlern zugleich allen Angriffen auf seine Person vorbeugen.

Alan Milgrim wandte sich an Hansen. »Wie Ihnen sicherlich bekannt ist, wird der computergesteuerte Programmhandel als Hauptschuldiger für den Kurssturz am Schwarzen Montag angesehen. Wie mir scheint, wird er womöglich auch in diesem Fall zum Sündenbock erklärt werden. Zudem hat sich der Kongreß schon immer brennend dafür interessiert, welche Rolle Computer bei starken Marktschwankungen spielen. Dieses Unternehmen kann sich keine Spannungen mit Washington leisten, nicht mit unserem für das Frühjahr geplanten IPO. Bob, Irv und ich legen Wert darauf, über alle mit dieser Sache in Zusammenhang stehenden Börsenentwicklungen auf dem laufenden gehalten zu werden.«

Hansen nickte und sagte mit leiser Stimme: »Natürlich.«

Kilmartin fügte hinzu: »Die Rechtsabteilung wird alle entsprechenden Unterlagen ›zur Kenntnisnahme‹ an Sie weitergeben.«

»Gut«, meinten Milgrim und Wolcott unisono.

Siegel schnellte zu einem zappligen Scott Mendelsohn herum. Die Nummer zwei der Kreditabteilung blätterte ohne ersichtlichen Grund in einem Bericht über Verlustrisiken, der den Umfang von Manhattans Gelben Seiten hatte. »Nun, Scott, wie sieht's denn zum gegenwärtigen Zeitpunkt mit dem kurzfristigen Verlustrisiko unserer Anleger aus?«

Die Sitzung endete gegen 0.40 Uhr. Die meisten Beteiligten bestellten Funkmietwagen, die sie für etwa hundertzwanzig Dollar die Nase nach Connecticut, Westchester oder Long Island brachten. Hansen lehnte die Beförderung von Tür zu Tür, die ihm für die kurze Strecke übertrieben schien, ab. Er wollte sowieso lieber ein Stück laufen und in der frischen Winterluft wieder einen klaren Kopf bekommen.

Um diese nächtliche Uhrzeit war der Finanzbezirk unheimlich still. *Unbelebt. Eine Mondlandschaft*, dachte Hansen, während er die verwaiste Wall Street entlanglief. Eine Zeitungsbox bot bereits die Morgenausgabe der *New York Post* an. FREEFALL FRIDAY lautete die reißerische Schlagzeile. Hansen warf fünfzig Cent in den Schlitz und entnahm dem Kasten eine Zeitung. *Dankbarer Anlaß für griffige Schlagzeilen*, stellte er fest.

An der Ecke Church Street bemerkte er, daß in einem kleinen

Laden für Schuhreparaturen noch Licht brannte. Es zog ihn an. Innen sah er einen spindeldürren Mann mit wirrem, grauem Haar und faltigem Gesicht. Hansen schätzte den Mann auf Ende Fünfzig. Er stellte sich vor, daß der Schuhmacher wahrscheinlich gebrochen Englisch sprechen würde mit einem starken Akzent seiner Muttersprache. Er trug einen Schnurrbart, der europäische Abstammung in zweiter Generation vermuten ließ, und seine Haut bedeckte ein öliger Schimmer aus Schweiß. Eine Brille mit halben Gläsern saß auf der Spitze seiner aristokratischen Nase. Seine flinken Finger verrichteten geschickt ihren Dienst und ließen ihn einem bescheidenen Gewerbe nachgehen, das von den technologischen Segnungen, die so viele andere Berufszweige revolutioniert hatten, verschont geblieben war.

Der Schuhmacher hing tief gebeugt über seiner Werkbank und arbeitete die Nacht durch, um die spitzkappigen Schuhe der Wall-Street-Banker zu reparieren. Der Anblick des Schuhmachers, der in dämmrigem Licht mit scharfen Werkzeugen seine Finger riskierte, um seine Familie zu ernähren, verursachte Rick ein plötzliches Schuldgefühl. Rick war vielleicht halb so alt wie dieser Mann und benutzte sein unigeschultes Hirn dazu, an jenen gigantischen Vermögenstransfers teilzuhaben, die die Finanzwelt so gut beherrschte. Der Schuhmacher und der Finanzanwalt – sie bildeten die gegenüberliegenden Enden eines Spektrums.

Wie der Mann dort in seinem schummrigen Licht arbeitete, schien er herrlich unberührt von der Schwere des gestrigen Einbruchs auf den Aktienmarkt. Aber selbst wenn es dem Schuhmacher selbst nicht bewußt sein mochte, auch auf sein Leben würden die Erschütterungen sich auswirken.

Sollten die Kurse weiter ungebremst fallen, würden die Wall Streeters zu Tausenden entlassen. Entsprechend schrumpfen würde die Kundenbasis des Schuhmachers. Wenn die Aktienwerte weiter absackten, könnte sogar das Vertrauen in die Wirtschaftspolitik zerstört und das Land letztlich in eine Rezession gestürzt werden. Dann bekämen der Schuhmacher und seine Familie die Auswirkungen des Börsenkrachs sogar ganz empfindlich zu spüren. Was an der Wall Street geschah, beeinflußte das, was auf der Main Street geschah. Daran bestand überhaupt kein Zweifel.

Plötzlich blickte der Schuhmacher von seiner Arbeit auf und sah, wie Rick ihn anstarrte. Schnell ging Hansen weiter und steuerte den U-Bahn-Eingang neben dem Friedhof an.

Zu Hause war Stephanie auf dem Sofa eingeschlafen. Im Fernsehen liefen die *CNN Headline News*. Freefall Friday dieses, Freefall Friday jenes, bla, bla, bla, bla, bla. Hansen richtete die Fernbedienung auf das Gerät und schaltete es aus. Er küßte Stephanie sanft auf die Wange, woraufhin sie aufwachte.

»Wie spät ist es?« fragte sie benommen.

»Sehr spät, Stephanie«, sagte er leise. »Wie geht's dir und Baby X?«

»Baby X geht's gut. Aber seine Mommy gerät so langsam aus den Fugen. Der Unterleib juckt, ich hab quälende Rückenschmerzen, Wadenkrämpfe, eine Harnwegsentzündung und eine absonderliche Gier nach Schweineschwarten.«

»Soll ich dir noch etwas holen gehen?«

Sie lächelte. »Das ist nett, aber der Pförtner hat mir schon eine Ladung Junk Food besorgt.« Sie deutete auf die leeren, zerknüllten Tüten um die Couch herum. »Ich habe die Nachrichtenberichte gesehen. Wie geht es dir denn?«

»Gut. Ein wenig überdreht.«

»Kann ich mir denken. Kommst du ins Bett?«

»Ich muß noch ein bißchen ausspannen. Ich komm sofort nach.«

»Mach nicht mehr so lange.« Stephanie stemmte sich von der Couch hoch und tapste in Richtung Schlafzimmer. Hansen ging ins Bad, um sich die Zähne zu putzen, und hatte eben ein kurzes Stück Zahnpasta aus der Tube gedrückt, da fiel ihm ein, daß er vergessen hatte, sich eine Besprechung mit Kilmartin für Montag früh acht Uhr in seinen Kalender zu notieren.

Gähnend kehrte er in die Küche zurück und nahm den ledernen Terminplaner aus seinem Aktenkoffer. Er schlug ihn auf und suchte nach der Seite für Montag, den 1. Februar. Donnerstag, Freitag, Samstag, Sonntag…

Ein handschriftlicher Eintrag, den er vorher noch nie bemerkt hatte, fiel ihm in die Augen. Er blätterte einige Seiten zurück zu Samstag, dem 30. Januar. Bingham mußte es hineingekritzelt haben, kurz bevor er… Hansen betrachtete die Notiz:

»JAN-EFFEKT (TRMI)
Fr. 29. Jan.
6,5 % bis 8 % Fall d. DJIA
Sa. tel. Gammage / 361 – 5212

Hansen blickte verständnislos auf die Eintragung. Dann traf es ihn wie ein Keulenschlag. *Nein, das konnte doch nicht wahr sein, oder?* Hansen raste zum Küchentresen, nahm die *Post* von der Anrichte, schlug den Wirtschaftsteil auf, überging die reißerischen Aufmacher und wandte sich direkt dem statistischen Teil zu. Der Börsenbericht.

Die Berechnungen führte er gleich auf der Zeitung durch.

Am Freefall Friday hatte der Dow gegenüber dem Schlußkurs vom Donnerstag 7,5 Prozent eingebüßt. Genau innerhalb einer Spanne, die in Binghams Notiz angegeben wurde.

Der junge Anwalt traute seinen Augen nicht. *Hatte wirklich Bingham diese Zahlen eingetragen oder waren sie heute von jemand anderem notiert worden?* Nein, den Terminkalender hatte Hansen den ganzen Tag bei sich geführt.

Wenn die Zahlen also von Tom Binghams eigener Hand in den Kalender geschrieben worden waren, dann hatte dieser verdammte Kerl ein absolut unmögliches Kunststück vollbracht…

Er hatte den Freefall Friday vorausgesehen… *beinahe zwei Monate vor seinem tatsächlichen Eintritt!*

Teil II

Die Mordsmaschine

31. Januar–19. Februar

Infolge normalen Marktverhaltens sowie
der durch den Zweiten Weltkrieg bedingten überaus
stabilen Finanzstruktur
wird es in periodischen Abständen mit
an Sicherheit grenzender Wahrscheinlichkeit zur
Auslösung von Finanzkrisen kommen.

Minsky, 1977

13

Aspen, Colorado
Sonntag, 31. Januar

An einem Wochenende, das Millionen Amerikaner tief erschüttert über die katastrophalen Kurseinbrüche des Freefall Friday erlebte, kam die Gruppe von Finanziers, die sich selbst die Contrarians nannten, im feudalen Ballsaal des Ritz-Carlton-Skihotels in Aspen, Colorado, zusammen.

Anders als die meisten Amerikaner hatten diese Männer Grund zu feiern.

Mit der unvermeidlichen Zigarrenorgie nahm das Freudenfest seinen Anfang. Auf einem Servierwagen im Mill-Street-Tagungsraum war fein säuberlich eine Reihe von Zederholzkisten auf weißem Leinen arrangiert. Niemanden kümmerte es, daß es sich bei den meisten der ausgewählten Marken um illegale kubanische Importe handelte; unsinnige Einfuhrgesetze würden Männer dieser Klasse nicht vom standesgemäßen Feiern der Siegesbeute abhalten. Kaum überraschend tendierte das Angebot zu den exklusiven Zigarren für zwanzig bis fünfzig Dollar das Stück: Hoyo de Monterrey Double Coronas, Macanudo Vintage No. VII, Paul Garmirian Gourmet, Romeo y Julieta Churchill, Ramon Allones Gigantes. Angesichts solch entmutigender Entscheidungsfragen versorgte sich jeder der Anwesenden gleich mit fünf oder sechs Exemplaren. Zehn Minuten später hing eine graublaue Rauchschwade geistergleich über den Feiernden.

Die Auswahl von Single-Malt-Whiskys aus Schottland stammte von Colbert höchstpersönlich, der seine Privatsammlung zu diesem Anlaß geplündert hatte. Die Partner verbrachten eine halbe Stunde damit, über Farbe, Aroma, Körper, Geschmack und Finish des Craggenmore 1976 von Gordon & MacPhail verglichen mit der Vintageabfüllung eines Glenmorangie 1972 Single Cask zu debattieren. Der Springback West Highland 1966 und der sechzehn Jahre alte Macallan belegten gleichauf die Spitzenposition in der Beliebtheitsskala.

Eine weißbehandschuhte Kellnerriege erschien wie aus dem Nichts und bat die Männer freundlich zu ihren Plätzen, da das Abendessen nun serviert wurde. Dann begann eine schier endlose Prozession der exotischsten Delikatessen. Zu den Vorspeisen zählen Spargelstangen, umwickelt in raregebratenem Filet Mignon, marinierter Lachs geräuchert auf Toasthäppchen, Belon-Austern auf halber Schale. Ein Hummerkuchen in einer köstlichen Orange-Butter-Sauce war besonders exquisist. Den Hauptgang bildete die *pièce de résistance:* Tournedos vom Charolais-Rind mit Shitake-Pilzen in Rotweinsauce, gereicht mit einer Backkartoffel und Kresserisotto. Zum Nachtisch gab es Erdbeertorte mit Schokoladensorbet.

Die anspruchsvollen Gaumen befriedigt, pafften sie behaglich ihre Ringmaß-60-Zigarren und schwenkten dazu ihre Kognakgläser. Die Partner unterhielten sich in verschiedenen Sprachen und demonstrierten Weltläufigkeit. Sie schwärmten über die Skibedingungen im nahe gelegenen Skizirkus, und jeder versuchte den anderen mit noch ehrgeizigeren Geschäftsvorhaben zu übertreffen. Sorgfältig ausgespart blieb jedoch das Thema, das sie alle hier zum letzten Mal zusammengeführt hatte. Das war Colberts Kompetenzbereich und niemand wollte ihm die Schau stehlen.

Colbert selbst saß am Kopf des Tisch und musterte seine in tiefen Klubsesseln sitzenden Kompagnons. Er hatte noch mehr in petto für sie. Wenn sich die Contrarians am Ende dieses Abends auf ihre Suiten zurückziehen würden, erwartete jeden von ihnen eine persönliche Hosteß. Und für diese Männer genügte natürlich nicht der örtliche genetische Schund. Nein, Colbert hatte aus einem Luxusetablissement in Beverly Hills einen Schwarm aufstrebender Schauspielerinnen/Fotomodelle einfliegen lassen, die sonst die Wünsche von Studiobossen und Filmstars befriedigten. Intelligente Mädchen, die bei den Investmentfirmen, die ihre Rücklagen verwalteten, ein und aus gingen, in ihrer Freizeit Pat-Conroy-Romane lasen und europäische Filme sahen. Mädchen, die ausgewiesene Profis in puncto männlicher Orgasmus waren und deren Schönheit sie dazu berechtigte, mit einem der Männer in diesem Ballsaal ein paar Stunden zu verbringen. Selbstverständlich blieb es jedem Contra freigestellt, sich eine Begleiterin für die Nacht zu nehmen, aber das Angebot war jedenfalls vorhanden. Colbert offerierte diesen Service als weiteren bescheidenen Dank für die Mitwirkung an dieser Unternehmung zur Verfügung.

Alles in allem stellte dies eine durchaus angemessene Feier für die hier versammelten Männer dar, von denen jeder einzelne an einem stark ausgeprägten Göttlichkeitswahn litt. *Aber keine falsche Bescheidenheit*, dachte Colberts. Schließlich waren sie ja auch Götter. Die Männer in diesem Raum hatten sich zusammengetan und den bedeutendsten Aktienmarkt der Welt nach ihrem Willen beeinflußt.

Während die Kellner die Gedecke abräumten, wandte Colbert sich zu einer eindrucksvollen platinblonden Frau in einer Ecke des Raums und nickte ihr zu. Sie näherte sich der Gruppe und ihre selbstbewußte Ausstrahlung brachte die Partner sofort zum Schweigen. Das lag nicht allein an dem atemberaubenden Aussehen der Frau, einem echten Vamp, sondern vor allem an ihrer Kleidung, einem schwarzen, durchsichtigen Dolce-&-Gabbana-Modell, das zwar Spitzenunterwäsche, aber keinen BH sehen ließ. Sie tänzelte um den Tisch herum und übergab jedem Contrarian einen schlichten weißen Papierumschlag mit dessen Namen. Mal eine ganz neue Art der Briefzustellung.

Antar Reich öffnete seinen Umschlag als erster. »O mein Gott!« platzte er unfreiwillig heraus.

»Was ist denn das?« sagte Dieter Kuypen. Aber auch er bemühte den Namen einer göttlichen Macht, nachdem er seinen Brief geöffnet hatte.

In ihren Händen hielten sie eine Aufstellung über ihre bisherigen Gewinne aus der Partnerschaft. Nach den ersten fünf Monaten lag die Kapitalrendite pro erworbenem Anteil bei 2200 Prozent! Aber so erstaunlich die Summe auch klingen mochte, sie war womöglich bloß ein Trinkgeld. Wenn alles wie geplant verlief, versprach Colbert für jeden investierten Dollar einen Ertrag von fünfhundert Dollar.

Schweigend beobachtete Colbert die Reaktion der Partner auf diese Zahlen. Es war ein höchst befriedigender Anblick und er gönnte sich ein seltenes Lächeln. Dann nickte er erneut der Blondine zu. Sie verließ die Runde und schloß die riesigen Eichentüren des Ballsaals hinter sich. Zurück blieben nur noch die Contrarians.

Nun erhob sich Colbert von der Tafel und schritt zum Podium. Die Männer drehten sich ihm zu, standen allesamt auf und applaudierten ihm frenetisch. Colbert beugte sich zum Mikrofon.

»Gentlemen.« Seine verstärkte Stimme dröhnte durch den Saal. »Sie haben behauptet…, es könne nicht vollbracht werden. Sie haben behauptet…, es sei *unmöglich*. Sie haben behauptet…, der Markt sei zu groß, man könne ihn nicht bewegen. Sie haben sich geirrt. Weil Sie, meine Herren, es durch Ihren Glauben und Ihr finanzielles Engagement zuwege gebracht haben. Ich präsentiere Ihnen das Ereignis, das in die Geschichte eingehen wird als *Freefall Friday.*«

Auf dieses Stichwort hin verdunkelte sich der riesige Raum, und Colbert trat zur Seite. Sechs in einem Halbkreis aufgestellte Fernsehbildschirme gingen flackernd an.

In den folgenden vierzehn Minuten wurden die Partner mit einem Videozusammenschnitt der weltweiten Reaktionen auf den *Freefall Friday* unterhalten. Eine texanische Produktionsfirma, die Colbert kontrollierte, hatte den Film in einer hektischen Zeitspanne von nur vierundzwanzig Stunden fertig gestellt. Er begann mit dem CNN-Logo und dem voluminösen Bariton von James Earl Jones: *»This is CNN.«* Es folgte eine Parade von Fernsehsprechern und sensationellen Graphiken, die in schnellen Schnitten jenes Ereignis zusammenfaßten, das jedem

Amerikaner, dessen hartverdiente Dollars in Aktien und Investmentfonds angelegt waren, einen Schock versetzt hatte. Ob CBS, ABC oder NBC, es war die Titelgeschichte aller Fernsehsender. NBCs Tom Brokaw meinte: »Blutbad an der Wall Street vor dem Wochenende ... Als alles vorbei war, hatte der Aktienmarkt den größten Tagesverlust seit dem Schwarzen Montag 1987 erlitten.« Ein paar Sequenzen veranschaulichten die Folgen für den einfachen Bürger ... Die Experten dozierten, Fachleute aller Lager. »Dies könnte das Signal sein, daß wir am Beginn eines langwierigen Nachgebens des Dow stehen«, erklärte ein Volkswirtschaftler der First Boston. »Es handelt sich allenfalls um eine vorübergehende Irritation im Aufwärtstrend des Aktienmarkts«, widersprach die leitende Wirtschaftsanalystin der Firma Wolcott Fulbright Roslynn Blum. Ein Professor für Finanzwesen von der Princeton University stellte die rhetorische Frage: »Einmal mehr das uralte Problem: Ist es nicht an der Zeit, den Waffenbesitz an der Wall Street wieder zu reglementieren?« In seiner allabendlichen CNN-Sendung *Moneyline* schlug Lou Dobbs Alarm: »Vielleicht wird es für die Kleinanleger jetzt Zeit, sich schon auf das nächste Börsenunwetter einzustellen.« ... Eine Aufnahme von drei Dutzend deprimierter Anleger aus den verschiedensten Schichten, die in der Charles-Schwab-Filiale im World Trade Center verfolgten, wie der Ticker den spektakulären Absturz des Dow Minute für Minute nachvollzog. Es folgten diverse Ausschnitte, in denen Vergleiche zu Wirbelstürmen, Erdbeben, Kriegen und anderen Katastrophen gezogen wurden ... Der Pressesprecher des Weißen Hauses verlas eine kurze Erklärung: »Der Präsident hat seinen Stabschef um eine Untersuchung dieses jähen Absturzes gebeten ...« Dann eine Montage der reißerischen Schlagzeilen auf den Titelseiten der führenden Tageszeitungen – *The New York Times, Barron's, The Wall Street Journal* – darüber der O-Ton aus Radioberichten. Das Video endete mit einem schwitzenden, bebrillten Börsenmitarbeiter, der die Schlußglocke des furchtbaren Handelstages erklingen ließ und einem Standbild.

Schwarze Abblende, in der plötzlich gellrote Großbuchstaben aufleuchteten:

Freefall Friday, 29. Januar
– 7,6 %

Die Schrift verschwand und machte einer noch unheilvolleren Ankündigung Platz:

Freitag, 19. März
– 50 %

Die Reaktion darauf war eine überschwengliche Mixtur aus ungläubigem Aufstöhnen, Jubelschreien und Verwünschungen.

Der Tag der Contrarians naht.

Schwarze Abblende. The End.

Das Licht ging wieder an und nach einem Moment beeindruckten Schweigens klatschten die Contrarians ohne Ausnahme und brüllten Beifall.

Colbert kehrte zu seinem Platz hinter dem Rednerpult zurück.

»Sie haben das vollbracht!« donnerte seine Stimme aus den Lautsprechern. »Sie haben das verursacht!« Insgeheim dachte Colbert natürlich, daß er derjenige gewesen war, der die Sache zustande gebracht hatte. Der Rest der Partner waren bloß passive Investoren. »Die Akademiker haben behauptet, es könnte nicht vollbracht werden. Sie sagten, die Märkte seien völlig immun gegenüber einer einzigen konzentrierten Kraft. Die Contrarians haben sie widerlegt.«

Dieter Kuypen und Antar Reich johlten betrunken.

»Unser technologischer Zauberkasten hat perfekte Arbeit geleistet. Der Rückgang liegt am Maximum der vorhergesagten Spanne. Die Vorbereitungen für den letzten Schritt unserer Initiative sind beinahe abgeschlossen. Den Finanzmedien wurden die Artikel über das Geld aus dem Mittleren Osten zugespielt, und wir rechnen mit einem hohen Interesse von seiten der Händler. An beiden Küsten stehen unsere Handelseinrichtungen kurz davor, ganz auf Fernbedienungsmodus umzustellen. Und außerdem rechne ich damit, in den nächsten Tagen einen Übernahmevertrag mit Dartmouth Funds abzuschließen, durch den das uns zu Verfügung stehende Kapital mit dem Faktor zwanzig multipliziert wird.

Aus Sicherheitserwägungen ist dies das letzte Treffen der Gruppe vor dem Abschluß unserer Operation. Wie schon zuvor so bildet auch in der Schlußphase Ihre Diskretion den Schlüssel zum Erfolg der Initiative. Gemäß unseres Partnerschaftsabkommens hat jeder von Ihnen Verschwiegenheit über die Details der Operation zu wahren bis zu deren vollständiger Abwicklung. Danach ist es mir scheißegal, denn dann lebe ich bereits in den Schwei-zer Alpen, unbekannt verzogen.« Die Contrarians brüllten vor Lachen. »Wahrscheinlich als mein Nachbar«, grölte van der Leun.

Colbert spürte, daß es Zeit wurde, die Veranstaltung zu beenden. »Meine Herren, ich danke Ihnen für das Vertrauen, das Sie der Initiative bislang erwiesen haben, und gehe davon aus, daß Sie der bisherige Erfolg unseres Vorhabens mit demselben Gefühl der Befriedigung erfüllt wie mich. Wie sprechen uns wieder am Samstag, dem zwanzigsten März.« Colbert trat vom Pult zurück, woraufhin seine Zuhörer wie ein Mann aufsprangen und emphatisch in die Hände klatschten. Sie zollten dem Visionär vor ihnen Tribut.

Während der folgenden dreißig Minuten dieses fast perfekten Abends trat jeder der anwesenden Contrarians an Colbert heran, um ihm seine Dankbarkeit auch persönlich auszusprechen. Dieter, Gunter, Dirk, Mario, Marty, Antar und Jean-Claude. Colbert empfing jeden seiner Partner, ließ kühl die obligatorische Umarmung über sich ergehen und dankte jedem noch einmal für das Vertrauen in die gemeinsame Sache. Doch sobald Colbert allein war, wandten sich seine Gedanken dem einen abwesenden Partner zu.

Graham Pethers.

Pethers war zu einem Problem geworden. Die Nachrichten, die er auf Colberts VoiceMail-System hinterließ, wurden immer schriller und beunruhigender. Pethers wollte aussteigen und verlangte eine sofortige Rückzahlung seines Kapitals. Er wollte die Wahrheit über Colberts sogenannte »Sicherheitsmaßnahmen« wissen. Und was noch schlimmer war, er stieß kaum verschleierte Drohungen aus, sich mit den zuständigen Behörden in Verbindung zu setzen. Wen meinte er damit? Das FBI? Die SEC?

Ja, Colbert hatte schon seit längerer Zeit vermutet, daß es eine Fehlentscheidung gewesen war, Pethers in den Kreis der Contrarians einzuladen. Aber der australische Anwalt hatte Milliarden von Dollars gewaschen, um die das kuwaitische Ölsyndikat während der Wirrungen des Golfkriegs von Insidern erleichtert worden war. Pethers war aus demselben Holz geschnitzt wie die anderen, daran hatte Colbert keine Zweifel. Aber jetzt zog der australische Dreckskerl auf einmal einen feinen Trennungsstrich zwischen die Zerstörung des globalen Aktienmarkts und der Ermordung eines inkonsequenten Handlangers, der die Vertraulichkeit des Vorhabens bedrohte. Die Eliminierung Binghams war zwar eine unappetitliche, aber auch eine unbedingt notwendige Maßnahme gewesen. Und mit seinem irrationalen Gewissenskonflikt brachte sich Graham Pethers jetzt ebenso in Gefahr, wie es Bingham vor ihm getan hatte.

»Bereit?«

Colbert blickte auf und sah die Blondine mit verführerischem Lächeln über ihm stehen. Laura Jennings war die Madame, die jenes Etablissement in Beverly Hills leitete, dessen Mädchen den vergnüglichen Teil des Abends übernommen hatten. Der Aspen-Auftrag hatte Jennings persönliches Bankkonto erheblich aufgestockt, und Colbert kam an diesem Abend ohne jeden Aufpreis in den Genuß ihrer Gesellschaft. »Das war ja eine tolle Feier, die Sie da gegeben haben, Mr. Stone. Geschäftsfreunde von Ihnen?«

»Partner«, erwiderte Colbert tonlos.

»Na, Sie wissen aber, wie man seine Leute behandeln muß. In welcher Branche sind Sie denn tätig?« Sie wollte lediglich ein wenig Konversation machen, aber Colbert ärgerte ihr Nachfragen. Er erwiderte ihren Blick und lächelte: »Das könnte ich dir zwar erzählen, aber dann müßte ich dich umbringen.«

Das Lächeln sollte entwaffnend wirken, sollte zum Ausdruck bringen, daß dieser Mann bloß Spaß machte. Trotzdem schauderte es Laura Jennings innerlich, hielt sie die Worte doch nicht einfach nur für eine witzige Bemerkung. Den Rest des Abends wurde das Thema tunlichst vermieden.

14

Manhattan

Montag, 1. Februar

Es war letztlich weniger eine freie Entscheidung Rick Hansens, die Wahrheit hinter dem von Tom Bingham zurückgelassenen Geheimnis zu suchen, als vielmehr ein innerer Zwang, der ihm keine andere Wahl ließ.

Seit er die kryptische Eintragung in dem von seinem verstorbenen Vorgänger vererbten Terminkalender entdeckt hatte, ging ihm die Frage nicht mehr aus dem Sinn. *Wie konnte es sein?* An einem mindestens zwei Monate zurückliegenden Herbsttag hatte ein damals noch quicklebendiger Tom Bingham einen Kugelschreiber zur Hand genommen und eine Notiz an sich selbst verfaßt. Diese Notiz schien ganz offensichtlich den Minicrash auf dem Aktienmarkt vorauszusagen – auf den Tag *und* eine Spanne von wenigen Prozenten genau.

Und wer war dieser Gammage? Rick Hansen lag die ganze Nacht von Freitag auf Samstag wach, wälzte sich in verdrehten Bettlaken und zermartete sich das Hirn. Mike Kilmartins Berichten zufolge hatte Bingham sich wahrscheinlich das Leben genommen, weil er jeden Moment mit der Aufdeckung seiner Insidergeschäfte rechnete. Eine Untersuchung der betriebsinternen Rechnungsprüfung, die nach seinem Tod durchgeführt worden war, hatte seinen heimlichen Aktienbesitz an einer Firma ans Licht gebracht, deren Erwerb wegen noch nicht bekanntgegebener Vertragsabschlüsse für eingeweihte Mitarbeiter verboten war. Verwies diese Eintragung also irgendwie auf eine Fortsetzung der unlauteren Geschäfte? War es möglich, daß Bingham Insiderinformationen über den Kurseinsturz vom Freitag besessen hatte? Nein, das war völlig undenkbar, schließlich fehlte ein singuläres Ereignis, das diesen Minicrash versucht hätte. Außerdem gab es gar keine Möglichkeit, an Insiderinformationen über einen breitgestreuten Rückgang der Aktienkurse zu kommen, da derartige Insiderinformationen überhaupt nicht existierten.

Also gut. Aber wenn er diese Erklärung ausschloß, blieb Hansen nur eine ähnlich absurde Theorie.

Tom Bingham hatte Freefall Friday tatsächlich vorausgesagt. Den Tag und die Höhe der Einbußen.

Stephanie lachte, als ihr um den Schlaf beraubter Ehemann am nächsten Morgen beim Frühstück auf das Rätsel zu sprechen kam. »Jemand anderes hat es in deinen Kalender eingetragen«, sagte sie. »Entweder als Witz oder als eine Art Erinnerung an ein historisches Ereignis.«

Hansen schüttelte den Kopf. »Nein. Ich hatte das Buch den ganzen Tag bei mir.«

»Na ja, wie auch immer. Jedenfalls würde ich mir an deiner Stelle davon nicht das Wochenende ruinieren lassen.«

Aber natürlich war das Wochenende für Rick ruiniert. Die Frage ließ ihm keine Ruhe. Er war besessen von dieser unerklärlichen Notiz, die ihm aus dem ledernen Kalender herausfordernd entgegenstarrte. Am Samstag nachmittag hatte er Paul Gelbaum im Verlauf eines Telefonats darauf angesprochen, und der hatte die Vorstellung, jemand könnte einen Börsenkrach voraussehen, ebenfalls mit einem Lachen quittiert. »Absolut undenkbar.« Später versuchte es Hansen noch bei Robbie Singer, seinem anderen Ex-Kollgen. »Darauf wäre selbst Nostradamus nicht gekommen«, erklärte er skeptisch. Stephanie verdrehte bereits die Augen, als Hansen am Sonntag morgen sogar seinen Vater danach fragte. »Das weiß doch jeder, daß das nicht geht«, meinte Hansens Vater spöttisch. »Aber nur für den Fall, daß etwas dran ist, besteht irgendwie die Möglichkeit, daß der Kerl mir bei meinen Investments hilft? Klingt, als hätte er mir am Freitag eine Menge Geld sparen können.«

Die Meinungen waren einhellig. Eine deratige Vorhersage war einfach unmöglich. Und so blieb Rick Hansen Sonntag abend bis Mitternacht auf und starrte auf den handschriftlichen Eintrag auf der Kalenderseite für Samstag, den 30. Januar. *Was zum Teufel bedeutete es denn dann? Und wer war dieser verdammte Gammage?*

Montag morgen kam so schnell wie immer.

Um 7.45 Uhr erschien Rick zur Arbeit, streifte seinen Trenchcoat ab und überprüfte seinen Anrufbeantworter auf dringliche Nachrichten. Drei Anrufe, alle anstehende juristische Dokumentationen betreffend, keiner besonders dringlich. Schön. Er krempelte die Hemdsärmel hoch und machte sich an die Arbeit.

Zuerst nahm er den Kalender aus seinem Aktenkoffer und schlug die Seite vom 30. Januar auf. Dann öffnete er die erste Schublade der Edelstahlregistraturen mit den noch von Tom Bingham zusammengestellten Hängetaschen. Schnell und effizient suchte Rick nach schnell hingeworfenen Aktenvermerken und handschriftlichen Notizen am Rand gedruckter Unterlagen, – nach jedem Schriftmuster aus Binghams Feder. Fünf Papiere wurden aufgespürt und den Akten entnommen: drei computergeschriebene Vermerke mit handschriftlichen Korrekturen Binghams, ein mit Filzstift beschriftetes Deckblatt und ein Notizzettel, mit dem der Anwalt sich selbst an einen bevorstehenden Termin erinnern wollte.

Hansen trug die Belege zum Schreibtisch und legte sie neben den Kalender.

Obwohl Hansen über keine speziellen Kenntnisse auf diesem Gebiet verfügte, war er doch schon auf den ersten Blick davon überzeugt, daß Tom Bingham die Eintragungen im Kalender gemacht haben mußte.

Das »G« in Gammage entsprach exakt dem großen »G« in einer handschriftlichen Anmerkung Binghams über »Geldmarktfonds«. Und eine genaue Kopie des Kürzels »tel.« fand sich als Zusatz auf der Terminnotiz Binghams. Die Anordnung der Buchstaben, ihre Neigung, der Fluß, der Stil – alles stimmte überein zwischen den Belegstellen und dem Kalendereintrag. Letzte Gewißheit gab Binghams offensichtliche Liebe zu einem blauen Kugelschreiber, der auf *o*s und *i*s immer wieder kleine Kleckser hinterließ. Bingham war der Autor dieser Eintragung, daran konnte kein Zweifel bestehen.

Alle anderen hatten unrecht. Der Teufelskerl hatte tatsächlich Freefall Friday vorausgesehen.

Zerstreut verdiente sich Hansen sein Gehalt, führte ein paar Telefonate und erledigte Papierkram. Aber wie ein Schulkind, das die Minuten zählte und sehnsüchtig auf den Schulschluß wartete, behielt er stets die Uhrzeit im Auge. Punkt halb neun stand Hansen auf und verließ sein Büro. Er murmelte einen Gruß zu Cliff Weiner, der ihm nach Kathleens Weggang als Aushilfssekretär zugeteilt worden war.

»Guten Morgen, Mr. Hansen.« Cliff legte eine besondere Herzlichkeit in seine Begrüßung. Schließlich war er eine Abrufkraft, ein sogenannter »Springer«, und nur allzu scharf auf eine Festeinstellung in der Abteilung und die damit verbundenen, lang ersehnten Beihilfen zur Krankenversicherung. »Sie hatten bereits ein paar Anrufe.«

»Ich arbeite gerade an einer Sonderaufgabe, die mich den ganzen Vormittag beschäftigen dürfte. Wenn ein Anruf wirklich dringend ist, stellen Sie ihn durch. Ansonsten bis halb elf keine Anrufe, okay.«

»Aber sicher, Mr. Hansen.«

Mit entschlossenen Schritten marschierte Hansen den Flur hinunter zu Mike Kilmartins Büro. Mike saß noch nicht hinter seinem Schreibtisch, was gar nicht zu seinen Frühaufstehergewohnheiten paßte. Felicity Robbins, Kilmartins Sekretärin, hatte dagegen eben ihren Arbeitsplatz unmittelbar vor Mikes Eckbüro eingenommen. Felicity war eine korpulente Frau Anfang Dreißig mit käsigem Teint, einem abstoßenden Gesicht und goldblonden Haaren. Gerüchte besagten, sie wäre in dritter Generation Erbin eines texanischen Ölvermögens, das ein Treuhänder in den Achtzigern partyfeiernd im Studio 54 durchgebracht hätte, und nun müsse sie die Erniedrigung eines geregelten Bürojobs ertragen. Während Rick sich näherte, war Felicity noch in den Vorbereitungen auf ihren Arbeitstag begriffen und stopfte soeben die dreimal gefaltete *Times* in ihre schwarze Bottega-Veneta-Handtasche aus Nappaleder. »Guten Morgen, Rick.«

»Morgen, Felicity. Wie war Ihr Wochenende?«

»Herrlich. Und Ihres?«

»Anstrengend. Wo ist Mike?«

»Er ist bis elf auf einer Sitzung des Dokumentationsausschusses der ISDA bei JP Morgan.« ISDA war die International Swaps and Derivatives Association, der Wirtschaftsverband der Derivateindustrie. »Soll ich ihm sagen, daß Sie vorbeigekommen sind?«

»Vielleicht können Sie mir ja helfen. Letzte Woche sagte mir Mike, ich könnte einen Bericht einsehen, den die Rechnungsprüfung über Tom Bingham angefertigt hat. Jetzt wollte ich mir eine Kopie abholen.«

Felicitys Haltung kühlte augenblicklich ab. »Das ist ein vertraulicher Bericht, Rick.«

»Ich weiß. Ich werde ihn niemandem zeigen.«

Sie musterte ihn argwöhnisch. »Ich will damit sagen, der Vorgang unterliegt der Schweigepflicht.«

»Anwaltliche Schweigepflicht, richtig? Ich bin Anwalt, also kein Problem. Meine Einsichtnahme wird die Vertraulichkeit nicht verletzen.«

»Ich weiß nicht, ob Mike möchte, daß das einfach so weitergegeben wird, Rick. Es ist nur für Leute bestimmt, die unbedingt Einblick haben müssen.«

»Felicity, ich muß unbedingt Einblick haben.«

»Na ja, vielleicht sollten wir ihn das entscheiden lassen.«

An der Wall Street machen sich die Sekretärinnen häufig ungehörigerweise die Macht und Autorität, die ihre Vorgesetzten innehaben, zu eigen. In gewissem Sinne versteht eine solche Sekretärin sich dann als verlängerter Arm ihrer Chefs und begegnete Mitarbeitern auf niedrigeren Posten mit völlig unnötiger Schroffheit. Letzten Endes unterstand Rick Hansen aber nicht der Sekretärin seines Chefs und mußte daher auch nicht auf diese Machtspielchen eingehen. Des Geplänkels überdrüssig, packte er die Kante ihres Schreibtisches und lehnte sich dichter zu ihr heran. »Felicity, Mike und ich hatten bereits ausführliche Gespräche über die Aktivitäten Toms. Also, ich weiß, der Bericht enthält einige häßliche Familiengeheimnisse, aber ich gehöre jetzt ebenfalls zur Familie. Und es ist so, daß ich einen triftigen Grund habe, weshalb ich den Inhalt dieses Berichts erfahren möchte – einen Grund, auf den ich an dieser Stelle nicht näher einzugehen befugt bin –, und ich möchte mich nicht erst zur Rechnungsprüfung runterschleppen, um mir eine Kopie zu besorgen. Außerdem habe ich den Verdacht, der Inhalt ist sowieso ein offenes Geheimnis. Aber wenn Sie mir guten Gewissens versichern können, daß niemand sonst aus dem Sekretariat der Rechtsabteilung den Bingham-Bericht gelesen hat, dann sagen Sie mir das, und ich warte, bis Mike selbst Ihnen erklärt, daß ich Einblick haben darf.«

Felicity lief dunkelrot an. Cora Ann Stewart, eine weitere Sekretärin, die ihre Unterhaltung mitgehört hatte, wandte ihren Kopf ab und gab vor, mit der Abrechnung der Reisebelege ihres Chefs beschäftigt zu sein. Sie hatte ebenfalls einen roten Kopf bekommen.

Da wußte Hansen, daß er Felicity Robbins in die Enge getrieben hatte. Die ganze verdammte Abteilung hatte in den Bericht gestiert.

»Ich bringe ihn in Ihr Büro«, sagte sie.

Zehn Minuten später erschien Felicity Robbins in Ricks Büro mit einem vierundzwanzigseitigen Abzug, der noch warm vom Kopierer war. »Fertigen Sie bitte keinerlei Ablichtungen an.«

»Tue ich nicht.«

»Und bringen Sie mir bitte die Kopie zurück, sobald sie fertig sind. In spätestens einer Stunde, ja?«

»Geht in Ordnung. Und schönen Dank, Felicity.«

Im Hinausgehen fragte sie noch: »Möchten Sie die Tür lieber offen oder zu?«

»Zu, bitte.«

Felicity schloß die Tür, und Hansen begann mit der Lektüre des Dokuments.

Der Aktienmarkt pendelte zu Beginn der Börsensitzung auf und ab. Nach der Eröffnung ließ andauernder Pessimismus den Kurs sofort um vierundsechzig Punkt nachgeben. Aber dann erholte sich der Markt prompt und um 10.07 Uhr hatte er die Eröffnungsverluste wieder mehr als egalisiert. Angetrieben von Schnäppchenjägern und Tiefpreisanglern, die darauf spekulierten, daß der Kurseinbruch vom Freitag auf irrationalen Panikverkäufen beruhte, herrschte beim elektronischen Handel plötzlich hektisches Kaufinteresse. Um halb elf war der Kurs um 112,45 Punkte gestiegen und hatte damit bereits ein Fünftel der Verluste vom Freefall Friday wiedergutgemacht.

Gil McGeary drehte mit autokratischem Flair seine Runden auf dem Trading Floor. An diesem Morgen hatten den Leiter des Derivateteams unvermittelt Schmerzen in einem Backenzahn befallen und jetzt kaute er Eiswürfel, um das quälende Stechen zu betäuben. McGeary fürchtete sich vor Zahnärzten und war zu allem bereit, nur um sie zu meiden. *Der Schmerz ist schon gar nicht mehr so schlimm,* beruhigte er sich selbst.

McGeary betrachtete mit Befriedigung die Betriebsamkeit im Saal. Es wurden wieder Profite gemacht. Beharrlich ließen kaufwillige Anleger die Telefone heißlaufen. Die Derivatejungs hingen mit neu gefundenem Schwung und Optimismus an den Strippen.

»Yeah, es ist schwer zu durchschauen, aber es macht ganz den Eindruck, als würde es in einen rasanten Aufschwung zurückschnellen. Noch ist dieser Markt offenbar nicht schrottreif...«

»Würde jemand mal bitte das Gespräch annehmen? Der Kunde hängt jetzt schon den ganzen Morgen in der verdammten Warteschleife...«

»…'nen Dollar und die halbe Courtage müßte ich für the EFP berechnen, ja, ja, ich weiß, Sie verlieren dabei Geld, aber das holen Sie durch einen besser sortierten Warenkorb und durch eine VWAP-Garantie für die Anleger wieder raus.«

»Hören Sie, wir bieten für diesen Anlagetyp eine wesentlich robustere Konstruktion an als Goldman. Offen gesagt, graben wir in dieser Sparte Goldman derzeit völlig das Wasser ab.«

»Stimmt genau, Sam, wenn du die Nerven dafür hast, kann der Abschluß den dicken Schnitt bringen. Zur Zeit hat der Markt einen riesigen Appetit.«

»Elfhundert, fünf achtzig für alle zusammen – warte mal, eine Sekunde – hey? Kann einer mal bitte endlich Leitung null-drei-undzwanzig annehmen. Was is' los mit dir, Danny Patridge, hast du Krokodilsärmchen?«

Gil nahm das Gespräch selbst entgegen. Er erkannte die Stimme einer verhaßten Headhunterin, die versuchte, ihm einen seiner Jungs für eine leitende Stellung bei Solomon abzuwerben. McGeary sagte: »Vergiß es lieber gleich, Althea« und kippte sie mit einem Drücken der roten Killtaste aus der Leitung. McGearys Truppe war mit Talenten vom Feinsten gespickt, was Leute wie Joe Money oder Julian Stainsby natürlich zu beliebten Kandidaten für Topjobs werden ließ und die Vampire auf den Plan rief, die ihm seine Leistungsträger im Team für die Konkurrenz wegschnappen wollten. McGeary bezahlte seine Leute, so hoch er nur konnte, aber manchmal spielte Milgrim, der oberste Chef des Wertpapierhandels, am Jahresende den großen Knauser. Es wurde Gil nachgesagt, daß er auch schon mal in die eigene Tasche griff, um die Bezüge eines Verkäufers oder Händlers zumindest geringfügig anzuheben. Ein solcher Akt besaß zwar eher symbolischen Charakter, aber trotzdem sollte es nicht so sein müssen. Wenn der Verdienst eine Leistungsbenotung im Erwachsenenleben war, dann sollte sichergestellt sein, daß die Klassenbesten auch die glatten Einser bekamen, die ihnen zustanden – sonst würden sie sehr schnell zu jenen Instituten wechseln, die dafür sorgten. Das dürfte eigentlich nicht einmal ein Thema sein, ereiferte sich McGeary in Gedanken. Der Chefhändler bekam es langsam satt, sich ständig mit diesen Großkopferten herumzuärgern, und hegte schon lange den Verdacht, daß sie ihn – zusammen mit einigen anderen – drankriegen wollten, sobald die Firma in ein paar Wochen an die Börse gegangen war. McGearys persönliche Absicherungsmaßnahmen liefen bereits; hey, schließlich mußte er sein eigenes Bestes im Auge behalten.

Doch im Augenblick beschäftigte McGeary ein viel dringlicheres Problem.

Sein Programmhandelsvolumen vom Freitag war enorm gewesen, sein größtes jemals getätigtes. Und McGeary war lange genug im Geschäft, um zu wissen, daß die Aufsichtsbehörde seine Operationen *in ebendiesem Moment* genauestens unter die Lupe nehmen würde. Das konnte einfach nicht anders sein; schließlich hatten seine Abschlüsse unmittelbar zum Kursverfall am Freitag beigetragen. Irgendein langgedienter Karriereheini bei der SEC würde schon bald Kilmartin anrufen, um eine kleine Befragungsrunde einzuberufen, er wußte es genau. Und obwohl er auch schon früher Börsenkontrolleuren hatte gegenübertreten müssen und der neue Justitiar für derartige Handelsfragen, Hansen, das Vorgehen abgesegnet hatte, gab es für McGeary dieses Mal wirklich einen Anlaß zur Besorgnis.

Es ist alles in Ordnung, beruhigte er sich. *Stell es nur im richtigen Licht dar und niemand wird dir zu nahetreten.*

McGeary griff in den Becher mit Eiswürfel, stopfte sich eine Handvoll in den Mund und verschwand hinter der Tür seines gläsernen Büros.

Streng vertraulich

Nur für der Schweigepflicht unterworfene Personen – Auf Anraten unabhängiger juristischer Sachverständiger handelt es sich bei dem vorliegenden Dokument um einen nicht justitiablen Schriftsatz – unter keinen Umständen zur allgemeinen Verbreitung bestimmt.

An: s. Verteilerkreis
Abs. L: Sondergruppe Rechnungsprüfung
Betr.: Gewisse Handelsaktivitäten von Tom Bingham.

Zusammenfassung

Auf Wunsch der Sondergruppe Risikomanagement hat die betriebsinterne Rechnungsprüfungsstelle eine Untersuchung der Aktienspekulationen von Tom Bingham (»Bingham«), einem Anwalt für Finanzrecht in der Rechts-, Regulierungs- & Revisionsabteilung (RR & R) der Firma durchgeführt. Bingham hat im letzten Monat, am 29. November, Selbstmord begangen. Nach seinem Tod hat die Polizei uns in Binghams Wohnung sichergestellte Unterlagen zur Einsicht gegeben. Einer Überprüfung durch Alan Milgrim von der Sondergruppe Risikomanagement der Firma zufolge scheint Bingham bei einem kleinen Broker-Dealer namens Dominion Securities in Toronto über ein nicht genehmigtes Wertpapierdepot verfügt zu haben.

Nach zweiwöchigen Nachforschungen ist die interne Rechnungsprüfung zu der Überzeugung gelangt, daß Bingham sich durch unzulässigen Gebrauch von Insiderinformationen illegale Profite verschafft hat, indem er Wertpapiere eines Unternehmens erwarb, das bei Wolcott auf der Liste der für Spekulation gesperrten Notierungen stand.

Bei dem Unternehmen handelt es sich um TeleDisc Satellite, eine Kommunikationsfirma, die von Montefore Media übernommen wurde, wobei die Abteilung Investment Banking (»AIB«) von Wolcott den Übernahmevertrag ausgearbeitet hat. Als Hausjurist hatte Bingham ständigen Zugang zur Sperrliste und wäre in der Lage gewesen, sich über den bevorstehenden Abschluß zu informieren. Der Gewinn aus seinem Investment betrug $ 24 570.

Hansen legte den Bericht auf seinen Schreibtisch und rieb sich die Augen. Die Dreistigkeit von Binghams Vorgehen verblüffte ihn. Selbstverständlich konnte nur ein kleiner privilegierter Kreis von Firmenmitarbeitern Einblick in die Sperrliste nehmen. Die Firma würde daher alle Aktienspekulationen Binghams genau beobachten. Wall-Street-Unternehmen bewiesen große Hartnäckigkeit, wenn es um das Aufspüren von Insidergeschäften ging, und beauftragten sogar unabhängige Ermittlungsbüros mit der ständigen Überwachung von Angestelltenkonten außerhalb der Firma. Es war etwas, das sie mit enormer Ernsthaftigkeit und hohem finanziellen Aufwand betrieben. Und wenn Bingham seine illegalen Geschäfte auch noch ausgerechnet über Kanada abwickelte – dann stellte das schon fast eine Einladung dar, geschnappt zu werden.

Der Rest des Untersuchungsberichts schilderte detailliert die Spekulationsgeschäfte und die sofortige Liquidation der illegalen Beteiligungen durch die Firma. Es schloß mit einem Abschnitt über die prompte Transferierung des Verkaufserlöses auf ein im Namen der Securities & Exchange Commission eingerichtetes Treuhandkonto. Wolcott Fulbrights Vorstandsvorsitzender Max Schomburg stand in Verhandlungen mit der SEC, um die Angelegenheit mit einem Minimum an negativer Publicity zu Ende zu bringen. Tom Bingham war einfach ein schwarzes Schaf.

Das alles machte Rick Hansen neugieriger denn je. Er öffnete die Tür seines Büros und bat Cliff Weiner herein.

»Komme schon«, flötete Cliff zurück.

»Cliff, kennen Sie Binghams altes Paßwort?«

»Sie meinen das Paßwort, mit dem man Zugang zu seinen Computerdateien erhält?«

»Yeah.« Hansen versuchte den Wunsch, die Dateien seines Vorgängers einzusehen, möglichst beiläufig klingen zu lassen, aber die Verstellung erübrigte sich. Die Abrufkraft zeigte keinerlei Verwunderung darüber, welche betrieblichen Interessen sein neuer Boß an den Dateien eines toten Mannes haben mochte.

»Klar. Versuchen Sie's mit ›MAMBOTHING‹.«

»Mambo thing? Mambo wie der Tanz?«

»Richtig. Alles Großbuchstaben, ohne Leerzeichen zwischen den Worten.«

Sorgsam gab Rick die Zeichen ein. »War er ein Mambofan?«

»Eigentlich war Tom eher ein Jazzfan.« Cliff lächelte. »MAMBOTHING ist ein Anagramm von Tom Bingham.«

Hansen sortierte die Buchstaben in Gedanken um. »Stimmt. Sie haben recht.«

Sekunden später antwortete das System ANMELDUNG ERFOLGREICH.

»Sie sind drin«, erklärte Cliff Weiner freudestrahlend. »Gott schütze die Techniker. Sie hatten offenbar noch nicht die Zeit, den Zugang zu sperren.«

»Sieh einer an«, meinte Hansen grüblerisch. »Sagen Sie, Cliff?«

»Ja?«

»Wie kommt es, daß Sie Toms Paßwort kennen?«

»Ach, gar nichts Besonderes«, erwiderte Cliff. »Er hat mich mal von einer Geschäftreise aus Hongkong angerufen und mich gebeten, für ihn einzuloggen. Er wollte, daß ich einen Bericht über Swaps oder irgend so was abrufe. Und so wie ich Tom kannte, dachte ich mir schon, daß er vergessen hat, anschließend das Paßwort wieder zu ändern.« Cliff blieb unschlüssig im Eingang stehen. »Kann ich Ihnen sonst noch irgendwie helfen?«

»Ja. Bringen Sie mir bitte all seine Spesenabrechnungen aus dem letzten Jahr.«

»In Ordnung. Wird sofort erledigt.« Cliff Weiner salutierte, was Hansen überhaupt nicht behagte. Es war ein deutliches Anzeichen dafür, daß der Springer ein bißchen zu kumpelhaft wurde. Aber alles war verziehen, als Cliff im Hinausgehen sagte: »Ach, er benutzte dasselbe Paßwort übrigens auch für seine VoiceMail.«

Innerhalb der nächsten Minuten klickte sich Rick Hansen einen Weg durch die verschiedenen Fenster, bis er zu einem Bildschirm mit dem Verzeichnis von Tom Binghams Dateien kam, das den Standardnamen MY DOCUMENTS trug. Das Verzeichnis umfaßte insgesamt 243 Dateien, von denen ein Großteil Firmengeschäfte zu betreffen schien. Sie waren grob nach Nummern geordnet, dann alphabetisch.

Die ersten fünf Dateien aus Binghams System wurden auf dem Monitor zum Abrufen angeboten.

144A Abschlüsse
15-a6 Juristische Kontrolle
1998 Bed-&-Breakfast-Abschlüsse, London → U. S.
1998 Buchprüfung Chicago Mercantile Exchange
3RiversModelOne

Rick öffnete die Dateien der Reihe nach, sah sie jeweils kurz an, schloß sie wieder und öffnete die nächste. Die ersten vier waren eindeutig Dokumente, die mit Tom Binghams täglicher Arbeit als Finanzanwalt der Firma zu tun hatten. Zumeist handelte es sich um Vorgänge, die eine juristisch einwandfreie Abwicklung komplexer Transaktionen betraf, an denen wichtige Geschäftspartner beteiligt waren. Völlig normale Unterlagen für einen Anwalt in Binghams Position.

Die fünfte Datei »3RiversModelOne« war dagegen von ganz anderer Natur. Als Hansen auf deren Namen klickte, flackerte der Bildschirm und füllte sich dann mit unverständlichem Zeichensalat.

Hansen stützte sein Kinn in die Handfläche und betrachtete das rätselhafte Gewirr von Sonderzeichen. Irgendeine technische Störung hatte den Text von »3RiversModelOne« offenbar in eine nicht entzifferbare Mixtur verwandelt. Er dachte schon daran, jemanden aus der Systemtechnik zu rufen, der den Fehler womöglich wieder beheben konnte, überlegte es sich dann jedoch anders. Schließlich mußte er noch Hunderte von Dateien durchgehen. Allerdings beschloß er, das Weiterschnüffeln auf die Zeit nach Dienstschluß zu verlegen.

Eine letzte Sache, sagte er zu sich selbst, nahm das Telefon und tippte die Nummer der hausinternen Vermittlung. »Gibt es einen Gammage in der Firma?« fragte er die Frau, die sich meldete.

Das ferne Klicken von Keyboardtasten war zu hören, während die Telefonistin ihr Computerverzeichnis nach dem Namen absuchte. »Kein Gammage«, teilte sie ihm mit. »Ich habe einen Gambrell in der Sydney-Abteilung. Meinen Sie vielleicht den?«

»Nein. Aber es ist auch nicht weiter wichtig. Kann ich denn bitte die Nummer von Roslynn Blum bei den Analysten haben?«

»Ob es *was* ist?« schoß Roslynn Blum am Telefon sofort zurück. »Könnten Sie Ihre Frage bitte noch einmal wiederholen?«

»Hm, ich weiß, die Frage klingt bestimmt reichlich sonderbar, aber, ähh, mich würde interessieren, ob die Experten es für denkbar halten, einen, ähh, Börsencrash, wie wir ihn am Freitag hatten, vorherzusagen.« Selbst als er sich die Wörter aussprechen hörte, konnte Hansen nicht fassen, daß er die leitende Volkswirtschaftlerin der Firma, die $ 750 000 im Jahr verdiente, mit einer solchen Frage behelligte.

»Wie war Ihr Name noch?«

»Rick Hansen von der Rechtsabteilung.«

Blum seufzte genervt. »Hören Sie, Rick. In meinem Büro baut gerade ein Fernsehteam von Bloomberg Business News auf, das einen kurzen Kommentar zur Lage des Markts haben will. Wenn es Ihnen nichts ausmacht, rufe ich Sie später wegen Ihrer Frage zurück, ja?« Blum legte den Hörer auf, bevor Rick noch seine Einwilligung geben konnte.

Da haben wir's, dachte Hansen. *Herzlichen Glückwunsch, Hansen, soeben hast du dich vor der Starökonomin der Firma zum Idioten gemacht.* Er schämte sich für die geniale Unverfrorenheit, die ihn dazu verleitet hatte, sie mit einer solchen Frage zu belästigen. *Was hast du dir dabei bloß gedacht?* Er wandte sich dem gigantischen Berg von Eingängen zu, der aufgrund mangelnder Aufmerksamkeit bereits umzukippen drohte. Doch es gelang ihm den ganzen Tag über nicht, das Bingham-Rätsel aus dem Kopf zu verdrängen.

Um 15.59 Uhr, Eastern Standard Time, stieg der Chairman der New Yorker Börse zur Spitze des Balkons über dem Börsenparkett und betätigte um exakt 16.00 Uhr höchstpersönlich die Schlußglocke, mit der die Montagssitzung der Börse beendet wurde. Er tat dies mit einem erheblichen Maß an Erleichterung. Es hatte keinen Zusammenbruch des amerikanischen Aktienmarkts gegeben, wie ihn so mancher Untergangsprediger vorausgesagt hatte, und dies war nicht zuletzt dem massiven Kaufinteresse ausländischer und institutioneller Anleger im Programmhandel zu verdanken. Mit dem Schlußkurs vom Montag hatte die Börse 137,67 Punkte zugelegt.

Die Schlagzeile auf der Titelseite der New Yorker *Daily News* verkündete am nächsten Morgen: TRAU DEM DOW! AUSLÄNDISCHE INVESTOREN WIDERLEGEN SCHWARZSEHER UND TREIBEN DOW ZU 138-PUNKTE-ERHOLUNG VON FREEFALL FRIDAY. Ähnliche Meinungen schrien überall im Land von den Titelseiten der Zeitungen. Plötzlich gaben sich die Investoren wieder optimistisch. Vielleicht war das ja doch nicht das Ende der längsten Hausse aller Zeiten, sondern vielmehr die lang ersehnte günstige *Kaufgelegenheit.* Einmal mehr hatte die Angst der Habgier weichen müssen. Aber so war der Markt eben.

15

Pittsburgh, Pennsylvania
Donnerstag, 4. Februar

»Park da drüben«, bellte ein gereizter Alexejew auf russisch.

Die Fratze steuerte den gemieteten Kleinlaster in eine Parklücke gegen den Bordstein und schaltete den Motor aus. Die Fratze weigerte sich, englisch zu reden, obwohl er es dank seiner Ausbildung flüssig beherrschte. »Was nun?« fragte er und trommelte ungeduldig auf das Lenkrad.

»Einen Moment noch.« Alexejew klemmte ein winziges Fläschchen mit klarer Flüssigkeit zwischen Daumen und Zeigefinger, stach die kurze Spritzennadel durch den Gummischutz am Flaschenmund, zog das Medikament in die Kammer und drückte mit dem Kolben die überschüssige Luft heraus. Anschließend versteckte er die Spritze hinter der Klemme eines braunen Clipboards, schob sich das Board unter den Arm und wandte sich zu seinem Schüler. »Okay. Los geht's.«

Sie stiegen aus dem Kleinlaster und gingen etwa hundert Meter in Richtung des nahegelegenen College-Campus bis zum Haus des Professors. Der Professor lebte im 5100er Block der Beeler Street im ruhigen Wohnviertel Squirrel Hill, einer Enklave bescheidener, überwiegend Universitätsangestellten gehörender Häuser. Squirrel Hill. In Rußland gab es keine Squirrel Hills, dachte Alexejew.

Die Männer erreichten die Stufen, die zum Haus des Professors führten. »Da wären wir«, sagte Alexejew ruhig.

Die Fratze hob den Kopf und schaute zu dem massiv gemauerten Einfamilienhaus auf der Spitze eines steilen Hügels hinauf.

Er fluchte leise auf russisch angesichts des anstrengenden Aufstiegs, der vor ihnen lag.

Alexejew raunzte ihn an zu schweigen und ging voran die Stufen hinauf. *Er hat's leicht,* dachte *Die Fratze. Schließlich schleppe ich die riesige Reisetasche.* Alexejew hatte nichts weiter zu tragen als Clipboard, Spritze, Buch, eine Pistole und dieses Gerät, das er eine HERF-Pistole nannte.

Kurz darauf standen sie oben auf der Eingangsterrasse des einfachen Häuschens. Alexejew klingelte.

Drinnen konnte man das dumpfe Geräusch sich auf knarrendem Dielenboden nähernder Schritte hören. Die Tür öffnete sich.

Howard Gammage blickte auf die beiden Männer in ihren Anzügen. Seine Augen blinzelten in die mittägliche Wintersonne. »Wollen Sie zu mir?«

Alexejew musterte den vor ihm stehenden Amerikaner abschätzend. Vom Aussehen her entsprach er genau seinen Erwartungen. Gammage war ein großer Teddybär mit jenen dicken Speckpolstern, wie sie charakteristisch für viele unkündbare Professoren mittleren Alters sind, deren Alltag von sitzender Beschäftigung und Cafeteria-Essen beherrscht ist. Er besaß die stereotypen Merkmale des Akademikers, die dicke, runde Lesebrille und jenen buschigen, graumelierten Vollbart, der unter Gelehrten so beliebt ist. Aus dem Innern des Hauses nahm Alexejew frischen Marihuanarauch und leise Klänge klassischer Musik wahr. Ein amerikanischer Professor, der sich an einem Wintertag zwischen zwei Seminaren zu Hause entspannte und womöglich nebenher noch Hausarbeiten korrigierte.

»Ja«, antwortete Alexejew endlich. »Sehen Sie sich doch das bitte einmal an.«

Alexejew reichte dem Professor das Buch. Gammage zeigte sich derart verdutzt von der Bitte, ihm entging sogar, daß seine Besucher Plastikhandschuhe trugen. Er drehte das Buch um, blickte auf den Einband und versuchte herauszufinden, worum es hier überhaupt ging. Bei dem Buch handelte es sich um ein

Hardcover. Gammage zuckte leicht angewidert zusammen, als er den Titel las. *Der atemlose Orgasmus.*

»Sie haben sich zweifellos im Haus geirrt, meine Herren…« Gammage wollte seinen Besuchern schon das Buch zurückgeben, aber bevor er noch dazu kam, schoß Alexejews linke Hand nach vorn, packte die rechte Gesichtshälfte des Professors und nahm Gammages fette, bärtige Wange in einen eisernen Griff. In derselben Bewegung kam in Alexejews rechter Hand die Nadel zum Vorschein, die er wie einen Dolch in der Faust führte. Mit einem brutalen Hieb rammte er die kurze Nadel in den Hals des Professors, durchbohrte das schwammige Fleisch und drang in die Halsschlagader ein. Noch bevor das geschockte Opfer instinktiv zurückschreckte, hatte Alexejew bereits kraftvoll den Kolben nach unten gedrückt und ein Milligramm eines Muskelrelaxans namens Pantolax in seinen Blutkreislauf gepumpt.

Mit einem wilden Schrei krümmte Gammage sich ruckartig nach hinten und riß dem Killer dabei die Spritze aus der Hand. Mit weit aufgerissenen Augen und unter krampfartigen Zuckungen tänzelte Gammage in einem surrealen Zwischenspiel durch das Foyer, während seine Hände über dem Kragen herumtasteten, bis sie die baumelnde Spritze aus seinem Hals ziehen konnten.

»Schließ die Tür«, schnappte Alexejew und riß *Die Fratze* damit aus seiner Trance.

Gammage taumelte vor Entsetzen und machte einige Schritte von seinen Angreifern fort. »Was wollen Sie?« flüsterte er voll Todesangst.

Alexejew antwortete nicht. Statt dessen beugte er sich nach vorn, hob die heruntergefallene Spritze auf und steckte sie in seine Sakkotasche. Er wies *Die Fratze* an, den Professor mit der Pistole in Schach zu halten, bis die Wirkung des Medikaments einsetzte.

Alexejew schob sich an seinem Opfer vorbei und durchstöberte das Haus auf der Suche nach einem geeigneten Platz, um den Job zu Ende zu führen. Das Töten war natürlich das geringste Problem. Weitaus schwieriger war es, mehrere miteinander in Verbindung stehende Morde völlig zusammenhanglos aussehen zu lassen. Darin bestand die eigentliche Kunst in dem, was er als professioneller »Selbstmordarrangeur« leistete. Obwohl ihm der geografische Abstand zwischen Colberts Opfern einen Vorteil verschaffte, verboten es ihm seine hohen professionellen Ansprüche doch, irgendwelche Spuren zu hinterlassen, mit deren Hilfe die Polizeicomputer womöglich Zusammenhänge herstellen konnten.

Im Schlafzimmer des Professors fand Alexejew einen begehbaren Schrank mit einer Kleiderstange. *Sehr schön,* sagte er zu sich selbst und schaffte ein wenig Platz für die Inszenierung. Die Kleider deponierte er sorgfältig auf Gammages Bett.

Dann kehrte er in den Wohnbereich zurück. Gelähmt von der hohen Dosis des muskelentspannenden Mittels lag Gammage bäuchlings auf dem Dielenboden. Die Fratze hielt noch immer die Pistole auf den Professor gerichtet. *Unnötig,* bemerkte Alexejew.

»Was soll ich denn jetzt machen?« fragte Die Fratze.

»Bring ihn ins Schlafzimmer.«

Howard Gammage war kaum in der Lage zu atmen, geschweige denn, sich gegen seine Angreifer zur Wehr zu setzen.

Im Schlafzimmer zog Alexejew die Nylonschnur aus der Reisetasche und warf sie über die Kleiderstange des großen Schranks. Es war wichtig, die Sache zu erledigen, solange Gammage noch lebte, damit sich das Pantolax im Blutkreislauf noch abbauen konnte und keine Spuren für den Gerichtsmediziner hinterließ. Das andere Ende des Seils reichte Alexejew seinem Adjutanten. »Du weißt ja, wie's weitergeht, oder?«

Die Fratze nickte.

Alexejew durchsuchte das Haus nach Beweismitteln, die den Professor mit Colbert in Verbindung bringen könnten. Zwei Räume kamen hierfür in Frage – das Wohnzimmer und das Arbeitszimmer. Im Arbeitszimmer stieß Alexejew auf eine Kopie jenes hirnlosen Faxschreibens, das der Professor kürzlich an Colbert geschickt hatte und in dem es unter anderem hieß: *Ich denke, ich habe mich im gesamten Verlauf unserer Zusammenarbeit als geduldiger Partner erwiesen und meinen Teil der geschäftlichen Abmachung vertrauensvoll erfüllt. Trotzdem ist die verabredete nächste Rate von $ 150 000 schon seit mehr als einem Monat überfällig. Ich fürchte, ich muß Sie daran erinnern, über welche Möglichkeiten ich zur Geltendmachung des mir zustehenden Honorars verfüge, sollte sich dies als nötig erweisen …* Alexejew richtete die HERF-Pistole auf den PC, drückte den Knopf und zerstörte damit alle im Computer gespeicherten Daten. HERF stand für High-Energy-Radio-Frequency, mit deren Hilfe das Festplattenlaufwerk derart beschädigt wurde, daß selbst High-Tech-Ermittler mit ihrer Software zur Wiedergewinnung gelöschter Dateien nichts mehr retten konnten. Dann machte sich Alexejew daran, kartonweise Unterlagen zusammenzutragen, die er mitten im Wohnzimmer auf dem Dielenboden stapelte.

Zehn Minuten später kam Die Fratze herein und teilte ihm mit: »Er hat's hinter sich.«

Alexejew ging ins Schlafzimmer, um das Werk seines Schützlings zu begutachten. Im Schrank kniete Gammages Leiche mit der Nylonschlinge um den Hals. Das andere Ende des Seils lief über die Kleiderschlange und war dann um Gammages rechte Hand gewickelt. Hose und Boxershorts des Professors hingen in einem wirren Knäuel um dessen Knöchel, und die linke Hand lag auf den entblößten Genitalien. In Gammages Blickfeld hatte Die Fratze diverse homoerotische Pornomagazine verstreut, so als hätten des Professors letzten Blicke auf Erden gutgebauten und von der Natur wohlausgestatteten jungen Männern gegolten, bevor er sich vor lauter Ekstase versehentlich selbst erdrosselte.

Autoerotische Asphyxie. So lautete der Name jener absonderlichen Sexualpraktik, mit der amerikanische Ermittlungsbeamten immer häufiger zu tun hatten. Ein skeptischer Alexejew hatte zum ersten Mal vor zwei Jahren von einem frisch pensionierten

KGB-Oberst davon gehört. Der Beschreibung des Oberst zufolge legte sich der sogenannte Asphyxiephile eine Schlinge um den Hals und unterbrach durch wohldosiertes Zuziehen des Seils allmählich die Blutzufuhr zum Gehirn, während er zugleich pornographisches Material betrachtete. Schließlich stand er kurz davor, das Bewußtsein zu verlieren. Sterne explodierten vor seinen Augen. Sobald der Asphyxiephile in einen veränderten Bewußtseinszustand, dem »Stadium der Fugue«, eingetreten ist, würde er die Drosselung lockern und zu masturbieren beginnen. Das Ergebnis wäre eine ungewöhnlich intensive sexuelle Erleichterung. Manchmal würde der Asphyxiephile aber auch die Kontrolle verlieren, hatte der Oberst kichernd berichtet, würde aufs Ganze gehen, die Grenzbelastung des Fuguezustands überschreiten und sich buchstäblich selbst erdrosseln.

»Unmöglich, daß jemand sich selbst so etwas antut«, hatte Alexejew gelästert. »Nicht einmal in Amerika.«

Aber es war möglich, hatte der Oberst ihm versichert. Es war sogar derart weit verbreitet, daß jedes Jahr mindestens eintausend AEA-Tote gemeldet wurden. Um seine Behauptungen zu untermauern, hatte der Oberst ihm die Kopie eines Schreibens präsentiert, in dem die amerikanischen Bundesbehörden Richter, Pathologen und Polizeidienststellen über die typischen Merkmale eines AEA-Todesfalls unterrichteten. Alexejew hatte das Blatt mit großem Interesse studiert.

Die Möglichkeiten verstanden sich für den mitdenkenden Killer von selbst. Die Sache eignete sich geradezu genial zur Tarnung eines Mordes. Aus Furcht, die peinlichen Einzelheiten könnten an die Presse geraten, würden die schockierten Hinterbliebenen des Opfers darauf drängen, daß die Ermittlungen möglichst schnell abgeschlossen werden. Solange der Killer Sorge trug, daß die Todesumstände exakt der polizeilichen AEA-Checkliste entsprachen, wären die örtlichen Untersuchungsbeamten sicherlich nur allzu gerne bereit, den Fall als selbstverursachten Unfalltod zu den Akten legen zu können.

Alexejew nickte zustimmend angesichts der Lage des Leichnams. Die Fratze hatte brauchbare Arbeit geleistet. Dann deponierte er die Ausgabe von *Der atemlose Orgasmus,* eine nur unter dem Ladentisch vertriebene Anleitung zur autoerotischen Asphyxie, in der obersten Schublade des Nachttischs, wobei er sorgsam darauf achtete, die Fingerabdrücke des Professors nicht zu verwischen. Ein letzter Wink für die Beamten, die das furchtbare Ende von Professor Howard Gammage untersuchen müßten.

Sie trugen vier Kartons mit Unterlagen zu ihrem Kleinlaster hinunter. Keine Stunde später hatten sie die Papiere bereits allesamt mit Benzin übergossen, angezündet und verbrannt. Zu diesem Zweck waren sie in ein Industriegebiet in der Nähe des Monongahela River gefahren, wo sie kaum jemand dabei beobachten würde. Und sollte es Zeugen geben, würden die sich entweder nicht darum kümmern oder könnten sowieso nichts dagegen machen.

Sie befanden sich schon auf der Liberty Avenue Richtung Fort Pitt Bridge, als Alexejew sein Handy herauszog und Colbert anrief. »Hier ist Viktor. Ich rufe aus Pittsburgh an. Die Arbeit ist erledigt.«

»Schön. Und jetzt würde ich gerne mit Ihnen über Ihren nächsten Schwerpunktauftrag reden, den Sie unverzüglich angehen müßten. Er betrifft …«

– *Graham Pethers,* sagte Alexejew im stillen, noch bevor Colbert den Namen ausgesprochen hatte.

16

Manhattan

Freitag, 5. Februar

Hansen starrte auf die Zettel in der unbeschrifteten Einschlagmappe vor ihm. Die Widersprüche machten einfach keinen Sinn.

Zwei Tage zuvor hatte Rick Cliff Weiner gebeten, die Abrechnungsbelege von Tom Bingham aus den letzten zwölf Monaten herauszusuchen. Cliff war dem pflichtbewußt nachgekommen und hatte die hellgrünen Quittungen von Binghams firmeneigener American-Express-Karte in den einen Ordner, alle anderen Ausgaben in einen anderen gelegt.

Hansen breitete die AmEx-Belege auf der linken Seite seiner Schreibunterlage aus, öffnete die andere Mappe und entnahm ihr diverse hausinterne Quittungen über die Beschäftigung von Abrufkräften und gelbe Durchschläge von Fahrtcoupons, die er auf der rechten Seite arrangierte.

Dann begann er die beiden Mappeninhalte miteinander zu vergleichen.

Die American-Express-Belege erzählten eine bedrückende Geschichte. Danach geriet der Anwalt unaufhaltsam tiefer und tiefer in die düstere Spirale aus unkontrollierbarer Spielsucht und Selbstzerstörung. Den Belastungen seines AmEx-Kontos zufolge hatte sich Tom Bingham in den letzten beiden Monaten seines Lebens hoffnungslos dem Insidergeschäft und Glücksspielexzessen hingegeben. Drei Abstecher nach Toronto standen im Einklang mit seinen dortigen Insiderspekulationen. Außerdem waren zahlreiche Barabhebungen in Atlantic City, dem Foxwoods-Casino in Connecticut und in Merv Griffins Kasinoanlage Paradise Island unternommen worden. Es gab einen Wochenendausflug nach Reno, Übernachtungen im Kasino. Und alles auf Kosten des Firmenkontos. Innerhalb eines Zeitraums von sechs Wochen steigerten sich die Belastungen zu immer unverschämteren Beträgen. Von $ 550 in der ersten Woche des vergangenen Oktobers bis zu $ 7800 an dem Wochenende, bevor er Selbstmord begangen hatte. Es waren die traurigen Wegmarken eines Mannes, der sein Leben unwiderruflich aus den Fugen hatte geraten lassen.

Bis man einen Blick auf die anderen Belege warf.

An vier dieser Wochenenden hatte Tom Bingham Arbeitszeitscheine für seine Abrufkraft C. Weiner unterschrieben. Die Quittungen wiesen aus, daß C. Weiner an diesen Samstagen jeweils sieben bis acht Stunden für Bingham gearbeitet hatte. Dabei war es natürlich sehr gut möglich, daß Bingham seinen Springer an den Wochenenden hatte schuften lassen, um sich selbst in ein günstiges Licht zu rücken, während er in Wahrheit die Großzügigkeit seines Arbeitgebers anläßlich eines Zockertrips auf Paradise Island mißbrauchte. Und wenn er dann am Montagmorgen wieder im Büro erschien, datierte er seine Abzeichnungen der Scheine einfach entsprechend zurück.

Er rief Cliff in sein Büro.

»Treffen die zu?« fragte Hansen und zeigte ihm die Zeitbelege.

Cliff fummelte nervös an seinem Schnurrbart. »Yeah. Ich denke schon. Ich meine, Tom hat sie doch unterschrieben, oder? Ich hab an diesen Wochenenden für ihn gearbeitet, richtig? Alles ordentliche Arbeitsstunden, ich meine, haben Sie irgendein Problem mit diesen Stunden?«

»Nein. Überhaupt nicht. Aber laut seiner AmEx-Abrechnungen war er an drei dieser Wochenenden in Atlantic City.«

»Aber Mr. Bingham kannten ja hier alle als so eine Art Workaholic, und er arbeitete häufig übers Wochenende. Ich wäre jedenfalls nicht hier gewesen, wenn Mr. Bingham nicht auch hier gewesen wäre«, erklärte Cliff in wehleidigem Ton. »Schließlich hat er die Zeitbelege unterschrieben, oder etwa nicht?«

»Das hat er. Und soweit Sie wissen, ist er an diesen Wochenenden nicht sofort zu den Blackjacktischen in Atlantic City davongerast?«

»Was Mr. Bingham in seiner Freizeit tat, ging mich nichts an.«

»Das weiß ich zu schätzen«, sagte Rick. »Aber hat er in all der Zeit, die Sie für ihn gearbeitet haben, jemals mit Ihnen über Glücksspiel geredet?«

»Nein. Mit keiner Silbe. Was Bingham betraf, er war immer ganz nüchtern, geschäftsmäßig, nie anders.«

Daraufhin ließ Hansen die Zeitkraft gehen und wandte sich wieder der Prüfung der Rechnungsfolge zu.

Welche Geschichte sollte man glauben? Die AmEx-Belege zeichneten das Bild eines allen Halt verlierenden Spielsüchtigen. Die internen Quittungen dagegen sprachen von einem arbeitswütigen Anwalt, der meist bis in die Wochenenden hinein am Schreibtisch saß.

Während er noch über dieses Rätsel brütete, klingelte das Telefon. »Rick Hansen«, sagte er automatisch.

»Richard?« fragte eine weibliche Stimme.

»Am Apparat.«

»Richard, hier ist Roslynn Blum. Ich melde mich wegen Ihres Anrufs vom Montag. Tut mir leid, daß ich so schroff gewesen bin«, säuselte sie in ihrem gewinnensten Tonfall. »Interview fürs überregionale Fernsehen und scheußliche Frisur. Eine tödliche Kombination, wissen Sie.«

»Solche Tage haben wir doch alle mal«, meinte Rick nachsichtig.

»Wie's so ist, haben die Bestien mir bis heute an der Kehle gehangen. Aber wenn Sie jetzt ein bißchen Zeit haben, kommen Sie doch in mein Büro hoch und wir unterhalten uns.«

»Bin in fünf Minuten da.«

Die Wall Street war ganz unzweifelhaft eine Welt voll Streß und permanentem Druck und nichts für Leute mit schwachem Herzen oder Neigung zu Magengeschwüren. Fünf Tage die Woche die Finanzmärkte beackern unter der Vorgabe, Profit aus ihnen zu ziehen, führte geradewegs zu Schlägereien und Gesundheitsproblemen. Selbst die energiegeladensten Parkettjunkies konnten mit dreißig den endgültigen Burnout nicht länger hinausschieben.

In früheren Jahrzehnten brachten Frauen nach Ansicht der über Einstellungen entscheidenden Männer für dieses Umfeld die falschen Voraussetzungen mit. Diese Welt ließ bei seinen Beteiligten immer wieder den testosterongetriebenen Wilden durchbrechen, und Frauen fluchten einfach nicht überzeugend genug, rauchten keine Zigarren und besaßen nicht die richtigen Genitalien, um sich daran zu kratzen. Frauen strengten Verfahren wegen Diskriminierung an, wenn sie gekündigt wurden, und könnten darüber hinaus in einem Moment unmenschlicher Beanspruchung womöglich zu weinen beginnen – eine karrieregefährdende Schwäche.

Roslynn Blum dagegen war ein Musterbeispiel für die schöne neue, politisch korrekte und geschlechtsneutrale Leistungsgesellschaft, zu der die Wall Street in den Neunzigern geworden war. Kompetent, ehrgeizig und brillant hatte sich Roslynn bei Wolcott Fulbright zur leitenden Analystin hochgearbeitet, ohne dabei ihre eigene Identität und ihren eigenen Stil preiszugeben. Regelmäßig wurde sie von den Finanzzeitungen zu aktuellen Börsentrends befragt und rangierte als Expertin in derselben Superstarklasse wie Metz bei Oppenheimer, Wien bei Morgan Stanley oder Joseph-Cohen bei Goldman Sachs. Im Dezember war sie mit Anstand und Würde vierzig geworden, und ihre Kollegen bei Wolcott beschrieben sie meist als »gutaussehend« und »elegant«. Sie besaß eine rosa-getönte Brille, schwarze lockige Haare mit vereinzelten grauen Strähnen und ein intelligentes Gesicht, dessen strahlender Ausdruck auf allwöchentliche Behandlung im ganzheitlichen Naturgesundheitsbad La Casa de Vida in Gramercy Park schließen ließ. Heute trug sie ein pastellfarbenes Kostüm von Tahari, Ferragamo-Schuhe und die zu ihrem Markenzeichen gewordene Tiffany-Perlenkette à la Barbara Bush.

Ihr geräumiges Büro bildete eine wohltuende Oase der Weiblichkeit inmitten des ansonsten kalt-klotzigen Interieurs von Wolcott Fulbrights Zentrale im Büroturm Wall Street 44. Statt Räumen, die in geldscheingrünen und scharlachroten Farbtönen gehalten waren, geprägt von reichlich dunkler Holzvertäfelung, Ansichten von meerumtosten Hochseeklippern und Fuchsjagden sowie einer deutlichen Vorliebe für Chrom, strahlte Roslynns Büro eine wesentlich menschlichere Atmosphäre aus. Im Unterschied zu den Jungenspielsachen, mit denen einige ihrer männlichen Kollegen in der Firma sich umgaben, zierten Roslynns Raum vor allem Kunstobjekte und Familienbilder in Silberrahmen. Den signierten Drucken von Hal Larsen, Shonto Bagay, R. C. Gorman und Dalhart Windberg war ein ausgesprochener Southwestern-Flair gemein und alle Bilder stellten indianische Ureinwohner in eindrucksvollen Berg- und Wüstenlandschaften dar.

»Schon mal dagewesen?« fragte Roslynn Blum den die Bilder bewundernden Hansen.

»Entschuldigen Sie, wo?«

»Santa Fe, New Mexico«, sagte sie. »Dort habe ich diese Arbeiten gefunden.«

»Nein, noch nie.«

»Santa Fe ist einer der faszinierendsten Orte dieser Erde«, schwärmte Roslynn versonnen. »Man steht im Zentrum der Stadt und die Sangre de Cristo Mountains steigen überall um einen herum auf. Cochití Lake, die Nambé Indian Reservation, Angel fire – einige der großartigsten Naturschauspiele dieses Landes.«

»Klingt herrlich«, sagte Rick.

»Wenn ich hier mit dieser Menschenmühle abgeschlossen hab, kauf ich mir ein Ticket dorthin – oneway, ohne Rückfahrt.«

Hansen nickte. »Schönen Dank, daß Sie sich ein bißchen Zeit für mich nehmen konnten, Roslynn. Ich werde es so kurz wie möglich machen.«

»Also, soweit ich verstanden habe, lautet die zur Diskussion stehende Frage, ob es möglich ist, den Aktienmarkt vorherzusehen? Tja, das hoffe ich doch sehr, andernfalls säße ich ja auf der Straße.« Sie lachte überschwenglich. »Wofür brauchen Sie das eigentlich überhaupt?«

Hansen überlegte schnell und erwiderte: »In der Derivateabteilung läuft ein Sonderprojekt, in dem festgestellt werden soll, ob die Bewegungen des Aktienmarkts in irgendeiner Form vorhersehbar sind und wenn ja, wie.« Daß er einer leitenden Angestellten seiner neuen Firma gegenüber so problemlos schwindeln konnte, überraschte ihn selbst.

»Kurz gesagt muß die Antwort leider nein lauten. Es ist absolut ausgeschlossen, die Börsenentwicklung mit irgendeinem Grad an Genauigkeit vorauszusagen. Aber, glauben Sie mir, das liegt nicht am fehlenden Wollen. Seit Jahrzehnten bemühen sich Wissenschaftsgenies um das Ausarbeiten eines Systems zur Vorhersage der Marktentwicklung, aber seiner ureigensten Natur nach bleibt der Aktienmarkt unvorhersehbar. Anleger wünschen sich natürlich sehnlichst, die Börse sei berechenbar. Sehen Sie sich nur die steigende Flut von Infoblättern und Finanz-Talk-Shows an. Die Art, wie die Experten die Finanzmärkte in ein großes Spielkasino oder eine einzige gigantische Pferderennbahn verwandeln, ist meiner Ansicht nach einfach lächerlich. Mein Ratschlag? Kaufen und halten, kaufen und halten, kaufen und halten. Denn wirklich sicher ist bloß, daß im Laufe der Zeit die Kurse schließlich steigen werden.«

»Ihrer Meinung nach sind Finanzmärkte also von Natur aus unberechenbar?«

»Ganz genau. Riesige Summen sind zur Entwicklung von Formeln und Modellen ausgegeben worden, mit deren Hilfe Bewegungen der Indizes und Wertpapiere vorhergesagt werden sollten. Immer und immer wieder haben Modelle, die während einer Hausse prächtig funktionierten, kläglich versagt, sobald der Markt in eine Baisse gerutscht ist. Sind Sie mit der Theorie der Markteffizienz vertraut?«

»Ich habe davon gehört, kenne mich aber nicht genau damit aus.«

»Sie ist der Grundstein der modernen Volkswirtschaftslehre, Rick, und bedeutet, daß theoretisch jede vorteilhafte Ineffiziens des Marktes von den Beteiligten sofort solange ausgenutzt wird, bis sie völlig verschwunden ist. Die Börse ist grundsätzlich unberechenbar, weil sie einzig von unerwarteten Neuigkeiten bewegt wird.«

»Demnach besteht also die einzige Möglichkeit, dem Markt ein Schnippchen zu schlagen, darin, überraschende Neuigkeiten schneller als die anderen Anleger zu erfahren. So wie in den Fällen von Insiderhandel, wenn Leute aufgrund von Übernahme- oder Fusionsinformationen spekulieren, bevor sie allgemein bekannt werden?«

»Richtig. Die aktuellen Kurse beinhalten bereits alle über die jeweilige Notierung vorliegenden Informationen. Nur unerwartete Neuigkeiten können eine Kursveränderung verursachen, und da unvorhersehbare Neuigkeiten nun einmal unvorhersehbar sind, bleiben auch die Kursveränderungen unvorhersehbar. Es ist ein Zufallsmenchanismus, ein *random walk,* bei dem jede Kursschwankung unabhängig von ihrer Vorgängerin verläuft und das System kein ›Gedächtnis‹ kennt. Alte Nachrichten sind allesamt bereits in die Börsenkurse eingegangen. Die meisten Märkte werden von zufälligen Nachrichtenfetzen bewegt, folgerichtig können sich die Märkte auch nur nach dem Zufallsprinzip bewegen. Die Märkte sind stets *reaktiv,* verstehen Sie. Professor Burton Malkiel nannte es die *Random-Walk-Hypothese.*«

»Ich verstehe.« Nachdenklich fuhr Hansen sich über die Wange. »Nun ja, dann werde ich die schlechte Nachricht mal an unsere Derivatejungs weitergeben. Roslynn, haben Sie vielen Dank.«

»Keine Ursache. Zufälligerweise liebe ich es nämlich, mich über dieses Thema auszulassen.«

Damit war das Gespräch beendet, und Hansen verließ Roslynn Blums Büro.

»Mr. Kilmartin hat nach Ihnen gesucht. Klang wichtig.«

Hansen ging die Anrufnotizen durch, die Cliff Weiner ihm in die Hand gedrückt hatte. »Hat er gesagt, worum es geht?«

»Nein, aber er sagte, Sie sollten zu ihm und Mr. McGeary in sein Büro kommen, sobald Sie zurück sind.«

Hansen marschierte in flottem Tempo zu Mikes Eckbüro hinunter. Als er eintrat, lehnte Kilmartin eben über dem Freisprechmikro seines Telefons, die Hände wie in andächtiger Ruhe gefaltet. Gil McGeary war ebenfalls anwesend. Der Händler tigerte energiegeladen durch den Raum und drehte dabei zwei jadefarbene chinesische Meditationskugeln in seiner rechten Hand. Die Kugeln klackerten leise, während sie in der Hand des Derivatechefs permanente Achten beschrieben.

»Okay, Bob, in dem Punkt bin ich mit Ihnen einer Meinung«, sagte Kilmartin zu dem seesternförmigen Mikro auf seinem Schreibtisch mit betont lauter Stimme. Er drückte die Taste zur Stummschaltung und sagte zu Hansen: »Die SEC kommt Montag früh, um uns wegen der Abschlüsse zu befragen, die Gil am Freitag über den Programmhandel abgewickelt hat.«

»Die SEC?« Hansen sah zu McGeary hinüber, der geistesabwesend seinen Blick erwiderte. »Ich dachte, die kommen schon diese Woche. Telefonieren Sie mit denen gerade?«

»Nein. Das ist die Sondergruppe Risk Management. Wolcott, Milgrim und Irv.« Kilmartin drückte erneut die Stummschaltung und öffnete damit die Leitung wieder.

»... verstehen Sie, was ich damit sagen will?« plärrte Bob Wolcotts aufbrausende Stimme aus dem Lautsprecher. »Wir, ähh, bemühen uns, wo wir nur können, die Einnahmen zu steigern, um so ein möglichst vorteilhaftes Bild zu zeichnen, bevor es zum Börsengang kommt.«

Der geduldige Ton in Kilmartins Stimme begann zu schwinden. »Das verstehe ich völlig, Bob, aber was ich gerne wissen möchte, sind die wirtschaftlichen Gründe für diese Abschlüsse.«

»Nehmen Sie's mir nicht übel, Mike, aber Ihr Fehler hier ist, daß Sie die Situation nur aus Sicht des Juristen betrachten ...«

»Ich nehm Ihnen das nicht übel, Bob, es beantwortet nur meine Frage nicht. Worin liegen die wirtschaftlichen Gründe für diese Transaktionen?«

»Mike?« Eine andere Stimme drang aus dem Lautsprecher. »Mike, hier spricht Alan Milgrim.«

»Hallo, Alan.«

»Hallo. Das Problem ist, daß wir die wirtschaftlichen Gründe für diese Abschlüsse gar nicht kennen, weil es sich nicht um unsere Anleger handelt.«

»Nicht unsere Anleger? Jetzt haben Sie mich völlig verwirrt.«

»Gleich wir es Ihnen klarer werden. Bob und ich haben uns heute morgen mit Gil zusammengesetzt, um die Größenordnung dieser Transaktionen zu besprechen. Die Wahrheit ist, wir kennen die wirtschaftlichen Gründe hinter diesen Geschäften nicht, da es sich ausnahmslos um Offshore-Anleger handelt, deren Aufträge von einem anderen Broker lediglich über uns abgewickelt werden.«

»Stimmt«, mischte McGeary sich ein. »Dieser Broker, Infinity Technology Securities, benutzt einfach unsere Börsenanschlüsse, um darüber den Programmhandel für seine eigene Kundschaft einzuspeisen.«

Alan Milgrim sagte: »Wir fungieren quasi nur als elektronische Brücke für diese Orders und kassieren dafür einen Brückenzoll. Was bekommen wir dafür? Drei Pennies pro Aktie?«

Bob Wolcott bestätigte: »Richtig, drei Pennies pro Aktie.«

»Drei Pennies für die Weiterleitung der Order, was, wie Sie anhand des Handelsvolumens erkennen können, sich schnell summiert.«

Kilmartin hob sein Kinn und studierte die Decke. »Aber ich verstehe nicht...«

Wolcott schnitt ihm das Wort ab: »Da gibt es gar nichts zu verstehen, Mike. Diese Übereinkunft wurde von Schomburg persönlich abgesegnet.«

»Okay, in Ordnung, Bob. Dann gehe ich davon aus, daß das die Position der Firma ist und daß Gil das am Montag der SEC sagen soll. Es handelt sich um Kundenabschlüsse, aber nicht um unsere Kunden.«

»So ist's, so lautet die Position der Firma.«

»Sehr schön. Nach unserem Gespräch werden Gil, Rick und ich uns zusammensetzen und über die genaue Strategie reden.«

Wolcott sagte: »Sie, Gil und wer?«

»Rick, Rick Hansen. Der neue Anwalt, der seit Januar bei uns ist.«

»Der Nachfolger von Tom Bingham?« fragte Alan Milgrim.

»Ja. Sonst noch etwas?«

»Nein, das ist alles. Halten Sie uns bitte über alle neuen Entwicklungen auf dem laufenden. Bis dann.«

Nach Beendigung des Gesprächs fielen die drei Männer für einen Moment ins Schweigen. Mike Kilmartin starrte auf seine Freisprechanlage, als versuchte er sich klarzuwerden über das, was eben dort herausgekommen war. Dann blickte er zu McGeary auf. »Hat irgend jemand die Rechtsabteilung darüber informiert?«

McGeary zuckte die Achseln. »Wenn wir aufhören würden zu telefonieren, nur um jedes Geschäft, das wir abschließen, mit den Juristen zu abzusprechen, könnten wir den Laden gleich dichtmachen.«

»Dennoch«, beharrte Kilmartin. »Einen Außenstehenden unsere SuperDOT-Leitung benutzen zu lassen birgt weitreichende Folgen für die Firma.«

»Sie hören ja, was das Risikomanagement sagt. Für die scheint es eine reine Geschäftsentscheidung zu sein.«

Kilmartin schüttelte den Kopf. »Na ja, das bringt uns jetzt auch nicht weiter. Wir müssen Sie für Montag morgen vorbereiten.« Kilmartin zog ein paar Akten aus seinem Schrank. »Anscheinend schicken sie Don Neufeld herüber, um die Befragung zu leiten. Neufeld ist der Vizechef im New Yorker Büro der Marktregulierungsabteilung, ein hartnäckiger Brocken, clever dazu. Ich hab hier Akten über einige der Verfahren, die er gegen andere Mitgliedsfirmen angestrengt hat. Aber wir wollen jetzt keine voreiligen Schlüsse ziehen. Wie mir Don erzählt hat, sprechen sie noch mit ungefähr einem Dutzend weiterer Firmen über deren Vorgehensweise am Freitag. Trotzdem können wir gar nicht vorsichtig genug sein, besonders angesichts dieser Auftragsvermittlungen. Ach, übrigens, wenn Sie möchten, kann Felicity Ihnen etwas zu trinken bringen. Kaffee, Sprudel, Wasser?«

»Nein danke«, sagte McGeary. »Ich müßte nur noch mal aufs Klo, bevor wir loslegen.«

»Mir geht's genauso«, sagte Hansen.

Hansen ging voran zur Toilette.

Zuerst redeten Hansen und McGeary nicht miteinander, während sie an den Porzellanbecken standen. Etwas stimmte nicht. Irgend etwas Undefinierbares hatte sich seit der vergangenen Woche in ihrer Beziehung geändert. Gespräche verliefen angespannt und geschäftsmäßig, ganz anders als in seiner ersten Woche in der Firma, als sie im Büro des Händlerchefs noch gemeinsam Fidel-Castro-Schmuggelware konsumiert und über die Launen der Branche geplauscht hatten. Jetzt waren ihre Treffen von peinlichen Schweigephasen gekennzeichnet. Hansen beendete sein Geschäft am Pißbecken, betätigte die Spülung, zog den Reißverschluß hoch, ging zur Waschbeckenreihe hinüber und wusch sich die Hände.

»Counselor?«

Mit tropfenden Händen wandte sich Hansen zu ihm um. »Yeah?«

»Manchmal dauert's bei mir ein wenig, bis es klappt«, erklärte der Managing Director. »Könnten Sie das Wasser bitte laufen lassen? Das hilft.«

Wortlos drehte der Anwalt den Hahn wieder auf. *Wer hätte gedacht, daß ein mächtiger Abräumer wie McGeary beim Pinkeln Hemmungen zeigte?* dachte Hansen.

»Na bitte«, sagte McGeary, als es schließlich funktionierte. Völlig aus dem Zusammenhang gerissen, erkundigte er sich plötzlich beiläufig: »Und, Rick, was haben Sie von dem Bericht gehalten?«

»Welchen Bericht?«

»Dem Bericht über Tom Binghams Insidergeschäfte.«

Hansen war verblüfft. »Woher wissen Sie denn, daß ich den eingesehen habe?«

»Das hat mir ein Vöglein aus Ihrer Abteilung ins Ohr gezwitschert.«

»Welches Vöglein?«

»Ich gebe meine Quellen nie preis, Counselor. Nie.« Hansen hatte für solche Tricks wenig übrig, aber McGeary war schon bei seinem nächsten Fragekomplex. »Was halten Sie denn von dem Mann, der früher mal Ihren Job erledigt hat? Ein armseliges Stück Scheiße, hab ich recht?«

»Sie sind sicherlich besser in der Lage, das zu beurteilen. Tom hat doch eng mit Ihnen zusammengearbeitet, oder?«

McGeary folgte noch dem Ruf von Mutter Natur, bevor er auf Ricks Frage einging. Hansen hatte den Eindruck, daß er sich seine Antwort sorgfältig zurechtlegte. »Ich denke, es läßt sich sagen, daß er völlig anders drauf war als Sie und ich. Guter Anwalt, intelligent und entschlußfreudig. Aber ich glaube, sein Ehrgeiz ist einfach mit ihm durchgegangen und ist ihm am Ende dann auch zum Verhängnis geworden.« McGeary wollte noch etwas hinzufügen, hielt sich aber im letzten Moment zurück.

Rick hörte zu und versuchte herauszufinden, was sich hinter McGearys Worten verbarg. Dann sagte er: »Das mag jetzt völlig unverständlich klingen, aber ist es denkbar, einen Börsenkrach wie Freefall Friday vorherzusagen, Monate, bevor er eintritt?«

McGearys Antwort entsprach nicht Hansens Erwartungen. »Unter den Händlern gibt es eine kleine Fraktion, die davon überzeugt ist, daß mittels ›Chaostherapie‹ und künstlicher Intelligenz eine Vorhersage allgemeiner Börsentrends entwickelt werden kann. Von Joe Money weiß ich zum Beispiel, daß er an die Elliot-Wellen-Therapie glaubt. Meiner persönlichen Überzeugung nach ist die Vorhersage von Kursstürzen höchstwahrscheinlich technisch nicht machbar.«

»Und was, wenn ich Ihnen erzählte, daß Tom Bingham sich eine Vorhersage des Freefall Friday einschließlich des genauen Datums notiert hat?«

»Heißt das nun ›was, wenn‹ oder ist das tatsächlich passiert?«

»Es ist tatsächlich passiert.«

»Zwei Dinge fallen mir dazu ein. Erstens, ich würde sagen, Sie reden einen ganz schönen Stuß, denn Tom war – wie die meisten Anwälte – entsetzlich unbedarft, wenn es um konkrete Börsengeschäfte ging. Und zweitens, ob er es getan hat oder nicht, sollte Sie nicht weiter kümmern.«

»Warum nicht?«

»Warum nicht?« Mc Geary trocknete seine Hände mit einem Papiertuch ab und näherte sich Hansen mit ernster Miene. »Weil die SEC hier Montag anrückt und mein irischer Arsch auf dem Spiel steht. Im Augenblick sollte Gil McGeary Ihre vorrangige Sorge sein, Councelor, und nicht, ob Ihr verstorbener Vorgänger die große Nostradamus-Nummer abgezogen hat. So, und jetzt wollen wir mal wieder zu unserem Powwow zurückkehren, einverstanden?«

McGeary knallte das zusammengeknüllte Papiertuch in den randvollen Abfallkorb und stapfte aus der Toilette. Rick verfolgte, wie die Tür mit einem durchdringenden, trockenen Quietschen vor- und zurückschwang, und dachte: *Yeah, merk dir's, da hat er vollkommen recht.*

17

Manhattan – Fort Worth, Texas

Montag, 8. Februar

»Hiermit eröffne ich das Protokoll.«

Donald Neufelds Worte durchbrachen die gespannte Stille vor Sitzungsbeginn im Konferenzraum Antwerpen von Wolcott Fulbright und schreckten die junge rothaarige Stenotypistin mit der vanillefarbenen Haut auf, die bis dahin Rick Hansen unverhohlen angestarrt hatte. Sofort nahm die Stenotypistin eine steife, professionelle Haltung an. »Ich bin bereit«, sagte sie und hielt ihre Finger über die zweiundzwanzig phonetischen Tasten ihres Stenotypiergeräts.

»Sind Sie soweit, Mike?« fragte Neufeld.

»Wir sind bereit, Don«, erwiderte Kilmartin.

Von diesem Moment an hielt die hübsche Stenotypistin ihren Blick unverwandt auf ein an der Wand hängendes Gemälde gerichtet, während ihre Finger leise mit einer Geschwindigkeit von 250 Wörtern die Minute eine phonetische Transkription der folgenden Anhörung anfertigten.

MR. NEUFELD: *Mein Name ist Donald Neufeld. Ich bin Senior Counsel im New Yorker Büro der Marktregulierungsabteilung der Securities & Exchange Commission. An meiner Seite sind heute Mary Reilley, stellvertretende Direktorin der Abteilung, und Rhonda Barrimore, Assistant Counsel der Abteilung. Mr. McGeary, ich würde Ihnen an dieser Stelle gerne eine Erklärung zum Procedere vorlesen:*

MR. MCGEARY: *Schießen Sie los.*

MR. NEUFELD: *Jede Aussage, die Sie im Verlauf dieser Untersuchung machen, wird als offizielle Aussage gegenüber der SEC gewertet. Wird Ihnen eine in diesem Verfahren gemachte vorsätzliche Falschaussage nachgewiesen, kann eine Abmahnung, Geldstrafe, Suspendierung oder dauerhafte Sperre gegen Sie ausgesprochen werden. Haben Sie diesen Punkt verstanden, Mr. McGeary?*

MR. MCGEARY: *Ja, ist klar.*

MR. NEUFELD: *Es ist Ihnen freigestellt, sich von einem Rechtsbeistand vertreten zu lassen. Sind Sie heute anwaltlich vertreten?*

MR. MCGEARY: *Ja, das bin ich.*

MR. NEUFELD: *Würden die Rechtsberater bitte Ihre Namen zu Protokoll geben?*

MR. KILMARTIN: *Ich heiße Michael Kilmartin und bin Associate General Counsel der Firma Wolcott, Fulbright & Company:*

MR. HANSEN: *Richard Hansen, stellvertretender Abteilungsdirektor und Anwalt für Finanzrecht der Derivateabteilung von Wolcott, Fullbright & Company.*

MR. NEUFELD: *Diese Anhörung wird in ihrer gesamten Länge stenografisch festgehalten. Ein wortgetreues Protokoll wird Ihnen innerhalb der nächsten zehn Tage zugehen. Es ist von großer Bedeutung, daß Sie die Fragen, die wir Ihnen heute stellen, richtig verstehen. Sollten Sie eine bestimmte Frage nicht verstanden haben, sagen Sie es uns bitte sofort, und wir wiederholen sie Ihnen gerne noch einmal. Haben Sie das verstanden?*

MR. MCGEARY: *Ist klar.*

MR. NEUFELD: *Bitte geben Sie Ihren vollen Namen zu Protokoll.*

MR. MCGEARY: *Gilbert Scott McGeary.*

MR. NEUFELD: *Wie lautet Ihre Privatanschrift?*

MR. MCGEARY: *Greenwich, Connecticut, Whispering Pines Road 9.*

MR. NEUFELD: *Sind Sie verheiratet?*

MR. MCGEARY: *Ja, zwei Kinder.*

MR. NEUFELD: *Bitte fassen Sie für uns kurz Ihre berufliche Laufbahn zusammen.*

MR. MCGEARY: *Ich war drei Jahre First Baseman und Clean-up-Hitter für die Toledo Mud Hens in der International League, einem Rekrutierungsclub der …*

MR. NEUFELD: *Entschuldigen Sie. Lassen Sie mich meine letzte Frage spezifizieren. Nur die berufliche Laufbahn im Börsenbereich bitte.*

MR. MCGEARY: *Klar, in Ordnung. Vier Jahre in der Derivateabteilung von Goldman, Sachs. Fünf Jahre bei Wolcott als Managing Director und Leiter des Derivatehandels.*

MR. NEUFELD: *Wie viele Leute unterstehen Ihnen als Teamleiter?*

MR. MCGEARY: *Irgendwo zwischen drei- und siebenundzwanzig, glaube ich.*

MR. NEUFELD: *Sie wissen nicht genau, wie viele Leute für Sie arbeiten?*

MR. MCGEARY: *In dieser Branche schwankt die Mitarbeiterzahl ständig, deshalb bin ich mir nie sicher.*

MR. NEUFELD: *Also gut, Mr. McGeary, was war Ihre Veranlassung, am Morgen des 29. Januars aktienindexrelevante Verkaufsorders in Höhe von 2,7 Milliarden über Super DOT zum Börsenparkett zu schicken?*

MR. MCGEARY: *Sorry. Könnten Sie die Frage noch mal wiederholen?*

MR. NEUFELD: *Aber sicher. Aufgrund welcher Investmentstrategie haben Sie über SuperDOT Verkaufsorders im Nennwert von 2,7 Milliarden plaziert?*

MR. MCGEARY: *Whow. Augenblick mal, Auszeit. Können wir das Protokoll mal kurz unterbrechen?*

MR. NEUFELD: *Auf Wunsch des Befragten werden wir eine kurze Pause einlegen.*

»Wir sind jetzt wieder im informellen Teil«, erklärte Neufeld.

»Okay«, sagte McGeary. »Es wird also nicht mitgeschrieben jetzt.«

»Nein«, sagte Neufeld. »Kein Protokoll.«

»Diese Orders kamen nicht alle von mir.«

»Kamen sie nicht?« Neufeld runzelte die Stirn. »Laut der Börsenaufzeichnungen waren Sie für diesen Umsatz verantwortlich.«

»Ich sage nur, ich habe nicht derart viele Aufträge über den Programmhandel abgewickelt. Klar, es war ein ganzer Arschvoll, aber doch nicht im Wert von *Milliarden* von Dollars. Eine halbe Milliarde, allerhöchstens.«

Kilmartin ließ die vulgäre Sprache vor den Vertretern der SEC erbleichen. »Don, ich denke, wir würden uns gerne einen Moment mit Mr. McGeary allein unterhalten, bevor wir die Anhörung fortsetzen.«

»Kein Problem«, erwiderte Neufeld. »Fünfzehn Minuten?«

»Das sollte genügen. Vielen Dank.«

Einige Minuten später berieten sich die drei Wolcott-Angestellten in einer kleinen Kaffeeküche weit weg vom Konferenzzimmer. Sie unterhielten sich im Flüsterton, doch ihre Stimmen hallten trotzdem von den gefliesten Wänden wider.

Kilmartin fragte: »Also, was meinten Sie damit eben?«

»Wie ich es Neufeld bereits gesagt habe, das waren nicht meine Abschlüsse«, antwortete McGeary und holte sich einen Styroporbecher Kaffee. »Wollen Sie auch einen?«

Hansen und Kilmartin schüttelten die Köpfe. Hansen fragte: »Was ist mit den Orders, die Sie und ich am Freitagmorgen ins Parkett gesandt haben?«

»Wie ich sagte, die beliefen sich allenfalls auf vier-, fünfhundert Millionen Dollar. Das ist ein Sechstel des Umfangs, den ich deren Meinung nach durchgeführt habe.«

Kilmartin stutzte: »Wer in der Firma ist denn noch berechtigt, Orders in das betriebseigene Programmhandelssystem einzuspeisen?«

»Ich habe keinen blassen Schimmer. Bislang dachte ich, ich sei der einzige. Aber das ist ja nicht mein Problem.«

»Nein, vermutlich nicht.«

»Ich meine, wenn das nicht Gil McGearys Transaktionen waren, dann bin ich doch aus dem Schneider, oder?«

Nachdenklich rieb Mike Kilmartin seinen Nasenrücken. »Ich denke, das ist richtig.«

»Juppie!« Glücklich stürzte McGeary seinen Kaffee hinunter. »Darf ich jetzt wieder nach oben gehen und handeln?«

Colbert befand sich auf Geschäftsreise in Fort Worth, Texas, und wartete in seiner Suite im Four Seasons gespannt auf den Anruf. Der Spekulant hatte eine Versicherungsgesellschaft, die er kontrollierte, über die vergangenen drei Jahre systematisch geplündert, und nun arbeiteten seine Anwälte und er daran, die vor Forderungen schützende Einleitung eines Konkursantrags zu erwirken. Die Gläubiger schrien natürlich Zeter und Mordio, und der Konkursrichter gehörte auch noch zu derem gemeinsamen Klüngel. Die ganze Angelegenheit nahm äußerst unerquickliche Züge an. Darüber hinaus würde er sich am Mittwoch mit David Rosenberg und Dartmouth auseinandersetzen müssen. Er war überhaupt nicht in Stimmung für eine Verzögerung des Berichts aus New York.

Als das Satellitensignal schließlich kam und sein Handy trillerte, meldete er sich sofort. »Ja.«

»Ich bin's«, sagte Stiletto.

»Du bist eine halbe Stunde zu spät dran.«

»Ich wurde in eine Sitzung gerufen. Das passiert halt manchmal.«

Colbert ließ sich seine Besorgnis nicht spüren. »Und wie lief's?«

»Ich denke, einstweilen geben sie sich damit zufrieden. Wir haben sie darüber informiert, daß es sich ausnahmslos um Anlegergeschäfte handelte und daß sie von einem anderen Broker-Dealer durchgeführt worden sind, der einfach nur gegen eine Gebühr unser Übermittlungssystem benutzte.«

»Damit haben sie sich zufriedengegeben?«

»Solange es sich um Anlegergeschäfte handelt, ja. Es existiert kein Gesetz, das es ausländischen Anlegern verbieten würde, ihre Wertpapiere via Computer oder Telefon zu veräußern, selbst wenn dies zu einem Kursrückgang führt.«

»Es sei denn, es liegt Betrug oder Scheingeschäft vor«, erinnerte Colbert ihn.

»Selbstverständlich«, sagte Stiletto. »Aber die Geschäftsbücher der Infinity weisen doch ein völlig legitimes Verhalten von Offshore-Anlegern aus, bei denen es sich um kapitalkräftige juristische Personen handelt. Das geht doch aus den Büchern hervor, oder?«

»Ja. Die Unterlagen sind entsprechend Binghams Vorgaben peinlichst genau ausgearbeitet.«

»Dachte ich mir doch. Also, Infinity ist kein Börsenmitglied, und ihre vermeintlichen ›Anleger‹ operieren alle aus dem Ausland, da können die Regulierer nicht viel machen, außer sich danach erkundigen. Sie haben sich erkundigt und sie haben Auskunft erhalten.«

»Gut. Ich vertraue deinem Urteil.«

Stiletto fuhr fort: »Es war zudem von Vorteil, daß sich die große Mehrheit der Verkaufsorders auf breiter Ebene über Händler vor allem aus dem Ausland streute. Es besteht demnach kein Anlaß, die Entwicklung mit LINDA in Verbindung zu bringen. Sicher, unsere Transaktion war umfangreich und hat ja auch den Markt bewegt, aber das muß man im großen Zusammenhang betrachten. An einem durchschnittlichen Tag bearbeitet die Firma neunzehntausend Kunden- und Eigenaufträge mit einem Volumen von insgesamt dreißig Milliarden Dollar. An Freefall Friday überstieg Wolcotts Aktienhandel diesen Betrag um mehr als das Doppelte. Verstehst du, was ich meine?«

»Ja, ja, schon klar. Wie sieht's innerhalb der Firma aus? Haben unsere Freunde in der Rechnungsprüfung irgendwelche Fragen gestellt?«

»Na ja, die Rechnungsprüfung nicht so sehr. Aber die Rechtsabteilung ist nicht ganz glücklich damit. Kilmartin, wie gewöhnlich. Außerdem ist da der neue Anwalt, der Binghams Stelle übernommen hat, und der zeigt ein starkes Interesse an Tommys Aktivitäten in Kanada.«

»Sieh mal einer an. Und wie heißt dieser Anwalt?«

»Hansen. Richard Hansen. Rufname Rick.«

»Ist es möglich, daß Kilmartin oder Hansen die Spekulationsgeschichte herausbekommen?«

»Nein. Sie ist unter einem ruhenden Prüfkonto verbucht, das seit sechs Jahren nicht mehr benutzt wurde. Keiner in der Firma weiß überhaupt von seiner Existenz. Nicht einmal Kilmartin könnte es aufspüren.«

»Dieser Anwalt auf Binghams Posten könnte uns Ärger bereiten«, sagte Colbert. »Wir sollten darauf vorbereitet sein, entschlossene Maßnahmen zu ergreifen, falls die Notwendigkeit dazu besteht.«

Stiletto fluchte erregt. »Herr im Himmel, genau, was uns noch gefehlt hat, noch ein Toter in der Rechtsabteilung. Der Polizei dürften *drei* Todesfälle in einer Abteilung kurz hintereinander sicherlich nicht entgehen.«

»Ich meinte lediglich, daß wir die Überwachungsmaßnahmen, die wir zur Beobachtung von Kilmartins und Binghams Unternehmungen installiert hatten, reaktivieren sollten. Das würde gar keine Mühe bereiten. Im Grunde sollten wir Kilmartin sowieso im Auge behalten. In sechs Wochen kann alles mögliche passieren. Vielleicht können deine Sicherheitsleute uns ja einen Satz Fingerabdrücke von Hansen borgen, nur damit wir nichts außer acht lassen.«

»Du bist doch wirklich ein Paranoiafreak.« Stiletto prustete belustigt.

Du mußt gerade reden, Freundchen, erwiderte Colbert im stillen. Das Beharren auf diesem schwachsinnigen Kodenamen Stiletto, selbst auf einer abhörsicher verschlüsselten Satellitenleitung – *das* war Paranoia in Reinkultur.

Stiletto sagte: »Schick deine Schergen am Montag kurz vor Büroschluß an die Rezeption. Es wird dort unter dem üblichen Namen für sie hinterlegt sein.«

»Gut. Noch eine letzte persönliche Bemerkung, wenn du gestattest: Wo steht dir eigentlich zur Zeit der Kopf?«

»Der Kopf?«

»Ja. Bist du wirklich noch mit ganzem Herzen bei der Sache?«

»Ja, natürlich bin ich das. Wie kommst du zu der Frage?«

»Wir kennen uns nun schon eine ganze Reihe von Jahren, du und ich«, hob Colbert genußvoll an. Stiletto ließ sich nie eine Chance entgehen, Colbert daran zu erinnern, daß er ihm sein erstes Vermögen verdankte. Nur allzu gerne drehte Colbert den Spieß jetzt um. »Laß es dir daher als alter Freund gesagt sein. Du weißt, daß man dich anläßlich des bevorstehenden Börsengangs schassen will. Das hat man dir ja quasi schon unmißverständlich deutlich gemacht. Ungeachtet all deiner Verdienste um das Unternehmen, all der Umsätze, für die du gesorgt hast, wird dann für dich Schluß sein bei Wolcott Fulbright, so dankt man dir...«

»Okay, okay«, fiel Stiletto ihm ins Wort. »Es besteht überhaupt kein Grund, daß du mich hier zu beeinflussen suchst«, erklärte er nüchtern. »Ich bin nach wie vor fest dazu entschlossen, diese Sache durchzuziehen. Das sollte dir eigentlich inzwischen klar sein.«

Colbert lächelte. »Das ist es, aber ich bin eben der Typ, der dann und wann eine Versicherung braucht. Der Paranoiafreak, weißt du noch? Ein anderer Punkt: Unser Professor hat kürzlich das Zeitliche gesegnet, hast du schon davon gehört?«

Stiletto schwieg einen Moment. »Na ja, es mußte wohl so sein, nicht?« Wieder folgte eine Pause. »Das könnte mir doch nicht zustoßen, oder? Ich meine, wie ich bereits sagte, ich bin mit ganzem Herzen bei der Sache, ich will das unbedingt durchziehen.«

Colbert grinste und ließ die Frage unbeantwortet. »Stiletto, die nächste Überweisung dürfte am Montag morgen auf deinem Konto landen. Bitte bestätige den Eingang. Einen schönen Abend noch.« Colbert legte auf und lachte. Nein, er konnte sich nicht vorstellen, daß es einen Grund geben würde, Stiletto umzubringen, es brachte einfach keinen Vorteil. Aber warum sollte er ihm das verraten? *Na, wer war hier nun der Paranoiafreak?*

18

Baltimore, Maryland
Mittwoch, 10. Februar

»Dies ist die letzte Fassung der Pressemitteilung.« Debbie Diamond entnahm ihrem lederen Aktenkoffer Kopien einer zweiseitigen Erklärung und schob sie ihrem Mandanten auf der anderen Seite des Konferenztisches zu. »Natürlich müßte sie noch von Stones Anwälten abgesegnet werden, aber dieser Entwurf berücksichtigt all eure Änderungswünsche.«

»Na, dann wollen wir mal sehen«, sagte David Rosenberg. Rosenberg zog eine Visitenkarte aus der Brusttasche und begann die Pressemitteilung Zeile für Zeile zu studieren. Schon nach den ersten Worten des Einleitungsabsatzes kritzelte er neue Korrekturen an den Rand. Debbie sah ihn an und wies ihn in Gedanken zurecht: *David, David, David. Selbst am Ende noch so wahnsinnig detailfixiert. So ... anal!*

In der Pressemitteilung wurde bekanntgegeben, daß der Vorstand dem Verkauf der Dartmouth Funds Group zugestimmt hatte, einer mittelgroßen Gesellschaft mit sieben Investmentfonds, die Vermögenswerte von insgesamt dreizehn Milliarden Dollar repräsentierten. David Rosenberg, 38, und Kendra Price, 35, schieden zu einem noch festzusetzenden Stichtag aus dem Management aus. Verlief die anstehende Telefonkonferenz nach Plan, würde die Dartmouth Group für 274 Millionen Dollar an ein in Florida ansässiges Finanzverwaltungsunternehmen namens GoldBridge Capital Advisors, LLC, verkauft werden. Der gängige Preis für Fondsvermögen lag zur Zeit bei einem Dollar pro verwalteten fünfzig Dollar. GoldBridge hatte einen leichten

Aufschlag gegenüber dem aktuellen Marktwert geboten zuzüglich Erfolgsprämien bei zügiger Abwicklung der Transaktion. Das Privatvermögen von David und Kendra könnte um bis zu 127 Millionen Dollar wachsen. Kein schlechter Schnitt für etwas mehr als drei Jahre Arbeit.

Während Kendra und David schweigend den Text durchgingen, schlenderte Debbie zum Fenster hinüber. Sie blickte hinaus zu der flachen Linie am Horizont jenseits von Baltimores Inner Harbor und dachte an das Glück, das ihre besten Mandanten gehabt hatten. Dartmouth war unzweifelhaft der Nutznießer eines historisch bislang einmaligen Börsenbooms gewesen, eines Booms, der Leute mit Weitblick und Mut zum Risiko fürstlich belohnte. Kendra Price und David Rosenberg besaßen beides. Vor dreieinhalb Jahren, noch vor ihrer Heirat, waren die beiden aufstrebende Investmentmanager bei Fidelity in Boston gewesen, deren Wertpapierfonds in der Morningstarliste stets im obersten Fünftel rangierten. Kurz nachdem Rosenbergs Rivale Jeff Vinik die Verwaltung des begehrten Magellan Fund übertragen worden war, hatten sich David und Kendra zusammengetan und eine kleine Leveraged-Buyout-Firma damit beauftragt, für sie nach Gelegenheiten zum Erwerb von Fonds zu fahnden, die entweder finanziell ins Schwimmen geraten oder in Schwierigkeiten mit der Regulierungsstelle der SEC gekommen waren. Das Ergebnis dieses Arrangements war die in Baltimore ansässige Dartmouth Group, deren Einlagenwert in nur drei Jahren von 3,5 Milliarden Dollar auf 13 Milliarden hochgeschossen war.

Debbie hatte schon die ersten Investmentunternehmungen als freie Anwältin betreut. Sie war spezialisiert auf die geheimnisvollen jurstischen Untiefen, in denen die Wertpapiergesetze sich mit Investmentfonds und Investmentberatern befaßten. Die Hauptaufgabe bestand für Debbie und die beiden ihr in der Kanzlei Tresser & Greyrock zugeteilten Junganwältinnen darin, Berge von Regierungsunterlagen zur SEC und NASD nach Washington beziehungsweise Rockville, Maryland, zu schicken. Mit dem Siegeszug der Investmentbranche hatte sich Debbies

Klientel in den letzten fünf Jahren so rapide vergrößert, daß sie sogar Aufträge ablehnen mußte. Trotzdem bedeutete dies das erste Mal, daß sie an der Abwicklung eines Verkaufs einer Investmentgesellschaft beteiligt war, und – wenn sie ehrlich sein sollte – fühlte sie sich auf unvertrautem Terrain. Letzten Endes jedoch würde sie die Sache schon irgendwie unter Dach und Fach bringen.

Überhaupt verblüffte es Debbie Diamond, daß man eine Gruppe von Investmentfonds an einen Dritten »verkaufen« konnte. Schließlich handelte es sich bei solchen Fonds doch um nichts anderes als das Geld anderer Leute, oder? Dazu hatten die Vertragsverhandlungen eine Dynamik angenommen, die Debbie verunsicherte. Plötzlich fand man sich bereits kurz vor der Zielflagge und womöglich würde das Geschäft schon an diesem Morgen besiegelt werden. Die beiden männlichen Kontrollfreakegos von David Rosenberg und Charles Stone hatten die Rolle der Anwältin in dieser Transaktion vom aktiven Unterhändler zum bloßen Papierproduzenten schwinden lassen. Merkwürdigerweise hatte Stone bei den Telefonkonferenzen nie einen juristischen Berater dabei und bei mehr als einer Gelegenheit hatte er von Anwälten als »Nassauern« gesprochen. Sollte er vorsätzlich versucht haben, Debbie Diamond von den Verhandlungen auszuschließen, dann war Stone das bestens gelungen.

Kendra Price neigte ihren Kopf zur Seite und biß sich auf die Unterlippe. »Ich denke, es ist ein Fortschritt gegenüber der vorangegangenen Version, meinst du nicht, David?«

Rosenberg zuckte mit den Achseln. »Ja, unsere Arbeit bei Fidelity ist diesmal richtig dargestellt.« Er trommelte mit seinen Fingern auf den Konferenztisch. »Aber ich würde noch immer gerne meinen Vorschlag für die Überschrift verwenden. ›Rosenberg und Price machen dicke Kasse‹.«

»Ach, du jetzt wieder«, meinte Kendra frotzelnd. Kendra befand sich in Hochstimmung wegen des Deals, so als würde sie Helium und nicht den Lüftungsdunst des Konferenzzimmers atmen.

Claire Hollingsworth, eine der Junganwältinnen, streckte den Kopf in den Raum. »Hallo, Leute.«

»Hi, Claire«, erwiderte Kendra freundlich.

»Es ist Mr. Stone. Soll ich ihn ins Konferenzzimmer durchstellen?«

»Ja, ich bitte darum«, erklärte Debbie Diamond ganz offiziell. Das große Finale ließ sie unruhig werden.

»Licht aus, Vorhang auf«, murmelte Rosenberg. Seiner ruhigen Haltung widersprachen allerdings seine Kiefermuskeln, die unkontrollierbar zuckten.

Sekunden später war Charles Stone auf die Freisprechanlage durchgeschaltet. David sagte: »Guten Morgen, Charles. Wie ist das Wetter in London?«

Kurz angebunden erwiderte Stone: »Wenn's Ihnen recht ist, Mr. Rosenberg, würde ich die Erklärungen zum Wetter gern übergehen und direkt zum Geschäftlichen kommen.«

In gespielter Verletztheit ließ Rosenberg seine Augenbrauen nach oben wandern. »Wie Sie wünschen.«

»Was braucht es, um das Geschäft *jetzt sofort* über die Bühne zu bringen? Der Preis ist akzeptabel, soviel scheint klar zu sein.«

»Ja. Über den Preis müssen wir nicht mehr reden.«

»Dann sagen Sie mir, wie wir zu einem Abschluß kommen.«

David Rosenberg bedeutete seiner Frau und Geschäftspartnerin mit einer Handbewegung, daß die Reihe an ihr war. Kendra räusperte sich und sprach in das kleine Gitterfeld der Telefonanlage. »Hallo, Mr. Stone, hier ist Kendra Price.«

»Ja, Ms. Price?«

»Wir würden gern über eine Übergangsperiode von sechs Monaten als Berater fungieren.«

»Berater?«

»Ja, für … eine angemessene Dauer, so daß wir unseren Anlegern den Übergang erleichtern können.«

Stones Stimme wurde tonlos. »Sie fordern das Recht, für ein halbes Jahr weiter im Geschäft zu bleiben und Entscheidungsvollmacht in Investmentfragen zu behalten?«

»Das ist richtig«, sagte Kendra.

»Sofern Sie bereit sind, beim Verkaufspreis um 35 Millionen runterzugehen, werde ich es in Erwägung ziehen.«

»Wie bitte?« platzte Kendra erstaunt heraus. »Wollen Sie damit sagen, Sie stellen uns für unsere Dienste 35 Millionen *in Rechnung?«*

»Das ist richtig, Ms. Price. Ich gebe zu, Sie und Mr. Rosenberg haben für Ihre Anleger über die letzten drei Jahre solide Erträge herausgewirtschaftet, aber bei allem Respekt in dieser Hausse können selbst Schimpansen, die mit Dartpfeilen auf Kurstabellen werfen, es zu Gurus bringen.«

»Das ist nicht wahr«, erklärte Debbie Diamond zur Verteidigung ihrer Mandantin.

»Doch, das ist es«, widersprach David Rosenberg mit einem Lächeln. Ihn amüsierte Stones rabiate Ablehnung.

Stone fuhr fort: »Wir haben Millionen in die Entwicklung eines Computerprogramms investiert, das künstliche Intelligenz und Fuzzy Logic für Investmententscheidungen nutzbar macht. Wir glauben, daß der Markt kurz vor einem neuen Einbruch steht, neben dem Freefall Friday wie ein gemütliches Kaffeekränzchen aussehen wird. Unser Stab ist der festen Überzeugung, daß unsere *Black-box*-Technologie besonders bei sinkenden Kursen bessere, emotionslosere Entscheidungen zugunsten der Anleger liefern kann.«

Rosenberg drückte die Stummschaltung und meinte zu seiner Frau hämisch: »Siehst du, ich hab dir doch gesagt, er geht nicht drauf ein.«

Neckisch streckte Kendra ihm die Zunge heraus.

»Sind Sie noch dran?« erkundigte Stone sich ungeduldig.

Rosenberg öffnete das Mikro wieder. »Okay, Charles, wir sind bereit, darauf zu verzichten.«

»Schön. Nächster Punkt?«

Jetzt war Debbie an der Reihe. »Nun, ehrlich gesagt macht uns der enge Zeitplan Sorgen, den Sie zur Übernahme der Fonds einräumen...«

»Wer ist das, die Anwältin?«

»Ja.« Der herablassende Ton brachte Debbie regelrecht aus dem Konzept.

»Und welche Sorgen haben Sie konkret, Ms. Diamond?«

»Es gibt da gewisse Regulierungsunterlagen, die wir im Falle einer Verwaltungsübertragung einreichen müßten. Wir könnten Schwierigkeiten mit der SEC bekommen, wenn wir vergessen…«

»Meinen Anwälten zufolge ist das eine unzutreffende Aussage, Ms. Diamond. *Wir* könnten Schwierigkeiten mit der SEC bekommen, nicht Sie.«

»Dennoch«, beharrte Debbie, »es müssen gewisse Unterlagen eingereicht werden.«

»Meine Anwälte haben bereits das Änderungsformular N-1A mit den Angaben zur Registrierung aufgesetzt. Damit dürften all Ihre Sorgen hinsichtlich des Investment Company Act von 1940 zerstreut sein, oder?«

»Ja, aber…«

»Sobald wir zu einem Einverständnis gekommen sind, wird mein Anwalt die N-1A per Bote der Commission zustellen lassen.«

»Dennoch, wir brauchen mehr Zeit, um unsere Anleger vom Wechsel in der Verwaltung zu informieren.«

»Dafür wird GoldBridge Sorge tragen.«

»Wir haben bereits eine Pressemitteilung für die Finanzmedien vorbereitet, die wir den Anlageberichten für Februar beifügen werden.«

»Das ist nicht akzeptabel«, sagte Stone. »Eine derartige Vorabveröffentlichung könnte einen massiven Einlagenabzug zur Folge haben. Wir wünschen eine dreimonatige Übergangsfrist, um vor der Bekanntgabe erst einen Leistungsnachweis durchführen zu können.«

Debbie Diamond sagte: »Ich bin mir nicht sicher, ob wir darauf eingehen können.«

»Wird GoldBridge im umgekehrten Fall aber auch nicht, Ms. Diamond. Das würde den Deal zum Platzen bringen, es sei denn,

Sie übernehmen das Risiko, daß Anleger sich aus dem Fonds zurückziehen.«

David Rosenberg lehnte sich nach vorn und schaltete sich ein, bevor Debbie etwas erwidern konnte. »Hören Sie, Charles, wir sind doch alles einsichtige Leute hier. Mit einer Sechzigtagefrist zur Bekanntgabe könnten wir leben, aber ich sehe wirklich keine Möglichkeit, es länger herauszuschieben.«

»Ich komme Ihnen sogar noch weiter entgegen. Wie wäre es mit dem 31. März, also in sechs Wochen?« fragte Stone.

»Noch besser.«

»Dann sind wir uns einig?«

»Ja, ich denke, wir sind uns einig«, sagte David Rosenberg.

»Ich gratuliere«, sagte Charles Stone.

Kurz darauf strömte der kaltgestellte Sekt in klare Plastikbecher. Zwanzig Mitarbeiter der Anwaltskanzlei füllten den Konferenzraum, um auf die nun unvorstellbar reichen Mandanten anzustoßen, die sie demnächst verlieren würden. Deb Diamonds junge Anwaltskolleginnen Claire Hollingsworth und Rosemary Coogan waren dabei, und natürlich alle Sachbearbeiterinnen und Sekretärinnen. Managingpartner Bill Tresser kam vorbei, um dem Dartmouth-Duo zu huldigen, und sogar die Leute aus der Poststelle holten sich ihren Becher Schampus ab. Aber keiner war so euphorisch, daß der Deal zustande gekommen war, wie der sonst so reservierte David Rosenberg. Kendra dagegen wirkte, wie Debbie Diamond bemerkte, überraschend bedrückt.

Später wurde sie Zeugin einer erregten Auseinandersetzung zwischen den beiden in einer Ecke des Konferenzraums, in der Kendra ihre Ängste zum Ausdruck brachte.

Kendra sagte: »Du konntest es einfach nicht erwarten, den Sack zuzumachen.«

David erwiderte: »Ach komm, Liebling, es wurde Zeit abzuschließen.«

»GoldBridge übernimmt bereits am nächsten *Montag* die

Kontrolle über die Fonds. Die Anleger haben ein Recht, zu erfahren…«

»Kendra, dieser Punkt hätte die Abmachung zum Kippen gebracht. Außerdem handelte es sich hier doch nur um ein paar Wochen.«

Kendra Price starrte auf die Bläschen, die vom Boden ihres Sektbechers aufstiegen. »Trotzdem haben unsere Anleger ein Recht…«

»Nein, Kendra«, korrigierte David Rosenberg seine Geschäfts- und Lebenspartnerin entschieden. »Es sind nicht länger unsere Anleger. Es sind jetzt *GoldBridges* Anleger. Damit mußt du dich abfinden.«

19

Manhattan

Samstag, 13. Februar

»Rick, das meinst du doch nicht im Ernst. Derart unentbehrlich kannst du für die Firma nun auch wieder nicht sein.«

»Was soll ich machen, Steph?« Rick Hansen sah über den Tisch zu seiner Frau und breitete hilflos die Arme aus. »Die Arbeit türmt sich schneller, als ich sie abtragen kann. Ich muß noch mal hin und ein bißchen aufarbeiten.«

»Du willst also deine hochschwangere Frau an einem Samstag allein lassen, um ins Büro zu gehen?« schmollte Stephanie Hansen theatralisch.

Rick sprach leise, damit die anderen Gäste, die zum Brunch ins Madison Café gekommen waren, nicht der Lieblingsbeschäftigung aller New Yorker nachgehen konnten und Mäuschen spielten. »Glaubst du denn vielleicht, ich möchte an einem Samstag arbeiten gehen? Mir bleibt nichts anderes übrig. Ich muß.«

»Ich weiß. Aber das bedeutet noch lange nicht, daß ich davon begeistert sein muß.«

»Es ist nur für ein paar Stunden«, versprach er.

»Klar. Auf der Glaubwürdigkeitsskala rangiert das gleich hinter *Ich hab den Scheck eben abgeschickt«*, meinte sie grinsend.

Rick betrachtete seine Frau eingehend. Zweifellos war Stephanie Hansen das, was einige Börsianer als Vorzeigegattin bezeichnen würden, ein elegantes Geschöpf, charmant geistreich, temperamentvoll und einfühlsam. Für jemanden, der in Briarcliff Manor geboren und aufgewachsen war, besaß sie eine wahrhaft exotische Ausstrahlung. Sie hatte eine glänzende Löwenmähne aus goldblondem Haar, tiefblaue Augen und einen sinnlichen Schmollmund, der ihn bei jedem Wort in seinen Bann schlug. Aber er liebte sie auch wegen ihrer Persönlichkeit. Stephanie war eine unverbesserliche Romantikerin, der Typ Frau, der unbeirrbar an der Hoffnung festhielt, daß Carly Simon und James Taylor einander alles vergeben, wieder zusammenfinden und erneut Duette wie »Mockingbird« aufnehmen würden. Wie er wußte, führte sie heimlich ein Tagebuch, in das sie akribisch kleine Geschichten über ganz gewöhnliche Singles notierte, die sich im gegenwärtigen Manhattan begegneten und ineinander verliebten. Eines Tages, so hoffte sie, würde sie das Buch veröffentlichen können.

Die Geschichte ihrer ersten Begegnung vor vier Jahren wäre es wert, in die Sammlung aufgenommen zu werden.

Damals hatte Stephanie Bloomfield ein Benefizessen für fünfundsiebzig Dollar pro Person zugunsten von *Hale House* veranstaltet, einem Hilfsprojekt für Opfer pränataler Aids-Infektionen. Der Junganwalt Richard Hansen, in seinem ersten Berufsjahr nach Abschluß der Fordham Law School, war von einem Sozius seiner Anwaltsfirma dazu angehalten worden, eine ehrenamtliche Aufgabe im Organisationskomitee zu übernehmen, da ein wichtiger Mandant diese Wohltätigkeitsaktion sehr schätzte. Dieser Mandant war niemand anderer als Stephanies Chef in der Werbeateilung von Sony Records' Jazz-Label gewesen. Bei ihrer ersten Begegnung hatten Stephanie und Rick augenblicklich eine starke sexuelle Energie zwischen ihnen gespürt. Einer Freundin gegenüber würde sie das Phänomen später als »spontane Selbstentzündung« beschreiben.

Die ausverkaufte Veranstaltung hatte an einem verregneten Septembersamstag im Puck Building stattgefunden. Den ganzen Abend lang waren Stephanie und Rick nicht in der Lage gewesen, der geheimnisvollen Kraft zu widerstehen, mit der es sie beide zueinander zog wie einsame Motten zum warmen Licht. Die mühelose Leichtigkeit ihrer Unterhaltung war eine wohltuende Abwechslung für Stephanie gewesen, die bis dahin eine ärgerliche Serie großspuriger Blind-Dates hatte ertragen müssen, die das Gespräch mit selbstgefälligen Reden voller *ichs und mirs* monopolisiert hatten. Rick war nicht nur aufrichtig daran interessiert gewesen, was *sie* zu sagen hatte, er hatte sie auch nach ihrer Meinung zu dem von *ihm* Erzählten gefragt.

Stephanie und Rick hatten den Großteil des Abends französischen Sekt getrunken und zu Motown-Musik getanzt. Im weiteren Verlauf des Abends war ihr Gespräch dann in immer persönlichere Bereiche vorgedrungen: familiäre Prägungen, vergeudete Kindheit, verratene Träume und die Tücken des Singledaseins in Manhattan. Je mehr sie sich unterhalten hatten, desto mehr hatten sie festgestellt, daß sie in vielerlei Hinsicht gegensätzlich wie Ying und Yang waren. Sie hatte eine humanitäre Sicht auf die Dinge, er eine kapitalistische. Sie war kunstinteressiert, er finanzorientiert. Sie war West Village, er Upper East Side. Sie hatten gespürt, daß sie eine vielversprechende Kombination abgaben, bei der jeder die Puzzleteilchen einbrachte, die im Leben des anderen fehlten.

Die Party war als ein in allen Aspekten rauschender Erfolg zu Ende gegangen. Rick und Stephanie hatten die Tatsache ignoriert, daß sie an verschiedenen Ecken der Insel wohnten und sich am Puck Building zusammen ein Taxi genommen. Selbst um halb drei morgens waren die Lichter in der Stadt, die niemals schläft, hell erleuchtet und hatten die regennassen Straßen zum Glänzen gebracht. Während der stete Regen leise auf das Dach des Taxis trommelte, hatte Ricks Hand nach Stephanies Hand getastet, und sie hatte sich ihr nicht entzogen. Sie waren in ein einverständiges Schweigen gefallen, um die freudige Erregung über diesen unerwartet vielversprechenden Beginn des großstädtischen Paarungsrituals auszukosten.

Vor Stephanies Wohnung in der Jane Street hatten sie sich auf dem Rücksitz mehrere Minuten lang geküßt, bis der Taxifahrer mit dem Finger an der Hupe hörbar ungeduldig geworden war.

Nach ihren ersten beiden gemeinsamen Abenden hatte Stephanie dann Rick überraschend im Büro angerufen und zu seinem fünfundzwanzigsten Geburtstag gratuliert. (Bis heute wußte Rick nicht, wie sie das Datum herausbekommen hatte.)

An ihrem vierten Abend hatten sie im Windows on the World gegessen, dazu zwei Flaschen De Boeuf Merlot verkonsumiert und waren anschließend an Stephanies Studioapartment gefahren. Dort hatten sie einander im faden Licht des Herbstmonds ganz langsam, peu à peu, entkleidet, so als würden sie eine Reihe von Geschenken auspacken. Die erste Liebesnacht war wirklich ein Fünfsterneerlebnis gewesen, prickelnd vor aufgestauter Leidenschaft und dem drängenden wechselseitigen Verlangen, endlich die Grenze zur sexuellen Intimität zu überschreiten.

Nach einem Jahr hatte Rick auf der Spitze des Eiffelturms kniend um ihre Hand angehalten, ein Antrag, den Stephanie unmöglich hatte ausschlagen können.

Zwei Jahre später war Stephanie zu Tränen gerührt, als Rick ihr während eines Kurzurlaubs in einem Bed-and-Breakfast-Hotel in den Berkshire Hills von Massachusetts zuflüsterte, daß er gerne mit ihr zusammen ein Kind haben würde.

Drei Wochen dauerten die Versuche, dann war sie schwanger.

Und jetzt, sieben Monate später, saßen sie hier beim Brunch.

»Hey, das Baby bewegt sich«, sagte Stephanie plötzlich und riß Rick damit in die Gegenwart zurück. »Willst du mal einen Tritt spüren?«

»Sicher«, sagte Rick und kam auf ihre Seite des Tischs, um ein Gefühl von Baby X zu bekommen.

Sobald er neben ihr stand, trat Stephanie ihn keineswegs spielerisch gegen das Schienbein.

»Autsch, Stephanie«, beschwerte sich Rick. »Das hat wirklich weh getan.«

»Genau wie alleingelassen zu werden«, erwiderte sie.

In der Geschäftswelt kennt jeder eine Horrorstory, die mit einer Zeitarbeitskraft zusammenhängt. Rick Hansen war einfach nur mit einem anormal hohen Quantum gesegnet. In den beiden Anwaltsfirmen, in denen er vor seinem Wechsel zu Wolcott gearbeitet hatte, war er dafür bekannt gewesen, verrückte Aushilfen geradezu magisch anzuziehen. Zuerst war es die arbeitslose Opernsängerin, die ihre Koloraturen in der Damentoilette übte. Dann dieser Akupunkteur, der beim Abspeichern vertraulicher Mandanteninfos auf Floppy Disks erwischt worden war, und das Grateful-Deadhead-Groupie, das sich eines Abends im Konferenzzimmer den Pot per Wasserpfeife reingezogen hatte und dessen Auftritt inzwischen fester Bestandteil des firmeneigenen Anekdotenschatzes geworden war.

Cliff Weiner schien für eine Zeitarbeitskraft dagegen ganz okay. Sein Verrücktheitsgrad lag zwar auch über dem landesweiten Durchschnitt, aber er erledigte seine Arbeit stets zufriedenstellend, und das bedeutete bereits neunzig Prozent des Kampfs. Trotzdem zählte Cliff zu den reinen Zeitarbeitstypen und besaß in einem konservativen, weltweit operierenden Finanzmekka wie Wolcott Fullbright keine Chance auf eine Festanstellung. Der Grund lag nicht allein darin, daß Wolcott für derartige Stellen bevorzugt adrette junge Frauen frisch aus dem College anheuerte, es lag auch daran, daß Cliff Weiner und seinesgleichen keine Ahnung vom ungeschriebenen Geschäftskodex einer Wall-Street-Firma hatten und sich um dessen Verständnis auch nicht bemühten. Seine bevorzugte Frisur war zu exzentrisch für den Geschmack der Firma, seine Kleidung zu sehr »East Village«, sein Auftreten zu schnoddrig, seine Haltung zu lustlos. Hätte man ihn auf einen Trading Floor gestellt, er wäre von den Maklern und Händlern dort sofort wie von einem Schwarm Piranhas in tausend Stücke zerfetzt worden.

Das Telefon klingelte. Die Pizza, die Rick bestellt hatte, war eingetroffen. Hansen schwang seine Füße vom Tisch, verließ sein Büro, traf den mürrischen, stoppelhaarigen Boten von Ray Bari's am Sicherheitscounter, bezahlte für die Pizza und ging zu dem Schreibtisch hinüber, der Cliff Weiner zugewiesen worden war.

Cliff Weiner unterhielt sich gerade am Telefon, was er mit Hingabe tat, seit er kurz nach 9.15 Uhr seinen Arbeitsplatz eingenommen hatte. Solange er seine Arbeit erledigte, störte sich Hansen allerdings nicht sonderlich daran (immerhin war es ja

Samstag). Als Hansen, den dampfenden Karton Käsepizza mit Pilzen auf den Fingerspitzen balancierend, Weiners Arbeitsbereich erreicht hatte, schrieb seine Zeitkraft offenbar auf dem Keyboard. Im Näherkommen mußte Hansen jedoch feststellen, daß Weiner in Wahrheit auf dem Computer Solitaire spielte. Hansen schüttelte den Kopf. Durch den Einschluß von Solitaire und Mine Sweeper in das Windows-Betriebssystem kostete Bill Gates der amerikanischen Wirtschaft jährlich wahrscheinlich eine halbe Milliarde Arbeitsstunden.

»Aber ich werde dich doch nicht anlügen, mein Liebling!« erklärte Cliff Weiner fröhlich dem Teilnehmer am anderen Ende der Leitung. »Meine Mitbewohnerin schuldet mir drei Monate Miete! ... Aber ja doch, natürlich hab ich sie darauf angesprochen. Ich hab der kleinen Schlampe gesagt: ›Süße, du machst mit deiner Stripperei vor geilen Geschäftsleuten in dieser schmierigen Stripbar beim Broadway bestimmt um einiges mehr Geld als ich. Wohin geht denn all dieses Geld, etwa deine Nase hoch?‹... Warte, warte, dazu komm ich ja noch... sagte sie also: ›Wärst du bereit, dich auf ein Tauschgeschäft einzulassen?‹ und ich sage: ›Süße, was um alles in der Welt soll nun das wieder heißen?‹ Und dann meint sie, ob sie mir es nicht für den Wert der überfälligen Miete besorgen könnte. Na, damit ist sie aber nun wirklich beim Falschen gelandet, was?« In diesem Moment bemerkte Cliff den neben ihm stehenden Hansen. »Hoppla, muß Schluß machen, mein Liebling.« Rasch legte Cliff den Hörer auf, klatschte wie vor Entzücken in die Hände, wirbelte zu Rick herum und sagte: »Ist wirklich schon Mittagspause? Gütiger Herr im Himmel, ich sterbe vor Hunger!«

Während der nächsten zwanzig Minuten erfuhr Hansen erheblich mehr über seine redselige Zeitkraft, als er wissen mußte. Cliff Weiner besaß ein unheimliches Geschick darin, eine Unterhaltung zu bestimmen, und Hansen, der ein Großteil seiner Zeit in den vergangenen zehn Jahren mit Anwälten verbracht hatte, war bereits einigen der weltbesten Schwätzer begegnet. Aber Cliff konnte sich Hoffnungen auf einen Spitzenplatz machen.

Es konnte daher auch nicht überraschen, daß es sich bei Cliff

Weiner in Wahrheit um einen gewerkschaftlich organisierten *Schauspieler* handelte. Sein selbstadoptierter Künstlername lautete »Cliff Chances« (»wie in ›take a *chance* on me‹«, trällerte die schauspielernde Zeitkraft). Stolz zeigte er ihm sein T-Shirt, auf dem stand SPIELE GEGEN FREIE KOST IN SOMMERAUFFÜHRUNG. Alles an ihm machte deutlich: Ich bin ein Schauspieler. Die übertriebenen Gesten, das affektierte Gehabe und vor allem die Stimme, das alles zusammen personifizierte den typischen notleidenden New-York-City-Schauspieler in seiner ganzen Widersprüchlichkeit – hoffnungslos selbstverliebt und sich zugleich für das tägliche Versagen hassend, nicht jenen Ruhm zu erlangen, den er doch so sehr verdient hätte. Weiner war klein, mager und blaß, mit hellblonden Wimpern, Augenbrauen und Haaren. Zur Kompensation seiner Unsicherheit und physischen Mängel trat er der Welt betont offensiv und forsch gegenüber. Er war ein pausenlos unter Strom stehendes Energiebündel.

»Ich *liebe* das Schauspielern, weil es eine Möglichkeit bietet, sich ständig neu zu erschaffen«, verkündete er mit vollem Mund. »Dauernd ist man jemand anderes, selbst wenn man nicht auf der Bühne oder vor einer Kamera steht. Als Beruf wirft die Schauspielerei natürlich nur einen Hungerlohn ab. Die Figur des ›darbenden Künstlers‹ mag ich jedoch überhaupt nicht, und deshalb mach ich am Tag eben *das hier.*« Er verzog sein Gesicht angewidert über seine Rolle als Zeitkraft. »Aber ich kann mich nicht beklagen. Wall Street ist gar nicht so schlecht. Schließlich arbeite ich hier für nette Leute wie Sie. Meinen Luxuskörper kann ich ja schlecht verkaufen, um für Porträtaufnahmen und Stimmausbildung zu bezahlen. Und so bin ich in der glücklichen Lage, abends als Schauspieler arbeiten zu können.«

»Spielen Sie gerade in etwas, das ich kennen könnte?« erkundigte Hansen sich höflich.

»Zur Zeit bin ich Ersatzmann in einem Off-off-off-off-Broadway-Musical mit dem Titel *Schoolhouse Rock-Live!*«

»*Schoolhouse Rock?* Basierend auf dieser Cartoonserie Samstag morgens?«

»Genau die! Diese Dreiminutencartoons, die ABC zwischen *Fat Albert* und *Hong Kong Phooey* zwängt. ›*I'm just a Bill / yeah, only a Bill / and I'm sitting here on Capitol Hill / Well, it's a long, long journey / to the Capitol City / It's a long, long wait while I'm sitting in Committee / But I know I'll be law someday / At least I hope and I prax I will / But today I'm still just a Bill!*‹« Sobald er aufgehört hatte, lachte Weiner herzhaft über seine eigene karikierend überdrehte Darstellung. »Genug von Ihnen gesprochen, reden wir doch zur Abwechslung mal über mich, ja? Was gibt's denn so von Ihnen zu berichten, verehrter Herr Wall-Street-Anwalt?«

»Wenn es Ihnen nichts ausmacht«, sagte Hansen, »reden wir doch darüber, was es von Tom Bingham zu berichten gibt.«

Mitleidig schüttelte Weiner seinen Kopf. »Gott sei seiner Seele gnädig. Ich möchte ja nicht schlecht über den Toten reden, aber so furchtbar geschockt hat es mich nicht, daß Tom den Auerbacher gemacht hat.«

»Warum nicht?«

»Der Mann stand kurz vor dem Bersten. Ich meine, der war wie ein zu weit aufgezogener Wecker.«

»An der Wall Street sind eine Menge Leute von ihrer Arbeit wie besessen.«

»Stimmt schon, aber Tom war anders. In der einen Minute war er der charmanteste Kerl der Welt und in der nächsten schon Mr. Choleriker mit Schaum vor dem Mund kurz vor der Einweisung in die Psychatrie. Äußerst schwer zufriedenzustellen, der Mensch. Nicht so wie Sie.«

»Es hat Sie also nicht überrascht, daß Tom sich das Leben genommen hat?«

Cliff Weiner schwieg einen Moment und betrachtete die Decke. »Nein, eigentlich nicht. Er wirkte zwar nicht *verzweifelt*, wenn Sie das meinen. Der Mann war aufgewühlt. Ständig saß er mir im Nacken, um sicherzugehen, daß ich die Sache auch erledigte, die er mir gegeben hatte. Ein Antreiber, und ein jähzorniger dazu. Mr. Bingham schien permanent unter Druck zu stehen, was wahrscheinlich auch der Fall war, sonst hätte er ja nicht jedes Wochenende gearbeitet.«

»Woran arbeitete er denn?«

»Das hat er mir nie gesagt. Aber wenn Sie mich fragen, ich glaube, es war ein Buch.«

Hansen beugte sich vor. »Ein Buch? Was für ein Buch?«

»Von diesen Sachen hab ich wirklich keine Ahnung, tut mir leid, aber ich glaube, es handelte sich um eine Geschichte der Börsencrashs. Meist mußte ich für ihn lange Passagen eingeben, die er in Dutzenden von Büchern markiert hatte.«

»Börsencrashs?«

»Yeah.«

»Was interessierte ihn denn daran?«

»Na, etwa Untersuchungen über den Börsenkrach von 1987 und wie es erneut dazu kommen könnte.«

Hansen lehnte sich in seinen Stuhl zurück. Ging es vielleicht darum? Ein Buch über Börsencrashs? Hatte Bingham so umfassende Forschungen angestellt, daß er ein System entwickeln konnte, Börsencrashs vorauszusagen? Zum Beispiel Freefall Friday? »Ist das ganze Material irgendwo gespeichert worden?«

»Ja, natürlich.«

»Hier, auf unserem Stock?«

»Gott, nein. Ich habe es beim letzten Mal, eine Woche vor Thanksgiving archiviert. Ich kann Ihnen aber eine Liste aller Dateien ausdrucken, die ich runtergeschickt habe, wenn Sie möchten. Die sind in unserem System unter meinem Zeitkraft-Paßwort.«

»Das wäre wunderbar«, sagte Hansen.

»Wissen Sie, wenn Sie sich wirklich für all die dunklen Seiten des Mannes interessieren, sollten Sie vielleicht mal in Erwägung ziehen, sich mit seiner Ex-Frau zu unterhalten.«

»Bingham war verheiratet?«

»Ja, aber nicht glücklich.« Weiner griff in den Karton, nahm die letzte Pizzaecke heraus und hielt sie hoch. »Wenn Sie nichts dagegen haben?«

»Nein, überhaupt nicht. Ich hatte meinen Teil.«

Cliff Weiner zog eine gelbe Reisetasche von Land's End unter dem Stuhl hervor, und Hansen erwartete, daß der Gelegenheitsschauspieler darin jetzt das Pizzastück verstauen würde. Doch zu seiner Überraschung kam, nachdem Weiner den Reißverschluß geöffnet hatte, der wuschelig weiße Kopf eines dreijährigen Shih-Tzu-Schoßhündchens zum Vorschein. Der Hund fiepste glücklich über das plötzliche Licht. Weiner gurrte in alberner Babysprache und hielt kleine Kugeln aus Käse und Tomatensauce vor die Schnauze des Shih-Tzu. Das Hündchen ließ daraufhin freudig seine kleine pinkfarbene Zunge vorschnellen und schleckte Weiners Fingerspitzen sauber.

»Der kleine Racker heißt Peaches«, säuselte Weiner. »Mein bester Freund auf der ganzen Welt.«

Rick Hansen zweifelte keine Sekunde daran.

20

London, England
Montag, 15. Februar

Pünktlich um 8.00 Uhr morgens betrat Viktor Alexejew den River-Room-Speisesaal des Savoy Hotels. In seiner linken Hand hielt er einen dicken braunen Briefumschlag. Er entdeckte Colbert an einem alleinstehenden Tisch mit herrlichem Blick über die machtvoll vorbeiströmende Themse. Alexejew rückte unwillkürlich seine Krawatte zurecht und ging dann zu seinem Auftraggeber hinüber.

»Guten Morgen«, sagte Colbert.

»Morgen«, sagte Alexejew. Er traf keine Anstalten, Colbert die Hand zu geben, da sein Auftraggeber eine ausgeprägte Angst vor Bazillen besaß. Alexejew und seine Angestellten sahen darin bereits einen Daueranlaß zum Lästern.

Alexejew nahm auf dem Stuhl Colbert gegenüber Platz und breitete die Leinenserviette über seinem Schoß aus. Sofort trat formvollendet ein britischer Kellner an ihren Tisch und plazierte ein Glas Wasser in Alexejews Reichweite. Ohne einen Blick in die Karte zu werfen, bestellte der russische Sicherheitsexperte weiche Spiegeleier, Kartoffeln und schwarzen Kaffee.

Sobald der Kellner verschwunden war, kam Colbert zum Geschäftlichen. »Ich mache mir Sorgen wegen Pethers.«

»Das sollten Sie auch.«

»Ist das die Kassette von der Observierung?« Colbert neigte seinen Kopf in Richtung Umschlag.

»Ja.«

»Ich möchte sie mir anschauen.«

»Sie meinen jetzt gleich?«

»Ja.« Colbert legte sich seinen Aktenkoffer auf die Oberschenkel, ließ die Verschlüsse aufschnappen und entnahm ihm ein Minivideoabspielgerät von Sony, das mit Lithiumzellen betrieben wurde.

Alexejew öffnete den Umschlag und reichte das Band über den Tisch. Colbert führte die Kassette ein und legte seine Hände um den Bildschirm, damit das Umgebungslicht nicht die Bildqualität beeinträchtigte. Außerdem sollte es die Kellner davon abhalten, einen Blick auf den Film werfen zu können.

Die erste Einstellung ließ Colbert zurückschrecken. Sie zeigte die Leiche von Professor Howard Gammage, die in dessen Schlafzimmerschrank in irgendeinem ruhigen Wohnviertel Pittsburghs am Ende eines Seils baumelte. Die fast völlig nackte Gestalt leuchtete in einem überirdischen Alabasterton gleichsam radioaktiv. Wie fasziniert von der Leblosigkeit des Motivs, wanderte Alexejews Kamera eine lange, surreal anmutende Zeit über den Körper.

»Herr im Himmel, jetzt ist es aber genug.« Colbert machte keinen Hehl aus seinem Abscheu. Er spulte das Video vor und überflog die Szenen, die in Gammages Haus aufgenommen worden waren – die verschiedenen Blickwinkel auf die Leiche (insgesamt drei) und die Unterlagen, die Alexejew im Haus des Professors gefunden und anschließend vernichtet hatte. Während das Band vorspulte, bemerkte Colbert, daß es sich nicht um das Originalband handelte, sondern um eine Kopie, die von einem anderen Format angefertigt worden war. Zu seinem großen Unbehagen wurde ihm bewußt, wie verwundbar ihn Alexejews Kontrolle über das Original machte, aber …

Plötzlich lief ein flimmernder Querstreifen durch das Bild und zeigte an, daß nun eine andere, spätere Sequenz begann. Graham Pethers schlaksige Gestalt erschien auf dem acht Zentimeter großen Leuchtkristallschirm. Die Bildqualität war zwar nicht sonderlich gut, die Auflösung durch die heimliche Aufnahmetechnik unbefriedigend, aber es handelte sich unzweifelhaft um Pethers.

Das Kästchen mit Datum und Uhrzeit am oberen Bildrand zeigte an, daß das Material vom 6. Februar stammte.

Colbert atmete aus. »Erzählen Sie mal, was hier vor sich geht.«

»Krawtschenko und Tschernikow haben entsprechend Ihrer Anweisung am Montag die Vierundzwanzigstundenoberservierung des Zielobjekts aufgenommen.« Alexejew machte eine Pause, um sich eine Zigarette anzuzünden. Die Art, wie er die Zigarette hielt, hatte etwas merkwürdig Feminines, dachte Colbert. »Am Freitag verfolgte Dimitri ihn zum Flughafen Newark. Haben Sie schon seinen Begleiter auf dem Bildschirm? Er müßte jeden Moment ins Bild kommen.«

»Ja, jetzt kann ich ihn sehen«, sagte Colbert. Die Kamera wackelte ein wenig, während sie einen ziemlich jung aussehenden Amerikaner mit einem Schnurrbart und einer Adidas-Reisetasche einfing, der auf Pethers zukam. Der australische Anwalt und er umarmten sich herzlich. »Wer ist das?«

»Wie wir durch die Oberservierung erfahren haben, ist das sein Liebhaber. Den Kreditkartenquittungen zufolge, die wir uns verschaffen konnten, lautet sein Name Mark Erwin. Wir führen gerade einen Backgroundcheck durch. Wußten Sie, daß das Observierungsziel homosexuell ist?«

»Nein, wußte ich nicht.« Colbert betrachtete gebannt das Bild auf dem kleinen Monitor und lächelte leicht. Damit eröffneten sich gleich zwei Angriffspunkte zum Preis von einem. Pethers sexuelle Neigung war der eine gangbare Weg, der andere war sein Liebhaber, dessen Sicherheit bedroht werden konnte. Sehr schön. »Wo sind sie hin?«

»Las Vegas, ein kleiner Zockertrip. Zumindest sah es so aus.« In den nächsten paar Minuten lieferte Viktor Alexejew einen detaillierten Reisebericht des dreitägigen Las-Vegas-Ausflugs des Pärchens. Nach einer Weile schnitt ihm Colbert abrupt das Wort ab: »Offen gesagt, ist es mir scheißegal, ob Pethers nun Siegfried und Roy gesehen hat oder nicht. Was ich wissen will, Viktor, ist, ob Sie noch weitere Angriffspunkte haben ausmachen können?«

Viktor Alexejew seufzte. Bei Colbert drehte sich alles immer um *Angriffspunkte.* »Nein. Aber etwas anderes sollten Sie wissen. Erlauben Sie?« Alexejew nahm den Videorekorder und spulte zu einer späteren Passage vor. »Am Sonntag verfolgte Krawtschenko Pethers vom Hotel aus. Pethers ließ seinen Liebhaber zurück, um allein eine Ausstellung zu besuchen. Meiner Meinng nach war dies der eigentliche Zweck der Reise.« Beiläufig erklärte er: »Das ist übrigens Krawtschenkos Kameraführung, entschuldigen Sie bitte die Amateurhaftigkeit.« Colbert starrte auf die Aufnahme von Pethers, der einem Taxi entstieg und das Las Vegas Convention Center betrat. Das Transparent wies darauf hin, daß eine »Ausstellung von Schußwaffen, Messern und Militaria« gezeigt wurde. Alexejews Bericht verklang in Colberts Ohren immer mehr, während er beobachtete, wie Pethers durch die riesigen Räume des Expo Center lief und mit großem Interesse die Pistolen begutachtete. Vor Colberts eigenen Augen hatte die mutmaßliche Bedrohung konkrete Formen angenommen.

Dann folgte eine Aufnahme von Pethers, der das Gebäude mit einem bierbäuchigen Mann indianischer Abstammung verließ. Der Mann hatte dichtes, störrisches Haar, das zu einem Pferdeschwanz zusammengebunden war, und trug eine Reisetasche. Colbert lehnte sich interessiert nach vorn und sah, wie die beiden Männer in einen weißen Dodge-Pick-up-Truck stiegen. »Was machen die da?« fragte Colbert.

»Hier sehen Sie, wie der Mann Pethers zwei Waffen aushändigt. Bei der ersten handelt es sich um eine Neunmillimeter Glock 17L TacStar. Das Zusatzgerät, das er im Lauf befestigt, ist eine integrierte LaserAim-Zielvorrichtung, das Beste vom Besten. Die zweite ... hier« – Alexejew hielt das Band im Moment der Übergabe an – »ist eine in Israel hergestellte FN Herstal P90 Personal Defense Weapon. Eine hochmoderne Maschinenpistole. Sehr kompakt und sehr wirkungsvoll. Das Zielobjekt bezahlte den Mann mit fünfzehn Hundertdollarnoten.«

Nachdenklich massierte Colbert seinen Kiefer. »Er hat die wann gekauft?«

»Vorletzten Sonntag, 7. Februar.«

»Aha.« Colbert betrachtete das Standbild eine Weile. »Denken Sie, er hat sich bewaffnet, um gewaltsam gegen mich vorzugehen?«

»Diese Schlußfolgerung liegt nahe, ja. Er weiß, daß Sie andere haben umbringen lassen, und fürchtet nun um sein Leben.«

»Als mein persönlicher Sicherheitsberater, wie sollte ich Ihrer Meinung nach auf die Bedrohung durch einen enttäuschten Geschäftspartner, der sich mit tödlichen Waffen eindeckt, reagieren?«

Alexejew zuckte die Achseln. »Eliminieren Sie die Bedrohung. Aber das ist Ihre Entscheidung.«

Das Frühstück wurde serviert, und die Männer widmeten sich schweigend ihrem Essen. Nur das Klappern von feinem Silberbesteck auf chinesischem Porzellan und das Gemurmel zwangloser Frühstücksunterhaltungen waren zu hören.

Schließlich brach Colbert das Schweigen. »Verstärken Sie Ihre Observationsbemühungen hinsichtlich Pethers. Damit meine ich: Abhören aller Gespräche, Abfangen aller herausgehender Faxe. Verfolgen Sie rund um die Uhr all seine Aktivitäten. Wenn er sich in der Nase bohrt, will ich es wissen.«

Wieder zuckte Alexejew mit den Achseln. »Selbstverständlich. Wird bereits erledigt.«

»Außerdem laufen doch die Operationen zur Überwachung sämtlicher Partner weiter, nehme ich an.«

»Selbstverständlich.«

Colbert nickte zufrieden. »Kommen wir also zu neuen Aufgaben. Ich möchte gerne auch die Observation dieses Anwalts in der New Yorker Zentrale wieder aufnehmen.«

»Sie meinen Kilmartin?«

»Ja, Mike Kilmartin. Insbesondere wäre ich an irgendwelchen *neuen* Angriffspunkten interessiert.«

»Wird erledigt.«

»Und dann ist da noch ein weiterer Anwalt, ein Neuer, der den Posten von Bingham übernommen hat.«

»Ja, kennen wir. Richard Hansen.«

Colbert hätte zu gerne erfahren, woher er dies bereits wußte, aber danach zu fragen wäre ungehörig gewesen. Wie wenn man einen Zauberer nach den Geheimnissen hinter seinen Zaubertricks fragt. Wahrscheinlich waren die angezapften Telefonleitungen Stilettos die Quelle. »Stiletto wird Ihnen einen Satz Fingerabdrücke zur Verfügung stellen, der an der üblichen Stelle abgeholt werden kann. Ende der Woche möchte ich in beiden Fällen die möglichen Schwachstellen kennen. Anschließend werde ich dann entscheiden, inwiefern wir den neuen Anwalt unter Beobachtung stellen.«

»So viele Wünsche kosten allerdings eine Menge Arbeitskraft, mein Freund«, warnte Alexejew. »Allein die Rechnung für die erbrachten Dienstleistungen ist bereits erheblich.«

»Kein Problem. Die Sicherheitskosten wurden in die Anteile der einzelnen Partner eingerechnet«, erwiderte Colbert. Unerwähnt blieb das Paradoxon, daß das gemeinsam aufgebrachte Geld zur Kontrolle der Partner selbst verwandt wurde. Aber das kümmerte Alexejew nicht, solange nur *TCI Investigations and Security Services* ihr Geld bekamen. Und das hatten sie noch stets, zumindest bislang.

Auf dem Rückflug in die Staaten dachte Alexejew kurz über die Art von Geschäftsbeziehung nach, die ihn mit Colbert verband. Sie war nicht einfach zu definieren und beruhte in vielerlei Hinsicht auf Gegenseitigkeit. Andererseits ließ Viktor immer alles sofort stehen und liegen, um jeder Laune Colberts, wie belanglos sie auch sein mochte, nachzukommen. Zugegeben, es nervte den Russen, daß er für eine fünfundvierzigminütige Besprechung mit Colbert, die ebensogut am Telefon hätte geführt werden können, nach London fliegen mußte.

Aber Alexejew befand sich nicht in der Position, ein solches Treffen abzulehnen. Wie das alte russische Sprichwort schon sagte: *Eine Katze weiß immer genau, welche Hand sie füttert.* Und in Alexejews Fall war es Colberts Hand.

21

Chelsea, Manhattan
Mittwoch, 17. Februar

Nachdem er das übliche Pflichtprogramm an Telefonaten absolviert hatte, verließ Hansen gegen elf sein Büro. Cliff erklärte er, daß er heute früher Mittag machen würde. Am U-Bahnhof Rector Street erwischte er die Linie 1, fuhr mit ihr zehn Haltestellen uptown und stieg an der Twenty-eighth Street aus. Als er die Treppe hinaufkam, war das Wetter miserabel geworden. Ein böiger Wind pfiff durch seinen Trenchcoat, und ein feiner Regen peitschte ihm ins Gesicht. Die Schultern gegen den Wind hochgezogen, ging er zwei Häuserblocks weiter nach Süden und bog dann am Fashion Institute of Technology in die Twenty-sixth Street.

Die Chelsea Television Studios lagen in einer üblen Gegend, aber das Wetter war selbst für die örtlichen harten Jungs zu schlecht, um draußen herumzuhängen. Ein stockwerkgroßes Transparent erklärte, daß in diesem Gebäude *The Maury Povich Show* zu Hause war. Eine Abbildung von Maury's dampfendem, hahnenfüßigen Kaffeebecher flatterte aufgeregt im Wind.

Er ging durch den Eingangsbereich auf die rothaarige Empfangsdame zu. »Mein Name ist Rick Hansen. Ich habe eine Verabredung mit Elena Bingham.«

Sie flötete zurück: »Ich werde ihr Bescheid geben, daß Sie da sind, Sir. Bitte nehmen Sie doch solange Platz.« Und schon hing die überlastete Empfangsdame wieder an den Telefonen, von denen drei auf einmal jammerten. In einem unglaublich fröhlichen Singsang fertigte sie die Anrufe binnen weniger Sekunden einen nach dem anderen ab. »Chelsea Studios. Tut-mir-leid-aber-Mr.-Bregman-ist-in-einer-Besprechung-Ich-verbinde-Sie-mit-seiner-Voice-Mail-Vielen-Dank.« Klick. »Chelsea-Studios. Tut-mir-leid-aber-Mr.-Rand-ist-in-einer-Besprechung-Ich-verbinde-Sie-mit-sei ner-Voice-Mail-Vielen-Dank.« Klick. »Chelsea Studios...«

Eine angehende Schauspielerin, schätzte Hansen. *Versucht, möglichst nahe am Geschehen zu bleiben in der Hoffnung, so vielleicht entdeckt zu werden.* Während der zehnminütigen Wartezeit in dem hübschen, mit Chrom und schwarzem Marmor gestalteten Empfangsraum inspizierte Rick die zahllosen signierten Standfotos von Maury Povich an den Wänden und studierte alte Ausgaben des *Post-Production Digest.* Er war eben mitten in einer positiven Kritik der neuesten digitalen Ikegami-HK-Studiokameras, da glitten die automatischen Türen zum Produktionsbereich auseinander.

»Richard?« rief eine Frau.

Hansen legte die Branchenzeitschrift wieder zurück auf den Tisch und stand auf. »Elena?«

»Ja.«

»Ich bin Rick Hansen.«

»Hallo, Elena Bingham.« Sie schüttelten sich die Hände. Ihre Handfläche war feucht vor Streß, ihr Griff jedoch fest und selbstsicher. Hansen machte sich einen schnellen ersten Eindruck von Tom Binghams Ex-Frau. Elena Bingham mochte ein wenig über ihrem Idealgewicht liegen, aber so, daß es ihr die unmißverständliche Ausstrahlung einer Ich-hab-hier-das-Sagen-Verantwortlichen gab. Sie trug einen marineblauen Hosenanzug von Ann Taylor und ausgesucht unauffälligen Schmuck, der sie bewußt deutlich von den Crewmitgliedern abhob. Elena hatte intelligente braune Augen hinter modisch ovalen Brillengläsern und lockige, schwarze Haare mit viel Festiger, die ihr bis auf die wattierten Schultern fielen.

»Ich komme doch hoffentlich nicht zu einer schlechten Zeit«, sagte Rick.

»Oh, das kommen Sie ganz bestimmt.« Elena lächelte verkniffen und redete in dem Maschinengewehrstakkato einer furchtbar beanspruchten Spitzenfernsehproduzentin. »Unser Chefbeleuchter hat drei Zweitausendwattbirnen kaputtgemacht, ich mußte feststellen, daß unser großes Moderatorentalent keins besitzt, und das Styroporteil mit dem Logo der neuen Show ist abgerissen und unserem Studiogast auf den Kopf geknallt. Schlecht ist die Zeit bestimmt, aber das macht sie wiederum äußerst gut für unser Gespräch. Ich habe etwa zwanzig Minuten Zeit, also kommen Sie zum Set hoch, da können wir uns unterhalten.«

Elena gab den Sicherheitskode für die Schiebetür ein und führte ihn einen überraschend düsteren Flur entlang. Extrem hektische Fernsehmitarbeiter sprangen wie Flipperkugeln durch die Korridore und brachten Kassetten von einem Schneideraum zum anderen. »Hätte ich gewußt, daß die Arbeit als Freie so aussieht, wäre ich auf das Abfindungsangebot von Cap Cities niemals eingegangen.«

»Was machen Sie eigentlich?« erkundigte Hansen sich freundlich.

»Ich arbeite als Koproduzentin meiner eigenen Produktionsgesellschaft, was soviel bedeutet wie, ich nehme jeden Auftrag an, der mir angeboten wird.« Sie kamen um eine Ecke und stiegen eine Treppe hinauf, die in das rötliche Licht eines Vorsicht-Aufnahme-Zeichens getaucht war. Ihre Stimme hallte in dem engen Aufgang. »Heute haben wir eine zehnminütige Aufnahmesitzung für eine Pilotsendung namens *Your Money Tonite*. Die Geldgeber stellen sich darunter so eine Art *Money Magazine* in bewegten Bildern vor. Sie hoffen, daß MSNBC die Sache übernehmen wird. Aber so wie diese greuliche Aufnahmesitzung läuft, dürfte die New Yorker Stadtreinigung das Material nicht einmal zum Recycling annehmen. Es bringt mich noch soweit, mich auf Infomercials zu verlegen.«

Am Ende der Treppe führte Elena ihn durch die schwarze Doppeltür des Studio B und auf das Set von *Your Money Tonite*. Sofort schlug ihm die Kälte der auf Hochtouren laufenden Klimaanlage entgegen, die gegen die immense Hitze abstrahlenden, von hohen Decken hängenden Zweitausendwattscheinwerfer anarbeitete. Ein unangenehm süßlicher Geruch von Holzkleber lag in der Luft, den die eben erst fertiggestellten Kulissen absonderten. Hansen war fasziniert von dem Entstehungsprozeß einer Fernsehsendung und reckte neugierig den Hals, um die Arbeit der Crew zu beobachten. Doch wie Elena ihm bereits erzählt hatte, ruhte die Produktion derzeit, und die meisten Crewmitglieder tranken Kaffee und unterhielten sich über die neuen Produktionsanlagen, die CNBC draußen in Secaucas hatte errichten lassen. Vier Arbeiter versuchten mit dünnem Draht und Klebeband das blau-goldene Styroporlogo von *Your Money Tonite* notdürftig zusammenzuflicken. *No business like show business,* dachte Hansen.

Elena Bingham ging ihm voraus in eine Art Künstlergarderobe, die mit komfortablen Ledersesseln, der schwarzen Statuette eines grotesken Fabelwesens und einer Minibar voller Quell- und Mineralwasser ausgestattet war. Sie öffnete zwei Flaschen Naya und reichte eine davon Hansen. Rick setzte sich und betrachtete die Statuette. An irgend etwas oder irgendwen erinnerte ihn der Gesichtsausdruck dieses Scheusals. Aber er kam einfach nicht drauf.

»Also, Mr. Hansen«, sagte Elena Bingham, »Sie wollten mit mir über Tom reden.«

Hansen sagte: »Erst einmal vielen Dank, daß Sie zu diesem Treffen bereit waren. Ich hoffe, es ist für Sie nicht zu schmerzlich, darüber zu reden.«

»Mein Therapeut meint, es sei hilfreich, alles offen auszusprechen«, erklärte Elena und nippte gelassen an ihrem Plastikbecher mit Wasser. »Also, was soll's, schießen Sie los.«

»Ich habe die Stelle von Tom bei Wolcott Fulbright übernommen.«

»Mein Beileid.«

»Die Polizei wertet seinen Tod als, ähh, selbst herbeigeführt, aber ein paar Dinge widersprechen dieser Sicht.«

Elena unterbrach ihn: »Und Ihre Theorie besagt nun, daß mein Ex-Mann keinen Selbstmord begangen hat?«

Erschreckt antwortete Hansen: »Ich bin mir nicht sicher.« Hansen berichtete ihr in kurzen Worten von den Widersprüchen in Binghams Unterlagen und dem entsetzlichen Unfall, dem seine Assistentin zum Opfer gefallen war.

»Kathleen Oberlin.« Elenas Augen verengten sich, als sie den Namen aussprach. »Sie fickte Tom, müssen Sie wissen.«

Hansen zögerte. »Ja, Elena, davon habe ich gehört.« Er wechselte das Thema. »In der Eintragung in seinem Kalender bezieht er sich auf jemanden namens Gammage. Hat er Ihnen gegenüber jemals einen oder eine Gammage erwähnt.«

»Nein.«

»Kannten Sie Feinde, die Tom hatte?«

»Ja«, sagte sie mit ernster Miene. »Sich selbst.«

»Sich selbst?«

»Tom Bingham war schwer manisch-depressiv, Rick. Bipolar. Wissen Sie, was das heißt?«

»Es hat mit Stimmungen zu tun, glaube ich. Mit Stimmungsumschwüngen.«

»Richtig«, sagte Elena und ihre Stimme nahm einen nüchtern dozierenden Ton an. »Es ist gar keine so furchtbar ungewöhnliche Krankheit. Etwa ein Prozent der Bevölkerung leidet daran. Tom nannte es immer seinen ›wunderbaren Wahnsinn‹. Zu seinen Marotten zählte unter anderem, daß er der Farbe Rot gegenüber furchtbar abergläubisch war. Bei Tom durfte nie etwas Rotes in der Wohnung sein.«

»Nahm er Medikamente dagegen?«

»O ja. Lithonate, das ist ein Medikament auf Lithiumbasis, und bisweilen Amitriptylin. Manchmal haben sie etwas genützt, manchmal nicht. Unsere Ehe ist daran kaputtgegangen.«

»An Toms Krankheit?«

»Auf jeden Fall«, sagte Elena. »Tom war permanent eingespannt, ständig aktiv. In seine bestens abgeschirmte eigene Welt ließ er niemanden ein, nicht einmal mich. Geheime Bankkonten, Kreditkarten unter falschen Namen, eine heimliche Postfachanschrift, er hat im verborgenen ein komplettes zweites Leben geführt. Egal ob nun bipolar oder nicht, ich war jedenfalls die dauernden Wutausbrüche, Kauforgien und Seitensprünge leid. Schließlich habe ich mir eine Anwältin genommen und mich aus einer üblen Situation befreit. Gott sei Dank hatten wir keine Kinder.« Elena Bingham zündete sich eine Zigarette an.

»War Tom denn ständig depressiv?«

»Nein, das wird bei manischer Depression häufig falsch verstanden. Wenn Tom nicht depressiv war, dann war er absolut ekstatisch, kaum zu bändigen vor Begeisterung. Er hatte Anfälle von Größenwahn, hielt sich für unschlagbar. Dann stürzte natürlich wieder alles zusammen und er befand sich tagelang in niedergeschlagener Stimmung. Ich fand immer, daß Tom nur zwei Gesichtsausdrücke hatte – einen glücklichen und einen traurigen. Nichts dazwischen.«

»Hat Tom jemals davon gesprochen, sich das Leben zu nehmen?«

Elena dachte darüber nach. »Nicht, daß ich mich erinnern könnte. Aber das will nichts heißen. Solche bipolaren Menschen träumen andauernd vom Tod. Das gehört zu ihrem Krankheitsbild. Man sagt, es braucht nicht viel, um sie zum letzten Schritt zu treiben. Vielleicht ist ja sein letzter Millionenplan schiefgelaufen, und ich war nicht da, um ihm das Händchen zu halten. Er sagte immer, diesmal würde er *wirklich* den großen Reibach machen und im Frühjahr wäre er Multimillionär. Na, Hochmut kommt vor dem Fall, wie man sagt, und statt des großen Reibachs hat er ja nun den großen Sturzflug gemacht.« Elena Bingham lehnte sich in ihrem Sessel zurück und atmete aus. »Entschuldigen Sie, das war wohl nicht sonderlich nett, wie?«

»Sie erwähnten Millionenpläne.«

»Pläne für den schnellen Reichtum – Lotteriespiele, Aktientips, Investitionsideen, einen Bestseller, den er schreiben wollte. Nachdem ich ihn verlassen hatte, hat er mich über Monate hinweg täglich ein dutzendmal angerufen, um mir zu sagen, was für ein Fehler es gewesen sei, ihn zu verlassen. Mein eigener Therapeut hält dies für die ›Scheineuphorie‹, die bipolare Menschen oft empfinden, bevor sie den Entschluß zum Selbstmord treffen.«

»Und wann hat er das zu Ihnen gesagt?«

»Kurz vor seinem Tod. Oktober, November, glaube ich.«

»Könnte er dabei auf die Insidergeschäfte angespielt haben?«

»Möglich, allerdings hat er mir nie wirklich erzählt, was er da ausheckte.« Elena zog ihr Gesicht in Falten. »Tom besaß das Persönlichkeitsbild eines Süchtigen, verstehen Sie, und Glücksspiele flößten ihm eine Heidenangst ein. Er *liebte* die Euphorie des Gewinnens und haßte das Gefühl zu verlieren. Einer sicheren Sache konnte er womöglich nicht widerstehen, selbst wenn sie illegal war.«

Hansen sah zu dem Fabelwesen in der Ecke. Macaulay Culkin in *Kevin allein zu Haus,* die Szene, in der er sich After-shave auf die Backen spritzt. Daran erinnert ihn die Statuette. »Haben Sie mal von Freefall Friday gehört?«

»Der Börsenkrach neulich? Aber sicher.«

»Was würden Sie sagen, wenn ich Ihnen erzählte, daß Ihr Ex-Mann diesen Minicrash auf dem Aktienmarkt vorausgesagt hat?«

Sie zuckte mit den Achseln. »Er hat ständig prophezeit, daß der Aktienmarkt einstürzen würde. Es mußte ja so kommen.«

»Auf den Tag genau und im Rahmen weniger Prozentpunkte?«

»Das ist nicht nur einfach undenkbar, das ist gleich mehrfach undenkbar. Tom Bingham konnte nicht einmal die eigene Kontoführung in den Griff bekommen, geschweige denn die Entwicklung der Aktienkurse beurteilen.«

Hansen war enttäuscht. Die Selbstmordthese wurde immer glaubwürdiger. Das war jemand gewesen, der kurz vor dem Absturz gestanden hatte. Im buchstäblichen Sinne. Er dankte Elena Bingham für das Gespräch und kehrte zu seiner Arbeit zurück.

Einige Minuten, nachdem Hansen das Gebäude verlassen hatte, betrat *Die Fratze* den Studiovorraum und wandte sich an jene

Karikatur einer Empfangsdame mit den roten Haaren und der offenbar stahlverstärkten Zunge. »Ich sollte mich hier eigentlich mit meinem Kollegen Richard Hansen treffen, aber der Verkehr war einfach mörderisch.«

Die Frau streckte einen Finger in die Höhe, was soviel hieß wie, würden Sie sich bitte einen Moment gedulden. »Chelsea Studios... bleiben Sie bitte dran... Chelsea Studios... die ist im Augenblick leider nicht...«

Während die Telefonistin abgelenkt war, warf Die Fratze einen Blick ins Besucherbuch. In einer der letzten Spalten stand der Name des Observierungsziels: R. HANSEN, Einlaß: 11.25 Uhr, Besuchsende: 12.05 Uhr, Besucher von ELENA BINGHAM. *Die Ex-Frau,* dachte er. Mehr brauchte er gar nicht zu wissen, und so drehte er sich um und verschwand, bevor die Frau sich seine Gesichtszüge besser einprägen konnte.

Draußen schloß *Die Fratze* zum Schutz vor der Kälte seinen Mantel fester und machte sich auf den Weg zum Büro der TCI. Er spürte eine gewisse Befriedigung, immerhin hatte seine Observierung des Zielobjekts bereits etwas Brauchbares zutage gefördert. Diese Information konnte nicht warten. Er meldete sich über Handy bei seinem Boß, den er aus einer Besprechung mit Tschernikow riß.

»Das Zielobjekt hat sich gerade fünfundzwanzig Minuten lang mit Binghams Exfrau unterhalten«, berichtete *Die Fratze* Alexejew. »Was soll ich als nächstes machen?«

»Komm ins Büro zurück, und wir besprechen die Sache mit Iljutowitsch.«

22

Fifty-Sixth Street West, Manhattan
12.51 Uhr

Auf dramatische und unvorhersehbare Weise hatte sich die Welt in den letzten zehn Jahren vor der Jahrtausendwende geändert. Vorbei war es mit der tödlichen Feindschaft zwischen den Supermächten, die das zwanzigste Jahrhundert geprägt hatte. Der erste Dominostein geriet ins Wanken, als das kommunistische Rußland implodierte, ausgezehrt von den Kosten des kalten Krieges. Dann bearbeiteten die Ost- und Westdeutschen in einem telegenen Massenspektakel die Berliner Mauer mit Vorschlaghämmern und wiedervereinigten die beiden Länder. Der Eiserne Vorhang war gelüftet, und eine Menge Leute wurde plötzlich nicht mehr gebraucht.

Besonders die im Spionagegeschäft Tätigen waren davon betroffen. Da sie für eine Laufbahn abseits dunkler Machenschaften die falsche Ausbildung besaßen, drifteten sie in die Kreise der organisierten Kriminalität ab, die sich ihrer Fachkenntnisse in Industriespionage, Waffenhandel, Schwarzmarktoperationen und Drogenschmuggel nur zu gerne bediente.

Einige ehemalige KGB-Agenten brachten es in dieser vom Geld beherrschten New World Order zu schnellem Reichtum. Es bestand große Nachfrage für die Fertigkeiten, die sie sich als Spione und Killer angeeignet hatten, vor allem von seiten eines Kartells internationaler Finanziers, deren unstillbarer Machthunger nur von ihrer noch verzehrenderen Gier nach Vermehrung ihres Reichtums übertroffen wurde.

Auf Anordnung seines Vorgesetzten kehrte *Die Fratze* zurück in das Büro der TCI Investigations and Securities Services (auch bekannt als TCI-ISS oder kurz T-Siss). Die Sicherheitsfirma nahm das gesamte dritte Stockwerk eines alten Fabrikgebäudes aus rotem Sandstein ein, das in der Fifty-sixth Street, westlich der Avenue of the Americas, in einer ruhigen Gewerbe- und Wohngegend lag.

Die Fratze stieg aus dem Fahrstuhl und betrat das Großraumbüro, in dem etwa ein halbes Dutzend Rußlandamerikaner arbeiteten. Alle telefonierten gerade, die meisten auf russisch. Das New Yorker Büro von TCI beschäftigte zwölf »Spezialisten« und beabsichtigte, diese Zahl bis zum Jahresende zu verdoppeln. Auf seinem Weg zu Alexejews Büro nickte *Die Fratze* den Ermittlern grüßend zu. Diese Gruppe von Männern arbeitete für Iljutowitsch, dem »I« von TCI, ansonsten wegen seiner Fähigkeit, schmutzige Dinge auszugraben, die den Zielobjekten angehängt werden konnten, auch *Die Schaufel* genannt.

Die Fratze klopfte an Viktor Alexejews offenstehende Tür. Alexejew winkte ihm einzutreten. Iljutowitsch war bereits da und sprach über die laufende Überwachung der Contrarians. *Die Fratze* schloß die Tür hinter sich, und die drei Männer nahmen an dem runden Konferenztisch am Fenster Platz. Alexejew trank einen großen Schluck dampfenden Kaffees, so heiß, wie er ihn eben noch aushielt.

»Na, dann wollen wir mal sehen, was wir bislang über den anderen Anwalt haben«, sagte Alexejew auf russisch und trug drei Kategorien auf das oberste Blatt seines linierten Notizblocks ein. Die erste Kategorie in Alexejews »System« betraf Hintergrundinformationen, die »weichen« Sachen. Nur mit Hilfe eines Telefons und eines Computers hatte *Die Schaufel* sechsundsiebzig verschiedene Berichte den amerikanischen Anwalt Richard Hansen betreffend angefordert, erhalten und ausgewertet. Der ganze Vorgang war innerhalb von achtundvierzig Stunden abgeschlossen und konnte in ähnlicher Form jederzeit und über jede Person in den Vereinigten Staaten durchgeführt werden.

»Was hast du bislang über das neue Observierungsobjekt in Erfahrung bringen können, Sergej? Gibt es irgendwelche Steuerprobleme, die verwendbar wären? Versäumnisse bei der Einreichung?«

»Nein. Er hat stets alles pünktlich angegeben.«

»Keine Pfändungen wegen Steuerschulden?«

»Nichts.«

»Irgendwelche verwaltungs- oder strafrechtlichen Verfahren gegen ihn?«

»Ein Strafzettel wegen Geschwindigkeitsüberschreitung 1991 in Dryden, New York. Strafe von fünfundachtzig Dollar, bezahlt.«

Alexejew schnaubte verächtlich. »Hat die zuständige Anwaltskammer jemals irgendwelche Disziplinarmaßnahmen wegen anwaltlicher Verfehlungen gegen ihn angestrengt?«

»Nein.«

»Hat jemals ein Mandant aus einer seiner Kanzleien eine Beschwerde gegen ihn eingereicht?«

»Nichts in den Akten.«

»Geschieden?«

»Nein, noch immer verheiratet, erste Ehe. Seit drei Jahren.«

»Wie sieht's mit seiner Verschuldung aus?«

»Forderungen aus Studentendarlehen in Höhe von $ 21975 und Kreditkartenbelastungen von $ 1765.«

Alexejew machte eine Notiz auf seinem Block. »Persönlicher Besitz?«

»Keiner. Kein Grundbesitz, kein Wagen.«

»Ist er jemals zwangsgeräumt worden?«

»Nein.«

»Irgendwelche ausstehenden Zahlungen aus zweifelhaften Geschäften, die er anderen schuldet oder die ihm geschuldet werden?«

»Nein.«

»Konkurserklärungen, eigene oder für ein Unternehmen, das ihm gehörte oder das er kontrollierte?«

»Nein, nichts in dieser Beziehung.«

»Hast du es für alle fünfzig Bundesstaaten überprüft?«

»Natürlich.«

»Laß mich mal die Akte sehen.«

Iljutowitsch schob den Aktenordner HANSEN über den Tisch zu Alexejew. Der russische Security Consultant überflog die fotokopierten Unterlagen zu Hansen. Eintragungen ins Wahlverzeichnis, Telefonnummer, beruflicher Werdegang, erfaßte Verkehrsdelikte, Register der Zulassungsstelle, behördliche Fahrzeugkontrollen, Nachfragen über Gerichtsverfahren und Anklagen, medizinische Befunde, Kontoauszüge und Abklärung möglicher Vermögenswerte, Suche nach Investmentfonds und Brokerkonten sowie Überprüfung von Falschspielerlisten der Kasinos in Nevada und New Jersey. Der Mann war schon anormal normal.

Iljutowitsch stöhnte. »Er war weder ein auffälliger Mieter, noch ein schummelnder Student oder fremdgehender Ehemann. Er ist bei guter Gesundheit. Keine ins Auge springenden Angriffspunkte, zumindest nicht bei der weichen Überprüfung.«

Alexejew schwieg, um eine weitere Bemerkung in die erste Kategorie einzutragen. Dann wandte er sich *Der Fratze* zu. »Wie steht's mit deinen ersten Kontrollergebnissen?«

»Die Fingerabdrücke haben nichts gebracht«, sagte *Die Fratze*. »Es gibt keine Berichte über Schwierigkeiten in der Wertpapierbranche oder hinsichtlich seiner Anwaltstätigkeiten. Wir werden noch einen Backgroundcheck bei seinen Bekannten durchführen unter dem Vorwand, für seinen neuen Arbeitgeber ein Persönlichkeitsprofil zu erstellen. Ende der Woche sollten mir die zusätzlichen Informationen vorliegen.«

Alexejew nickte. »Du hast gesagt, er hat sich heute nachmittag mit Binghams Ex-Frau getroffen?«

»Ja. Er interessiert sich offenbar für Binghams Tod. Die Computerprotokolle zeigen, daß er sich bei zahlreichen Gelegenheiten Zugang zu Binghams Dateien verschaffen wollte.«

Alexejew schreckte auf. »Diese Dateien existieren noch immer?«

»Keine Sorge. Sie sind verschlüsselt.«

»Ist mir egal. Zerstör sie.«

Die Fratze nickte beinahe unmerklich.

»Also, was haben wir?« sagte Alexejew. »Noch hab ich nichts gehört. Scheint schlüpfrig wie ein Flaschengeist zu sein, unser neues Zielobjekt.«

Die Fratze blickte aus dem Fenster. »Einen Angriffspunkt gibt es, den wir bei Bedarf ausnutzen könnten.«

»Ja?«

»Seine Frau, sie ist schwanger.«

Endlich eine Schwachstelle. Colbert würde zufrieden sein. Oder nein, noch nicht, er würde mehr verlangen, viele weitere Angriffspunkte. Der Finanzier würde toben, daß die Hunderttausende von Dollars, die er in Sicherheitsmaßnahmen steckte, verplempert würden. Es mochte ein brauchbarer Angriffspunkt sein, aber es konnte nur der Anfang sein. Aus diesem Grund entschied sich TCI für eine verstärkte Überwachung von Richard Hansen, und zwar mit sofortiger Wirkung.

23

Chicago Mercantile Exchange – Chicago

Donnerstag, 18. Februar

»Seidenstrick«, motzte Derf, während er an der Krawatte um seinen Hals zog. »Und wann kriegen wir unsere zwei Komma zwei Kinder und den Minivan?«

Darüber mußte Damien sich halb totlachen, was Eddie Slamkowskis Gereiztheit nur noch steigerte. Slam zischte: »Zeig ein bißchen Benimm, Derf. Wer das Parkett betreten will, muß eine Krawatte tragen. So lauten nun mal die Regeln.«

»Regeln«, schnappte Derf. »Regeln wurden nicht für Surfer erfunden.«

»Diese Regeln gelten für alle. Ihr solltet froh sein, daß ich euch Dumpfnasen meine zwei Jerry-Garcia-Krawatten geliehen habe.«

»Riesensache, wirklich. Der Ausverkauf der Dead an das amerikanische Big Busineß. Das bedeutet diese Krawatte.«

»Hört mal, in vierzig Minuten könnt ihr euch ein paar wohltemperierte Bierchen hinter die Binde gießen. In der Zwischenzeit, regt euch ab.« Slamkowski seufzte. »Das hier nennt man Sich-den-Lebensunterhalt-Verdienen, verstanden?«

Damien und Derf schwiegen. Selbst D & D war klar, was es hieß, sich den eigenen Lebensunterhalt zu verdienen. Für sie stellte es einfach ein notwendiges Übel dar, dem man nachkommen mußte, um sich das Surfen leisten zu können.

»Schon in Ordnung, Alter«, sagte Damien. »Wir machen keinen Ärger.«

Slamkowski wandte sich zu dem hübschen Mädchen hinter dem Empfang auf dem ersten Stock der Chicago Mercantile

Exchange und sagte: »Würden Sie ihn bitte noch einmal ausrufen?«

Ihre verstärkte Stimme schallte über die dreieinhalbtausend Quadratmeter große Fläche der beiden Börsensäle. »Vic Insalata, Ihre Gäste erwarten Sie im Empfangsbereich.«

Eigentlich handelte es sich hier um eine Geschäftsreise, die noch dazu allein auf Charles Stones Drängen zustande gekommen war. Nur so aus Spaß hatte Slamkowski auch Damien und Derf auf den Trip mitgenommen, weil er dachte, sie fänden es vielleicht spannend, zu sehen, wo Slam früher einmal gearbeitet hatte, bevor er dann ein unsterblicher Surfgott wie sie wurde. Aber während sie jetzt an der Einlaßkontrolle warteten, kamen ihm Zweifel an dieser Idee. *Regeln wurden nicht für Surfer erfunden.* Im Zentrum der mächtigen Merc zählte Damien und Derfs Supercoolneß überhaupt nichts, hier waren die beiden lediglich ein paar kupferbraune Faulenzer, die in den Pits keine dreißig Sekunden überleben würden...

»Suh-lammmmmmmmmer!«

Wie auf Kommando fuhren sie zu der dröhnenden Stimme um, die der großtuerisch auftretenden Gestalt Victor Insalatas gehörte. Mit weit ausgebreiteten Armen näherte sich der halbirische, halbitalienische Parkettbroker in der senffarbenen Einheitsjacke der Futureshändler an der Merc dem Empfangsbereich. Slam hätte beim Anblick seines alten Kampfgefährten beinahe laut aufgeschluchzt und mußte seine Emotionen bändigen, als sie sich auf männlich-unbeholfene Weise umarmten.

»Was machst du denn mit dieser Rockstarfrisur?« hänselte Trader Vic ihn sofort und packte in gespielter Mißbilligung eine von Slams Locken. Vic warf einen Blick auf Damien und Derf. »Scheint bei den In-Leuten derzeit angesagt, was?«

Slam machte sie schnell bekannt. »Vic Insalata, das sind Damien Dalton und Derf Perry, Freunde von mir aus Kalifornien.«

»Hast du Dirt gesagt?« erkundigte sich Vic verwundert.

»Derf«, korrigierte ihn Derf. »Wie Fred rückwärts buchstabiert.«

»Eh-eh.« Slam wußte, daß Vic Derf bloß auf den Arm nehmen wollte und sich dessen dämlichen Spitznahmen lediglich zur eigenen Belustigung wiederholen ließ. Vic war schon immer ein echter Bastard gewesen. War es offensichtlich noch immer. Manche Dinge änderten sich eben nie.

Trader Vic klatschte in die Hände und bellte: »Nun, Damien und Derf, wart ihr schon mal auf dem Parkett der Merc?«

Damien und Derf schüttelten den Kopf.

»Na, dann wollen wir mal gleich loslegen.«

Sie nahmen den Aufzug zum sogenannten Lower Trading Floor im dritten Stock, auf dem die Futures-Händlerposten untergebracht waren. Wie bei einem Flugzeug kurz vor dem Start schwoll das Dauergebrüll der Börsianer im Näherkommen immer stärker an. Das noch unsichtbare Tollhaus löste bei Slamkowski einen Pawlowschen Reflex aus: In Erwartung der Handelsorgie auf dem Parkett packte ihn der alte Nervenkitzel wieder. Nur klemmte diesmal im Unterschied zu früher bloß eine Besucherkarte an seiner Brust und kein Parkettausweis. *Wie konnte mir das nur passieren?* fragte sich Slamkowski nicht zum ersten Mal vorwurfsvoll.

Der Trupp erreichte den dritten Stock, ging vorbei an der Garderobe durch das Drehkreuz, passierte einen unbeweglich dreinblickenden Sicherheitsbeamten und betrat das riesige Börsenparkett.

Ein Schwall nostalgischer Energie erfaßte Slamkowski, als er seine altvertraute Welt wiedersah.

»Na, kennst du es noch, Kumpel?« fragte Vic.

»Genau wie früher«, hauchte Slam.

Und so war es wirklich, das gewohnte ungehemmte Chaos, das sich Chicago Mercantile Exchange nannte. Eine Welt wie keine andere, für Uneingeweihte nahezu unbeschreibbar. Das Parkett der Merc besitzt die Maße einer Flugzeughalle und stellt ein Reich des kontrollierten Chaos dar, ein Anschlag auf die eigenen fünf Sinne. Selbst bei ruhigem Geschäft ist der Krach permanent, wird das allgemeine Stimmengewirr ständig durch wildes Brüllen, läutende Telefone und Lautsprecherdurchsagen, mit denen einzelne Händler zum Empfangsbereich gebeten werden, unterbrochen.

Slams Erregung steigerte sich noch, als sie sich einen Weg durch die irrgartengleiche Ordnung der mit schwarzem Gummiboden ausgelegten Terminbörse der Merc bahnten. Wie immer verschwand der Boden unter einer knöcheltiefen Flut von Papiermüll – Trading Cards aus Pappe, Einwickelpapier von Süßigkeiten, der Sportteil der *Chicago Sun-Times*. Alles auf dem Parkett schien um die Aufmerksamkeit des Betrachters zu wetteifern: von der hektischen Betriebsamkeit in den einzelnen Pits bis zu den flimmernden Anzeigentafeln, die die gesamte Wandfläche des Börsensaals einnahmen. Einige der Händler stupsten sich gegenseitig an, als sie Slam erkannten. Kurz darauf ertönte der Sprechchor: »Slammmmuh! Slammmmuh!« Wie ein sich die Ehre gebender Würdenträger winkte Slam zurück.

Gott, hab ich den Ort vermißt.

In der Zwischenzeit fanden Damien und Derf sich unerwartet in einem höchst aufregenden Abenteuer wieder und verdrehten mit aufgesperrten Mündern die Köpfe. »Echt sonderbare Welt, Alter«, brachte Damien lediglich heraus.

»Damien, mein Freund, ich glaube, wir haben soeben eine Bruchlandung auf dem Planeten Streß hingelegt.«

Vic flüsterte Slam zu: »Wer, hast du noch gesagt, ist Beavis und wer Butt-head?« Glucksend führte Vic seine Gäste aus dem Tohuwabohu der Pit in die Bürozelle von Insalata & Company. Die Kabine bestand im Grunde nur aus einem ein Meter breiten Arbeitsraum ohne Sitzgelegenheit, ohne Rückzugsmöglichkeit. Sie bot Platz für acht Computerbildschirme, einen Laptop, auf dem Livemeldungen von Reuters liefen, einer Stechuhr und einer Reihe Telefone. Die Stechuhr und eins der Telefone hatten in der Hitze der Schlacht Schaden gelitten, der Hörer immerhin so stark, daß Vic ihn mit silbergrauem Klebeband hatte zusammenflicken müssen. Abgesehen von ein paar Polaroidaufnahmen seiner Familie und einer Grundausstattung der nötigsten Arzneien unterschied sich Insalatas Wabe in nichts von den ein Meter breiten Kabinen aller anderen Futures-Broker.

»Worauf starrst du denn so?« fragte Vic.

»Dein Medizinschrank«, erklärte Slamkowski wehmütig und deutete auf Vics Medikamentensammlung. »Meiner war größer.«

»Yeah, daran erinnere ich mich noch.« Trader Vic kicherte und zog sich den schnurlosen Kopfhörer über. »Allerdings nicht groß genug.«

»Autsch. Du machst mich völlig fertig, Großer.«

Angehörige des Future-Parketts waren der Alptraum jeder Krankenversicherung. Der Alltag auf dem Parkett strotzte vor Risiken: Schnittwunden von Papierkanten, Hörverluste, Rißwunden durch Kugelschreiberspitzen, Augenschmerzen durch das dauernde Schielen auf Bildschirme und Anzeigentafel und Fußprobleme angesichts eines täglichen Laufpensums von etwa fünf Kilometern. So mancher Händlersuperstar war bereits dem Streß, Herzinfarkt oder Burnout zum Opfer gefallen. Jede Sitzung der Terminbörse bedeutete 24 300 Sekunden angefüllt mit Fluchen, Feixen, Spucken, Schlagen, Treten und Boxen. Die dreizehnhundert Leute, die auf dem Futures-Parkett der Merc arbeiteten, bildeten eine Ansammlung von Extrovertierten und nur allzu häufig flogen die Fetzen.

Die Pit selbst bestand aus einer etwa sechzig Quadratmeter großen, achteckigen Grube mit abfallenden Stufenrängen (genau wie Dantes Inferno, witzelte Slam immer), in der sich dreihundert Makler und Händler in ihren goldfarbenen Jacketts drängelten und um ein winziges Fleckchen Standfläche kämpften. (Wie Slam letztes Jahr gerüchteweise zu Ohren gekommen war, hatte jemand seinen gut sichtbaren sechzig mal sechzig Zentimeter Platz für eine halbe Million »verkaufen« wollen, bis die Parkettverantwortlichen der Merc Wind davon bekommen und den Deal gekillt hatten. *Positioning* war halt alles in diesem Geschäft.)

Der Handel hatte in der letzten halben Stunde heftig angezogen, und die Menschenmenge dort unten spiegelte die Marktbewegungen sofort wider, indem sie sich in ein Meer fuchtelnder Arme verwandelte. Inmitten all des Schreiens und Brüllens, das zwischen Händlerkabinen und Pit ausgetauscht wurde, fiel Slam auf, daß die meisten Beteiligten Kaugummi kauten oder Bonbons lutschten. Slam wußte aus eigener Erfahrung, daß damit der Speichelfluß angeregt und so die Stimmbänder gut geschmiert werden sollten. Eine trockene Kehle war ein Gottesfluch und gab nur zu oft den Ausschlag zwischen Abschluß und Pleite.

»Also gut«, sagte Trader Vic, »wir sind heute hier zusammengekommen, weil dein Boß nach Freefall Friday gesichert haben will, daß Insalata & Company für ihn S-&-P-Futures ebenso schnell und ebensogut wie die großen Brokerhäuser abschließen kann.«

»Stone möchte es besser als bei den großen.«

»Wirklich ein harter Brocken, dein Chef. Okay, also besser als die großen. Dann ruf mal ruhig deinen Chef zurück und sag ihm, Trader Vic ist der Beste in der gesamten Branche. Was ich dir auch beweisen kann. Wußtest du schon, daß wir jetzt auch an das TOPS-System angeschlossen sind?« Das Trade Order Processing System – kurz TOPS – war das Zugangssystem der Merc für den Computerhandel. »Sagen wir, deine Kumpels hier, Damien und Nerf, beschließen eines Tages, mit dem Surfen Schluß zu machen und einen fetten Hedge-Fonds zu gründen.«

»Meine Name ist Derf«, korrigierte Derf ihn.

»Ach ja, richtig, also Damien und *Dirt* gründen einen 100 Millionen Dollar schweren Hedge-Fonds. D & D Partners. Dann bekommst du und bekommt Mr. Stone einen Anruf von D & D, die nach einer Portfolioversicherung suchen, da der Markt auf der Geldseite nicht mitspielt und sie Gefahr laufen, in die Pfanne gehauen zu werden.«

»Okay«, sagte Slam.

»Folgendermaßen arbeitet diese Technologie dann für dich.« Aus einem Fach unter der Arbeitsfläche seiner Kabine zog Trader Vic einen Fujitsu Stylistic 1000 Handcomputer mit Lightpen hervor und gab ihn Slamkowski. »Sagen wir, D & D gibt dir bei Infinity jetzt eine Order durch, bietet fünfzig zu hundert. Na los, schreibt das mit dem Lightpen auf den Bildschirm.«

Slamkowski berührte mit dem Stift die Oberfläche des Bildschirms und sofort ging die Hintergrundbeleuchtung an: WILLKOMMEN BEI TOPS/CUBS. Die elektronische Version eines unausgefüllten Händlertickets wurde sichtbar. Slam trug in das Formular Preis, Menge und den speziellen S-&-P-Terminkontrakt ein.

»Jetzt tipp auf das Enter-Zeichen«, instruierte ihn Trader Vic.

Slam gehorchte. Der Super-Twisted-Nematic-LCD-Bildschirm flimmerte kurz.

»Jetzt schau dir das an.« Trader Vic deutete auf den Bildschirm seines eigenen Laptops, auf dem augenblicklich die Einzelheiten der Order aufleuchteten. »Hast du das gesehen?«

»Yeah.« Slam war beeindruckt. »Wie funktioniert das?«

»Es ist über das Internet angeschlossen, verbunden durch CUBS.« CUBS stand für CME Universal Broker Station. »Weißt du, selbst wenn du in Kalifornien sitzt, wird deine Order sofort zu uns aufs Parkett durchgestellt, sobald du das Enter-Symbol berührst. Du kannst dafür den Lightpen benutzen, die Tastatur oder es automatisch vom Computer übertragen lassen. Aber warte, es kommt noch besser. Also früher war's doch so, daß ich dann Andy Studd da drüben, unserem Mann mit Topposition für frische Kontrakte, die Order signalisiert hab. Das sind jetzt alte Kamellen. Paß mal auf.« Vic drückte eine Taste auf seiner Telefonanlage und sprach in das Mikro seines Kopfhörers: »Hallo, Andy, wink doch mal unseren Besuchern aus Kalifornien.«

Im nächsten Augenblick drehte Andy Studd, der Insalata-Broker auf der obersten Stufe des Futures-Trading-Pit, sich um und winkte zur Bürozelle.

»Die Merc hat kürzlich erst den Sprechfunk über drahtlose Kopfhörer zugelassen. Damit und mit TOPS wird Andy die Order deines Chefs spätestens fünf Sekunden, nachdem du auf Enter gedrückt hast, durchführen. Keine Boten, keine Assistenten, keine Handsignale. Sobald deine Order hier auf meinem

Bildschirm erscheint, gebe ich sie bloß über Funk an Andy weiter, der hat seine Vorzugsposition und signalisiert sie in die Pit hinunter und *voilà*... schon ist die Sache erledigt.«

»Erstaunlich«, gestand Slamkowski.

»Die Bestätigung des Abschlusses wird dann elektronisch zum Kunden überspielt und liegt in weniger als zwanzig Sekunden vor. Also tu mir einen Gefallen. Geh zu deinem Freund Stone zurück und sag ihm, daß sogar Wolcott Fulbright mit uns zusammenarbeitet. Gil McGeary ist mein bester Kunde. Sag Stone, daß die neue Technologie für Chancengleichheit zwischen uns Kleinen und den großen New Yorker Brokerhäusern gesorgt hat. Den Gefallen tust du mir doch, oder?«

»Sicher, mach ich das. Stone wird begeistert sein.« Insgeheim bangte Slam: *Wird Stone mich angesichts all dieser Automatisierung überhaupt noch brauchen?*

»Also gut, Jungs, wenn ihr mich mal für dreißig Sekunden entschuldigen würdet, ich muß hier was erledigen«, sagte Vic Insalata mit einem Blick auf die Digitaluhr über der Pit plötzlich. Er schaltete sein Mikrophon ein und sprach hinein: »Sehr verehrte Kunden von Insalata & Company, schöne Grüße aus der Windy City. Es ist Punkt fünfzehn Uhr vierzehn und dreißig Sekunden und wir an der Merc schwenken auf die Zielgerade ein.« Und mit diesen Worten begann Trader Vic im hektischen Singsang eines Rennbahnsprechers die aktuelle Kursentwicklung wiederzugeben: »Okay, Leute, momentan liegt der Geldkurs bei 60... 60 werden nachgefragt... leichte Nachfrage bei 70... 60er werden gehandelt... 65 auf 70, 70er gehandelt, 75 gehandelt, Briefkurs 80... Refco kauft sich ein fünfzehn Sekunden vor Schluß – 80, 85... Volumen beginnt zu wachsen... 70 nachgefragt bei 90. 70 nachgefragt bei 90. PaineWebber steigt ein gemeinsam mit Cargill, FIMAT stößt ab, 80 nachgefragt bei 90. Noch zehn Sekunden... Kursausgleich bei 90... Kursausgleich... leichtes Angebot, leichtes Angebot. Stützung bei 90! Parkett bietet an bei 90! 90, 95... 90, 95... und wir... haben... *zu*!«

Beim Klang der Schlußglocke brachen die Parkettmakler und

Händler in Jubel aus. Tradings Cards flogen durch die Luft wie Konfetti bei einer Siegerparade. Die Börsianer zerrten erleichtert an den Knoten ihrer mit Comicfiguren bedruckten Schlipse, tauschten High-fives aus, lehnten sich für einen kurzen Moment im Stuhl zurück und begannen dann auf die Ausgänge zuzuströmen, während einige Parketthändler noch die nötigen Ordertickets für die in letzter Sekunde abgeschlossenen Geschäfte ausfüllten. Und während dieser ganzen Zeit verfolgten Damien und Derf die Vorgänge mit ungläubigem Staunen, völlig unfähig zu verstehn, was sich in der letzten halben Stunde vor ihren Augen abgespielt hatte.

»Wir haben zu!« wiederholte Trader Vic Insalata triumphierend und riß sich den Kopfhörer vom Schädel. »Auf, gehn wir uns betrinken.«

»Na bitte«, sagte Derf glücklich. »Endlich eine Sache, von der auch wir was verstehen.«

Ebenso wie die Futures-Märkte selbst war die Cactus-Bar groß, frech und chaotisch. Die Innenausstattung könnte man am besten als Alltagskitsch beschreiben. Mit seinem Sammelsurium aus NFL-Logos, aufblasbaren Krokodilen, Palmwedeln, bunten japanischen Lampions, Plastikhaien, Surfbrettern, Deckenventilatoren, Damenunterwäsche und Nixon-Memorabilien (»NIXON: NOW MORE THAN EVER«) war es gleichermaßen Tropical-, Western- und Sportbar. Es gab Schilder, die die Kundschaft warnten DON'T DRINK AND TRADE. Doch die Studentenpartyatmosphäre und die nabelfreien Kellnerinnen im Cactus kamen bei den Merc-Börsianern und den Angestellten der nahe gelegenen Handelskammer ausgezeichnet an. Um 15.30 Uhr Ortszeit waren die beiden großflächigen Tresenbereiche des Lokals vollgestopft mit überdrehten Parkettleuten aus der Terminbörse, die den täglichen Streß mit Hilfe von ein paar Drinks und ein wenig Kameradschaft abzubauen suchten.

Natürlich drehten sich die Gespräche um nichts anderes als das Futures-Geschäft, derart vereinnehmend war ihr Job. In der

Regel kamen die Börsianer im Cactus zusammen, um entweder über ihre Wahnsinnsabschlüsse des Tages zu reden oder um darüber zu jammern, am falschen Ende solcher Wahnsinnsabschlüsse gestanden zu haben. Sie schwadronierten über die sexuellen Abenteuer, Scheidungen oder Karrieresprünge ihrer Kollegen, und nur mitunter kam es zu einem gewagten Themenwechsel wie *Und was macht die eigene Familie?*

An diesem Nachmittag war das unerwartete Auftauchen des legendären S-&-P-Futures-Händler Eddie »the Slammer« Slamkowski auf dem Parkett der Merc das beherrschende Thema in der Kneipe. Allerdings machte dies schon bald dem Gespräch über das bierschlürfende Surferpärchen aus Südkalifornien Platz, das den Slammer bei seiner Rückkehr auf das Parkett begleitet hatte. Diese Typen, Damien und Doofus oder so ähnlich, hatten sich mittlerweile ihrer Krawatten entledigt und in ein tradionelleres Surferoutfit geworfen: enganliegendes T-Shirt mit Botschaft. Auf Damiens T-Shirt stand WENN JESUS ÜBERS WASSER GEHEN KONNTE, STELL IHN DIR NUR MAL BEIM SURFEN VOR. Derfs T-Shirt zeigte ein Cartoon von einem froschäugigen Alien und darunter das Wort BELIEVE. D & D vertraten beide die Meinung, daß es auf der Erde außerirdische Lebewesen gab. Zwei Dutzend Stammgäste in goldfarbenen, dunkelroten und blauen Parkettsakkos hatten sich um Damien und Derf versammelt und lauschten gebannt jedem ihrer Worte.

Swankie Frankie DeMarco reichte den Surfern eine weitere Runde Coronas und sagte: »Nur um sicherzugehen, daß ich euch da richtig verstanden hab, Jungs. Die Aliens sind also in diesem Moment bereits unter uns.«

»Stimmt genau«, erwiderte Derf.

»Weißt du, sie sind uns dermaßen weit voraus«, fiel der, der Damien hieß, ein, »sie existieren in einer völlig anderen Dimension als der, in der wir leben. Aber es stimmt schon, sie sind hier und beobachten uns.«

»Hier? In diesem Moment?« fragte ein Händler vom Auslandsmarkt. »Sie sind hier im Cactus?«

»Keine Ahnung, Kumpel«, sagte Derf. »Kann schon sein.«

»Warum hat dann aber die Regierung bislang nichts zu unserem Schutz unternommen?«

Derf gluckste belustigt. »So nach dem Motto *Hallo, Alter, wie geht's,* was? Ach, laßt das Träumen und zieht euch lieber 'ne Runde Hawaikraut durch. Die Regierung hat doch Angst vor so 'ner Art von Massenhysterie. Stellt euch doch nur vor, plötzlich wär das so 'ne Schlagzeile auf der Titelseite, die lautet: Klar doch, da ist so 'n Mutterschiff der Alien, das sich auf der Rückseite des Monds versteckt. Die Leute würden doch ausflippen.«

»Yeah, und deshalb haben sich die Regierung und die Medien schon seit den Zeiten Roosevelts darauf verständigt, es geheimzuhalten«, erklärte Damien.

Ein Assistent bei EDF Man schüttelte den Kopf. »Kaum vorzustellen, was für einen Eindruck sie von den Erdlingen bekommen haben, wenn sie heute verfolgen mußten, was im S-&-P-Handel los war.«

»Seid ihr denn auch schon mal entführt worden?« erkundigte sich ein Telefonist von der Prudential.

»Nein, aber das wäre bestimmt cool«, antwortete Damien leicht wehmütig.

Andy Studd nickte und meinte trocken: »Ach, übrigens, von welchem Planeten, habt ihr gesagt, seid ihr noch mal?«

Die Händler brachen in ein vernichtendes Gelächter aus.

Langsam wurde Derf sauer: »Was ist? Macht ihr Jungs euch etwa lustig über uns oder was soll das?«

In diesem Moment packte Trader Vic Eddie Slamkowski am Arm und führte ihn aus der Menge heraus. In der Nähe der Toiletten schlug er mit beiden Händen auf die Schultern seines Freundes und sagte: »Slammer, laß uns reden.«

Achselzuckend erwiderte Eddie: »Na gut, leg los.«

»Bist du wirklich glücklich mit dem, was du zur Zeit machst?«

»Yeah«, antwortete Slamkowski wenig überzeugend. »Ein bißchen Surfen, ein bißchen Handeln. Es macht Spaß.«

»Blödsinn«, schoß Insalata zurück und blickte seinem Freund

durchdringend in die Augen. »Was rennst du denn mit diesem Pennern rum, Slam? Das bist doch nicht du, nicht wirklich du. In deinem Innern lodert doch noch das alte Feuer, mein Freund. Du bist doch kein *Surfer.* Du bist der *Slammer,* einer der besten S-&-P-Jungs, den es in der Branche gibt.«

Gab, dachte Slamkowski traurig. *Den es in der Branche gab.*

Nach kurzem Schweigen seufzte er. »Was willst du von mir, Vic? Soll ich dir vielleicht erzählen, daß dieser Stone eine Nervensäge ohnegleichen ist? Willst du vielleicht, daß ich zugebe, dem Kerl nie in meinem Leben begegnet zu sein, daß er bloß irgendein Arschloch ist, das mich am Telefon herunterputzt? Willst du mich sagen hören, daß ich als bloßer Befehlsempfänger der Käuferseite unglücklich bin? Was willst du denn von mir hören?«

»Was ich von dir hören will«, sagte Trader Vic, »ist, daß du nach Chicago zurückkommst, um für mich zu arbeiten.«

Also das war's. Die Katze war aus dem Sack, und Eddie Slamkowski brachte das unerwartete Angebot völlig aus der Fassung. Trader Vic bot ihm einen Job an.

»Vic, ich hab mich quasi für die Westküste entschieden …«

»Noch mehr Blödsinn. Wie stehst du denn in fünf Jahren da, wenn du so weitermachst wie jetzt? George Hamilton mit dem Bankkonto eines Dichters. Du kannst mir keine Sekunde lang etwas vormachen. Ich hab heute auf dem Parkett das Leuchten in deinen Augen gesehen. Du bist einer von uns, du brauchst das Handeln einfach, du Scheißkerl, und das weißt du genau. Also, schmeiß diesen Blödsinn mal auf den Müll und sag offen – willst du nach Chicago zurückkommen und für Insalata and Company arbeiten?«

Slamkowski atmete schwer aus. »Herrgott, Vic, das haut mich regelrecht um. Aber ehrlich, ich muß mir das erst durch den Kopf gehen lassen.«

Trader Vic lächelte wissend. »Natürlich. Laß dir ruhig Zeit.« Vic bedachte Damien und Derf, die weiter von lästernden Börsianern umringt waren, mit einem verächtlichen Blick. »Ruf mich an, sobald du dich für ein richtiges Leben entschieden hast.«

24

Manhattan
Freitag, 19. Februar

Stiletto war nicht sonderlich angetan von der Idee, aber was blieb ihm schon anderes übrig? Widerstrebend willigte er in die nächtliche Operation der *Fratze* in der Wall Street 44 ein, warnte Colbert jedoch. »Um Himmels willen, selbst um diese Uhrzeit arbeiten hier noch Leute an wichtigen Abschlüssen. Seid verdammt vorsichtig.«

Colbert beruhigte ihn, daß es sich hier um Profis handele, die derartige Aufträge in der Wall Street 44 bereits früher ausgeführt hätten. Außerdem sei diese Maßnahme mittlerweile unumgänglich.

»Natürlich ist die unumgänglich«, stimmte Stiletto zu. »Aber das bedeutet ja nicht, daß mir die Vorstellung von durch die Büros ziehenden Ganoven gefallen muß. Im übrigen hätte ich eine Bedingung.«

»Und die wäre?«

»Sag ihnen, sie sollen nur ja die Pfoten von *meinem* Büro lassen.«

Die kaffeebraune Uniform war das allgemeine Standardmodell bis auf den Schriftzug Wall Street 44, der ganz im Stil der aktuellen Blousons der Bundespolizisten oder der seidenen Softballjacken der Rapper in großen fetten Helveticatypen auf dem Rücken prangte. Anders als Bundesbeamte und Rapstars gehörten die Leute in den Wall-Street-Uniformen allerdings der untersten Stufe der Niedriglohnskala an. Das Wartungs- und Reinigungsunternehmen, das die Wall Street 44 betreute, würde ihren Angestellten nur zu gern weit weniger als $ 4,70 Stundenlohn zahlen, wenn das nicht gegen Bundesarbeitsgesetze verstoßen würde. Es war ein klassischer Fall von Angebot und Nachfrage: Das Angebot an nicht englisch sprechenden Immigranten, die mit Freude für die Hälfte dieses Lohns Papierkörbe ausleeren würden, war endlos.

Die Fratze traf morgens um drei Uhr dreißig an der Wall Street 44 ein. Sobald er in der Eingangshalle war, zog er seinen langen Parka aus, damit Passanten von ihm sofort den Eindruck eines uniformierten Arbeiters bekommen würden.

Ein Trio Investmentbanker taumelte mit trüben Blicken durch das Drehkreuz, während er sich näherte. *Die Fratze* war leicht überrascht von ihrem jugendlichen Aussehen und schätzte sie auf Anfang Zwanzig. Nach einem Verhandlungsmarathon, der sich bis tief in die Nacht hineingezogen hatte, wirkten die Banker beinahe... trunken. Die Schlipse hingen lose, die Alan-Fusser-Anzüge waren zerknittert, und die drei hatten dringend eine Dusche und eine Rasur nötig. Der Russe erwischte ein paar Fetzen ihrer Unterhaltung, während sie an ihm vorbeigingen.

»...die elenden Anwälte werden noch den Deal schmeißen, wenn sie so weitermachen. Ich meine, glauben die wirklich, unsere Jungs würden in eine Übernahme des Steuerrisikos einwilligen?«

»Selbst die Cravath-Jungs konnten die Unverfrorenheit dieses Mister Breitbach nicht glauben, ein derartig heikles Thema schon in *dieser* Phase der Verhandlungen anzusprechen. Leute, auf diesem assetbacked Deal lastet ein Fluch.»

»Hey, seht doch mal die positive Seite daran. Jeder hat Gelegenheit, nach Hause zu fahren, drei oder vier Stunden zu schlafen, zu duschen. Und ich weiß ja nicht, wie's mit euch ist, aber nach drei Nächten Verhandlung klingt das in meinen Ohren wie ein verdammter Karibikurlaub...«

Die jungen Männer schwebten an der *Fratze* vorbei, ohne ihm irgendwelche Beachtung zu schenken, und schoben sich durch die Drehtür zu den schwarzen Mietwagen, die sie uptown bringen würden. Einmal mehr bewunderte er die Möglichkeiten, die so eine Dienstbotenkluft bot. Für die Banker war *Die Fratze* lediglich einer von diesen Faulenzern, die für die Säuberung der Pissoirs zuständig waren, ein unsichtbarer Mensch, dessen Existenz auf den Radarschirmen ihres Bewußtseins nicht einmal registriert wurde.

Die Fratze winkte kurz zu dem diensttuenden Sicherheitsbeamten hinüber. Der Gruß wurde nicht erwidert. Der Russe schob den Plastikausweis mit dem Magnetstreifen durch das Lesegerät am Drehkreuz. Ein grünes Licht leuchtete auf, es klickte, und er betrat das Innere des Heiligtums.

Zwanzig Minuten später hatte er die Arbeiten in Kilmartins Büro abgeschlossen und ging drei Türen weiter den Flur hinunter zum Büro des jungen Anwalts.

Der Etagenplan, den Stiletto ihm hatte zukommen lassen, erwies sich als unnötig. *Die Fratze* war mit den Örtlichkeiten vertraut, seit Alexejew ihn damals im September mitgenommen hatte, um Binghams Büro zu verwanzen. Und Anfang November hatte *Die Fratze* das Büro von Kilmartin ganz allein gemacht. Daher bewegte er sich mit der Sicherheit von jemandem, der genau weiß, was er tut.

Das Namensschild verriet, daß hier ein gewisser RICHARD HANSEN arbeitete. Mißtrauisch blickte *Die Fratze* zur Decke hinauf und sah seine Spiegelung in der kugelförmigen Linse der sechs Meter entfernten Sicherheitskamera. Alexejew zufolge hatte Stiletto dafür gesorgt, daß die Kameras in dieser Nacht nicht funktionieren würden. Beim Abspielen der Bänder würde nur ein Flimmern zu sehen sein, hatte Stiletto gesagt. *Hoffentlich baut er keinen Mist*, dachte *Die Fratze*. Er verließ sich bei solchen Details nur ungern auf andere.

Der Russe sperrte die Bürotür mit dem gleichen Generalschlüssel auf, wie ihn auch andere Angestellte der Reinigungsfirma besaßen, und ging hinein.

Die Leuchtstoffröhren sprangen an. In den Büros von Wolcott Fulbright waren jetzt Bewegungssensoren installiert, die automatisch das Licht einschalteten, sobald jemand durch die Tür trat. Registrierten die Sensoren dreißig Minuten lang keine Bewegung, schalteten sie das Licht wieder aus. Der *Fratze* gefiel der einfache, praktikable Gebrauch dieser Technologie, aber verglichen mit den High-Tech-Einrichtungen, die er nun installieren würde, wirkte sie geradezu altertümlich.

Die Fratze sah sich prüfend im Büro um und lokalisierte gedanklich die verschiedenen Kommunikationstationen.

Das Telefon.

Er entstöpselte das Kabel, schraubte das Hartplastikgehäuse ab und begann, den Apparat auseinanderzunehmen. Wenige Minuten später hatte er ein Mikrofon eingebaut, das die Anrufe des Anwalts digital zu einer Teac-Bandmaschine übertragen würde, die gut einen Kilometer entfernt in einem Zimmer des Millenium Hotels stand. Anschließend setzte er ein Gerät ein, das alle Nummern ausgehender Gespräche anhand der Tonhöhe der von Hansen gedrückten Tasten speicherte. Ein dritter Mechanismus benutzte die firmeneigene Technologie zur Anruferidentifikation, um die Telefonnummer aller eingehenden Gespräche zu erfassen.

Das Telefon war für die Überwachung des Anwalts von entscheidender Bedeutung, deshalb durfte hier nichts dem Zufall überlassen bleiben.

Als nächstes kam der Computer an die Reihe. *Die Fratze* war zwar kein Computerexperte, aber doch soweit ausgebildet, daß er brauchbare Nachforschungen über kürzliche PC-Verwendungen anstellen konnte. Mit Hilfe eines von Iljutowitsch entwickelten Softwareprogramms gelang es ihm, die letzten 150 von Hansen geöffneten Dateien ausfindig zu machen. Fünfundvierzig dieser Dateien waren ursprünglich von Bingham eingerichtet worden.

Während der nächsten zwanzig Minuten wandte *Die Fratze* ein Softwareprogramm namens *Nullfile* an, das die abgespeicherten Dateien nicht nur löschte, sondern die Festplatte zudem von jeder Spur ihrer Existenz säuberte. Es funktionierte im Endeffekt wie ein elektronischer Reißwolf: Die Unterlagen waren nun unwiderruflich verloren.

Dann schaltete *Die Fratze* den PC des Anwalts aus und entfernte das Gehäuse. Er tauschte das geschützte Koaxialkabel, das den Rechner mit dem Monitor verband, gegen ein ungeschütztes aus und installierte im Innern von Hansens Computer einen Booster, der die Abstrahlung elektromagnetischer Signale verstärken würde. Danach tauschte er Hansens kaffeegetränktes Keyboard gegen ein neues aus, dessen Tasten für eine Niedrigfrequenzübertragung aller Eingaben zu einer rechnerfernen Empfangsanlage präpariert waren. Der Anwender mochte zu Beginn zwar einen leichten Unterschied im Gebrauch der Tasten bemerken, aber einmal daran gewöhnt, würde er wahrscheinlich nicht weiter darüber nachdenken. Damit war Hansens PC nun höchst empfindlich für ein modernes Überwachungssystem namens TEMPEST (Transient Electromagnetic Pulse Emanation Surveillance Technology). Das Prinzip basiert auf den elektromagnetischen Wellen, die bei der Erzeugung eines Elektronenstrahls für den Bildschirm »entweichen« und die einer Radioübertragung der Anwenderaktivitäten entsprechen. Mit einem zwanzigtausend Dollar teuren Empfangssystem namens DataScan können noch in einem kilometerweit entfernt geparkten Kleinbus alle Tasteneingaben erfaßt werden.

Das Faxgerät.

Bevor er das Gerät öffnete, kam *Die Fratze* noch der Sorgfaltspflicht nach und drückte eine bestimmte Tastenkombination, was eine beunruhigend laute Folge von Piepstönen hervorrief. Sofort begann das Faxgerät zu arbeiten und spuckte ein einzelnes Blatt aus. *Die Fratze* überflog die Seite. Es war eine Aufstellung der letzten hundert ausgehenden Faxe mit Seitenzahl, Faxnummer des Empfängers und Bestätigung der vollständigen Übertragung. Als nächstes folgte eine Liste der letzten hundert eingegangenen Faxe, bei denen zum Teil auch die Namen der Adressaten angegeben war. SULLIVAN & CROMWELL,

LEHMAN BROTHERS RECHTSABT., AMERICAN STOCK EXCHANGE, DEUTSCHE MORGAN GRENFELL – alle hatten in den letzten beiden Wochen Hansen Faxe geschickt. Beide Listen würden am Morgen Iljutowisch vorgelegt werden.

Dann zog *Die Fratze* den Netzstecker und setzte eine Bildverarbeitungskarte mit 16 Megabit ein, die bis zu fünfhundert Seiten digitalisierter Bilder speichern konnte.

Das Fischauge der glasfiberoptischen Überwachungskamera war in der Abdeckugn eines Sprinklers versteckt. Der Sprinkler wurde an der Deckenplatte unmittelbar über Hansens Schreibtisch montiert. *Die Fratze* zapfte ein Lichtkabel an, um die Kamera mit Strom zu versorgen. Die Zwölfvoltkamera würde ein 380-Zeilen-Farbbild mit der leicht körnigen und verzerrten Ansicht der Köpfe von jedem im Büro Anwesenden liefern, bei der schüttere Haarpartien besonders gut zur Geltung kamen. Die Auflösung der Bilder war mit Fernsehaufnahmen zwar nicht zu vergleichen, aber das spielte keine Rolle. Solange Stiletto die Beteiligten identifizieren konnte, genügte das völlig. Das Allrichtungsmikrofon, das er in der Deckenbeleuchtung versteckte, war kleiner als ein Fünfpfennigstück, konnte aber jede Unterhaltung im Umkreis von acht Metern klar und deutlich aufnehmen.

Es war fast halb fünf, als *Die Fratze* sich aus dem Arbeitszimmer des Zielobjekts schlich und die Tür hinter sich zuschloß. Der Russe durchquerte das Großraumbüro mit den vielen Arbeitszellen und beschäftigte sich in Gedanken schon mit seinem weiteren Tagesplan. Später würde er ein ähnliches Überwachungssystem in der Wohnung des Zielobjekts installieren, sobald dessen Frau zu ihrem vereinbarten Arzttermin aufbrach…

Die Fahrstuhltüren öffneten sich, und *Die Fratze* stieß auf einen nicaraguanischen Sicherheitsbeamten. Offiziell befand sich der Wachmann auf dem Weg zu einem unteren Stockwerk, um dort seine nächtliche Runde fortzusetzen. Das aufgerissene Päckchen filterloser Camel in seiner Hand ließ *Die Fratze* jedoch vermuten, daß der Mann es mehr auf eine Zigarettenpause denn auf einen Sicherheitscheck abgesehen hatte.

Die Fratze stieg in den Fahrstuhl, und der Wachmann nickte ihm freundlich zu. Zum ersten Mal seit seinem Eintreffen in der Wall Street 44 hatte jemand Notiz von seiner Anwesenheit genommen. *Die Fratze* nickte zurück und starrte stumm zu der leuchtenden Anzeige hinauf, bis sie das Erdgeschoß erreicht hatten.

Beim Hinausgehen fluchte er leise vor sich hin. Es wäre besser gewesen, völlig unbemerkt wieder verschwinden zu können. Aber was sollte er machen? Das war nun einmal die solidarische Höflichkeit, die an einem solchen vor Marmor und Chrom strotzenden Arbeitsort ein schlecht bezahlter uniformierter Arbeiter dem anderen entgegenbrachte.

Die Gefahr der Identifizierung war vernachlässigbar, beruhigte er sich und strich die Begegnung aus seinem Gedächtnis.

25

Manhattan

Freitag, 19. Februar

Die kraftvolle Erholung der Aktienmärkte behielt ihr Tempo bei.

Als an diesem Freitag um 16.00 Uhr die Schlußglocke erklang, hatte der Dow Jones Industrial Average an diesem Börsentag 107 und die Woche über insgesamt 262 Punkte zugelegt.

Dem DJIA fehlten jetzt nur noch 86 Punkte, um seinen Rekordstand vom 28. Januar, dem Tag vor dem Freefall Friday, wieder einzustellen.

Natürlich zeigten sich die Anleger von dieser blitzartigen Erholung begeistert. Experten erörterten bereits, ob der Minicrash von sieben Prozent lediglich ein extremes Beispiel von Gewinnabschöpfung darstellte. Das neue Urteil über den Freefall Friday lautete, daß er keine Katastrophe, sondern vielmehr eine gute Kaufgelegenheit für zahlreiche überteuerte Notierungen gewesen war. Hey, vielleicht steckte in dieser betagten Hausse ja doch noch Leben, bestand noch immer die Möglichkeit, einen fetten Schnitt zu machen.

Im übrigen besagte eine der Binsenwahrheiten des Investmenthandels, daß die Leute sich *nach* einer Hausse immer wesentlich mehr Gedanken machten als *in* einer Hausse. Freies Kapital war eben vorhanden und irgendwo mußte es ja angelegt werden. Vor allem ausländisches Kapital sorgte daher dafür, daß alle Anzeichen auf einen neuen Börsenhöchststand deuteten.

Nur wenige Wochen nach der allgemeinen Panik kehrten die Einzelanleger in großem Stil wieder ins Geschäft zurück.

Die Hände in den Taschen marschierte Rick Hansen in seinem Büro unruhig hinter dem Schreibtischsessel auf und ab und klimperte mit seinem Kleingeld. »Wie sieht's aus?«

»Nicht allzugut, was?«

»Noch eine Minute, dann weiß ich Bescheid«, sagte Monica Chi und starrte weiter gebannt auf den Bildschirm von Ricks PC.

Hansen blickte schweigend aus dem Fenster und fühlte sich machtlos und frustriert. Der Computer des Anwalts spielte völlig verrückt. Sobald er eine seiner Dateien öffnen wollte, erschien auf dem Monitor unweigerlich:

1 1 1 1 1 1 1 1 1 1 1 1 1 1 1 1 1 1 1 1 1 1 1 1 1 1 1 1 1 1 1 1 1 1
1 1 1 1 1 1 1 1 1 1 1 1 1 1 1 1 1 1 1 1 1 1 1 1 1 1 1 1 1 1 1 1 1 1
1 1 1 1 1 1 1 1 1 1 1 1 1 1 1 1 1 1 1 1 1 1 1 1 1 1 1 1 1 1 1 1 1 1
1 1 1 1 1 1 1 1 1 1 1 1 1 1 1 1 1 1 1 1 1 1 1 1 1 1 1 1 1 1 1 1 1 1
1 1 1 1 1 1 1 1 1 1 1 1 1 1 1 1 1 1 1 1 1 1 1 1 1 1 1 1 1 1 1 1 1 1

Nur 1er Ziffern füllten den Bildschirm, so als hätte sich jemand die Arbeit gemacht, alle seine Dateien zu öffnen und jedes Zeichen durch eine 1 zu ersetzen. Die Funktionsstörung betraf auch alle Dateien von Tom Bingham, selbst diejenigen, die unverständlicher Zeichensalat gewesen waren wie »3Rivers ModelOne«. Jede Datei unter den Paßwörtern von Hansen und Bingham waren zu seitenweisen Einsern umgewandelt worden.

Die sechsundzwanzigjährige Asiatin vom Notfalldienst der Systemtechnik war groß, schlank und sexy, mit langen Beinen und Brüsten, die Rick an Eiskugeln erinnerten. Ihr glänzendes blauschwarzes Haar war zu einem altmodisch-modernen Bubikopf zusammengestutzt, und der Duft eines Freesien-Shampoos umgab sie. An ihrer Hüfte hing ein riesiger Motorola-Beeper mit alphanumerischer Messagefunktion.

»Schlechte Nachricht«, sagte sie schließlich.

Hansen stützte seine Handflächen auf die Schreibtischplatte und beugte sich zu ihr nach vorn. »Sagen Sie's ruhig.«

»Soweit ich das überblicken kann, scheinen Sie als einziger

in der ganzen Firma gewiped worden zu sein«, erklärte Monica. »Sie und Tom Bingham, genauer gesagt.«

»*Gewiped?* Was soll das heißen?«

»Na ja, normalerweise sind Dateien, die gelöscht werden, nicht sofort von der Festplatte verschwunden.«

»Nein?« Hansen war verwirrt.

»Nein, nicht sofort. Der ›Löschen‹-Befehl streicht lediglich den Eintrag ins Verzeichnis, mit dem man die Datei aufrufen kann. Letzten Endes wird die Datei zwar von anderen Dateien überschrieben und damit von der Festplatte verschwunden sein, aber eine Weile ist sie mit Hilfe bestimmte Software noch wiederherstellbar. Können Sie mir folgen?«

»Ja.«

»Ihre Dateien und die von Tom wurden nun aber nicht einfach gelöscht, sondern gewiped, vollständig ausradiert. Das bedeutet, alle Zeichen in Ihren Dateien wurden überschrieben und jeweils durch die Ziffer 1 ersetzt. Das ist genau das gleiche Verfahren, das vom Verteidigungsministerium dazu benutzt wird, um bei der Vernichtung geheimer Unterlagen alle Spuren aus dem Computersystem zu beseitigen.«

»Wollen Sie damit sagen, alle diese Dateien sind unwiederbringlich verloren?«

»Ich fürchte schon.«

»Das muß doch jemand gemacht haben, stimmt's? Ich meine, jemand muß diese speziellen Dateien ausgesucht und vernichtet haben.«

Monica atmete hörbar aus. »Na ja, schon. Jemand muß ein Programm wie *Nullfile* angewendet haben, um das zu erreichen.«

»Jemand ist in mein verschlossenes Büro eingedrungen«, sagte Hansen. »Ich glaube, sie haben auch mein Keyboard ausgetauscht.«

Monica Chi blickte durch ihre ovalförmigen Brillengläser auf das Keyboard. »Nein, ich denke, das dürfte jemand von der Systemtechnik gewesen sein. Wahrscheinlich wollten sie alle alten

Dateien von Bingham herausnehmen, da er inzwischen ja… nicht mehr bei der Firma ist. Und Ihre wurden dabei womöglich versehentlich mitvernichtet.«

»Die Systemleute vernichten ruhende Dateien?«

»Nein, eigentlich nicht. Aber vielleicht gibt es da ein neues Vorgehen. Ich werde mich mal danach erkundigen. Tut mir leid, daß ich Ihnen keine größere Hilfe sein konnte, Richard.« Sie stand auf und griff nach ihrem Rucksack mit Arbeitsgerät.

»Haben Sie noch 'ne Sekunde?«

»Sicher.«

Rick öffnete die Aktenmappe und zeigte ihr den Ausdruck einer Seite jenes Zeichensalats, auf den er in Tom Binghams Dateien gestoßen war. »Das ist ein Beispiel für den Datenmüll, den ich bekommen habe, wenn ich einige von Toms alten Dateien öffnete. Ist das irgendein Systemfehler, der das verursacht?«

Monica Chi starrte das Blatt mit geöffnetem Mund an. »Nein. Das ist PGP.«

»Wie bitte?«

Monicas schwarzbraune Augen erwiderten seinen Blick. »PGP. Das steht für ›Pretty Good Privacy‹.« Sie deutete auf die scheinbar völlig unlogischen Zeichenfolgen auf der Seite. »Das ist ein auf Algorithmen basierendes Kodierungssystem zum Verschlüsseln computerisierter Texte.«

»Wollen Sie damit sagen, Tom Bingham hat einige seiner Dateien bewußt verschlüsselt?«

»Ja. Und dazu noch mit PGP.«

Hansen blickte sie fragend an. »Entschuldigen Sie, aber was ist so Besonderes an PGP?«

«PGP ist ein Programm, das ein Cyber-Hacker aus Colorado 1991 entwickelt und weltweit über Internet vertrieben hat.« Sie sprach mit einem leichten Akzent, der harte Konsonanten weicher klingen ließ und den Rick ausgesprochen reizvoll fand. »Er entwickelte das Programm als Reaktion auf Bedenken, daß die Regierung Unterhaltungen von Computer zu Computer abhören könnte. Die US-Regierung zeigte sich über die Beliebtheit von

PGP bei Terroristen und Industriespionen äußerst unerfreut und versuchte den Erfinder vor Gericht zu stellen. Allerdings ohne Erfolg.« Monica tippte mit ihrem Finger auf das Blatt. »Ohne den Eingabekode läßt sich das unmöglich knacken.« In ihrer letzten Bemerkung schwang ein unüberhörbarer Ton der Bewunderung mit.

»Sind Sie bei den Technikern im Besitz des Eingabekodes?«

»O nein, das bestimmt nicht«, erwiderte Monica. »Den Eingabekode legt der Anwender völlig willkürlich fest. Soweit ich weiß, wird PGP in der Firma auch nicht benutzt. Die Computertechnik im Haus stellt es ganz sicher nicht zur Verfügung.«

»Warum sollte Bingham seine internen Berichte aber verschlüsseln?« Hansen hatte die Frage mehr sich selbst als Monica gestellt. »Und warum betrifft es nur einige seiner Dateien? Ich meine, wenn er doch zu dem Entschluß gekommen wäre, seine Arbeiten verschlüsseln zu müssen, warum dann nicht gleich richtig und alles kodiert?«

»Keine Ahnung«, meinte Monica achselzuckend. Dann runzelte sie die Stirn. »Ging nicht das Gerücht um, daß er in Insidergeschäften oder so etwas verwickelt gewesen ist? Ich meine, ich hätte etwas in dieser Richtung gehört.«

»Schon möglich«, gestand Hansen.

Dann wurde ihm klar: Monika Chi dürfte recht haben. Binghams illegale Spekulationsgeschäfte – das war eine plausible Erklärung für die verschlüsselten Unterlagen. Vielleicht hatte er ja bei diesen Insidergeschäften einen Komplizen gehabt, der jetzt versuchte, seine Spuren zu verwischen. *Einer, der bereit gewesen ist, seinen Partner zu töten, um das Verbrechen zu vertuschen?* überlegte Hansen.

Zum Abschied sagte Monica Chi: »Ich muß noch runter zu Gil McGeary in die Derivateabteilung.«

»Vielen Dank für Ihre Hilfe, Monika.«

»Hey, ist einer von Ihnen Hammonds?« Rick und Monica drehten sich zur Bürotür, an deren Pfosten ein Paketbote lehnte. »Sind Sie Hammonds?« fragte er erneut.

»Mein Name ist Hansen«, sagte Rick. »Heißt es vielleicht Hansen?«

Der Paketbote war ein mageres, weißes Jüngelchen, das ein buntes Durcheinander an überweiter, mit auffälligen Markenlogos bedruckten Kleidungsstücken trug: Nautica, Fila, Tommy Hilfiger. Außerdem hatte er eine modische Drahtbürstenfrisur und einen kläglichen Anflug von Bart. Um seinen Hals hing wie eine Olympiamedaille ein digitaler Coby-Kopfhörer, aus dem der unmelodische Baß- und Drumbeatsound des verstorbenen Notorious B. I. G. wummerte, der geradezu prophetisch über jenes Gangstertum rappte, das ihm später zum Verhängnis werden sollte. Der Junge hatte preiselbeergroße Aknepickel im Gesicht, an denen er unwillkürlich herumkratzte, während er auf den zerknitterten Lieferschein blickte. »Nee«, erklärte er schließlich mit voller Überzeugung. »Hier steht's genau: Hammonds.«

Hansen blickte Monica an und lächelte hilflos. »Sie haben ihn gefunden. Wo muß ich unterschreiben?«

Monica formte ein stummes good bye mit ihren Lippen und zwängte sich seitwärts durch den engen Durchgang hinaus, den der mit Aktenkisten beladene Karren in der Bürotür noch offenließ. Der Paketbote gaffte sie mit offenen Mund an, während sie an ihm vorbeischlüpfte. »Sie müssen mir aber dafür quittieren, Chef«, murmelte er geistesabwesend.

»Genau das habe ich gerade gesagt, Meister.« Hansen blätterte auf der Suche nach einem Kugelschreiber in den losen Papieren auf seinem Schreibtisch.

»Wo soll ich sie hinstellen?«

»Können Sie sie nicht hier hereinbringen?«

Der Bote musterte abschätzig den Raum. »Könnte ich, aber es sind sechsundzwanzig Kisten insgesamt.«

Hansens Augenbrauen wanderten überrascht nach oben. »Sechsundzwanzig?« Er kam hinter seinem Schreibtisch hervor, um einen Blick auf die Sendung zu werfen, und stellte fest, daß hinter diesem Paketboten noch ein zweiter mit einem weiteren vollbepackten Handkarren stand. Hansen quittierte den Lieferschein und entschied: »Dann bringen Sie sie in den War Room, würde ich sagen.«

»In Ordnung, Chef.« Der Paketbote stopfte die Quittung in seine Gesäßtasche, schob sich den Kopfhörer wieder über die Ohren und tauchte wieder in die Gangstah-Rap-Unterwelt ab.

Der War Room trug seinen schillernden Spitznamen durchaus zu Recht. Das kleine, versteckt hinter dem Kopierraum gelegene Zimmer mit dem sonderbaren Schnitt war für ein Büro nicht attraktiv genug und wurde statt dessen als ungestörter Rückzugsort und Lagerraum für Archivmaterial verwendet. Wenn zumeist unberechtigte Prozesse gegen die gutbetuchte Firma Wolcott in ihre heiße Phase traten, wurde der War Room oft rund um die Uhr von Verteidigern, Zeugen und Assistenten belegt, die sich für die Gerichtsschlacht rüsteten. Und der Raum sah auch in der Tat aus, als hätte er schon diverse Schlachten hinter sich. Er war hoffnungslos vollgestopft mit Unterlagen und Vermerken von Rechtsstreitigkeiten, die vor langer Zeit angestrengt, entschieden und vergessen worden waren. Berge von Akten stapelten sich auf dem meergrünen Teppichboden mit den vielen Kaffeeflecken. Auf dem Deckel anderer Kartons klebten gelbe Post-it-Notizzettel, auf denen unverständliche Fallkürzel gekritzelt waren. In der Mitte stand ein kleiner, runder Tisch mit glänzender PVC-Oberfläche, darauf ein Telefon, einige leere Aktenmappen und Ziehharmonikaordner, Briefklammern, benutzte Heftklammern, ein Textmarker mit Vierkantspitze und ein wachsfarbener Tesafilmspender. Die klaustrophobische Atmosphäre des War Room wurde noch unterstützt durch die zwölf mächtigen, fleischfarbenen Aktenschränke, die die gesamte Wandfläche einnahmen.

Hansen tauchte in die bedrückende Abgeschiedenheit des War Room und schloß die Tür hinter sich. Im Raum herrschte eine geradezu unheimliche Stille. Zu hören war nur das permanente Rauschen der Heizungskanals und das kaum wahrnehmbare Brummen der Leuchtstoffröhren. Die Paketboten hatten die sechsundzwanzig Kartons hufeisenförmig in sechs Stapeln aufgebaut. Bei den Kartons handelte es sich um die üblichen hellbeigefarbenen Wellpappewürfel. Auf den Seiten der Kartons war in marineblauer Farbe gut sichtbar das Logo der Silber River Business Archives, eines selbständigen Unternehmers zur Lagerung von Archivmaterial, aufgedruckt. Sie waren mit den gleichen Plastikbändern wie Zeitungsbündel über Kreuz verschnürt, was Hansen an eingepackte Geschenke erinnerte. Er betrachtete die Kartons nachdenklich, atmete dann schnaufend den süßlich durchdringenden Geruch von feuchtem Holzzellstoff ein.

Es hilft ja nichts, sagte er zu sich selbst.

Er trat neben den ersten Viererturm und stellte die oberste Box auf den Tisch. Hansen kam der Karton überraschend leicht vor.

Kundenkartonnummer: 288403
Auftraggeber: T. Bingham
Abteilung. Recht
Kundennummer – 00164/WFC

Mit einem satten Knall sprang das Plastikband ab. Hansen nahm den Deckel ab, legte ihn auf die Seite und blickte auf den Inhalt. Jetzt wußte er auch, warum der Karton sich so leicht angefühlt hatte.

Er war bis zum Rand gefüllt mit Patagonia-Wintersportkleidung, Wollpullovern mit weiten Rollkragen von Paul Stuart und Eddie Bauer, Lederhandschuhe und Harvard-University-Kapuzensweaters.

Hat der Gauner doch seine Wintersachen archiviert! murmelte Hansen ungläubig vor sich hin. *Und die Firma durfte die Kosten übernehmen!*

Hansen machte sich eine Notiz auf seinem Spiralblock und schüttelte den Kopf über diesen innovativen Ansatz zur Lösung des chronischen Platzmangels in den überladenen Wohnungen Manhattans.

Hansens Untersuchung der zweiten, dritten und vierten Kiste

brachte sogar noch mehr von Binghams Winterkleidung zum Vorschein. Das änderte sich mit der fünften. Sie barg eine Auswahl ordentlich zusammengefalteter Golfshirts, bei deren Anblick Hansen laut aufstöhnte. Was denn noch alles?

Doch die nächsten drei Kartons enthielten zumindest Akten, die mit Binghams Arbeit zusammenhingen. Die Ordner trugen Aufschriften wie EXCHANGE-FOR-THE-PHYSICALS (»EFP«), TIKKERKOSMETIK, PRÄZEDENZRECHT AKTIENPARKEN und BED & BREAKFAST TRADES MIT BRITISCHER TOCHTER. Er notierte sich den Inhalt der Ordner auf seinem Block und räumte die Kisten wieder zur Seite. Alles Nieten.

Kartons neun und zehn waren mit persönlichen Unterlagen gefüllt, die bis zu sechs Jahre weit zurückreichten. Die Inventarliste auf seinem Notizblock wuchs: Binghams Steuerbescheide der letzten vier Jahre, Erinnerungsstücke an die Harvard Law School, Kreditkartenquittungen, Belege über Studentendarlehen, stornierte Schecks.

Ein Dokument fiel ihm besonders ins Auge. Es handelte sich um einen unterzeichneten Mietvertrag über eine Zweizimmerwohnung im zehnten Stock von Central Park West 410, einer exklusiven Adresse auf der Upper West Side, mit einem festgeschriebenen monatlichen Mietzins von $ 576. Eine Wohnung mit Blick über den Central Park für eine festgeschriebene Miete von weniger als sechs Scheinen? *Für so etwas würden New Yorker einen Mord begehen,* dachte Hansen. *Das ist wie Erste-Reihe-Saisontickets für die Knicks. Die gibt man nie wieder her.*

Er merkte sich, daß der Mietvertrag noch mindestens zehn Monate lief, Tom Bingham aber trotzdem in eine andere Wohnung, ein Penthouse an der Madison Avenue umgezogen war. Im allgemeinen würden sich New Yorker, wenn sie einmal einer Wohnung mit festgeschriebener Miete habhaft werden konnten, davon einzig im Todesfall (oder vielleicht noch bei einem Lottovolltreffer) wieder trennen. Er fragte sich, ob Bingham deshalb selbst nach dem Erwerb der Dreizimmer-Penthousewohnung seine alte Bleibe nicht gekündigt hatte. Er würde sich bei Elena Bingham danach erkundigen müssen.

Die Kisten 11, 12, und 13 waren vollgestopft mit weiteren Ausgaben von Wolcott Fulbrights *Handbuch für die Regeln des Wertpapierhandels*, dicken Ringheftern mit irrwitzig komplizierten Vorgaben für die Makler und Händler. Kiste 14 beinhaltete Binghams komplette Sets an Topps und Upper Deck Baseball-Trading-Cards von 1980 bis zur letzten Saison, luftdicht in Plastikfolie eingeschweißt und offenbar als Geldanlage gedacht.

Bei Kiste 15 wurde Hansen endlich fündig.

Der brauchbare Teil füllte insgesamt acht Kartons.

Es handelte sich um eine erstaunliche Sammlung an Lehrbüchern, Artikeln und wissenschaftlichen Abhandlungen, alle zu einem Thema: Finanzkrisen. Ihre Ursachen, ihre Folgen. Dieses Oberthema war in acht Komplexe unterteilt, denen jeweils eine eigene Archivbox zugeordnet war.

1. ZUSAMMENBRÜCHE, PANIKEN, KRITISCHE MOMENTE – VOLKSWIRTSCHAFTLICHE THEORIE
2. ZUSAMMENBRÜCHE, PANIKEN, KRITISCHE MOMENTE – URSACHEN & FOLGEN
3. DER CRASH VON 1929
4. DER CRASH VON 1987
5. MASSENPSYCHOLOGIE/IRRATIONALES VERHALTEN VON ANLEGERN
6. PROGRAMMHANDEL/PORTFOLIOVERSICHERUNG
7. SPEKULATIVE DERIVATE
8. DER NÄCHSTE CRASH

Die Literatur stammte aus vielen verschiedenen Quellen: Bücher, die bei Barnes & Nobles in der Fifth Avenue oder im Strand, dem stadtbekannten Antiquariat, gekauft worden waren. Diverse wissenschaftliche Wälzer waren auch schlicht und ergreifend aus der Solomon Library der New York University School of Business gestohlen worden. Es gab fotokopierte Zeitschriftenartikel und NEXIS-Ausdrucke alter Zeitungsberichte, die ein stets gewissenhafter Cliff Weiner für jede Kiste sorgsam geordnet und abgeheftet hatte.

Hansen nahm sich die Zeit, die in den Archivkisten verstauten Bücher zu zählen. Alles in allem waren es zweiundachtzig, darunter Allman & Sametz' *Financial Crisis* (1977), Kindelbergers *Manias, Panics and Crashes* (1978) und Mackays *Some Extraordinary Popular Delusions and the Madness of Crowds*, zuerst erschienen 1841. In der fünften Box entdeckte er zudem ein völlig zerlesenes Exemplar der zweiten Ausgabe 1994 von Martin Wolfons bahnbrechender Untersuchung *Financial Crisis: Understanding the Postwar U. S. Experience.* Ein fanatischer Bingham hatte die Bücher intensiv durchgearbeitet, wichtige Stellen unterstrichen und mit Briefklammern, Notizzetteln und umgeknickten Ecken gekennzeichnet. Von der Analyse dramatischer Kurseinbrüche auf dem Aktienmarkt ganz offensichtlich wie besessen, mußte er bis zu seinem Tod Hunderte von Stunden mit dem Zusammentragen dieses Materials zugebracht haben.

Na und? schnaubte eine Stimme in seinem Kopf mißbilligend über diesen Befund. *Paßt das nicht alles hervorragend zu jemandem, der gerade an einem Buch zum Thema Börsencrashs arbeitete?*

Schon wahr, gestand die kritische Gegenstimme in seinem Kopf. *Aber,* konterte sie, *was steckt so Besonderes in diesen Kisten, daß es Bingham ermöglichte, ein Experte zu werden, der einen Minicrash des Aktienmarkts für einen weit in der Zukunft liegenden, willkürlichen Tag präzise voraussagen konnte?*

Für diese brennende Frage gab es keine greifbare Antwort.

Also krempelte Hansen seine Ärmel hoch und griff in die erste Kiste, die mit der Aufschrift FINANZKRISEN – ZUSAMMENBRÜCHE, PANIKEN UND KRITISCHE MOMENTE – VOLKSWIRTSCHAFTLICHE THEORIE. Wenige Minuten später stieß der Anwalt auf vier Minikassetten mit dem Titel DER NÄCHSTE BÖRSENCRASH. Tom Bingham hatte sie selbst besprochen.

»Okay, Cliff, fangen wir mit dem Titel dieses Textes an. Alles Großbuchstaben, ›AMERIKANISCHE FINANZKRISEN – DER NÄCHSTE BÖRSENCRASH.‹«

Hansen blickte auf das Abspielgerät auf dem Tisch. Es war schaurig und beunruhigend, der geisterhaften Stimme des inzwischen Verstorbenen zuzuhören.

»Überschrift, ›Zusammenfassung‹. Okay, erster Abschnitt. ›Sie haben mich damit beauftragt, gewisse Behauptungen Dritter, die Ursachen und Folgen bemerkenswerter Börseneinbrüche betreffend, zu überprüfen. Zu diesem Zweck habe ich die Fakten und äußeren Umstände der folgenden historisch bedeutsamen Finanzkrisen untersucht.‹ Okay, Cliff, das folgende in Stichpunkten.

- Kollaps des holländischen Tulpenterminmarkts (1634)
- Börseneinbruch um Londoner Südseegesellschaft (1721)
- Mississippi-Schwindel Frankreich (1720)
- US-Panik von 1873
- Panik von 1893
- Panik von 1907
- Einsturz von 1929
- Kreditkrise von 1966
- Krise von 1973–1974
- Einbruch Silberhausse 1980
- Krise von 1982
- Schwarzer Montag 1987
- Panik von 1995

›In all diesen Fällen waren die Faktoren, die zu der Panik, dem kritischen Moment, der Krise, dem Einsturz oder Kollaps geführt haben, die gleichen. 1.) eine Phase übermäßiger Spekulationen … 2.) ein abgeschlossener Konjunkturzyklus, verbunden mit einer anhaltenden Zunahme an Reichtum … 3.) ein erheblich überbewerteter Aktien- und Warenmarkt … 4.) ein externer Faktor, der das Vertrauen der Anleger erschütterte … 5.) ein panikartiger

Sturm auf die Ausgänge des Marktes insgesamt – der sogenannte Lemminge-Effekt... und schließlich 6.) ein spektakulärer Kursrückgang, dessen Ursache mehr in Habgier und Angst als in einer rationalen Bewertung der Lage begründet lag.

Immer wieder hat die Geschichte den Aktienmarkt dazu verurteilt, seine Zyklen zu wiederholen und gestattete ihm dabei keinerlei Ausnahme.‹ Cliff, das folgende bitte fett, kursiv und unterstrichen. ›Börsencrashs nach Phasen anhaltenden und übermäßigen Wirtschaftswachtums sind natürlich und unvermeidlich.‹

Neuer Absatz. ›Nun hat es in der Geschichte der amerikanischen Wirtschaft keine größere Spekulationsorgie gegeben als in den vergangenen zehn Jahren. Ein massiver Börseneinbruch ist niemals eine Frage des *ob*, sondern nur eine des *wann*. Zur Zeit liegen alle Indikatoren dafür vor, daß der nächste Börsencrash *jeden Augenblick* einsetzen kann.

Wie die Geschichte uns lehrt, kann ein wohldosierter Anstoß eine moderate Gewinnrealisierung in eine Panik verwandeln, die die amerikanischen Aktienmärkte in den Abgrund stürzen würde. Wahrscheinliche Folge: ein Absacken des DJIA um vierzig bis fünfzig Prozent, eine siebzehn bis zwanzig Monate andauernde Rezession und im denkbar besten Fall eine Weltwirtschaftskrise.‹«

Hansen zuckte zusammen, als er dies hörte: *im denkbar besten Fall?*

»Okay, Cliff, letzter Absatz dieses Textes. ›Schlußfolgerung. Ich bin froh, Ihnen mitteilen zu können, daß meine eigenen Untersuchungen die reichlich kühnen Thesen, die Gammage aufgestellt hat, weitgehend bestätigen. Sein Vorhaben scheint durchführbar, zumindest vom Konzept her. Im übrigen qualifiziert mich meine eigene Position in New York in hoher Weise dafür, zur Verwirklichung dieses Projekts beizutragen.

Selbstverständlich müßte ich mir vor einem Einstieg von Ihnen Aufklärung über die langfristigen Aussichten für meine Vergütung erbitten. Hochachtungsvoll

L. Thomas W. Bingham, Rechtsanwalt.‹ Okay, Cliff, das ist das Ende der Aufnahme.«

Ein undefinierbarer Schauer fuhr Hansens Rückgrat hoch, als die Aufzeichnung von Binghams Stimme endete und nur noch das Rauschen des leeren Kassettenbands zu hören war.

In dieser »Zusammenfassung« hatte Bingham also der These dieses Gammage zugestimmt, daß ein Börsencrash kurz bevorstand. Aber für wen war denn nun diese Zusammenfassung gedacht, wenn nicht für Gammage? Und wer war der anonyme Empfänger des eigentlichen Berichts? Bingham arbeitete nicht an einem Buch, er war auf einen Beraterjob scharf. Vielleicht für einen Hedge-Fonds? Für eine Grupppe von Anlegern? Stand es irgendwie in Verbindung mit seinen Insidergeschäften?

Eins war sicher: Die Faktoren, die zu Binghams unbegreiflicher Vorhersage von Freefall Friday geführt hatten, besaßen allesamt auch Gültigkeit für den derzeitigen Aktienmarkt. Wilde Spekulationsgeschäfte… Höhepunkt eines Konjunkturzyklus… ausgekaufter Markt. Die Vorstellung, daß eine Krise am Derivatemarkt oder ein Ereignis im Programmhandel einen massiven Kurseinbruch initiieren könnte… na ja, das war doch pure Vermutung, blieb unvorhersehbar. Oder etwa nicht? Wenn ja, wie zum Teufel konnte er dann Freefall Friday vorhersagen?

Die Analyse von Bingham–Gammage war beängstigend. In dem diktierten Text hatte Bingham einen vierzig- bis fünfzigprozentigen Rückgang des Dow Jones Industrial Average vorhergesagt. Und eine darauf folgende Rezession von bis zu zwanzig Monaten Dauer. Oder sogar eine *Weltwirtschaftskrise.*

Seltsamerweise hatte Bingham in diesem Zusammenhang vom *denkbar besten Fall* gesprochen.

Als würden Bingham und die anderen Leute hinter diesem »Vorhaben« nicht nur einen Börseneinbruch *vorhersagen*, sondern ihn geradezu *herbeisehnen.*

Hansen ließ dies alles verwirrter als zuvor zurück. Wer würde denn schon auf einen massiven Börsencrash hoffen?

Teil III

Der gigantische, unsichtbare Asteroid

20. Februar–12. März

Derivate sind hochkomplexe, computerentwickelte Finanzinstrumente, die sich der massiven Wetteinsätze der Öffentlichkeit auf dem Wertpapiermarkt bedienen, um eine Parallelwelt aus Nebenwetten und Spekulationsvarianten zu schaffen, die derart riesig ist, daß sie wie ein gigantischer unsichtbarer Asteroid funktioniert. Sie beeinflussen die Marktbewegungen mit ihrer gewaltigen, kaum begriffenen Gravitationskraft. Und wenn sie aus ihrer Umlaufbahn taumeln, dann kann es durchaus passieren, daß sie auf die Welt der alltäglichen Investments herunterstürzen – und verheerende Folgen anrichten.

John Greenwald, *Time-Magazine*, 1995

26

Tyson's Corner, Virginia
Samstag, 20. Februar

Der Diskussionsteilnehmer aus Honeywell schwafelte weiter lang und breit über zu errichtende Brandmauern, und der Junge neben ihm schaltete ab. Bla, bla, bla, Computernetzwerke mit großflächiger Verbreitung benötigten Sicherheitsbrandmauern. *Was du nicht sagst, Sherlock.*

Gelangweilt betrachtete der junge Mann das Publikum, das bald ihm zuhören würde. Die Anwesenden unterschieden sich ganz erheblich von ihm. Er schätzte deren Durchschnittsalter auf, was? – vierzig, zweiundvierzig? Ihre Gesichter waren humorlos, die Augen stumpf, und ihre Bäuche hatten einen Großteil des roten Fleischs gespeichert, das in den letzten vier Jahrzehnten durch ihren Verdauungstrakt gewandert war. Sie trugen polierte Schuhe. Es handelte sich bei ihnen um Datenbankleiter in Unternehmen, die zum Klub der hundert größten US-Firmen zählten, um Sicherheitsspezialisten für Computernetze, Vertreter von Strafverfolgungsbehörden und ein paar Vietnamveteranen aus dem Verteidigungsministerium. Sie alle opferten einen ihrer geheiligen Samstagmorgen in Tysons's Corner, Virginia, weil sie ihre Arbeit *sehr ernst* nahmen und sicherstellen wollten, sie nicht zu verlieren.

Der junge Mann hieß Freddie Zaraghi, aber das Publikum würde ihn nicht unter diesem Namen kennenlernen. Dem sechsten alljährlichen Symposium des Digital Information Integrity Institute zum Thema Computersicherheit würde er im Sheraton Premier Hotel vielmehr nur als »Thrush« vorgestellt werden. Im

Unterschied zu den Leuten im Saal war Freddie jung und unverfroren, und sein ganzes Auftreten zielte darauf ab, einen bestimmten... Eindruck bei anderen zu wecken. Er war Amerikaner türkischer Abstammung, ein dunkler, gutaussehender Typ mit sorgfältig gestutztem Fu-Manchu-Bärtchen, wie ihn Computerfreaks neuerdings gerne trugen. Von Kopf bis Fuß in Schwarz gekleidet, mit schwarzen Jeans und einem schwarzen, unter dem Kinn heruntergeklappten Rollkragenpullover aus Synthetik ähnelte er einem digitalen Ninja-Krieger. Er hatte nagelneue schwarze Nike-Sneakers, eine coole Frisur und eine naßforsche Art. Im ersten Moment würden die Leute Thrush wahrscheinlich Verachtung entgegenbringen, aber zugleich gierten sie natürlich danach, die Arbeitsweise seines Gehirns kennenzulernen. Die Motivation unterschied sich tatsächlich in keinster Weise von jener der zynischen Madison-Avenue-Werbestrategen, die alles daran setzten, in die Köpfe der Angehörigen der Generation X zu kommen.

Zaraghi hatte sich an dem Symposium allein des Honorars wegen beteiligt. Seit Gammage ihn über den Tisch gezogen hatte, steckte der Junge in Geldsorgen. Nur aus diesem Grund spielte er an diesem kalten Samstag morgen in öden Tyson's Corner, Virginia, einen Untergangspropheten namens Trush.

Der geschwätzige Vorredner brachte seine einschläfernden Ausführungen über Brandmauern um Viertel vor elf, fünfzehn Minuten über der vorgesehenen Zeit, endlich zu Ende. Höflich meinte der Moderator der Veranstaltung: »Vielen Dank für dieses Update, Karl-Heinz, das war außerordentlich... erschöpfend.«

Dann wandte sich der Moderator dem Jungen zu. Ein amüsiertes Grinsen zuckte an den Enden seines häßlichen Schnurrbarts, während er in trockenem, leicht spöttischem Leierton sprach: »Der letzte Redner dieses Podiums ist ein junger Mann aus Detroit, der sich in der Tradition von Madonna, Prince und anderen Rockstars mit griffig kurzen Künstlernamen einfach nur Thrush nennt. Thrush ist ein Vertreter der ›dunklen Genialität‹, könnte man sagen. Im Alter von elf Jahren knackte Thrush das

Notrufsystem der Stadt Detroit und ersetzte die aufgezeichnete Begrüßungsansage durch die Stimme von Mr. Spock aus *Star Treck*, die sagt: ›Glück und langes Leben.‹«

Das sorgte für ein paar verhaltene Kicherer im Publikum. Die Mehrheit konnte aber nichts Lustiges an derartigen Schülerstreichen finden, hing ihre weitere Anstellung doch gerade davon ab, solche Störungen zu verhindern. Trotzdem freute sich Trush über die paar Lacher, es würde ganz sicher nichts bringen, die Anwesenden komplett gegen sich zu wissen.

Der Moderator fuhr fort: »Vor zwei Jahren, während er an der Carnegie-Mellon University studierte, wurde Thrush vom Secret Service in einer verdeckten Operation der Bundesbehörden mit dem Kodenamen *Operation Sun Devil* verhaftet, weil er in die zentralen computergesteuerten Schaltanlagen der Telefongesellschaft für den gesamten Mittleren Westen eingedrungen war. Die Anklage wurde fallengelassen, nachdem Thrush sich bereit erklärt hatte, den Strafverfolgungsbehörden bei der Suche nach anderen kriminellen Hackern zu unterstützen.« (Das Publikum reagierte mit einem wissenden Gemurmel auf die Erwähnung von Operation Sun Devil. Wahrscheinlich befanden sich einige der damals an der verdeckten Aktion beteiligten Bundesbeamten sogar heute unter den Anwesenden, vermutete Thrush.) »Nach seinem Abgang von Carnegie-Mellon entwickelte Thrush im Alleingang ein hochmodernes Computersystem für Wall-Street-Firmen, das ihnen elektronischen Zugang zum Wertpapiermarkt verschafft und das mit Hilfe von künstlicher Intelligenz und hochkomplexer Technologien zur Datenaufbereitung einen automatisierten Handel ermöglicht – Patentierung noch nicht abgeschlossen, wie ich hinzufügen sollte. Als selbständiger Sicherheitsberater für Computertechnik arbeitet Trush jetzt für Unternehmen, Strafverfolgungsorgane und diverse Bundesbehörden. Es ist uns eine besondere Ehre, ihn heute hier zu Gast zu haben, um zu uns über das Thema ›Information-Superhighway oder Straße ins Disaster?‹ zu sprechen. Meine Damen und Herren: Thrush.«

Nachdem der spärliche Applaus verklungen war, verschränkte Thrush lässig die Arme auf dem Tisch und beugte sich so nahe ans Mikrofon, daß seine Lippen das kalte Metall berührten. Seine Stimme dröhnte durch den Saal.

»Lassen Sie uns ein Spiel spielen.

Sagen wir, es ist auf den Tag genau zwei Jahre später. Das wäre dann ein Montag. Ein Februarmorgen, der sich in nichts von anderen zu unterscheiden scheint. Sie gehen ins Badezimmer, um zu duschen. Sie drehen den Nachrichtensender im Radio an.

Zuerst hören sie von einem tragischen Unglück in Los Angeles in der vergangenen Nacht. Eine private Cessna ist mit einer Boing 747 zusammengestoßen, die gerade zu ihrem Routineflug nach New York abhob. Beide Flugzeuge stürzten ab. Insgesamt zweihundertsiebenundsechzig Menschen kamen ums Leben. Fassungslos reagierten die Ermittler auf die Auskunft der befragten Fluglotsen, daß deren Bildschirme ihnen falsche Informationen zur Position der Flugzeuge übermittelt hätten. Die Ermittlungen werden fortgesetzt...

Sie befinden sich auf dem Weg zur Arbeit, das Autoradio läuft. Ein Personenzug aus Newark, New Jersey, ist auf seiner Fahrt nach Boston frontal mit einem nach Süden fahrenden Güterzug zusammengestoßen, der eine Ladung Neuwagen nach Miami bringen sollte. Vierundfünfzig Menschen sind tot, Hunderte verletzt. Nach Meinung eines Bundesbeamten, der namentlich nicht genannt werden wollte, müssen Unbefugte in das Verkehrskontrollsystem der Eisenbahn für die Ostküste eingedrungen sein und die Züge vorsätzlich auf Kollisionskurs umgeleitet haben. Und Sie denken in Ihrem Auto, na ja, Montage sind ja immer verhext, aber der ist wirklich ein Hammer...

Sie kommen zur Arbeit, wo Ihnen unter anderem auch ein Fernseher zur Verfügung steht. Sie schalten CNN ein, um die neuesten Informationen über die beiden Unglücke zu erfahren. Zehn Minuten später verschwindet der Nachrichtensprecher und es erscheint ein Foto von Saddam Hussein. Eine männliche Stimme aus dem Off sagt geheimnisvoll: ›Alaska, zehn Uhr.‹ Der

Nachrichtensprecher kehrt zurück, verwirrt darüber, daß jemand das Satellitensignal des Nachrichtensenders hat kapern können...

Und tatsächlich kommt um zehn Uhr, Eastern Time, die Meldung, daß die Computersteuerung der Alaska-Pipeline ausgefallen ist und sich Millionen Liter Rohöl unkontrollierbar über die gefrorene Tundra ergießen. Kurz darauf entzündet sich das austretende Öl, und riesige schwarze Rauchwolken über dem Gebiet sorgen für eine Umweltkatastrophe vom Ausmaß der kuwaitischen Ölbrände während des Golfkriegs...

Und die Anschläge gehen weiter.

Die Schaltzentrale in Culpeper, Virginia, die bundesweit Geldüberweisungen kontrolliert, wird von unbekannten Eindringlingen heimgesucht. Im gesamten Südosten müssen Bürger, die an Bankautomaten Geld abheben wollen, plötzlich feststellen, daß ihre Konten leer sind. Eine Panik bricht aus, und die Leute strömen zu den Banken, um ihre Einlagen abzuziehen. Die Bundesaufsicht der Banken erlaubt den Instituten frühzeitig zu schließen, um einen Zusammenbruch der Wirtschaft in den Südstaaten zu verhindern...

Im Stadtgebiet von Chicago bricht die gesamte Stromversorgung zusammen. Bei Temperaturen von minus 12 Grad und tiefer erfrieren viele arme und alte Leute. Verzweifelten Arbeitern gelingt es nicht, die Software zu reparieren, die das betreffende Versorgungsnetz steuert. Gegenüber der Presse äußern sie die Befürchtung, daß ein Hacker das System irreversibel geschädigt haben könnte...

In New York wurden die Computer des NASDAQ-Akienmarkts auf unerklärliche Weise lahmgelegt. Niemand ist in der Lage, Kauf- oder Verkaufsaufträge einzugeben. Unter den Anlegern, die fürchten, ihre Wertpapiere nicht mehr abstoßen zu können, ist es zu einer Massenpanik gekommen. Der NASDAQ-100-Index hat an einem einzigen Tag ein Drittel seines Wertes eingebüßt...

Die elektronischen Schaltsysteme des Washingtoner Telefonnetzes streiken, weshalb weder Fern- noch Ortsgespräche mehr möglich sind. Neunzig Prozent der Computer des Verteidigungsministeriums, die auf externe Telefonleitungen angewiesen sind, können keine Daten untereinander mehr austauschen, was wiederum die Streitkräfte des Landes lähmt...

Das schlimmste Szenario ist Wirklichkeit geworden. Ein gesichtsloser Feind hat die Vereinigten Staaten in den ersten ›Informationskrieg‹ des einundzwanzigsten Jahrhunderts verwickelt. Ein elektronisches Pearl Harbor findet statt, und der Feind hat seinen Fuß nicht einmal auf amerikanischen Boden gesetzt. Jemand muß den Präsidenten benachrichtigen.

Aber der Präsident wurde bereits benachrichtigt. Man hat ihn darüber informiert, daß die unsichtbaren ›Informationsterroristen‹ die Kontrolle über den Big Blue Cube in Moffet Field, Mountain View, Kalifornien, übernommen und das globale System zur Satellitenausrichtung unbrauchbar gemacht haben. Und in diesem Moment meldet der Geheimdienst, daß Computerhacker soeben in das höchstgeheime Worldwide Military Command and Control System, kurz WWMCCS, eingedrungen sind, und sie müssen unbedingt sofort aufgehalten werden, Mr. President, *sofort*!

Entschlossen ergreift der Präsident Maßnahmen und läßt Saddam Husseins Palast und andere strategisch wichtige Ziele mit Marschflugkörpern in Schutt und Asche legen. Huch, einen Augenblick mal, Mr. President, da ist ein Anruf vom CIA mit noch mehr schlechten Neuigkeiten.

Wie sich herausstellte, steckt nämlich Saddam überhaupt nicht dahinter. Das wollten Sie die Cyberterroristen nur glauben machen. Ha, ha, ha... *reingefallen*...

Der Präsident wendet sich an seine Geheimdienstleute. Wer ist dieser Feind? Eine Horde aknegesichtiger sechzehnjähriger Hacker aus Peoria? Holländische Computeranarchisten, die sich nur einen Jux machen wollten? In Amerika ausgebildete Cyberterroristen aus der dritten Welt?

Wissen Sie was? – Womöglich wird man es nie erfahren, denn

dieser Angriff wurde von Mobiltelefonen aus über nicht zurückverfolgbare Satellitenverbindungen ausgeführt. Krieg im einundzwanzigsten Jahrhundert bedeutet keine Frontlinie, kein Feind, den man erschießen könnte, und keine Feldzüge.

Und wenn Sie jetzt denken, ich reime mir hier nur ein an den Haaren herbeigezogenes Drehbuch für einen Bruce-Willis-Film zusammen, dann will ich Ihnen mal etwas sagen. Behalten Sie all Ihre Bomben und Patronen und geben Sie mir eine Gruppe von zehn Hackern, die über das gleiche Maß an Erfahrung und Fähigkeiten wie ich verfügen, und ich werde dieses Land innerhalb von dreißig Tagen in die Knie zwingen.

Folgendermaßen ist die Lage, Leute, kurz und schmerzlos: Wir haben die Kontrolle über die Infrastruktur dieses Landes an die Automaten abgetreten. Und wer die Automaten kontrolliert, der kontrolliert auch uns.«

An diesem Punkt lehnte sich der Junge einfach zurück und genoß befriedigt die tödliche Stille. Sobald die dramatische Pause verstrichen war, beugte er sich wieder zum Mikrofon. »Und jetzt wollen wir darüber sprechen, wie man sich vor den Bösewichten schützen kann.«

27

Manhattan
Montag, 22. Februar

Das Modewort an der Wall Street lautete in diesem Jahr »Globalisierung«.

Vorausgesetzt, der bevorstehende Börsengang würde auch nur halbwegs erfolgreich verlaufen, besäße Wolcott das nötige flüssige Kapital für eine Teilnahme an den letzten, entscheidenden Runden in Verteilungskampf um den globalen Superfinanzmarkt. Daher setzte der Vorstandsvorsitzende der Firma Max Schomburg alle ihm zur Verfügung stehenden Mittel daran, den Erfolg des Börsengangs und damit die Zukunft des Unternehmens sicherzustellen.

Beispielhaften Anschauungsunterricht für die globale Ausrichtung von Wolcott lieferte allmontäglich um 7.15 Uhr die Besprechung im sogenannten Kuala-Lumpur-Raum der New Yorker Firmenzentrale. Als konstante Erinnerung an das Unternehmensziel, die Welt zu erobern, hat Max Schomburg verfügt, daß die zweiunddreißig Konferenzzimmer der Wall Street 44 alle nach den weit entfernten Filialen benannt wurden, die das Finanzhaus überall auf der Welt entweder bereits unterhielt oder die es einzurichten beabsichtigte.

Müde griffen die einundzwanzig Männer und Frauen nach den marmeladegefüllten Plunderteilchen und dem aspirinbitteren schwarzen Kaffee, die in der Mitte jenes riesigen runden Tisches standen, der einen Großteil des Kuala-Lumpur-Raums einnahm. Zwischen Bissen vom klebrig-süßen Gebäck berichteten sie von Wochenendabenteuern in ihren Skihäusern in Killington. Und diejenigen, die in Manhattan bleiben mußten, schwärmten von den japanischen Restaurants, die sie am Samstag abend besucht hatten. Für einen Außenstehenden war an dieser Gruppe besonders die Verschiedenartigkeit ihrer Mitglieder auffallend. Es war eine Art Vereinte Nationen der Hochtalentierten. Sanchev, Cynthia, Trevor, Helmut, Genghis, Chaim, Bin Bong Yam, Jason, Girish, Chatri, Strobe und Joe saßen dicht beisammen um den Konferenztisch und kämpften um das Kuchengebäck. Wall-Street-Firmen wie Wolcott Fulbright waren pure Meritokratien: Solange du für die Firma Geld machst, wird auf dem Trading Floor immer ein Platz für dich frei sein.

Pünktlich um 7.14 Uhr betrat Julian Stainsby mit einem Spiralblock in der Hand den Raum. Er schaltete das Freisprechtelefon an und gab die Nummer der Vermittlung für Konferenzgespräche ein. Nachdem der Operator alle Teilnehmer rund um den Globus miteinander verbunden hatte, räusperte sich Stainsby und rief mit seinem entwaffnend korrekten britischen Akzent die Auslandsstellen auf. »London, können Sie mich hören?«

»Glockenklar.«

»Syndney?« fragte Stainsby.

»Ist da.«

»Tokio?«

»Ja. Tokio ist auch da.« Die Stimme aus Tokio wurde vom Knistern und Knacken einer schlechten Verbindung überlagert. »Wir werden noch einmal anwählen, um zu sehen, ob wir die Qualität etwas verbessern können.«

»In Ordnung«, sagte Stainsby. »Wir haben hier Toronto, Chicago, San Fran und Boston und alle, die hier in New York sind. Gil ist wegen dringlicher Geschäfte unabkömmlich und hat mich in letzter Minute gebeten, für ihn heute morgen einzuspringen, und ich …«

Eine verärgerte Stimme plärrte aus der Telefonanlage: »Hey, New York, was soll das? Ihr habt Hongkong vergessen. Zählen wir etwa nicht mehr?«

Uups, bedeutete Julian tonlos den Anwesenden im Kuala-

Lumpur-Raum und erwiderte dann laut mir reuiger Stimme: »Entschuldigen Sie vielmals den Lapsus, Hongkong. Normalerweise ist das hier Magillas Show, und ich bin zum ersten Mal ...«

»Hören Sie mal, Chef«, fiel Hongkong ihm schnarrend ins Wort. »Ich weiß, wir sind an die Kommunisten zurückgegeben worden, aber deshalb sind wir doch, Herrgott noch mal, trotzdem Menschen.«

In Konferenzzimmern in vier anderen Finanzmetropolen von weltweiter Bedeutung kicherten einflußreiche Jungbörsianer amüsiert auf Stainsbys Kosten.

»Ganz richtig, Hongkong, wird nicht wieder vorkommen«, sagte Julian und drehte nervös an seinem Trauring. In Gedanken war er bei dem heißen Deal, an dem McGeary gerade arbeitete. »Angesichts des rasanten Marktgeschehens zur Zeit sollten wir sofort loslegen. Hongkong, Ihnen gebührt der Vortritt.«

Dem Bericht aus Hongkong zufolge zeigten sich die Anleger fasziniert von der furiosen Erholung der amerikanischen Märkte nach Freefall Friday. »Die Krümmung des normierten Lächelns ist steiler geworden, und die Nachfrage nach Out of the Money Put-Options, die eine Portfolioversicherung beinhalten, hat zugenommen. Unsere Kunden wollen nur noch darüber reden, wie sie wieder auf den amerikanischen Aktienmarkt zurückkehren können.«

In Tokio, wo die im Nikkei zusammengefaßten japanischen Aktienwerte weiter träge vor sich hin dümpelten, »hat das Interesse der führenden institutionellen Anleger eine Wende hin zu einem verstärkten Engagement auf dem amerikanischen Wertpapiermarkt vollzogen in erster Linie über Derivate.«

London berichtete, daß die Gespräche in Europa vom andauernden Gipfelsturm des amerikanischen Aktienmarkts beherrscht werden. »Wir erleben hier Vermögensverwalter und große Kapitalanleger, die auf den Zug aufspringen, selbst wenn er bereits aus dem Bahnhof rollt. Einige unserer Kunden haben wir in eine extrem kurzfristige Konstruktion für die S&P 500 gesetzt, da die steigende Nachfrage nach Put Protection die implizite Volatilität auf vierzehn Prozent hochgedrückt hat.«

Aus Sydney kam die Meldung, daß auch australische Investoren wieder auf den Geschmack von amerikanischen Aktien gekommen sind. »Infolge des steten Aufwärtstrends der S&P 500er nach den Verlusten vom Freefall Friday sind front month at-the-money Vols gefallen, es liegt keine Überbewertung mehr vor. Wir empfehlen daher: langfristige Volatilität abstoßen, kurzfristige Volatilität kaufen, kombinierte Optionsgeschäfte deltaneutral kaufen und verkaufen.«

Julian selbst besorgte den New Yorker Bericht. »In New York sind unsere Börsenkunden wieder mit Macht ins Geschäft eingestiegen. Stark wird bei den S-&-P-Index-Option-Calls investiert, da mit einer Fortsetzung des Aufschwungs gerechnet wird. Und angesichts der Nachfrage, die wir von unseren institutionellen Topvorzugskunden erfahren, haben wir es hier nicht mit einer toten Katze zu tun, die bloß noch mal vom Gehsteig hochprallt, Leute. Ungeachtet des Versuchs von Freefall Friday, die Party zum Platzen zu bringen, hält die Bubble noch ein wenig.«

»Ich versteh euch überhaupt nicht, ihr fremdartigen Wesen«, sagte Tokio. »Eure Märkte scheinen aller Logik zu widersprechen.«

Stainsby konterte stumm, *Du mußt gerade reden.* »Das ist alles, Leute. Schönen Dank.« Mit diesen Worten drückte Stainsby die Unterbrechungstaste und beendete damit den morgendlichen Informationsaustausch. Die New Yorker Teilnehmer drängten aus dem Kuala-Lumpur-Raum und strömten zurück zu ihren Plätzen im Handelsraum, um die erregten Anfragen ihrer Kunden entgegenzunehmen.

Rick Hansen fing Joseph Monetti ab, als dieser aus der Morgensitzung kam. »Hey, guten Morgen, Joe, hätten Sie ein paar Minuten Zeit?«

Joe sah Rick mit diesem verschrecken Blick eines ins Scheinwerferlicht geratenen Rehs an. Merkwürdig, dachte Hansen, daß ausgerechnet dieser Typ den Spitznamen Joe Money hatte, denn nichts an ihm ließ an Geld denken. Er war beinahe krankhaft dürr mit schlaksigen Gliedmaßen, die sich in marionettenhafter Unbeholfenheit bewegten. Seine Gesichtszüge mit dem schwarzen lockigen Haar und den tiefen Kränzen unter dunklen, traurigen Augen erinnerten an eine ausgesetzte Promenadenmischung. In dem durchaus erfolgreichen Versuch, jeden Blickkontakt mit seinem Gesprächspartner tunlichst zu vermeiden, wanderten seine ruhelosen Augen permanent im Raum umher. Aber es ließ sich nicht leugnen, die Bohnenstange genoß auf dem Trading Floor einen Ruf als brillanter Finanztechniker, dessen Derivatestrukturen in ihrer Schlichtheit und ihrem Einfallsreichtum kleine Kunstwerke waren. Und so wurde Monetti in der Firma trotz seines Hochwasserhosenstils allgemein als der Mann für Fachfragen angesehen.

Joe Money warf einen Blick auf seine Timex Ironman Triathlon. »Ich habe in fünf Minuten ein Treffen mit Gil McGeary.«

»Es dauert nur zwei.«

»Handelt es sich darum, den Markt mit Hilfe der Chaostheorie vorherzusagen?« fragte Joe Money.

Hansen war verblüfft. »Woher wußten Sie das?«

»Magilla erzählte, daß Sie sich danach erkundigt haben. Außerdem erwähnte es Roslynn Blum mir gegenüber. Sie sagte, Sie würden prüfen, ob sich ein System für das Handelsgeschäft entwickeln läßt.«

Whoa. Kam die kleine, unschuldige Lüge, die er Blum aufgetischt hatte, doch zurück und ritt ihn in die Scheiße. Er wollte eben eine klägliche Erwiderung zusammenstottern, da erlöste Moretti ihn. »Wenn Sie mich fragen, ich halte das für eine phantastische Idee.«

»Tatsächlich?«

»Unbedingt. In Wahrheit stellt die Chaostheorie den vermutlich aufregendsten Fortschritt in der Physik der letzten vierzig Jahren dar. Es ist das erste Mal seit drei Jahrzehnten, daß die Akademiker im Finanzsektor wieder die intellektuelle Vorreiterrolle übernehmen. Meiner Meinung nach können die Chaosforscher nicht länger ignoriert werden.«

Hansen trat unruhig von einem Bein aufs andere. »Was bedeutet Chaostheorie eigentlich überhaupt genau?«

»Die Quintessenz von Chaos ist, daß viele hochkomplexe, nichtlineare Systeme sich an ihrer Oberfläche beliebig zu verhalten scheinen, sie in Wirklichkeit jedoch auf halbgeordnete Weise entsprechend ihrer eigenen Regelsätze reagieren.«

»Ein Beispiel?«

»Das Wetter, die Wirtschaft, randalierende Menschenmengen. Aber das womöglich chaotischste, nichtlineare System ist der Aktienmarkt.«

»Fahren Sie ruhig fort.«

Monetti blickte auf den Teppichboden und massierte geistesabwesend zwischen Daumen und Zeigefinger sein Ohr. »Dem gängigen Verständnis nach sind diese Systeme stets ihrer Natur gemäß und auf ewige Zeiten für unberechenbar gehalten worden. Diese Ansicht fegt die Chaostheorie einfach vom Tisch. Chaos ist *nicht* das gleiche wie Zufälligkeit.«

Hansen nickte aufmunternd.

»Chaosforscher räumen zwar ein, daß das weit in die Zukunft reichende Verhalten jedes komplexen Systems nicht vorhersehbar ist, dafür gibt es zu viele Variablen, die sich laufend ändern, aber – und darin liegt der Schlüssel zur Anwendung der Chaostheorie – auf kurze Sicht existieren hinter dem Blendwerk von Tausenden wenn nicht Millionen variabler Größen, die von keiner menschlichen Analyseanstrengung bestimmt werden können, auch berechenbare Elemente im Verhalten dieser Systeme. Chaotische Systeme bewegen sich zu eigenen, selbsterzeugten Signalen wie das Klatschen eines Publikums, das mit einem einzigen klatschenden Händepaar beginnt und sich am Ende zu einem einträchtigen, nichtlinearen System entwickelt. Daher lassen sich, vorausgesetzt, man verfügt über angemessene computertechnische Mittel, die generellen Marktentwicklungen auf kurze Sicht vorhersagen.«

Hansen verzog sein Gesicht vor lauter Konzentration. »Wollen Sie damit sagen, die Chaostheorie erlaubt eine kurzfristige Vorhersage der Kursentwicklung?«

»Das ist durchaus möglich, sofern ein ausreichend leistungsfähiges Computersystem zur Verfügung steht. Allerdings behaupten einige Black-box-Pioniere – ich denke etwa an D. B. Shaw oder die Prediction Company –, daß die Chaostheorie nur für eine Zeitspanne von fünfzehn bis sechzig Tagen akkurate Vorhersagen zuläßt.«

Hansen stöhnte. Tom Binghams Prophezeiung des Minicrashs fiel noch so eben in diese Zeitspanne, aber Hansen blieb skeptisch, daß jemand den Kursverlauf mit gleicher Präzision wie Bingham vorhersagen konnte.

Er wollte Monetti gerade danach fragen, da kündigte ein Glockenschlag die Ankunft des abwärts fahrenden Aufzugs an. Joseph Monetti sagte: »Hey, ich muß los. Wenn Sie wirklich daran interessiert sind, ein Black-box-System aufzubauen, können wir uns ja mal zusammensetzen.« Damit entzog er sich weiteren Fragen und verschwand in dem Menschenpulk, der sich in den Fahrstuhl zwängte.

Als Joe Money zum Trading Floor zurückkehrte, stellte sich heraus, daß McGeary selbst zehn Minuten zu spät dran war. Der Abteilungschef beendete erst noch sein Telefonat und streckte dann den Kopf aus seinem Glaskasten. »Stain! Joe Money!«

Die Männer drehte die Köpfe.

»In mein Büro«, knurrte McGeary und winkte ihnen.

Als sie an dem kleinen runden Tisch in der Ecke von McGearys Büro Platz genommen hatten, sagte The Stain: »Was gibt's?«

»Habt ihr das schon gesehen?« fragte McGeary und wedelte mit einer Ausgabe des *Derivatives Letter* vor ihren Nasen.

»Wie sollten wir?« bemerkte Stainsby amüsiert. »Du bekommst sie doch immer zuerst und läßt sie dann ewig nicht mehr aus den Fingern.«

»Also gut, hier.« Er warf sie auf den Tisch. »Betrachtet sie als verteilt.«

Stainsby und Monetti legten das Mitteilungsblatt vor sich hin.

Derivatives Letter war ein wöchentliches Fachblatt für den Börsenhandel, das jeden Montagmorgen per Fax an seine Abonnenten verschickt wurde. *DL* war berüchtigt für seine gehörige Portion Klatsch über Anwerbungen, Abwerbungen und Kündigungen in der stark fluktuierenden Berufssparte der Derivatehändler. Dabei lag der Bezugspreis für den *Letter* unverschämt hoch – schwindelerregende $ 1795 im Jahr. Die Erbsenzähler in den Firmen zeigten sich regelmäßig entsetzt, daß ein farbloses, wöchentliches Skandalblättchen von zwölf Seiten Umfang denselben Preis verlangen konnte wie ein Dutzend Jahresabos des täglich erscheinenden *Wall Street Journal*. Die Praktiker aber erwiderten, daß ein einziger Tip, den man dem *Letter* verdankt, die Bezugskosten auf einen Schlag spielend wieder einbringt. Der Artikel, den McGeary rot umrandet hatte, war ein Beweis für diese Tatsache.

Petrodollars aus dem Mittleren Osten auf der Suche nach Megadeals im US-Derivategeschäft

Milliardenschwere Pools aus Öldollars haben dem Vernehmen nach den amerikanischen Aktienmarkt für bedeutende synthetische S-&-P-500-Deals ins Visier genommen. Dies teilte Charles Stone mit, dessen sich etablierende Investmentfirma GoldBridge Capital Advisors mit Sitz in Boca Raton die Fonds verwaltet. Das Kapital stammt offensichtlich von extrem wohlhabenden Scheichs aus dem Mittleren Osten, die von der eindrucksvollen, breit gestreuten Erholung der amerikanischen Notierungen nach dem Kurseinbruch vom 29. Januar (in der Presse auch als »Freefall Friday« bekannt) angezogen werden. Die von Stone gegründete Investmentgesellschaft plant, das Geschäft einer Reihe von Derivatehäusern in New York anzubieten, »die nicht vor Optionen und Swaps über Kapitalbeträge im Milliardenbereich zurückschrecken«, die zudem von »kurzer Lebensdauer« sein sollen. Stone gab zu verstehen, daß seine Klienten zur Zahlung »erstklassiger Provisionen« an diejenige Firma bereit seien, die eine Serie erfolgreicher Megadeals für GoldBridge durchführen könnte.

Julian blickte hoch, nachdem er den Artikel zu Ende gelesen hatte. »Klingt lecker, Chef. Gehe ich recht in der Annahme, daß wir uns auf das Geschäft stürzen sollen?«

»Nicht nötig. Hat Gil McGeary bereits erledigt und stellt euch vor, meine Lieben, wir sind bereits in die Endrunde des Schönheitswettbewerbs eingezogen. Dieser Stone ist nächste Woche in der Stadt und wird in die Firma kommen, um unsere große Zirkusshow zu begutachten.«

»So weit, so schön«, sagte Stainsby. »Aber worauf hat es dieser Scheichpool denn abgesehen?«

»Heikle Frage. Sie sagen, es handele sich um Hedging-Maßnahmen, aber ich würde die Möglichkeit nicht ausschließen, daß sie den Markt sondieren wollen. Andererseits sind diese Leute natürlich auch keine belgischen Zahnärzte.« Im Jargon der Finanzkreise war ein »belgischer Zahnarzt« ein naiver Tölpel, der im Derivategeschäft nichts verloren hatte. »Brauchbar und kompetent ist diese Kundschaft ohne Frage. Wir werden die Anwälte von oben benötigen, um diese Abschlüsse zu strukturieren, das heißt, sofern wir das Rennen überhaupt machen. Außerdem läßt sich durch Ausnutzung der Fälligkeitsmonate noch Raum für Umstrukturierungen finden. Und, wie es in dem Käseblatt steht, die Kapitalbeträge werden riiiiiesig sein.» McGearys Blick blieb auf einem ernst dreinschauenden Joe Monetti hängen. »Hey, Money, was soll die Trauermiene? Warum vermiest du mir hier meine Show?«

»Keine Ahnung. Es ist halt Geld aus dem Mittleren Osten.« Joe zuckte reflexartig mit den Schultern. »Geschäfte mit Scheichs sind bekanntermaßen schwierig. Den Leuten in der Kreditabteilung die Sache zu verkaufen, dürfte ein ziemlicher Kampf werden. Und bei den Anwälten wahrscheinlich genauso.«

»Scheiß auf die Kreditabteilung und die Anwälte. Wenn wir das Geschäft mit GoldBridge nicht machen, macht es Goldman. Ist euch eigentlich klar, warum Goldman uns jeden verdammten Leckerbissen vor der Nase wegschnappt? Weil sie wissen, wann man abgewogene Risiken eingehen muß. Wenn Max Schomburg wirklich, ganz aufrichtig die Absicht hegt, diesen Laden zu einem Weltunternehmen à la Goldman und Morgan hochzuwuchten, dann ist das hier genau die Art von Abschluß, den er dazu benötigt. Dieser GoldBridge-Deal ist eine ganz große Sache, Joe.«

Monetti hob seine Hände abwehrend in die Luft. »Gil, warte. Ich bin auf deiner Seite, weißt du noch? Ich spreche nur die absehbaren Hindernisse für dieses Geschäft an, das ist alles.«

McGeary lächelte grimmig. »Stimmt schon, ich weiß, ich weiß. Ich höre in meinem Kopf auch gerade Scott Mendelsohns Stimme, die sich wie bei einer kaputten Schallplatte ständig wiederholt. ›Gil, das ist hier Wolcott Fulbright. Wir sind nicht Goldman. Und wir sind auch nicht Merill oder die First Boston. Und wir werden auch nie so sein.‹«

Stainsby und Monetti lachten über die treffliche Kopie, die ihr Boß vom stellvertretenden Leiter der Kreditabteilung lieferte. Die Produkte, die das Derivateteam sich ausdachte, wurden immer komplexer, da wunderte es nicht, daß Mendelsohn mehr und mehr die Rolle des »Dr. No« übernahm. Aber die Firma verdiente kein Geld daran, Geschäfte abzulehnen, insbesondere wenn es sich um milliardenschwere Dollarkonten mit weltweiten Verbindungen handelte. Hey, Scott Mendelsohn und der Rest seiner Kohorte in der Kreditabteilung würden gar nicht bezahlt werden können, wenn McGeary und seine Leute keine Abschlüsse machten. Und mit einer Geht-leider-nicht-Haltung würde der bevorstehende Börsengang ganz sicher kein Erfolg. Daher sollte Scott M. besser einen verdammt guten Grund dafür haben, diesem Geschäft die Daumenschrauben anzusetzen, sollte Wolcott denn überhaupt das Glück haben, es zu bekommen.

»Ich verspreche euch, wenn wir den Schönheitswettbewerb

mit Stone gewinnen, dann *werden* wir das Geschäft auch durchführen.« An dieser Stelle lehnte Gil McGeary sich nach vorn und zeigte ein strahlendes, vieldeutiges Lächeln. »Überlaßt die Sorgen um die Kreditabteilung mal ruhig mir. Wenn es sein muß, kann ich äußerst überzeugend sein.«

Stainsby und Monetti wußten aus Erfahrung, daß »überzeugend« in McGearys Welt nicht unbedingt etwas mit »gewinnend« zu tun hatte.

28

Long Beach, Kalifornien

Mittwoch, 24. Februar

Eddie Slamkowski war an diesem Morgen extra früh ins Büro gefahren. Er wartete vor seinem Telefon darauf, daß Charles Stone anrief. Sobald das geschah, würde Slamkowski seinen wöchentlichen Bericht an einen Chef abgeben, den er nie getroffen hatte.

Vielleicht war es ja unvermeidlich, daß er nach Chicago zurückkehrte. Noch vor einem Jahr war Eddie ein Broker auf dem Parkett der Chicago Mercantile Exchange gewesen, der neun Jahre Berufserfahrung besaß und der in der wilden Händlerwelt des S-&-P-Aktienindex-Terminhandels für sein Köpfchen und sein Feuer bekannt war. Er dachte an jenen verhängnisvollen Nachmittag, nicht sonderlich verschieden von all den anderen, als er in die Pit hinunterschrie, um im Auftrag einer großen Schweizer Bank eine Zwanzigerorder auszuführen. Das nächste, woran er sich erinnerte, war, daß er aus einer Ohnmacht erwachte und sich auf dem Rücken liegend in der S-&-P-Pit wiederfand, um ihn herumwabbernd ein wogender Wald aus Beinen.

Der hauseigene Arzt hatte gesagt, es sei ein Streßkollaps in Verbindung mit einem fürchterlichen Mittagessen aus Weißbrot mit polnischer Mettwurst von einem Straßenstand am Wacker Drive gewesen. Die Zahl der verschiedenen Krankheiten, die Parketthändler heimsuchten, waren kaum noch zu überblicken, und so empfahl der Arzt dringend ein Jahr Pause. Slam, der sich eben vom häßlichen Ende einer zweijährigen Beziehung erholte, sehnte sich nach einem Tapetenwechsel und so dienten ihm die

Anordnungen des Arztes als passende Rechtfertigung, sich für ein Jahr aus dem Geschäft zurückzuziehen.

Spontan trat er die Haustürschlüssel zu seinem begehrten Brownstone am East Lakeshore 1500 an Andy Studd, seinen Kollegen vom Merc-Parkett, ab, belud sein Lexus 400 SE Sportcoupé mit dem Allernötigsten, stellte den Rest in einem Lager unter und fuhr die ganze Nacht hindurch bis nach Huntington Beach, Kalifornien, ein Ort, von dem ein besoffener Arbitragesachbearbeiter in der Cactus-Bar eines Abends mal geschwärmt hatte. Slam mietete sich ein winziges Einzimmerapartment drei Querstraßen vom Strand entfernt und ging am nächsten Morgen für seinen radikal neuen Lebensstil einkaufen. Fünfhundertfünfzig Dollar investierte er für ein einsachtzig langes Tom-Peterson-Spyder/Fireball-Fish-Surfbrett, Billabong-Surferausrüstung und ein Spezialwachs mit dem Namen Mr. Zogs Original Sexwax. Er war fest entschlossen, den Sport in rekordverdächtiger Zeit zu meistern.

Den allmorgendlichen Sonnenaufgang über Huntington Beach zu beobachten wurde für Slam eine wohltuende, zengleiche Erfahrung. Dort traf er auch ein Paar stoppelbärtige, lederhäutige, australische Surfgötter namens Damien und Derf. D & D zeigten sich von den Kriegsgeschichten des weißhäutigen, halb irischen, halb polnischen Merc-Händlers amüsiert genug, um ihn in das *Full-Monty-Surfen* in der Tradition des weltbekannten Surfidols Kelly Slater einzuweisen. Oder wie Derf meinte: »Wir werden dich draufbringen, bis du abdrehst, Alter.«

Eddie Slamkowskis erste Wochen des Wellenreitens waren katastrophal. Immer und immer wieder machten die dreieinhalb Meter hohen Wellen ihn sofort nieder und spuckten ihn und sein Board gnadenlos an den Strand zurück. Als Slam einmal »von der Finne geküßt wurde«, hielten sich Damien und Derf ihre durchtrainierten Waschbrettbäuche und wälzten sich vor Lachen im Sand. Derf begann ihn »Haifutter« zu nennen, der vernichtendste Titel in der Surferwelt. Damien war taktvoll bemüht, Slam weitere Erniedrigungen zu ersparen. »Hör mal, du mußt dir das wirklich nicht antun, Kumpel.«

Aber das Surffieber hatte Slamkowski bereits gepackt, versorgte sein Blut mit Adrenalin. Der bedauernswerte Spinner aus dem Mittleren Westen surfte zwei Wochen lang zehn Stunden am Tag und blieb dabei, bis es ihm endlich gelang, wie ein alter Profi durch die hundertfünfzig Meter langen Wellentunnel zu schneiden. Ohne daß es ihm bewußt geworden wäre, befand er sich inmitten der Hardcorefanatiker und besprach die hohe Kunst des 180er Aerial backside auf einem Bein. Pathetisch erklärten D & D den Slammer zu einem anerkannten, abgehärteten, pfeilschnellen Surfgott. (»Jetzt ätzt es nicht mehr, Chef!«) Um der Verwandlung den letzten Schliff zu geben, pumpte Slam erbarmungslos Gewichte, bräunte seine Haut schokoladenfarben und ließ sich das Haar bis auf die Schultern wachsen.

Und so sehr er auch das irre Geschäft des Termin- und Wertpapierhandels immer wieder vermißt hatte, er war jetzt in der Welt von Damien und Derf heimisch geworden. Einfach so aus dem Lebensstil des Surfers auszusteigen, war überhaupt nicht in Frage gekommen. Eddie Slamkowski hatte sich mit verschiedenen Headhuntern in Südkalifornien in Verbindung gesetzt, um sich nach Jobmöglichkeiten in Pendelnähe zum Strand zu erkundigen. Aber die wenigen Agenturen, die sich seine Bewerbungsunterlagen angesehen hatten, versicherten ihm, daß er ein hoffnungsloser Fall war: Für einen Spezialisten mit seinen Fähigkeiten bestand kein großer Bedarf, es sei denn, er wäre bereit gewesen, nach San Francisco umzuziehen, was er nicht war.

Und dann war scheinbar aus dem Nichts Charles Stone aufgetaucht. Kurioserweise hatte Slam Stone nie getroffen, da dieser stets von Terminen im Ausland »zu stark in Anspruch genommen wurde«, um mit ihm persönlich ein Bewerbungsgespräch zu führen. Der gesamte Einstellungsprozeß wurde von einem Headhunter durchgeführt. Unbesehen offerierte Stone ihm einen Einjahresvertrag über $ 72 500 zuzüglich eines Bonus, mit dem er auf insgesamt hundertfünfunddreißig Scheine kommen würde. Nicht schlecht. Das Angebot beinhaltete zwar eine sechsmonatige Konkurrenzklausel, aber Slam hätte mit Vergnügen sein linkes Ei geboten für eine Gelegenheit, seine langen Surferlocken zu behalten. Trotzdem war Infinity Securities natürlich alles andere als Slams Traumjob. Eddie Slamkowski *war* Infinity. Er fungierte in Personalunion als ihr alleiniger Auftragsbearbeiter und Backoffice-Einsiedler.

Das Telefon klingelte. Slam meldete sich fröhlich: »Infinity Securities.«

»Es heißt Infinity *Technology* Securities«, verbesserte Stone ihn kurz angebunden.

»Oh, richtig. Guten Morgen, Mr. Stone.«

»Sind die Orders unserer europäischen Kunden bereits im Computer?«

»Ja, sind drin. Alles unter Kontrolle.«

»Schön. Und sie sind zum Abschicken an die Börse fertig?«

»Ja, selbstverständlich. Ach, Mr. Stone?« Slamkowski beeilte sich weiterzusprechen, damit er nicht wieder unterbrochen würde. »Mr. Stone, ich wollte Ihnen nur Bescheid geben. Ich gehe nach Chicago zurück, schon nächste Woche.«

Es folgte eine tödliche Stille. Dann platzte Stone wütend heraus: *»Das können Sie mit mir nicht machen! Sie sind hier eine Verpflichtung eingegangen!«*

Die irrationale Reaktion seines Arbeitgebers verschlug Slamkowski für einen Moment den Atem. Natürlich hatte er mit Widerspruch gerechnet, aber nicht mit diesem Tobsuchtsanfall, der durch sein Telefon drang. »Eine Sekunde, Mr. Stone...«

»Ich habe Ihnen eine Chance gegeben, als kein anderer dazu bereit war. Ich habe Sie zum Büroleiter meiner bedeutendsten Zweigniederlassung gemacht. Ich habe Sie in das Zentrum eines... einer neuen, bahnbrechenden Technologie gesetzt, die die Märkte für immer verändern wird...«

Slam unterdrückte ein Lächeln. Jetzt hob der Kerl aber wirklich ab. »Charles«, sagte er. »Ja, ich danke Ihnen für die Chance. Ich habe in der kurzen Zeit hier eine ganze Menge gelernt. Aber Ihre Technologie ist so gut, Ihre Systeme derart automatisiert, ich verstehe überhaupt nicht, warum Sie noch jemanden wie Eddie Slamkowski brauchen.«

Charles Stones Antwort kam ohne Zögern. »Ich brauche Sie da, um sicherzugehen, daß alles nach Plan verläuft.«

Slamkowski zog die Stirn in Falten. *Was zum Teufel sollte das nun wieder heißen?*

Stone beruhigte sich. »Ed, hören Sie mir zu. Sie unterschätzen Ihre Rolle gewaltig. Ihr Beitrag zum Funktionieren aller Systeme ist unersetzlich. Sie sind der Dirigent, der ein extrem leistungsfähiges, aber potentiell asynchrones Orchester leitet. Ich brauche Sie dort.«

»Das ist sehr freundlich von Ihnen, Mr. Stone, aber wie ich bereits sagte, ich beabsichtige zurück nach Chicago zu gehen.«

»In diesem Fall möchte ich mich bei Ihnen für den Beitrag bedanken, den Sie zum erfolgreichen Start dieses Unternehmens geleistet haben, und Ihnen alles Gute für Ihren künftigen Weg wünschen. Zugleich möchte ich Ihnen allerdings auch noch ein Angebot unterbreiten, das Sie hoffentlich nicht ausschlagen können.«

Im nächsten Atemzug wurde Eddie Slamkowski von Charles Stone die volle Jahresprämie in Höhe von $ 52 500 versprochen, wenn er noch bis Ende April bei Infinity bliebe, statt nächste Woche bereits zu gehen. Einfach verdientes Geld, sagte Stone, für nur zwei weitere Monate Arbeit. Eddie Slamkowski schnappte nach Luft, schluckte einmal hart und willigte dann sofort ein. Wie hätte er nicht?

Stone hatte recht behalten. Die großzügige Gratifikation war etwas, das Eddie Slamkowski einfach nicht ausschlagen konnte. Am Ende, wenn es für eine Umkehr der Ereignisse längst zu spät war, würde Slamkowski sich verzweifelt wünschen, es getan zu haben.

29

Manhatten
Donnerstag, 25. Februar

»Im Grunde ist es Big Brother, verstehn Sie?«

Wolcott Fulbrights Sicherheitschef Al Bancroft spulte die Kassette der Videoüberwachung von der Nacht des achtzehnten auf den neunzehnten Februar auf Anfang zurück. Bei Bancroft handelte es sich um einen breitschultrigen, zähen Brocken auf Krücken. Am vergangenen Wochenende war der Sicherheitschef vom Dach seines Hauses auf Staten Island gerutscht, als er frischgefallenen Schnee herunterkehren wollte. Sein gebrochenes Bein hatte einen Gipsverband, der L-förmig nach hinten gebogen war.

»Es gibt nicht viel, was diesem System entgeht«, sagte Bancroft und tätschelte das Gehäuse seines Panasonic WV-5470 Videoüberwachungsgerät mit Zeitraffer. »Aus jedem Überwachungsabschnitt übertragen sechzehn Kameras simultan. Da das Gerät nur alle vier Sekunden ein Standfoto aufzeichnet, kann ich mit einem Band achtundvierzig Stunden abdecken. Das bedeutet, ich habe jederzeit Zugriff zu vierzig Kalendertagen Überwachungsmaterial, verstehn Sie?«

»Ja, ich verstehe schon.« Rick Hansen nickte und rieb sich kräftig die Arme. In dem Kontrollraum war es ungewöhnlich kühl.

»Gleich haben wir die Stelle. Also, Sie glauben, daß jemand sich an dem Computer in Ihrem Büro zu schaffen gemacht hat?«

»Nein, ich *weiß*, daß jemand sich daran zu schaffen gemacht hat. All meine Dateien wurden gelöscht und durch Nummern ersetzt.«

»Puh. Schon einen Sicherheitsvorfallbericht ausgefüllt?«

»Ja.«

»Gut. Dann sollten wir eine Akte darüber haben, verstehn Sie?«

»Ja, klar«, sagte Hansen und betrachtete das elektronische Schneegestöber auf dem Videomonitor.

»Okay«, sagte Bancroft. »Wir haben's.« Er drückte auf die Fernbedienung und das Band sprang auf Normalgeschwindigkeit.

Im oberen Bildrand erschien das Datum. Der Bildschirm selbst war in sechzehn unterschiedliche Quadrate eingeteilt – vier Reihen zu je vier Kästchen – und jedes Kästchen trug eine weiß eingeblendete Ortsbezeichnung.

ABT. NORD	ABT. N-OST	ABT. SÜD	ABT. S-WEST
SEKTOR A-1	SEKTOR A-2	SEKTOR A-3	SEKTOR A-4
SEKTOR B-1	SEKTOR B-2	SEKTOR B-3	SEKTOR B-4
SEKTOR C-1	SEKTOR C-2	SEKTOR C-3	SEKTOR C-4

Obwohl die Aufnahmen in tristem Schwarzweiß waren, erkannte Hansen doch sofort das Großraumbüro und die voneinander abgetrennten Schreibtischplätze der Rechtsabteilung. Die Zeitangabe lautete 00:03:33, 19. Februar.

»Im Grunde ist das ganze Stockwerk, wie Sie sehen können, leer«, sagte Bancroft. »Keinerlei Aktivitäten in irgendeinem Sektor. Lassen Sie uns mal vorspulen.«

Im Schnellvorlauf raste das Videoband innerhalb von Sekunden von Mitternacht bis 1.00 Uhr morgens. In dieser Stunde waren keine Veränderungen feststellbar. Dann flackerten plötzlich alle sechzehn Ausschnitte aus der Rechtsabteilung, wurden schwarz und dann zu Schnee. Die Einblendungen auf jedem Kästchen änderten sich.

KAMERA- AUSFALL	KAMERA- AUSFALL	KAMERA- AUSFALL	KAMERA- AUSFALL

KAMERA-AUSFALL	KAMERA-AUSFALL	KAMERA-AUSFALL	KAMERA AUSFALL
KAMERA-AUSFALL	KAMERA-AUSFALL	KAMERA-AUSFALL	KAMERA-AUSFALL
KAMERA-AUSFALL	KAMERA-AUSFALL	KAMERA-AUSFALL	KAMERA-AUSFALL

»Na, da brat mir doch einer 'n Storch«, brummte Bancroft ungläubig. »Das gab's noch nie.«

»Was ist passiert?«

»Der gesamte Überwachungsabschnitt ist ausgefallen. Nicht nur eine Kamera, sondern gleich alle sechzehn.«

»Das gesamte System?« Hansen lehnte sich interessiert nach vorn.

Bancroft blieb stumm, während das Band vorwärtsspulte. Plötzlich, als die Kassette bei 06:42:37 am Morgen des 19. Februar angekommen war, wurden die sechzehn Bildausschnitte wieder sichtbar.

»Was bedeutet das?« fragte Hansen.

»Das bedeutet, jemand hat an der Anlage herumgemurkst«, schäumte Bancroft. »Nicht unbedingt absichtlich. Vielleicht gab es ja auch irgendwo einen Kurzen oder wir haben einen Wackler. Aber soviel ist klar: Wir besitzen keine Kameraaufzeichnungen von etwaigen Aktivitäten auf Ihrem Stockwerk in dieser Nacht. Ist das nicht verrückt?«

Hansen blickte zur Decke, als suche er nach einer göttlichen Eingebung. Und dann kam sie ihm. »Die sechzehn Ausschnitte umfaßten aber nicht die Überwachung der Aufzüge.«

»Nein«, erwiderte Bancroft. »Die Kameras in den Aufzügen sind alle zu einem gesonderten Überwachungsabschnitt zusammengeschlossen.«

»Könnten wir uns *das* Band ansehen? Ließe sich darauf erkennen, wenn jemand in den betreffenden Stunden im siebenunddreißigsten Stock ausgestiegen ist?«

»Das ist sehr gut möglich«, antwortete Bancroft.

Der Sicherheitschef nahm die Kassette aus dem Gerät, suchte eine andere aus und steckte diese in den Rekorder. Innerhalb von zehn Minuten hatte Bancroft die verschwommene, aber brauchbare Standaufnahme eines dunklen Mannes im Outfit einer Reinigungsfirma eingefangen, der um 03:32:47 Uhr auf Hansens Stockwerk den Fahrstuhl verließ. Bancroft sagte: »Vielleicht ist das ja Ihr Mann. Abgesehen von der Uniform macht er nicht unbedingt den Eindruck einer Reinigungskraft, oder?«

»Mmm. Nein, nicht so richtig. Außerdem, wenn man so darüber nachdenkt, ist halb vier doch eine merkwürdige Uhrzeit zum Entleeren der Papierkörbe, was meinen Sie?«

»Und seit wann braucht man zum Müllsammeln einen derart protzigen Werkzeugkasten?« Bancroft drückte einen Knopf an seinem Mitsubishi-Videoprinter, um eine Kopie des dunklen Mannes aus dem Zeitraffer-Überwachungsvideo ausdrucken zu lassen. »Ich werde mich beim Schichtleiter über den Mann erkundigen und gebe Ihnen dann Bescheid.«

»Hätten Sie etwas dagegen, mir auch eine Kopie zu ziehen?« fragte Hansen. Der Anwalt hatte zwar keine Ahnung, was er mit dem glänzenden Ausdruck machen sollte, aber man wußte ja nie, wann er von Nutzen sein konnte.

Später am Nachmittag erhielt Hansen einen Anruf von Paul Gelbaum. »Ich hatte gerade eine höchst sonderbare Unterhaltung.«

»Ach ja?« Hansens Aufmerksamkeit galt ganz dem komplizierten Schema einer synthetischen Equity-linked Debt-Option, die Joe Monetti ausgetüftelt hatte.

»Yeah. Das Komische war, der Anruf drehte sich um dich.«

Der Ernst in Gelbaums Stimme ließ Ricks Blut gefrieren. »Wie um mich?«

»Ich war eben vom Mittagessen zurückgekommen, als ein gewisser Ron Dalinger mich anrief. Behauptete, er wäre von einer Firma namens General Investigative Services und würde einen Background-Check über dich durchführen.«

»Ach so«, meinte Hansen beruhigt. »Das muß die Firma sein, die Wolcott mit den routinemäßigen Background-Checks seiner neuen Mitarbeiter beauftragt hat.«

»Yeah, na ja, was dann kam, war aber alles andere als Routine, das kannst du mir glauben. Eigenartig ist gar kein Ausdruck dafür. Ich meine, dieser Dalinger fing zwar mit normalen Fragen an, etwa wie lange ich dich schon kenne, wie wir uns kennengelernt haben bla, bla, bla, aber dann wurden seine Fragen zunehmend abgedrehter. Ich mußte sie mir tatsächlich aufschreiben, um sie nicht zu vergessen..., warte mal...« Am anderen Ende der Leitung raschelten Papiere, während Gelbaum nach seinen Notizen suchte. »Oh, hier sind sie. Einige typische Beispiele: ›Hat Rick Hansen jemals in einer Prüfung gepfuscht? Jemanden geschwängert? Mit einer Lehrerin geschlafen? Homosexuelle Erfahrungen gesammelt?‹«

»*Das* haben sie dich gefragt?«

»...jemals Steuern hinterzogen? Irgend welche gesundheitlichen Probleme verheimlicht? Jemandem eine hohe Geldsumme geschuldet? Ich meine, ich konnte die Dreistigkeit dieses Kerls überhaupt nicht fassen. Schließlich hab ich gesagt, ich müßte ein anderes Gespräch annehmen und ob ich ihn gleich zurückrufen könnte. Natürlich hat er sich geweigert, mir seine Nummer zu geben. Und jetzt rate mal?«

»Im Branchenverzeichnis von Manhattan ist eine Firma namens General Investigative Services nicht eingetragen.«

»Stimmt genau. Was hältst du davon?«

»Keine Ahnung«, sagte Hansen. Er wollte die Sache herunterspielen, deshalb meinte er leichthin: »Du hast ihm selbstverständlich erzählt, daß ich die Mutter Teresa unter den Anwälten bin.«

»Genau, der tugendhafte Pfadfinder in Person«, antwortete Gelbaum lachend. »Alles in allem hab ich ihm furchtbar was vorgelogen. Hey, wozu hat man denn Freunde, hab ich recht?« Nach einem Kichern wurde seine Stimme wieder ernst. »Aber Spaß beiseite, Rick, es klang wirklich gespenstisch. Nicht so, als würden sie einen Background-Check durchführen, sondern als wollten sie irgendwas suchen, was sie dir anhängen könnten.«

Besorgt legte Rick auf. Dann rief er Al Bancroft in der Sicherheit an.

Der Abteilungschef meldete sich nach dem ersten Klingeln. »Bancroft.«

»Hallo, hier ist noch mal Hansen. Benutzt die Firma einen Anbieter namens General Investigative Services, um Background-Checks ihrer Angestellten durchführen zu lassen?«

»Nein. Wir haben einen Exklusivvertrag mit Donnelly. Sie sind die Besten auf diesem Gebiet.«

Nachdem er sein Gespräch mit Bancroft beendet hatte, betrachtete Rick Hansen gedankenverloren das Telefon. Irgend jemand versuchte, ihm etwas anzuhängen, und er ging nicht eben feinfühlig dabei vor. Dann kam ihm in den Sinn, daß die Grobschlächtigkeit womöglich Absicht war. Vielleicht *wollten* sie ihn ja wissen lassen, daß sie ihn auf dem Kieker hatten. Blieb nur die Frage, wer waren *sie*?

30

Manhattan
Freitag, 26. Februar

Charles Stone war das, was Julian Stainsby ein billiges Date nannte. Stone wollte nicht mit Erste-Reihe-Plätze für die Knicks, einem Abendessen im Four Seasons oder Karten zu *Rent* geködert werden. »Nein, vielen Dank«, hatte Stone nüchtern alle diesbezüglichen Angebote abgelehnt. »Ich ziehe es vor, daß wir uns ganz auf die anstehenden geschäftlichen Besprechungen konzentrieren. Ich habe noch zwei weitere Termine bei anderen Finanzhäusern an diesem Abend, daher muß alles kurz und effektiv vonstatten gehen.«

»Aber gerne«, hatte Stainsby erwidert. »Ganz nach meinem Geschmack.«

Die beiden Seiten trafen sich im Jakarta-Raum, um abzuklären, ob sie gemeinsam im Derivategeschäft aktiv werden sollten. Die gelieferten Erfrischungsgetränke und Sandwiches standen noch unberührt auf dem Servierwagen, als die Besprechung pünktlich um 19.00 Uhr begann. Für Wolcott saßen McGeary, Stainsby und Monetti am Tisch. Stone erschien ohne Gefolge. Stainsby hatte einen dicken Stapel Werbematerial mitgebracht, das in bestem Vierfarbdruck die breite Palette des derivativen Instrumentariums der Firma anpries, und legte ihn vor Stone auf den Tisch.

Sofort schob Stone das Broschürenbündel beiseite und lächelte süffisant. »Die Förmlichkeiten können wir uns sparen, meine Herren. Die Zusammenkunft hier beweist doch bereits unseren Glauben, daß Ihre Firma eine von den zweien oder dreien sein könnte, auf die wir uns bei der Strukturierung der Derivate für unsere Anlegerfonds stützen werden.«

»Wonach genau suchen Ihre Leute?« fragte McGeary.

»Wir suchen nach dem, was unsere Finanztechniker GALF nennen. Größe, Ausführung, Liquidität und Flexibilität. Die Größenordnung, in der wir zu handeln beabsichtigen, ist durchaus marktbewegend. Darauf müssen Sie von Beginn an eingestellt sein. Außerdem ist Vertraulichkeit von größter Bedeutung. Wenn wir feststellen, daß unsere Absichten in die Gerüchteküche durchsickern, dann ziehen wir uns sofort aus diesem Geschäft zurück. Dieser Vorbehalt muß in einem etwaigen Vertrag zwischen uns unbedingt aufgenommen werden.«

»Vertraulichkeit ist kein Problem«, sagte Monetti. »Wir richten Ihr Konto einfach unter einer Kodenummer ein, so daß nur drei Angehörige der Firma über ihre Identität informiert sind.«

»Schön. Ich sollte Ihnen auch gleich mitteilen, daß ebenso wichtig wie das, wonach wir suchen, das ist, wonach wir nicht suchen.«

»In Ordnung.«

»Wir werden keinen günstigen Eindruck von Firmen haben, die nicht flexibel genug sind, uns eine beschleunigte Bearbeitung zu garantieren. Wir verlangen hier nicht das Unmögliche, wir verstehen, daß es bei der Entgegennahme von ersten Orders neuer Kunden gewisse... *Rituale* geben muß. Quasi eine Erfüllung der Sorgfaltspflicht. Allerdings ist die Konkurrenz in dieser Branche äußerst hart. Sollten Sie nicht bereit sein, bestimmte Transaktionen, Transaktionen einer gewissen Größenordnung, auszuführen, dann werden wir keinen Augenblick zögern, unsere Geschäfte einem entgegenkommenderen Derivatehändler zu übertragen, von denen nach letzten Zählungen noch wenigstens zweihundertfünfzig existieren.«

»In dieser Hinsicht brauchen Sie keine Befürchtungen zu haben, Charles«, versicherte ihm Stainsby. »Wolcott Fulbright verfügt über die Kapazität, Geschäfte in außerordentlichen Größenordnungen abzuwickeln.«

»Gut. Und was kann ich Ihnen über GoldBridge Capital Advisors erzählen?«

»Wieviel Kapital verwalten Sie derzeit?« fragte McGeary.

»Fünfzig Milliarden US-Dollar.«

McGeary neigte seinen Kopf zur Seite. »Fünfzig Milliarden? Wie kommt es, daß wir noch nie zuvor von Ihnen gehört haben?«

»Aber Sie haben schon von der Dartmouth Funds Group gehört, nehme ich an?«

»Das habe ich, aber inwieweit sind Sie mit...«

Stone sagte: »Das ist eine unserer Tochtergesellschaften. Wir kontrollieren alle unter dem Namen Dartmouth firmierenden Investmentfonds.«

Joe Monetti fragte: »Aber werden diese Fonds nicht weiter von David Rosenberg und Kendra Soundso verwaltet?«

»Kendra Price. Ja, in der Tat. Entsprechend eines sechsmonatigen Beratervertrags verwalten sie die Fonds momentan noch. Aber unsere Holdinggesellschaft kontrolliert die Fonds.« Abrupt wechselte Stone das Thema. »Also dann. Unsere Positionen auf dem amerikanischen Aktienmarkt müssen dringend durch Hedging abgesichert werden. Wie schnell können wir bei Wolcott mit der Strukturierung entsprechender Produkte beginnen?«

Leicht überrascht von der Aggressivität dieses potentiellen Kunden blickte Stainsby zu seinem Boß McGeary hinüber. »Na ja, zum Teil hängt das allein von Ihnen ab.«

»Und welcher Teil wäre das?«

»Zuerst wäre da natürlich ein standardisiertes Master Agreement, das Sie unterzeichnen müßten.«

»Gehe ich recht in der Annahme, daß Sie hier von einem ISDA-Master sprechen?« Bei dem Master Agreement der International Swap and Derivatives Association handelte es sich um einen vierzigseitigen Mustervertrag, wie ihn die meisten Finanzhäuser zur Regelung von Derivategeschäften mit den Kunden abschlossen.

»Ja. Unglücklicherweise ziehen sich die Verhandlungen über die genauen Bedingungen oft über Monate hin...«

Stone unterbrach ihn: »Haben Sie einen hier?«

»Ja. Er befindet sich unter Ihrem Informationsmaterial.«

Stone schlug die vollgestopfte Hochglanzmappe auf, entdeckte in einer der beiden Taschen das dicke, zusammengeheftete Vertragsdokument und zog es heraus. Ohne einen weiteren Blick darauf zu werfen, nahm Stone seinen Füllfederhalter, unterschrieb das Abkommen, ließ es über den Tisch zu einem verblüfften Julian Stainsby gleiten und erkundigte sich knapp: »Was noch?«

»Die üblichen Sicherheiten«, sagte McGeary. »Die Kreditabteilung wird Ihre letzten testierten Abschlüsse sehen wollen.«

»Wir verwalten ein Kapital in Höhe von fünfzig Milliarden Dollar. Ich kann mir nicht vorstellen, daß Ihre Kreditabteilung irgendwelche Einwände dagegen haben wird, mit uns Geschäfte zu betreiben, und das ungeachtet der voraussichtlichen Höhe der Kapitalbeträge aus unseren Verpflichtungen Ihnen gegenüber.«

»Das mag schon sein«, sagte McGeary. »Trotzdem werden sie Ihre Bilanzen einsehen wollen.«

»Einschließlich Akkreditiven von Hemisphere International, unserer Hausbank in London, hab ich recht?«

»Das wäre hilfreich, in der Tat.«

»Vielleicht wird ja dies hier die Angelegenheit etwas beschleunigen.« Stone öffnete seinen Aktenkoffer und entnahm ihm einen dicken Stapel Computerausdrucke. »Dies ist die letzte Abrechnung unseres Hauptbrokers, Infinity Technology Securities«, sagte er und reichte ihn Stainsby und Monetti.

Stainsby ließ die Seiten mit dem Daumen umschnellen und unterdrückte ein erstauntes Luftschnappen. Die Abrechnung war mehr als dreihundert Seiten dick und umfaßte dabei doch nur den Januar!

»Infinity?« sagte McGeary. »Nie davon gehört.«

»Ein neugegründeter Broker-Dealer mit hochmodernen Internethandelsmöglichkeiten. Unser Agent dort ist Edward Slamkowski, eine ehemaliger Händler an der Merc…«

McGearys Gesicht hellte sich auf. »Eddie kenne ich.«

»Tatsächlich?« Stone schien überrascht.

»Sicher. Der Slammer hat Aufträge bei den S-&-P-Werten für uns erledigt.«

Stone sagte: »Na ja, dann wissen Sie ja ebensogut wie ich, daß er ein äußerst fähiger Parkettprofi ist. Deshalb arbeiten wir auch mit Infinity zusammen.«

Stainsby mischte sich ein: »Zugegeben, Slamkowski ist ein guter Mann, aber Infinity kann mit der Angebotspalette eines Wolcott Fulbright doch niemals gleichziehen. Sollten Sie irgendwann Lust haben, sich über unseren erstklassigen Brokerservice zu informieren, dann können ...«

»Nicht nötig, schönen Dank. Zurück zum anstehenden Thema. Was würden Ihre Backofficeleute denn noch verlangen, damit wir ins Geschäft kommen können?«

»Bei beträchtlichen Short Positons wäre die Hinterlegung einer gewissen Margin notwendig«, sagte Joe Money.

»Von seiten der Aufsichtsbehörde wird allerdings keinerlei Margin verlangt«, sagte Stone. »Jeder Swap, jede Option oder jedes andere derivative Instrument, das wir mit Ihnen zusammen strukturieren, würde die Bedingungen des Abschnitts 4(2) über die Befreiung von Privatplazierungen erfüllen. Da ich annehme, daß Sie die Aufträge über Ihre Offshore-Tochtergesellschaft laufen lassen, fände zudem *Reg T* keine Anwendung. Genaugenommen besteht für Wolcott also überhaupt keine Notwendigkeit, irgendeine Sicherheit zu verlangen ...«

»Ich habe mich falsch ausgedrückt, als ich von einer Margin sprach«, sagte Joe Money mit hochroten Ohren. »Eigentlich nennt es sich ›Leistungsgewähr‹ und wird von unserer Margin-Reconciliation-Abteilung verlangt, nicht von der Aufsichtsbehörde.«

»Ein kleiner Betrag an Leistungsgewähr ist durchaus akzeptabel«, sagte Stone. »Aber wir hätten für unsere Transaktionen gerne ein Leveraging mit dem Faktor eins zu dreißig.«

»Schön«, sagte McGeary. »Ich denke, damit ist das Terrain

soweit schon mal abgesteckt. Kommen wir zu Ihren konkreten Spekulationsplänen.«

»Mit dem größten Vergnügen«, meinte Stone lächelnd.

»Und, was haltet ihr davon?« fragte Gil McGeary, sobald Charles Stone den Jakarta-Raum verlassen hatte, um einen weiteren Freitagabendtermin mit einem von Wolcott Fulbrights Konkurrenten wahrzunehmen.

»Ein echt unangenehmer Bursche«, erwiderte Stainsby. »Ich bin noch nie jemandem begegnet, der so aggressiv vorgeht.«

»Hat die Kavaliersschule bestimmt frühzeitig abgebrochen«, sagte Joe Money.

McGeary zwinkerte Stainsby verschwörerisch zu. »Dieselbe Kavaliersschule, aus der du geflogen bist, Money?«

Joe Money verzog sein Gesicht, aber auf amüsierte Weise. Er hätte nie behauptet, daß er bei WF wegen seiner blendenden Ausstrahlung eingestellt worden war.

McGeary rieb nachdenklich seinen Unterkiefer. »Eine Sache stört mich allerdings.«

Sie drehten sich zu ihrem Boß um.

Gil McGeary tippte mit dem Zeigefinger auf sein Kinn. »Dieser Typ gibt vor, fünfzig Milliarden Dollar zu verwalten, und trotzdem bin ich ihm in der Branche noch nie zuvor begegnet. Ihr vielleicht?«

»Nein«, sagte Stainsby.

»Ich auch nicht«, ergänzte Monetti.

McGeary trank einen tiefen Schluck von seinem Mineralwasser. »Warum treiben diese Leute hochklassige Brokergeschäfte mit einem Nobody wie Infinity? Wenn GoldBridge tatsächlich ein derartiges Schwergewicht ist, warum unterhalten sie dann im Derivatesektor nicht bereits Beziehungen zu den großen Finanzhäusern?«

»Du hast doch den Artikel gelesen«, sagte Stainsby. »Es handelt sich um einen neuen Pool aus Ölgeldern.«

»Meiner unmaßgeblichen Erfahrung nach fallen fünfzig Milliarden nicht einfach so vom Himmel und suchen nach einem neuen Heim. *Irgendwoher* müssen sie stammen. Andererseits, warum unnötige Fragen stellen, schließlich ist es ein traumhaftes Geschäft.« Der Chef des Derivateteams streckte sich, gähnte und sagte: »Chuck Stone, wo hast du nur all die Jahre gesteckt?«

31

Central Park West, Manhattan
Sonntag, 28. Februar

Rick Hansen und der Pförtner Antonio Vasquez lehnten über Antonios Tresen in der Eingangshalle. Sie verglichen zwei Hundertdollarscheine, die flach auf den beiden Seiten von Antonios aufgeschlagenem Besucherbuch lagen.

»Ich weiß nicht«, sinnierte Hansen. »Ich finde, der neue Ben-Franklin-Schein ist einfach zu cartoonhaft. Sehen Sie Bens Bild auf dem neuen Schein im Vergleich zu seinem Bild auf dem alten?«

Antonio schob seine dunkelbraune Schirmkappe mit der aufgedruckten Adresse des Wohnblocks nach hinten und massierte seine Kopfhaut vor lauter Konzentration. »Yeah. Der neue Schein sieht noch nicht einmal echt aus. Sieht aus wie Spiegelbild.«

»Da haben Sie recht«, stimmte Hansen ihm zu.

»Und wer war Ben Franklin denn schon? Nicht einmal Präsident war der.«

»Genau.« Hansen warf ihm einen Seitenblick zu. »Wenn ich Sie richtig verstehe, bevorzugen Sie also den alten Schein?«

»Sie meinen, beide kann ich nicht haben?« Antonio entblößte seine gelben Zähne, um zu demonstrieren, daß seine Bemerkung halb spaßig gemeint war.

Hansen zwang sich zu einem lustlosen Lachen. »Nein. Können Sie nicht...«

»Dann geben Sie mir den neuen.«

Hansen schob ihn hinüber. »Zwanzig Minuten, mehr verlang ich nicht.«

»Mehr bekommen Sie auch nicht.« Antonio ließ den Schein in seiner vorderen Hosentasche verschwinden. Dann spielte er ganz die uniformierte Pseudoautorität und murmelte leise: »Aber wirklich nur zwanzig Minuten. Ich möchte nicht wegen lausiger hundert Dollar meinen Job verlieren.«

»Keine Bange.« Rick nahm an, daß zwanzig Minuten mehr als genug sein würden. Außerdem war er in fünfunddreißig Minuten schon mit Stephanie im New York Hospital zu ihrem sonntäglichen Lamazekurs verabredet. Es mußte also schnell gehen.

»In Ordnung.« Ohne Hansen ins Gesicht zu sehen, winkte der puertoricanische Pförtner den Anwalt zum Fahrstuhl durch.

Key Money, dachte Hansen, während sich die Aufzugstüren schlossen. Um in das Apartmenthaus hereinzukommen, hatte er Vasquez soeben »Key Money« zugeschoben, wie die New Yorker das Bestechungsgeld für einen Pförtner nannten. Der Nachtportier hatte Familie in Queens, Kinder, die bestimmte Sneakers und Power Rangers wollten, und Verwandte in San Juan, die er finanziell unterstützte. Key Money war nur eine von vielen Möglichkeiten, um in New York City etwas zuwege zu bringen. Es gab in dieser Stadt eine ganze Schattenwirtschaft aus Leuten, die mit offenen Händen darauf warteten, geschmiert zu werden.

Im zehnten Stock stieg Hansen aus dem Fahrstuhl und ging den Flur hinunter. Binghams mietpreisgarantierte Wohnung war 10 H. Kaum überraschend hingen an der Tür diverse festgetackerte Benachrichtigungen, deren Ecken sich in der trockenen Hitze des Korridors wellten. BESCHEID ÜBER MIETRÜCKSTANDSKLAGE. RÄUMUNGSBEFEHL. *Was würde der Hausbesitzer darum geben, die Wohnung wieder in seine Fänge zu bekommen*, dachte Hansen, zog den Schlüssel, den Elena Bingham ihm am Morgen gegeben hatte, aus der Tasche und steckte ihn ins Schloß. Armer Hausbesitzer – das städtische Mietrecht tendierte in diesem Fall zur Mieterseite, und es konnte bis zu einem Jahr dauern, einen säumigen Zahler aus einem Manhattaner Apartment zu klagen. Bei einem Toten womöglich sogar noch länger.

Hansen rüttelte an dem Schlüssel und drehte ihn. Nichts zu machen.

Genau wie Elena vermutet hatte. Nach ihrer Trennung hatte Bingham das Schloß zu seiner wertvollen Wohnung austauschen lassen.

Plan B. Der einzelne Schlüssel, den er im Schreibtisch von Kathleen Oberlin gefunden hatte. Er steckte ihn ins Schloß und drehte ihn nach links. Diesmal sprang die Tür mit einem zufriedenen *Klick* auf.

Vorsichtig öffnete Hansen die Tür einen Spaltbreit, machte einen Schritt ins Innere, legte seine Fingerspitzen auf die kühle Wand und suchte deren Oberfläche nach einem Lichtschalter ab. Er fand und kippte ihn.

Erwartungsgemäß passierte nichts.

Tote zahlen keine Rechnungen, dachte er. Demzufolge war der Strom abgestellt worden.

Rick griff in die Umhängetasche mit dem Wolcott-Fulbright-Logo und brachte ein orangefarbenes Fünfzehnmeter-Verlängerungskabel sowie einen Sechsfachstecker zum Vorschein, die er sich im Büro ausgeliehen hatte. Er ging in den Flur zurück, fand eine Steckdose, schloß das Verlängerungskabel an und entrollte es, während er in Binghams Wohnung zurückkehrte. Im Dunkeln umhertastend, zog er den Stecker der Lichtschiene aus dem toten Anschluß und drückte ihn in die Sechsfachleiste. Sofort flammten die 120-Watt-Strahler der Deckenschienen auf und beleuchteten den Wohnbereich des Apartments.

Die plötzliche Helligkeit ließ Hansen blinzeln. Für einen Augenblick überfiel ihn ein beklemmendes Gefühl. Wie sonderbar, die Wohnung von jemandem zu betreten, der tot war. *Vielleicht fühlt man sich ja so als Cop*, dachte er. Ein Polizist dringt in die unberührte Wohnsituation von jemandem ein, der auf sein Ableben nicht vorbereitet gewesen war. Aus dieser Perspektive wirkte das Zuhause des Opfers mitsamt der Auswahl von Annehmlichkeiten, mit denen es sich umgeben hat, wie eine Momentaufnahme seines Lebensstils. In der Intimität seines eigenen Heims zeigt sich das wahre Ich, nicht das Rollenverhalten, zu dem sich der Bewohner in der Schlips-und-Krawatten-Bürowelt gezwungen sah.

So stand Hansen mit der nüchternen Distanziertheit eines Polizisten in der Mitte des Zimmers, musterte prüfend Binghams Heim und sah in allem ein potentielles Indiz.

Zwanzig Minuten. Vielleicht war das ja doch knapp bemessen. Er machte sich an die Arbeit.

Rick betrachtete die Einrichtung. Wie viele Männer hatte Bingham seine zentrale Wohnfläche in vier funktionale Bereiche unterteilt. Da gab es den Bereich mit Musik- und Fernsehanlage, den Heimsportbereich, den Bücherbereich und den Arbeitsbereich. Wie nicht anders zu erwarten war, stand auf dem Arbeitstisch aus hellem skandinavischem Holz ein PC. Hansen ging hinüber, krabbelte unter den Tisch und zog den Stecker aus der stromlosen Dose. Dann entwirrte er das Anschlußkabel des Computers – es reichte eben bis zur Sechsfachleiste. Er drückte den Stecker in eine der Kammern, ging zum Computer zurück, schaltete ihn ein und beobachtete, wie der Bildschirm aufflackerte. Während das Betriebssystem sich aufbaute, hoffte er inständig, daß der Stromausfall nicht die auf der Festplatte befindlichen Dateien in Mitleidenschaft gezogen hatte.

In weniger als einer Minute hatte die Software die Stapelverarbeitungsdatei geladen. Hansen griff in die Leinentasche und zog ein Iomega-Zip-Drive-Gerät heraus, das ihm Monica Chi aus der EDV geliehen hatte. Hastig schloß er die tragbare Iomega-Festplatte an den seriellen Anschluß RS-232 auf der Rückseite von Binghams 166 MHz Pentium PC an. Mit Hilfe der PC-Tastatur rief er den DOS-Promptbefehl auf und gab C> COPY*.*D:\ ein, woraufhin der Computer begann, alle auf der Festplatte befindlichen Dateien in den ein Gigabyte großen Speicher des Iomega Drives zu kopieren. Die Frage war nur, ob der Datentransfer innerhalb der Einhundertdollar-Zugriffszeit abgeschlossen werden könnte, die der Pförtner Antonio ihm zugebilligt hatte.

Ihm blieben noch fünfzehn Minuten.

Während der PC im Hintergrund fleißig brummte, surrte und klickte, machte Rick einen schnellen Rundgang durch den Rest der Wohnung.

Erste Eindrücke ... Im Unterschied zu dem, was seine grauenhafte Handschrift vermuten ließ, war Bingham zweifellos ein Ordnungsfanatiker gewesen. Natürlich lagen spinnwebartige Staubbällchen auf dem Dielenfußboden, überzog ein rußiger Film die Fensterbänke – all der Dreck, der sich in einem New Yorker Haushalt zwangsläufig ansammelte, vor allem wenn sich monatelang niemand darum kümmerte. Aber abgesehen davon war alles in der Wohnung ordentlich und aufgeräumt, genau wie in Binghams Büro. Plötzlich fiel Hansen wieder etwas ein, das Elena Bingham bei ihrem ersten Treffen erwähnt hatte: Das auffällige Fehlen von irgendwelchen Rottönen in Binghams Heim entsprach exakt ihrer Behauptung, daß ihr Ex-Mann einen seltsamen Aberglauben gegen diese Farbe gehegt hatte.

Die Wohnung spiegelte zwar ein auf sich allein gestelltes Leben wider, aber keineswegs eins der Einsamkeit. Es gab Bilder seiner inzwischen ebenfalls verstorbenen Mitarbeiterin Kathleen. (Elena Bingham hatte durchaus zu Recht auf sein Angebot verzichtet, ihn in die Wohnung zu begleiten, da es lediglich ›schlechte Erinnerungen wieder aufleben lassen würde‹.) Das Mobiliar war typisch für den jungen, geschiedenen Manhatten-Bewohner: IKEA-Anbauschränke, Sitzgarnitur von Jennifer Convertible, Ethan-Allen-Couchtische und ein Küchentisch von Door Store. Auf dem übelriechenden Wasser des Aquariums trieben tote Fische, die verhungert waren. In der Ecke pflegeleichte Grünpflanzen aus Plastik. Das große Geld in dem Apartment hatte eindeutig die Yamaha-THX-Musikanlage verschlungen. Kein Wunder. Tom Bingham schien ein leidenschaftlicher Jazzfan gewesen zu sein. Die Wände schmückten von Bill Gottlieb geschossene Schwarzweißportäts berühmter Jazzmusiker sowie die Plakate des Newport Jazz Festivals aus den vergangenen fünf Jahren. Fünfhundert Jazz-CDs waren in alphabetischer Ordnung an der Wand aufgereiht, und im CD-Spieler steckte noch Lee Morgans *Live at the Lighthouse*. Es war irgendwie beruhigend, langsam auch ein Bild der menschlichen Seite von Bingham zu bekommen, ihn als Jazzfreak kennenzulernen, nicht nur als einen x-beliebigen Anwalt, der ein eintöniges Leben in der schnöden Welt der Paragraphenreiter führte.

Trotzdem brachte Hansen dies alles keinen Schritt weiter. Noch elf Minuten.

Er kehrte wieder zu Binghams Workstation zurück, dem vielversprechendsten Bereich. Auf einem in Deutschland hergestellten Reißwolf stand eine Faxmaschine. Im Papierkorb unter dem Reißwolf fanden sich feine Staubreste. Dieser Apparat war weniger ein Reißwolf als ein Pulverisierer. Sein Vorhandensein machte die ganze Angelegenheit noch geheimnisvoller. *Wozu brauchte Bingham in seiner eigenen vier Wänden einen derart leistungfähigen Aktenvernichter?* überlegte Hansen. Es sei denn, es gab Dinge, die er sogar seiner Geliebten *gegenüber verheimlichte*. Rick wandte sich dem Faxgerät zu, stöpselte dessen Anschluß in die Steckerleiste und schaltete es ein. Dann drückte er die Memotaste, die ihm die Nummern der letzten fünfzig Faxadressaten liefern würde. *Pech gehabt*. Der Stromausfall hatten den Datenbestand im faxeigenen Pufferspeicher beschädigt.

Rick verlegte sich auf altmodische Detektivarbeit und durchstöberte die Schubladen von Binghams Schreibtisch und Aktenschrank.

In der obersten Schreibtischschublade stieß er auf ein kleines elektronisches Gerät von den Maßen eines Terminkalenders – ein Personal Digital Assistant, ein Minicomputer zum Speichern von Adressen, Telefonnummern und andere Daten. Hansen öffnete den Sharp Zaurus PDA, schaltete ihn ein und der winzige Bildschirm erwachte zum Leben.

ENTER PASSWORD NOW

Das würde warten müssen. Hansen klappte den PDA wieder zu und steckte ihn in die Gesäßtasche seiner Chinos.

Im Aktenschrank fand er eine Mappe voller Akten mit merkwürdigen Titeln. Das BEACON-Projekt. Firmenmäntel. Steuerbefreite Organisationen. Die Kladde mit der Aufschrift *Das* BEACON-PROJEKT enthielt nur einen einzelnen, unverschlossenen Umschlag, und in diesem Umschlag befand sich nichts weiter als eine weiße Magnetstreifenkarte, wie sie zum Öffnen einer mit Lesegerät gesicherten Tür benutzt wurde. *Aber welche Tür?* Noch mehr Rätsel. Hansen nahm die ganze Mappe und steckte sie in die große Umhängetasche. Weitere Akten fielen ihm nicht auf.

In der untersten Schublade der Registratur machte er eine Entdeckung, die seinen Puls in freudige Erregung versetzte. Eine Videokassette. Der Aufkleber auf der Kassette lautete: PROF. GAMMAGE GEHT NACH WASHINGTON.

»Bingo.« Er rief es tatsächlich laut aus und klatschte vor Begeisterung in die Hände. *Gammage!* Der Name in dem Terminkalender, der Mann, den Bingham am Tag nach dem Markteinbruch anrufen sollte. Dem Titel zufolge war er Professor. Fantastisch. Vielleicht würde er ihn ja im *Who's Who of American Colleges and Universities* finden. Aufgeregt verstaute Rick die Kassette in seiner Tasche.

Noch weniger als sechs Minuten, und seine Arbeit war beinahe erledigt. Er ging zum Computer hinüber, um den Stand des Datentransfers zu überprüfen. Auf dem Bildschirm stand: TRANSFER ABGESCHLOSSEN. 1.231 VON 1.231 DATEIEN ÜBERTRAGEN.

Wunderbar. Seine Arbeit war hier beendet, und Hansens Aufmerksamkeit richtete sich bereits auf den Lamazekurs, den er in fünfzehn Minuten am anderen Ende der Stadt hatte. Er war mit Stephanie im Krankenhaus zu ihrem Kurs für Atmungsübungen verabredet und mußte sich sputen. Hansen griff auf die Rückseite von Binghams PC, um das Kabel des Zip-Drive auszustöpseln und bemerkte, während er sich die Aufgabe konzentrierte, aus dem Augenwinkel, daß Vasquez in der Eingangstür des Apartments stand. Ohne aufzusehen, lächelte Hansen und witzelte:

»Sie sind fünf Minuten zu früh dran. Dann werde ich Sie wohl um einen Nachlaß von fünfundzwanzig Dollar ersuchen müssen.«

»Was machen Sie da?« Die brummige Stimme überraschte Hansen, denn es war nicht die von Vasquez. Diese Stimme besaß einen wesentlich volleren Baß und einen anderen Akzent als die des Pförtners.

Hansen zog seinen Kopf hinter dem Computer hervor und schnellte herum. Er sah sich einem Unbekannten in unauffälliger Straßenkleidung gegenüber – schwarze Lederjacke über dickem schwarzgrauem Wollpullover und Bluejeans. Der Mann trat ins Zimmer.

»Hallo«, entfuhr es Rick Hansen unsinngerweise.

Der Unbekannte mit dem dunklen Teint kam näher und schien dabei stärker an dem interessiert, was Hansen tat, als an Hansen selbst. Dem Anwalt fiel sofort das häßliche Neandertaleraussehen des Mannes auf. Das platte, breite Gesicht mit den hohen Wangenknochen wurde von einer knubbeligen Nase und großen Nagetierzähnen geprägt. Die Ohrmuscheln waren zwerghaft klein und verstärkten die grausige Wirkung. Seine dunklen trüben Augen saßen weit auseinander unter einer einzigen, struppigen Augenbraue, was dem Mann einen bedrohlichen, beinahe schielenden Blick verlieh.

Und plötzlich erinnerte sich Hansen wieder. Das war der Mann, den die Überwachungskamera der Firma im Fahrstuhl aufgenommen hatte.

Wie gebannt starrte der Eindringling auf die Computeranlage. »Ah, Sie haben Kopien der Computerdateien angefertigt.« Es klang wie eine erleichterte Erkenntnis.

»Ja, er hat früher für unsere Firma gearbeitet«, hörte Hansen sich antworten, während er den Zip-Drive in die Tasche stopfte. »Er hatte noch ein paar Unterlagen, die wir brauchen.«

Der Mund des Mannes öffnete sich, aber er sagte nichts. Er starrte nur weiter auf den Computer.

Hansen sagte: »Sie waren es, der die Dateien in meinem Büro

gelöscht hat.« Es war als Frage gemeint, rutschte ihm jedoch wie eine Anschuldigung heraus.

Der Mann richtete seinen bleiernen Blick auf Hansen. »Ich möchte das haben von Ihnen.« Er sah zur Tasche hinunter. »Was haben Sie sonst noch mitgenommen?«

Was dann geschah, geschah so schnell, daß Hansen am gleichen Abend schon Schwierigkeiten haben würde, die Reihenfolge der Ereignisse exakt zu rekonstruieren.

Heimlich stellte Rick seinen linken Fuß auf die Steckerleiste, trat dann mit der Spitze seines rechten Turnschuhs gegen den organgeroten Ein- und Ausschalter und unterbrach so die Stromversorgung in der Wohnung. Sowohl der Computer als auch die Deckenbeleuchtung gingen aus. Überrascht von der plötzlichen Dunkelheit, schrie der Mann auf. Instinktiv senkte Hansen seine Schulter, rammte sie in die Brust des Mannes und schleuderte ihn damit hart gegen die Wand. Rick konnte hören, wie dem Mann der Atem stockte. Rasch fing sich der Anwalt nach dem Volltreffer wieder, rannte aus dem Apartment und schlug hinter sich die Tür zu.

Schnell, schnell, schnell, schnell, schnell. Eine dem reinen Selbsterhaltungstrieb entsprungene Urstimme hetzte ihn in Richtung Treppenhaus. Alles begann an Tempo zu gewinnen, wirkte wie aufgedreht, und Rick Hansens Handlungen basierten nicht länger auf einem reflektierenden Entscheidungsprozeß, sondern nur noch auf dem Adrenalinstoß, den sein Überlebenswillen ihm in die Blutbahn jagte. Seine Sneakers quietschten auf den gebohnerten Bodenfliesen des Flurs. Er packte die um seine Schulter geschlungene Tasche mit festem Griff und stürmte durch die Brandschutztüren in Treppenhaus. Die Türflügel schwangen krachend gegen die Wand, und der Widerhall im Treppenhaus war so groß, daß er in seinen Ohren wie ein Überschallknall dröhnte. Zwei, drei Stufen auf einmal nehmend, sprang er die Treppe hinunter und empfand dabei jene sonderbare Euphorie, die sich bei der Flucht des Gejagten einstellte. Als er auf dem ersten Treppenabsatz zum neunten Stock die Haarnadelkurve nahm, hörte er über sich einen zweiten ohrenbetäubenden Donnerschlag. Im selben Augenblick spritzte ihm ein stachliger Regen aus Wandputz seitlich in Gesicht. *Himmel!* schrie die primitive Stimme in seinem Kopf. *Der schießt auf mich!*

Während er weiter die Treppe hinunterhastete, wurde ihm bewußt, daß er hier eine ideale Zielscheibe abgab. Er landete auf dem nächsten Absatz und platzte durch die Brandschutztür in den Flur des neunten Stockwerks. Mit wild gegen den Brustkorb hämmerndem Herzen schnellte er wie eine Flipperkugel von einer Gangseite auf die andere und drückte drei, vier, fünf, sechs Türklingeln. Verzweifelt wartete er auf irgendeine Reaktion und wippte dabei ungeduldig auf seinen Fußballen. Die Zeit schien stillzustehen. In diesem Augenblick glaubte er, sterben zu müssen, und stellte sich vor, wie sein Verfolger durch die Türen kommen, mit der Waffe auf ihn zielen und abdrücken würde... Rick Hansen wandte sich dem Notausgang zu und erwartete das Aufschwingen der Türen, um sich offenen Auges seinem Schicksal zu stellen...

Krachend flogen die Türen auf, und Hansen nahm ein vages Bild vom erschrockenen Gesicht seines Verfolgers wahr...

»Ja?«

... während die Frau in 9F zögerlich die Tür zu ihrem Apartment öffnete.

Hansen nutzte sofort die Gelegenheit und drängte sich in die Wohnung, indem er die Frau zur Seite schob. Verängstigt schrie sie auf, während Rick die Tür zuschlug und mit zitternder Hand die Sicherheitskette vorlegte. Der Anwalt trat einen Schritt von der Tür zurück, als rechnete er halb damit, daß sie eingetreten würde. Draußen im Gang waren Schritte zu hören. »Nicht die Tür öffnen«, befahl Rick. »Da draußen ist ein Mann, er hat eine Schußwaffe...«

»Bitte nehmen Sie, was Sie wollen, aber tun Sie mir nichts.«

Die zittrige Stimme der Frau ließ Rick Hansen wieder zur Besinnung kommen. Der Anwalt riß sich zusammen und überdachte die Situation. Die füllige Schwarze in den Fünfzigern hatte sich in eine Ecke der Kochnische gekauert und die Hände zum Zeichen der Wehrlosigkeit auf die Brust gelegt. Auf dem weißen Gasherd brodelte melodisch Nudeln und Tomatensauce. Ein dunstiger Schleier erfüllte die kleine Küche. Sie bereitete sich eben ihr Abendessen zu. *(Sie hatte ›uns‹ gesagt – also auch für ihre Familie?)* »Ich tue Ihnen nichts«, sagte er mit leiser Stimme und hob die Hände über den Kopf. »Ich werde Sie jetzt wieder allein lassen.«

Er durchquerte den Wohnbereich, der eine exakte Kopie von Binghams Apartment war. Allerdings hing hier alles voller Erinnerungsstücke an Broadway-Musicals. An einem Flügel neben dem Fenster starrte ein achtzigjähriger Gentleman mit flaschendicken Brillengläsern bestürzt auf den ungebetenen Gast in seiner Wohnung. Später würde Hansen erfahren, daß es sich bei dem Gentleman um einen ehemals sehr berühmten Broadway-Komponisten handelte, und bei der Frau um dessen Halbtagshilfe. Aber jetzt blieb keine Zeit für einen Plausch zum besseren Kennenlernen. »Mein Name ist Rick«, war alles, was er sagte. »Und ich bin Ihnen wirklich ausgesprochen dankbar für Ihre Hilfe.«

Hansen trat ans Fenster und blickte hinunter. *Gott sei Dank!* Die baurechtlich vorgeschriebene Feuerleiter bot einen Fluchtweg. Der Anwalt klemmte seine Hände unter die Kante des Fensters und drückte den Rahmen nach oben. Mit einem Kreischen von Holz auf Metall gab die vorsintflutliche Fensterhalterung nach und lieferte ausreichend Platz für Rick, um mit seinem Gepäck hindurchzuschlüpfen. Der kalte Wind, der ihm draußen ins Gesicht blies, war belebend, und Hansen nahm tiefe, gierige Atemzüge. Während seines neun Stockwerke tiefen Abstiegs ächzten, klapperten und schwankten die Eisenstufen unter seinem Gewicht. Vom letzten Absatz aus sprang Hansen auf den Bürgersteig, wo er mit einem schmerzhaften Schlag landete und einen Schuh verlor. Ohne sich umzublicken, sprintete er in Richtung Columbus Circle.

Einen halben Block die Central Park West hinunter gelang es

ihm, ein Taxi anzuhalten. Er riß die hintere Tür auf, warf seine Tasche auf den Rücksitz, stürzte hinterher und nannte dem Fahrer die Adresse des New Yorkers Hospital. Zu seinem Entsetzen erwischte die Taxe unmittelbar an der nächsten Kreuzung schon eine rote Ampel. Der Anwalt sank tief in den Rücksitz, schloß die Augen und betete darum, unsichtbar zu werden. Die Ampel sprang auf Grün, und das Taxi rollte zum Columbus Circle weiter. Sobald sie auf die Fifty-ninth-Street eingebogen waren und sicher Richtung East Side fuhren, bemerkte Hansen, daß es ihm nicht gelang, ruhig zu atmen. *Hyperventilation.* Er steckte den Kopf zwischen die Knie und bemühte sich verzweifelt, die Atmung wieder unter Kontrolle zu bekommen. *Er hat auf mich geschossen. Er hat auf mich geschossen. Warum hat er bloß auf mich geschossen?*

Und wer war dieser Dreckskerl bloß, der den Schuß auf mich abgefeuert hat? Worauf genau hatte Bingham sich überhaupt eingelassen? Welches Spiel hatte er getrieben? Sollte das alles im Zusammenhang mit einem einzigen Fall von Insiderhandel stehen oder steckte doch etwas Gravierenderes dahinter?

War es diese gottverdammte Büchse der Pandora wert, daß er dafür sein Leben riskierte? Die Antwort auf diese Frage war leicht: nie und nimmer. Es war Schluß, mit diesem Abend waren seine Tage als Spürnase endgültig gezählt. Er schwor sich und jedem Gott, der ihm zuhörte, nach alldem gab er für jetzt und alle Tage einen absoluten Scheiß auf Toms offensichtliche Vorhersage. *Laß die Finger davon, Hansen. Laß es einfach in Ruhe.*

Alle Blicke richteten sich auf ihn, als er mit zehnminütiger Verspätung und noch immer reichlich außer Atem in den Übungsraum im vierten Stock des New Yorker Hospital-Cornell Medical Center platzte. »Sorry«, hechelte er entschuldigend. Vierzehn Schwangere und dreizehn Ehemänner verfolgten, wie er in den leeren Sitz neben seiner Frau fiel und zu Atem zu kommen versuchte.

Die Kursleiterin hatte die Lacher auf ihrer Seite, als sie bemerkte: »Nun, Mr. Hansen ist heute abend zwar ein wenig spät dran, aber zumindest hat er auf dem Weg hierhin an seine Atmungsübungen gedacht.«

Während um sie herum noch schallend gelacht wurde, musterte Stephanie mit hochgezogenen Augenbrauen Ricks schuhlosen Fuß.

»Frag lieber nicht«, bat er.

Und sie fragte lieber nicht.

32

Upper East Side, Manhattan
Montag, 1.März

Rick Hansen erzählte seiner Frau nicht die wahre Geschichte über den fehlenden Turnschuh. Sich selbst gegenüber rechtfertigte er diese Entscheidung mit den unterschiedlichsten Gründen. Erstens wollte er seine schwangere Frau nicht mit einer Story über irgendeinen durchgeknallten Typen beunruhigen, der auf ihn geschossen hatte, schon gar nicht in ihrem fortgeschrittenen Stadium. Zweitens begann er sich einzureden, daß die Sache mit der Pistole womöglich Einbildung gewesen sein mochte. Die Akustik in diesem Treppenhaus hatte alle Geräusche verzerrt, jeden Laut enorm verstärkt. Vielleicht war es ja nur eine gegen die Wand geschlagene Tür gewesen. Schließlich hatte er die Waffe auch nicht wirklich in der Hand des Mannes gesehen, oder?

Hansen lag wach neben seiner schlummernden Frau und war sich im unklaren, was er glauben sollte. In Wahrheit hatte er einfach nicht gewußt, wie er es ihr beibringen sollte, und deshalb lieber gleich nichts davon erzählt.

Weit nach Mitternacht kroch Hansen aus dem Bett und ging ins Wohnzimmer. Um fünf würde der Wecker zu einem wahnsinnig anstrengenden Arbeitstag klingeln, da McGeary Hansen gebeten hatte, zusammen mit Joe Money und The Stain die juristischen Details eines neuen derivativen Instruments durchzugehen, das sich die Abteilung für einen neuen kapitalkräftigen Anleger ausgedacht hatte. Aber das Erlebnis auf der West Side hatte ihn so aufgewühlt, daß er für die nächsten Stunden sicherlich noch keinen Schlaf finden würde. Dann konnte er die Zeit genausogut auch nutzen.

Im Wohnzimmer schaltete er den Fernseher an.

Er griff in seine ausgebeulte Umhängetasche und zog die Videokassette heraus. PROF. GAMMAGE GEHT NACH WASHINGTON.

Hansen stellte den Ton aus, um Stephanie nicht zu wecken, und stöpselte den Kopfhörer ein. Anschließend setzte er sich im Schneidersitz vor den Apparat, so als wollte er meditieren.

Der Rekorder brauchte einen Moment, um die Kassette zu laden, dann wurde auf dem Bildschirm flackernd ein Bild sichtbar. Ein langer Tisch mit einer Reihe Mikrofone. Ein amtlich aussehender Raum, mußte irgend etwas mit der Regierung zu tun haben. Zuschauer auf dem Balkon. So eine Art Senatsanhörung, stellte Hansen fest, aber den wenigen Reportern und Zuschauern nach zu urteilen, nichts in der Kategorie von Iran-Contra oder Clarence-Thomas-Nominierung. Die Einstellung war starr, das Bild blaß und kontrastarm, und im Ton war das Brummen einer leichten Rückkopplung zu hören. Hier handelte es sich eindeutig um eine Kongreßveranstaltung von begrenztem Interesse, die lediglich als Füllsel für eine tote Sendezeit auf C-SPAN gedient hatte.

Im nächsten Augenblick schlurfte ein untersetzter, ganz nach Wissenschaftler aussehender Mann mit Kneifer auf der Nase ins Bild und nahm vor einem der Mikrofone Platz. Für den geladenen Experten unbemerkt, ragte von einer Seite seines Kopfes eine widerspenstige Haartolle ab, was für einen komischen Effekt sorgte. Das mußte wohl Gammage sein. Der Professor breitete die Seiten seiner vorbereiteten Erklärung auf dem Tisch aus und räusperte sich. Das Mikrofon verstärkt das Papierrascheln auf unangenehme Weise.

»Herr Vorsitzender, verehrte Mitglieder des Unterausschusses für Telekommunikation und Finanzen, ich freue mich, heute vor Ihnen erscheinen zu dürfen, um über die Gefahren von derivativen Finanzinstrumenten zu sprechen.«

O *nein*, dachte Hansen. Nicht noch so eine kleinkarierte Rede über die von Derivaten ausgehenden »potentielle Gefahren« für die Finanzsicherheit des Landes. In den vergangenen Jahren war es in der Öffentlichkeit und den Medien zu erheblichen Mißverständnissen über derivative Instrumente gekommen. Für manche Warner wurde Derivative, die sie für die spektakulären Zusammenbrüche von Barings, Kidder Peabody und Sumitomo verantwortlich machten, eine Zeitlang zum Synonym für alles Verwerfliche.

Allerdings sind Derivate weit weniger geheimnisvoll, als die Öffentlichkeit sich das vorstellt. Das Konzept von Finanzinstrumenten, deren Werte sich von anderen, davon unabhängigen Basisinstrumenten ableiten, »derivieren«, existiert bereits seit Jahrhunderten. Die in diesem Land zuerst gehandelten Derivate wurden im Chicagoer Termingeschäft entwickelt und galten Schweinen und Getreide. Risikoscheue Farmer waren bereit, ihre landwirtschaftlichen Erzeugnisse vorab an Spekulanten zu veräußern, um einen Festpreis für ihre Ware garantiert zu wissen. Die Spekulanten ihrerseits waren bereit, auf die Chance zu setzen, daß die Kontrakte wesentlich mehr wert sein würden, wenn zu einem zukünftigen Termin – daher die Bezeichnung »Futures«– ihre Erfüllung anstand.

Ein Derivat war einfach ein Konstrukt, mit dessen Hilfe Finanztechniker einen Wert »zu Geld machen« konnten. Die verrücktesten Derivate wurden von esoterischen, statischen oder reichlich geschmacklosen Basiswerten abgeleitet. Wie das Recht, die Umwelt zu verschmutzen, oder einen Pool von auf Aids-Opfer ausgestellten Lebensversicherungspolicen. Ein Anleger kann sich entscheiden für Derivate, die auf Katastrophenversicherungen basieren, auf Kreditkartenaußenstände, die Bullen, die Schuldenlast der dritten Welt, kalziniertes Ammoniak, Hypotheken, Wismut, Kartoffelstärke, japanische Rohseide, Black-Tiger-Shrimps, neuseeländische Wolle, elektrischer Strom, getrocknete Kokons, Bauholz und natürlich gefrorene Schweinebäuche.

Sobald ein Vermögenswert oder ein Anspruch darauf übertragbar ist, kann daraus ein derivatives Instrument konstruiert werden. In Wahrheit, dachte Hansen, *sind Derivate die aufregendste Innovation auf dem Finanzsektor seit der Jahrhundertwende.*

Aber jede Innovation kann ins Kraut schießen. Und unter Verweis auf Barings und dergleichen haben die Medien ihn in den letzten Jahren totgeritten, diesen unvermeidlichen Vergleich von Derivaten mit der Atomkraft. *Alles in allem zwar nützlich, aber Weitsicht und Kontrolle sind gefordert, blablablabla.*

Also ist Gammage zu diesem Thema kompetent genug, um als Experte vor einen Unterausschuß geladen zu werden. Herrlich, noch ein Akademiker, der sich einen Namen damit macht, die Innovationen der Finanzwelt in den Schmutz zu ziehen.

»Den letzten Bericht des General Accounting Office zufolge«, trug Gammage in professoralem Leierton vor, »hat der Derivatemarkt einen explosiven Zuwachs erfahren, wobei sein Gesamtwert allein in den vergangenen drei Jahren um hundertfünfzig Prozent gestiegen ist. Die Billionensumme, um die es in dieser Parallelwelt der Derivate geht, liegt viermal höher als der Wert aller an der New York Stock Exchange gehandelten Akten und fast dreimal so hoch wie das Bruttosozialprodukt des Landes. Ein derartiger Zuwachs ist historisch beispiellos. Der Derivatemarkt, in dem von Geschäftsbanken und Finanzinstituten in den Vereinigten Staaten Derivate im Wert von sechzehn Billionen und weltweit fünfundzwanzig Billionen Dollar gehalten werden und dessen jährlicher Handelsumsatz ein Volumen von dreihundert Billionen Dollar besitzt, könnte sich als größtes Luftschloß aller Zeiten erweisen. Kürzlich haben bereits Endverbraucher von Over-The-Counter-Derivaten beträchtliche Verluste erlitten, was verstärkte Aufmerksamkeit auf die Notwendigkeit gelenkt hat, potentielle Instabilitätquellen und Risiken wo immer möglich zu reduzieren. Allgemein herrscht Einigkeit darüber, daß Maßnahmen ergriffen werden müssen, die die Stabilität des US-amerikanischen Finanzsystems garantieren. Und aus genau diesem Grund haben Sie mich ja auch eingeladen, heute hier vor Ihnen zu sprechen.

Die hochgradige Fremdfinanzierung bei diesen Instrumenten hat zu diesem bemerkenswerten Anstieg des Kapitalbetrages auf über eine Billion Dollar geführt. Zugleich ist mit diesen Instrumenten allerdings auch die Gefahr für eine Welle der Zahlungsunfähigkeit alarmierend gestiegen. Die Vorstellung des ›systematischen Risikos‹ ist überaus real, und in diesem Fall bedeutet das einen derivateverursachter Einbruch, der auf den Aktienmarkt übergreift.

Der Dominoeffekt könnte hierbei leicht zu einem weltweiten Börsencrash führen.«

Dieser lässig hingeworfene Kommentar ließ Hansen schläfrige Augen aufspringen. *Ein weltweiter Börsencrash?*

Auf dem Bildschirm trank Gammage einen langen Schluck Eiswasser, um die dramatische Pause auszukosten. »Damit wird selbstverständlich nicht der Meinung widersprochen, Derivate seien extrem nützliche Finanzinstrumente. Das sind sie zweifellos. Institutionelle Anwender dieser Produkte können damit alle ungewünschten finanziellen Risiken ausblenden und zugleich in die gewünschten spekulativen Risiken investieren. Aber hier liegt auch das eigentliche Paradoxon hinsichtlich des Gebrauchs von Derivaten. Sie waren erfunden worden, um das Risiko zu senken, aber aufgrund ihrer enormen Beliebtheit, Flexibilität und Hebelwirkung tragen sie für das Finanzsystem als Ganzes mittlerweile womöglich eher zur Steigerung des Risikos bei. Derivate sind wie Atomkraft – ausgesprochen nützlich, aber mit Risiken verbunden.«

Arggh. Schon wieder die alte Atomkraftanalogie.

»Offen gesagt bin ich davon überzeugt, daß die etablierten Händler in angemessener Weise die Bereitschaft demonstrieren, ihre eigenen Aktivitäten zu kontrollieren. Nicht umsonst investieren diese führenden Finanzhäuser jährlich zig Millionen Dollar ins Risikomanagement. Es sind die verantwortungslosen Händler, die neu ins Geschäft drängen, die dem Risikomanagement nicht die gleiche notwendige Beachtung schenken, wie dies die Großen tun.

Derivate haben die Spielregeln über den Haufen geworfen – die Abwicklung von Transaktionen beschränkt sich nicht länger auf die Händlerposten an den Börsen oder den dichtgedrängten Hochhäuserhaufen in einem kleinen Planquadrat Lower Manhattans. Nein, heutzutage ist das Parkett, auf dem die Milliardendeals abgeschlossen werden, ein elektronischer Cyberspace, dessen Angehörige ohne persönlichen Kontakt, nur durch eine nahtlose Kette von Computern miteinander in Verbindung stehen. Komplizierte Abschlüsse, deren Zustandekommen sonst Tage und Wochen in Anspruch genommen hätten, können nun über Internet in Sekundenschnelle durchgeführt werden. Dieser technologische Durchbruch ist zugleich wundervoll und erschreckend.

Sollte der Kongreß daher gesetzliche Maßnahmen ergreifen, die von den Bundesbehörden eine Überwachung dieser potentiell heiklen, bilanzunwirksamen Finanzinstrumenten verlangt, wäre es empfehlenswert, sich des an großstädtischen Universitäten überall im Land vorhandenen akademischen Sachverstands zu bedienen …«

Aha, jetzt geht der Verkaufsvertreter zum Angriff über, sagte Hansen zu sich selbst.

»So habe ich zum Beispiel als ordentlicher Professor und stellvertretender Präsident der Carnegie-Mellon University in Pittsburgh Zugang zu beträchtlichen Supercomputerkapazitäten, die von Bundesstellen zur Entwicklung von Vorhersagemodellen eingesetzt werden könnten. Carnegie-Mellon wäre in der Lage, derartige Modelle sowie ein Überwachungsprogramm zu erarbeiten, mit dessen Hilfe der Kongreß und die Exekutive das fortdauernde Systemrisiko im Auge behalten könnten, das die Finanzderivate für die Weltwirtschaft darstellen …«

Bei der Erwähnung von Pittsburgh sprang Hansen auf, eilte in die Küche zu seinem Aktenkoffer, nahm den Terminkalender heraus und blätterte aufgeregt darin herum. Während er das tat, griff er nach dem Telefon und wählte 411, die Nummer der Auskunft. Die Telefonistin meldete sich und Hansen fragte: »Wie lautet die Vorwahl für Pittsburgh?«

»Vier-Eins-Zwei«, antwortete sie.

»Schönen Dank«, sagte er und legte auf.

Er blätterte zum 30.Januar in Binghams Kalender weiter und fand den Teil des Eintrags, nach dem er gesucht hatte:

tel. Gammage / 361–5212

Gammage war Professor an der Carnegie-Mellon. *Und die war in Pittsburgh, Dummkopf, nicht in New York.*

Hastig drückte Hansen die Vorwahl und die Teilnehmernummer, vertippte sich in seiner Hektik prompt und mußte noch einmal von vorne anfangen. Fluchend gelang es ihm, die Nummer korrekt einzugeben. Er wartete. Nach einer Ewigkeit an Klicks begann es am anderen Ende zu klingeln. Hansen schloß die Augen und wartete darauf, daß Gammage sich meldete. *Na, heb schon ab, heb schon ab, heb schon ab.*

Dreimal klingelte es.

Es war nach Mitternacht, der Mann schlief bestimmt. *Aufgewacht, genug geträumt, Herr Professor.*

Dann folgte ein merkwürdiges Knacken und ein weiteres Klingeln, diesmal in einem anderen Ton. Anrufweiterschaltung oder Voice Mail, schätzte Hansen.

Eine Stimme vom Band meldete sich: »Hier ist, ähh, Three, Three Rivers Algorithmics.« Es war nicht die professorale Stimme von Gammage, sondern klang eher nach jemanden in den Zwanzigern. Vielleicht ein Student? »Das Telefon ist zur Zeit leider nicht besetzt, aber Ihr Anruf ist uns sehr wichtig. Bitte hinterlassen Sie doch eine Nachricht, und wir werden uns umgehend bei Ihnen melden.« Danach ein O-Ton-Ausschnitt aus *Star Trek*. Mr. Spock, der sagt: »Glück und langes Leben.«

Piep.

Hansen schirmte die Sprechmuschel mit einer Hand ab und sagte halb flüsternd: »Hallo, mein Name ist Richard Hansen. Ich bin Anwalt bei Wolcott, Fulbright & Company in New York. Ich muß wirklich unbedingt mit Professor Gammage sprechen. Ich versuche bereits seit Wochen, Kontakt mit ihm aufzunehmen, habe aber erst jetzt seine Telefonnummer ausfindig machen können. Professor, bitte melden Sie sich bei mir, sobald Sie diese Nachricht erhalten.« Hansen hinterließ seine Büronummer und kappte die Verbindung.

»Wer war das?«

Rick hängte das Telefon zurück auf die Gabel und wandte sich zu seiner Frau um, die ihn von der anderen Seite des Zimmers anstarrte.

»Wer war das?« fragte sie erneut, diesmal leiser. »War das vielleicht deine Freundin, Richard?«

Rick schloß die Augen. *In gewisser Weise ließ sich das tatsächlich sagen*, dachte er bei sich.

»Stephanie«, begann er. »Ich muß dir etwas erzählen.«

33

Manhattan–Parsippany–New Jersey–Pittsburgh

Montag–Freitag, 1.–5. März

Um zu verstehen, was ein »derivatives Produkt« ist, muß erst geklärt werden, was es nicht ist.

Ein Derivat ist kein materieller Vermögenswert. Es ist nicht wie eine Aktie, die Besitzrechte an einem Unternehmen anzeigt. Es ist nicht wie eine Anleihe, die eine Schuldverschreibung des Emittenten darstellt. Aus juristischen und praktischen Erwägungen überträgt ein Derivat kein Sicherungsrecht auf seinen Halter.

Ein Derivat ist vielmehr ein vertragliches Recht oder eine vertragliche Pflicht. Ist man bei einem Derivat »long«, hat man das Recht, etwas zu tun, ist dazu aber nicht verpflichtet. Ist man »short«, hat man womöglich eine Verpflichtung gegenüber der Longposition.

Es ist keineswegs unangemessen, Derivate als »Wette« zu verstehen. Im Grunde handelt es sich ja auch beim ganz gewöhnlichen Erwerb eine Aktie um eine Wette – schließlich hätte man die Aktien dieses Unternehmens gar nicht erst gekauft, würde man nicht auf eine Wertsteigerung setzen. In diesem Sinne sind Derivate wie Aktien: für das Zustandekommen der Transaktion muß es einen Käufer und einen Verkäufer geben. Ein derivatives Instrument verlangt zwei zustimmende Parteien mit unterschiedlicher Einschätzung des Marktes, zwei Parteien, die bereit sind, miteinander eine Wette einzugehen. *Ich werde dir soviel zahlen, wenn der Markt so schließt. Du zahlst mir das, wenn er sich dahin bewegt.* Es unterscheidet sich kaum von einem Spieler am Roulettetisch, der auf Rot setzt, während ein anderer seine Chips auf Schwarz plaziert. Es ist ein Nullsummenspiel, bei dem einer stets gewinnen und einer verlieren wird.

Manche Kritiker würden behaupten, man käme zu dem gleichen Ergebnis, wenn man auf ein Kakerlakenrennen setzt.

Aber gut informierte Marktbeteiligte teilen diese Sicht nicht. Zur Risikoabsicherung vor Verlusten im Aktien oder Anleihenportfolio gibt es einfach kein effizienteres Mittel als maßgeschneiderte Derivate.

Wie bei den Schneeflocken so lassen sich auch keine zwei auf die Kundenbedürfnisse zugeschnittene Derivate finden, die exakt gleich ausfallen. Aus diesem Grund verschlingt die Entwicklung, Bearbeitung und Durchführung eines jeden Derivates eine Menge Arbeitskraft. Das Geschäft mit GoldBridge war dafür eine Paradebeispiel.

Am Montag landete der geplante Deal in der Rechtsabteilung.

Mittags trafen sich Stainsby, Monetti und Hansen in der Cafetaria zu einem Arbeitsessen. Es gab Sushi vom Plastikgeschirr, und die Wolcott-Männer knöpften den zweiten Knopf ihrer gestärkten weißen Hemden auf, um ihre Krawatten vor Soyasaucespritzern in Sicherheit zu bringen. Dann kamen sie zur Sache.

Die Strukturierung eines derivativen Instruments ist für einen Wall-Street-Anwalt das Beste, was ihm passieren kann. Die Alltagsarbeit eines Finanzanwalts ist zumeist entsetzlich profan und besteht im wesentlichen aus dem Kampf mit schwerverständlichen Schadenersatzregelungen oder mit Rechtsbehelfen bei Kündigungsanlässen in labyrinthartigen Kundenverträgen. Und so stellte die Mitwirkung an der Kreierung eines brandaktuellen derivativen Instruments für einen Anwalt die befriedigendste Arbeit überhaupt dar.

Während The Stain und Joe Money gleichzeitig ihre Ideen hervorsprudeln ließen, kritzelte Hansen die Bausteine auf eine Reihe von Papierservietten mit Soyasauceflecken und versuchte aus dem Ganzen eine für GoldBridge praktikable Struktur zu bilden. Die Derivatehändler benutzten den geheimnisvollen Jargon ihrer Branche: *Nullkosten One-by-Two-Straddle, obligatorisch wandelbare Knock-in-/Knock-out Features, erhöhter Strike-Trigger, digitale Barrier-Optionen …*

Kurz nach vierzehn Uhr waren die drei Männer mit der Konstruktion des Produkts fertig. Sie drängten sich auf einer Seite des Tischs zusammen und betrachteten ihr Werk. Für den Uneingeweihten war das Modell ebenso rätselhaft wie eine Tafel voller spontan hingeworfener Einfälle Albert Einsteins.

»Wie, zum Teufel, heißt denn so was?« fragte sich Stainsby.

»Hab keinen Schimmer«, erwiderte Hansen.

»Das ist ein ›Flip-Floption‹«, platzte Monetti heraus.

Stainsby und Hansen sahen sich entgeistert an. »Eine was?« fragte Stainsby irritiert.

»Eine Flip-Floption. Versteht ihr denn nicht? Es ist eine Wette, die in eine haussierende Richtung geht, aus der jedoch kurz vor Erreichen des Trigger-Points eine verdreifachte Wette in entgegengesetzter Richtung wird. Es ist eine Flip-Floption.«

»Hast du das gerade erfunden?«

»Ja, in diesem Augenblick.«

Julian Stainsby wirbelte zu Hansen herum. »Können wir uns das sofort als Produktnamen schützen lassen?«

Hansen nickte. »Ich werde mit Kilmartin reden, um abzuklären, wie wir das am besten anstellen.«

Stainsby studierte das Schema, das sie auf der Serviette festgehalten hatten. »Und Ihrer Einschätzung nach ist ein solches Geschäft also völlig legal?«

»Ja. Es fällt als Privatplazierung in die Befreiung von Abschnitt 4(2), muß demzufolge nicht als Wertpapierangebot öffentlich angemeldet werden. Es ist eine ausländische Gegenseite, damit kann es auch keine Schwierigkeiten mit 15a–6 geben. Es ist kein illegaler außerbörslicher Futures-Kontrakt, da es als Swap konstruiert ist, wodurch es wiederum wunderbar unter die Swap-Befreiung des Commodity Exchange Act fällt.«

»Ja, ja wie auch immer.« Ungeduldig winkte Stainsby den juristischen Vortrag ab. »Sie sind der Anwalt. Wenn Sie glücklich damit sind, dann hängt es ja jetzt nur noch an der Kreditabteilung.«

Am Dienstag kamen sie mit der Kreditabteilung im Barcelona-Raum zusammen.

Konzentration, zwang Scott Mendelsohn sich. *Bringen wir es hinter uns*. »Das ist dein Treffen, Gil. Was steht an?«

»GoldBridge Capital Advisors, LLC«, verkündete Gil McGeary mit seiner Megaphonstimme.

Scott Mendelsohn runzelte die Stirn. »Noch nie von ihnen gehört.«

»Hatte ich auch nicht, aber ich glaube, wir werden in nächster Zukunft noch einiges von ihnen hören. Ich gebe mal weiter an Julian und Joe, die den Deal in Zusammenarbeit mit der Rechtsabteilung konstruiert haben.« Mit ausgestreckter Hand deutete er auf Stainsby. »Stainsby?«

Mendelsohn wandte sich höflich dem Briten zu, der fünfzehn Jahre jünger war, dessen jährliches Gesamteinkommen das des leitenden Angestellten der Kreditabteilung jedoch mit Leichtigkeit um das Vierfache übertreffen dürfte. Stainsby räusperte sich theatralisch. »Nun gut. Bei GoldBridge handelt es sich um einen aus London stammenden Hedge-Fonds, der bergeweise Ölgelder aus dem Mittleren Osten verwaltet. Es ist der gemeinsame Vermögenspool der Familie einiger der wohlhabendsten Ölbarone. Der Fonds ist riesig, möglicherweise sogar fünfzig Milliarden Dollar schwer, wenn man die Beteiligung an der Dartmouth Funds Group hinzurechnet.«

»Die Investmentgesellschaft Dartmouth?«

»Genau die. Deren Fonds befinden sich inzwischen zu hundert Prozent im Besitz von GoldBridge.«

Mendelsohn kratzte sich den Kopf. »Das wußte ich noch gar nicht. Egal, fahren Sie bitte fort.«

»Um dem Fonds eine Short-Term-Präsenz auf dem amerikanischen Aktienmarkt zu geben, ist der federführende Investmentberater an einem genau auf ihre Bedürfnisse zugeschnittenen synthetischen Produkt interessiert. Ich sollte noch erwähnen, daß GoldBridge letzten Montag auf der Titelseite des *Derivatives Letter* porträtiert wurde.« So als würden sich mit diesem Dokument alle weiteren Diskussionen erübrigen, ließ Julian eine Fotokopie des Artikel über den Konferenztisch zu Scott hinübergleiten. PETRODOLLARS AUS DEM MITTLEREN OSTEN AUF DER SUCHE NACH MEGADEALS IM US-DERIVATEGESCHÄFT, war die reißerische Schlagzeile. *Viel Wind*, dachte Mendelsohn. *Derivatives Letter* war ein überteuertes Klatschblättchen, das bestenfalls einen kleinen Einblick in die dunkle, wenig besprochene Welt der außerbörslichen Märkte bot. Jeder Beitrag war in einem hektischen, in zwei bis drei Absätze gezwängten Keine-Zeit-zu-lesen-Stil gehalten, den supergestreßte Börsianer leicht konsumieren konnten. Jede Nachricht, die irgendwie paßte, kam hinein. Nicht unbedingt ein Musterbeispiel für faktenreich recherchierten Journalismus. In Mendelsohns Augen konnte eine einzige Erwähnung von GoldBridge in einer Gazette wie *DL* nicht genügen, um den Fonds zu legimitieren. »Das sagt mir alles noch gar nichts«, erklärte Scott kritisch. »Soweit ich es bislang sehe, dient GoldBridge die vermeidliche Rieseninvestition von Ölgeldern bloß als Vorwand, um Drogengelder zu waschen. Was halten denn unsere Juristen davon?«

»Hansen hat uns bei der Ausarbeitung des Deals geholfen«, sagte Joe Monetti. Er legte Scott das komplizierte Schema des Handelsgeschäfts vor. »Es handelt sich um zwei gleichwertige, obligatorisch wandelbare, zinssatzdifferenzneutrale Knock-in-/Knock-out-Digital-Basket-Optionen mit Look-Back-Möglichkeit.«

Mendelsohn starrte auf das verwirrende Modell. *Verfluchte Derivate!* Trotz seiner langjährigen Erfahrung mit exotischen Wertpapiertransaktionen kam ihm dieses Konstrukt vor wie ein Quicky, viel Getöse, wenig Substantielles. Welches Interesse hatte GoldBridge daran, ein derart kompliziertes Geschäft durchzuführen? »Wie nennen Sie dieses Instrument?«

»Eine Flip-Floption.«

»Eine *was?*«

»Eine Flip-Floption. Kurz vor Erreichen eines kritischen Niveaus schlägt sie sofort in das genaue Gegenteil der ursprünglichen Transaktion um und das mit Faktor drei multipliziert.«

»Wie sehen die bisher gemachten Erfahrungen mit dieser Art von Transaktion aus?«

»Es gibt keine, Scott«, sagte Stainsby. »Ohne Witz, wirklich. Wir haben diese Sache gestern erst erfunden.«

McGeary mischte sich ein. »Scott, diese GoldBridge-Leute haben bereits extrem differenzierte Vorstellungen. Diese Struktur wurde uns in Grundzügen von deren Investmentberater Charles Stone präsentiert. Wir haben lediglich hier und da noch daran herumgefeilt, um die Prämienbelastungen zu reduzieren.«

»Haben sie von unabhängiger Seite erstellte Abschlüsse des letzten Quartals vorgelegt?«

»GoldBridge ist besten willens, euch mit all den *Schriftstücken* zu versorgen, die ihr braucht, Scott«, erklärte McGeary knapp und ließ bei der herablassenden Betonung von »Schriftstücke« durchklingen, daß die Kreditabteilung doch nur aus papiergierigen Bürokraten bestand.

Mendelsohn ärgerte sich über diesen Seitenhieb, hakte aber unbeirrt nach: »Warum sind Sie zu Wolcott gekommen? Sind Sie von anderen abgewiesen worden?«

»Im Gegenteil. Sie haben sich Angebote von einer Reihe unserer schärfsten Konkurrenten eingeholt, und nur zwei oder drei Häuser werden aus dem Schönheitswettbewerb als Gewinner hervorgehen.«

»Und wie hoch, habt ihr gesagt, liegt der Kapitalbetrag dieser Transaktion?«

»Haben wir noch nicht«, sagte Stainsby und sah seine Kampfgefährten an. »725 Millionen Dollar.«

Mendelsohn schnappte nach Luft. Eine erstaunliche Summe! Aber Mendelsohn schwieg und begann Zahlen in seinen Sharp-Taschenrechner einzugeben. Für 94 Prozent des Nominalwerts dieses Geschäfts, also $ 681,5 Millionen, würde die Firma geradestehen. Ein kleiner Schnitzer bei einem solchen Deal könnte in den Monaten vor dem Börsengang verhängnisvoll sein.

In den vergangenen Wochen hatte Mendelsohn mehr und mehr den subtilen Druck von seiten der Leute im Verkauf gespürt, die Latte zumindest vorübergehend ein wenig zu senken, damit angesichts von Wolcotts bevorstehender Initial Public Offering die Bilanzen aufgemöbelt werden konnten. *Vorübergehend muß man besser auf die Wünsche der Verkäufer eingehen. Niemand bekommt sein Geld, wenn die Verkäufer ihre Deals nicht abwickeln dürfen.* Andere führende Wall-Street-Häuser würden die Finger von all dem Giftmüll lassen, den Wolcott zur Zeit in Erwägung zog. In anderen Häusern gab es *Kontrollen, verantwortungsbewußte Lenker, Grundsysteme des Risikomanagements.* In diesem Haus herrschte die Stimmung ABSCHLIESSEN; ABSCHLIESSEN; ABSCHLIESSEN! – und die, die nicht mit derselben Begeisterung in den Chor einstimmten, begingen firmeninternes Harakiri. Dennoch, von seiner Aufgabe, die darin bestand, die Firma vor unvernünftigen Finanzierungsgeschäften mit Vertragspartnern zu bewahren, die sich als unfähig oder unwillens erweisen könnten, ihren millionenschweren Verpflichtungen nachzukommen, war Mendelsohn zutiefst überzeugt. Wenn er nicht vortreten und als kritische Stimme die »Abschließen, abschließen, abschließen«-Euphorie bremsen würde, wer sollte es dann sonst tun? Wer sonst würde den Drahtseilakt wagen, wer sonst würde die Grenzfälle entscheiden und festgelegen, ob ein möglicher Vorteil das tatsächlich vorhandene Risiko überwog? Ganz gewiß nicht seine Chefin Penny Brassil, die Leiterin der Kreditabteilung, die auf einem dreiwöchigen Abstecher nach Europa, angeblich um die »Kreditwürdigkeit« potentieller Kunden in Großbritannien, Frankreich und Deutschland zu überprüfen, den Meilenstand ihres Vielfliegerkontos hochtrieb. *Kreditwürdigkeit überprüfen*, so ein Quatsch, dachte Mendelsohn. Ihrem eigenen Eingeständnis zufolge war Penny einfach reisesüchtig. In einem schwachen Moment hatte sie Scott anvertraut, daß ihr Traumberuf immer schon Reiseschriftstellerin gewesen sei. Sie sah sich im Unternehmen stets nur den »großen Zusammenhängen« verpflichtet und machte sich nie die Hände schmutzig. Ihr Schreibtisch war makellos sauber.

Ne, ne. Mendelsohn bildete in der Firma die erste und letzte Verteidigungslinie. Den Rettungsanker. Den Hüter des Lebensnervs. Geschworenenjury und Richter in Personalunion. Wenn er zu weich würde und ein von ihm abgesegneter Abschluß ginge in die Hose, dann würden die Jungs an den Händlertischen völlig zu Recht mit dem Finger auf ihn zeigen und sagen: *Hey, Kredit war damit einverstanden. Was wollt ihr also von uns*? Aber nicht, solange er auf Posten war ...

McGeary merkte es an Scott Mendelsohns anhaltendem Schweigen. Ein Lächeln breitete sich auf seinem Gesicht aus. »Scott, du wirst diesen Deal ablehnen, hab ich recht?«

Scott Mendelsohn zögerte, atmete dann schnaufend aus. »Es ist noch zu früh, um irgendwelche Beschlüsse zu fällen, Gil, aber ich muß dir schon sagen, irgend etwas an der Sache besteht den Riechtest nicht ...« Mendelsohn klappte seinen Notizblock um und klopfte seine Unterlagen auf der Tischplatte zu einem ordentlichen Stapel zusammen. »In diesem Moment müßte ich nein sagen, aber ich bin bereit, die Tür noch offen zu lassen. GoldBridge soll mir die testierten Bilanzen zukommen lassen, und dann sehen wir weiter.«

McGeary nickte ernst, als würde er die Niederlage großmütig hinnehmen. »Wir werden die Entscheidung der Kreditabteilung selbstverständlich akzeptieren, wie immer sie ausfällt. Aber ich könnte mir denken, daß die Leute oben, die das große Ganze im Auge haben, diese Art von Geschäft gutheißen würden – vor allem mit Blick auf den Börsengang.«

»Gil, da magst du recht haben«, erwiderte Mendelsohn gleichgültig. »Aber auf den ersten Blick betrachtet, entspricht es nicht der Art von Geschäft, das *ich* gutheißen würde.« Mendelsohn verließ den Barcelona-Raum.

Am Mittwoch morgen um 8.17 Uhr klingelt Mendelsohns Telefonanlage. Der LED-Anzeige nach handelte es sich bei dem Anrufer um Alan Milgrim aus der Vorstandsetage. Der viertmächtigste Mann in der Firma rief ihn an. Mendelsohn spürte, wie sich eine ahnungsvolle Kälte in seinem bereits schmerzenden Magen ausbreitete. »Mendelsohn.«

»Scott? Hier ist Alan Milgrim. Bob Wolcott und ich haben uns den GoldBridge-Deal angeschaut und uns gefragt, worin genau deine Einwände liegen könnten.«

Scheiß McGeary. Mendelsohn fielen wieder die Abschiedsworte des Derivatechefs ein... *die Leute oben, die das große Ganze im Auge haben, würden diese Art von Geschäft gutheißen*. Hier lief irgendein Spielchen, an dem man ihn nicht teilnehmen ließ. Ja, er fragte sich sogar, ob er auch nur von einem der billigen Plätze zuschauen durfte. Mendelsohn kniff die Augen zusammen und versuchte in einem puren Willensakt, den Cluster-Kopfschmerz zu verdrängen, der sich machtvoll wie eine Gewitterwolke in seinem Schädel auszubreiten begann. Während er dies tat, kam er pro forma seiner Rolle in dieser Farce nach und zählte die Mängel des Deals auf. Die Risiken, sich mit einer unbekannten Gruppe im Mittleren Osten auf gemeinsame Geschäfte einzulassen. Die erschreckende Höhe des Kapitalbetrags. Die Komplexität des Instruments.

Milgrim kommentierte jeden Einwand mit einem ungeduldigen »Mh-hm«. Dann sagte er: »Ich würde dir in keinem dieser Punkte widersprechen wollen, aber es handelt sich doch um ein äußerst kurzfristiges Geschäft, oder?«

»Ja. Sechs Monate.«

Milgrim sagte: »Also wir denken, es ist eine gute Sache für die Firma. Profitabel und innovativ. Eine ›Flip-Floption‹. Mensch, das ist wirklich clever. Laß uns doch den Scheichs einfach einen saftigen Aufschlag in Rechnung stellen und die Sache durchziehen.«

»Betrachte es als so gut wie erledigt, Alan«, erklärte Mendelsohn freundlich. Er legte den Hörer zurück auf die Gabel und begann mit der Abfassung des obligatorischen Aktenvermerks zur eigenen Absicherung. In den kommenden Monaten würde er sehr froh sein, daran gedacht zu haben.

Am Donnerstag wurde der GoldBridge-Derivatedeal zur Buchung an die Verwaltungsabteilung weitergeleitet.

Buchung meinte in dem Fall, daß die Konditionen des derivativen Instruments von den jungen, schnurrbärtigen, $ 32 000 im Jahr verdienenden Sachbearbeitern in Parsippany, New Jersey, in Wolcott Fullbrights gigantisches Computersystem eingetippt wurden. Mit Abschluß dieses Vorgangs war die Handelsoperation dann »aktiviert« und hatte Eingang in das riesige Reich von Transaktionen gefunden, die in Wolcott Fullbrights Büchern bereits existierten.

Dabei ist das Buchen eines Derivats keineswegs ein so einfacher Prozeß, wie es sich anhört. Anders als bei der Transaktion einer Geschäftsbank, bei der das Geld nur vom Kunden eingezahlt und dann Dollar für Dollar einem Konto gutgeschrieben wird, besitzt ein Wertpapiergeschäft unzählige Komplikationen – »it has a lot of hair«, wie die Wall-Street-Leute sagen. Bareinschuß, Bewertung von Sicherheiten, Restriktionen, Erfüllungstermine, Ausfallrisiko, Rechtmäßigkeit, Kompatibilität – jeder dieser Punkte konnte eine solche Transaktion schieflaufen lassen und dafür sorgen, daß ein Spezialistenteam der Buchungsstelle eine Woche lang mit der Schadensbehebung beschäftigt war. Aber keine Bestie versetzte die Backoffice-Crew in größeren Schrecken als ein einzigartig neues, kategorienübergreifendes, hybrides derivatives Produkt wie das GoldBridge-Geschäft.

»Eine *Flip-Floption*?« Um 7.40 Uhr setzte sich Ed Pascarella an den runden Tisch eines fensterlosen Konferenzzimmers in Parsippany und zog den Plastikdeckel von seinem Automatenkaffee. »Was für ein verkanntes Genie in der Wall 44 hat sich denn dieses Frankensteinsche Monster ausgedacht?«

»Es ist wirklich ein Alptraum«, jammerte Johnnie.

»Verdammt wahr«, sagte Auggie. »Wir haben bereits siebzehn Arbeitsstunden darauf verwandt und sind keinen Schritt weitergekommen.«

Ed Pascarella war der Leiter der Verwaltungsabteilung in Wolcott Fullbrights Außenstelle in Parsippany, New Jersey. Auch nach sechzehn Jahren Firmenzugehörigkeit gab er noch immer das leuchtende Vorbild ab, arbeitete härter, länger und kreativer als alle, die ihm unterstellt waren. Als Entschädigung dafür besaß er 147 wundervolle Leute mit der Arbeitsmoral von Schlittenhunden, erfüllt von einer unermüdlichen Hingabe an die Firma, die ihre Familien kleidete und nährte.

Eds Leute unterschieden sich deutlich von den schrillen Gestalten auf den Trading Floors und den perspektivisch denkenden Lenkern in den Chefetagen. Ihre Vornamen lauteten oft Vinnie oder Johnnie oder Frankie oder Sal und ihre Nachnamen endeten überwiegend auf Vokalen. Oft kehrten sie ihre Herkunft, die ihre Kollegen auf der Verkaufsseite mit soviel Anstrengung zu kaschieren suchten, geradezu stolz heraus. Viele von ihnen waren in irgendeinem ruhigen Stadtviertel New Jerseys geboren, aufgewachsen und noch immer wohnhaft. Es waren echte Familienmenschen, deren fensterlose Büros sich in Altäre der amerikanischen Kleinfamilie verwandelt hatten, ausgeschmückt mit zahllosen Fotos der jungen Frau und der Kinder. Wie Ed selbst waren die Backofficeleute schon beinahe übertrieben loyal, ließen sich nur in Ausnahmefällen von ihrem Sweetheart aus High-School-Tagen scheiden und verließen nur in noch größeren Ausnahmefällen das Finanzinstitut, das ihnen ihren ersten Job gegeben hatte. Eds Leute trugen ihre Pieper noch mit Stolz und mochten hoffnungslos kaffee- und nikotinsüchtig sein, tranken jedoch selten etwas Stärkeres als Budweiser. An Wochenenden luden sie sich reihum zum Barbecue ein. Ihre Arbeitszeiten waren greulich und doch nie so lang, daß sie nicht Zeit gefunden hätten, das Softballteam ihrer Töchter zu betreuen. Tag für Tag verrichteten sie ein ordentliches Stück Arbeit – tätigten Überweisungen, richteten Konten ein, legten Nachschußforderungen fest, faßten Bestätigungen und Berichte ab und besänftigten wütende Kunden, denen übereifrige Verkäufer unrealistische Versprechungen gemacht hatten.

Wenn das System richtig schnurrte, dann war es wie Fleisch durch den Wolf drehen, sagte Ed immer. Börsenoperationen ließen sich am besten in großen Mengen verarbeiten. »Schnelligkeit, Wirtschaftlichkeit und Sicherheit« waren die drei treffendsten Schlagwörter für den Auftrag, den seine Truppe zu erledigen hatte. Pascarellas Team bearbeitete täglich 11 000 Transaktionen im Gesamtwert von siebzehn Milliarden Dollar und zählte damit zu den Spitzenreitern unter Wall-Street-Firmen. Aber zu viele neumodische, Standards sprengende Derivategeschäfte brachten seine Maschinerie ins Stottern. Und dieser GoldBridge-Deal übertraf alles bislang Dagewesene, zumindest aus Sicht des Backoffice.

»Okay, Leute, was machen wir also mit diesem GoldBridge-Mist?«

Auggie schüttelte den Kopf. »Ich hab nicht die geringste Ahnung. So ein zweiköpfiges Ungeheuer hab ich noch nie gesehen.«

Johnnie tippte mit einem Einwegkuli auf seinen Spiralblock. »Yeah, das ist wirklich ein Alptraum für jedes System.«

Ed lächelte. »Hey, wenn ihr eure Brötchen auf dem Silbertablett serviert haben wollt, dann geht zur *First Jersey Savings and Loan*. Nur um sicherzugehen, daß wir hier alle wissen, wovon wir reden, hat von euch schon jemand mit der Rechtsabteilung gesprochen und sich die einzelnen Komponenten erklären lassen?«

»Ja, Auggie.«

Auggie seufzte. »Yeah, ich bin die Sache mit diesem neuen Anwalt, diesem Hansen, durchgegangen. Das Problem ist, es entspricht halt keinem bekannten Typus. Es ist ein Hybride. Mit anderen Worten, bucht man es auf die jeweils eine Art, stimmt die börsentägliche Feststellung nicht.«

»Damit komm ich schon zurecht«, sagte Ed. »Wir machen die wöchentlichen Bewertungen einfach per Hand. Das macht zwar eine verdammte Arbeit, aber wir müssen die Jungs im Verkauf hier unterstützen.«

Johnnie schüttelte den Kopf. »Diese verfluchten Verkaufsleute. Ist ja auch wirklich zuviel verlangt, daß sie uns erst mal anrufen, bevor sie ein solches Produkt in die Welt setzen.«

»Laß das mal nicht deine Sorge sein«, knurrte Ed Pascarella mit einer wegwerfenden Handbewegung. Eds Philosophie besagte, daß sie in Zusammenarbeit mit den Leuten im Verkauf einen Deal auf die Beine zu stellen und zu erledigen hatten, und er mochte es nicht, wenn einer seiner Leute über die Händler und Verkäufer herzog. In Eds Augen unterschied sich die symbiotische Beziehung zwischen Backoffice und Umsatzsteigerern nicht allzusehr von dem Starsystem in Hollywood. Die Händler und Verkäufer waren die Filmstars, überschüttet mit Prestige und astronomischen Gehältern, während seine Leute die Filmcrew bildeten, die den verschiedensten Aufgaben als Bühnenbildner, Beleuchtungsassistent, Cutter, Tonleuten und so weiter nachkamen. Zugegeben, Filmstars waren unbedingt notwendig, aber ohne die Crew zur Umsetzung der Ideen würde es mit Sicherheit keinen Film geben. Das Fazit lautete daher, daß die Buchungsleute der mächtigen Finanzhäuser die wahren unbesungenen Helden der Wall Street darstellten. Würden sie alle für einen Tag zu Hause bleiben, Wall Street käme ächzend und stöhnend zum Stillstand.

Aber jetzt war nicht die Zeit, über die Filmstars zu meckern, jetzt mußte erst mal der Film in den Kasten. »Was passiert ist, ist passiert. Jetzt läßt sich der Geist nicht wieder in die Flasche bringen. Was ich aber gerne wissen möchte, ist, wie wir das System dazu bekommen, einen Derivatedeal mit derart vielen Griffen und Kniffen zu akzeptieren.«

»Nichts zu machen«, erklärte Johnnie kopfschüttelnd. »STEPS wurde nicht mit Blick auf Derivate entwickelt und auf Hybride schon gar nicht.« STEPS war das firmeneigene UNIX-Programm, das Wolcotts Computerspezialisten erschaffen hatten. Es stand für *Securities Trade Entry and Processing Systems.* »Es ist ein völliger Mischmasch.«

»Glaubst du wirklich, ich rufe McGeary zurück und sage ihm,

daß wir es nicht machen können? Der rennt doch sofort zu Milgrim und Bobby W. und erzählt denen, daß die in Parsippany unfähig sind. Auggie, was hältst du von der Sache? Sind wir wirklich am Ende mit unserem Latein?«

Auggie massierte seinen Kiefer. »Ich denke, wir könnten es als Swap buchen, dann die Resetfunktion kappen und jedesmal, wenn wieder ein Eckwert erreicht ist, den jeweiligen Einzelschritt wie einen neuen Abschluß behandeln. Auf diese Weise würde STEPS automatisch die alte Position schließen und eine neue mit einem neuen Basispreis aufmachen. Es wäre sicherlich noch eine ganze Menge Feinabstimmung notwendig, aber so könnte es gehen.«

»Wäre es auch transparent genug für den Kunden?«

»Das würde es, wenn wir die systeminternen Bestätigungen jedesmal zurückhalten und sie einfach automatisch zu einer hauseigenen Stelle umleiten.«

»Braver Junge, Augs«, nickte Ed. »Davon könnten wir hier ruhig mehr gebrauchen – von dieser Es-ist-machbar-Einstellung.«

»Das könnte ein echt explosiver Trade werden«, nörgelte Johnnie. »Wenn der schiefläuft, dann brennt die Hütte.«

»Kredit- und Rechtsabteilung haben ihn abgesegnet«, sagte Pascarella. »Um die Gründe haben wir uns keine Gedanken zu machen. Also einfach ran an die Arbeit.«

Am Freitag rief Julian Stainsby die Voice Mail von Stone an und meldete knapp: »Sie sind drin, Charles. Schriftliche Auftragsbestätigung folgt per Fax und Modem.« Etwas später an diesem Tag ging eine Bestätigung der Vertragsbedingungen simultan per Fax und Modem an Charles Stone, die Kontaktperson von GoldBridge. Eine vierte Fassung würde mit der Eilpost folgen.

Die Daten wurden über ein leistungsstarkes ISDN-Modem verschickt und am anderen Ende einer Pittsburgher Telefonnummer in die Zentraleinheit eines großen Computersystems geladen. Das Softwareprogramm namens LINDA verarbeitete diese

Nachricht, verband sie mit anderen in ihrer Datenbank bereits gespeicherten Informationen und spuckte dann folgende Meldung aus:

SENDUNG ERHALTEN
STATUS – 107% VOR ZEITPLAN
14 TAGE VOR STICHTAG

34

Captiva Island, Florida
Sonntag, 7. März

Colberts Limousine schlängelte sich die von Palmen umsäumte Zufahrt entlang und plötzlich kam die herrschaftliche Villa in Sicht. Überwältigt von ihrer Pracht mußte selbst der Fahrer fluchen.

Château-sur-l'Océan. Ein dreistöckiger, mediterran anmutender Bau, der den Platz von zwei Ufergrundstücken einnahm.

Es war das schönste Haus, das siebzehn Millionen Dollar kaufen konnten.

Colbert dirigierte den Fahrer an einem freskenbemalten Glokkenturm vorbei, um eine sanfte Kehre herum direkt zu der gefliesten Loggia, die zum Eingang führte. Der Wagen hatte dort nur kurz gehalten, da erschien sie schon aus dem glasüberdachten Hof mit den rieselnden Wandbrunnen und den Glasskulpturen von DeWain Valentine.

Colbert ließ sein Seitenfenster hinunter, während sie sich näherte. Einen Moment lang stand sie nur da und studierte ihn – oder besser gesagt, bot ihm Gelegenheit, *sie* zu studieren. Dann beugte sie sich graziös hinunter und streckte den Kopf in sein Fenster.

»Du arroganter Mistkerl«, schnurrte Zoe Pierpont-Colbert. »Woher nimmst du überhaupt das Recht, deinen Fuß auf meinen Grund und Boden zu setzen?«

Colbert betrachtete sie mit einem amüsierten Grinsen. Zoe. Wundervolle, wundervolle Zoe. Von all seinen Ex-Frauen war Zoe ihm die liebste. Stets strahlend, elektrisierend vor Selbstbewußtsein und natürlicher Schönheit. Selbst jetzt in ihrem weißen Sommerkleid von Jil Sander und den Harry-Winston-Juwelen, die ihr buchstäblich von den Armen baumelten, wirkte sie wie ein Kunstwerk. Sie schenkte ihm ein blendendes Lächeln – oder weniger ein Lächeln als ein Aufblitzen perlweißer Filmstarzähne. Sah man sie jetzt, hätte sich niemand Zoe Pierpont-Colbert als skrupellosen Emporkömmling vorstellen können, dessen niedere Anfänge in Abilene, Texas, für die Ausprägung jenes Killerinstinkts gesorgt hatten, der einzig darauf ausgerichtet war, es zu einem Leben in Reichtum zu bringen. Hungrig, ehrgeizig und *echt* – nicht wie diese übersättigten, altem Geld entstammenden Debütantinnen Margaret und Julianne – Colberts anderen Ex-Frauen. Diese blaublütigen Schlampen waren wohlgenährte Mannequins, phlegmatische Prinzessinnen, kostspielige Trophäen, von ihren Daddies großzügig verhätschelt.

Ganz anders Zoe. Wahrer materieller Wohlstand war ihre Religion, und jeden Tag betete sie am Altar ihrer falschen Gottheit. Sie mochte auch ihre kleinen Eigenarten haben – ihre Vorliebe für diese furchtbar häßlichen haarlosen Katzen etwa, oder die feste Angewohnheit, ihre Tagesplanung immer erst nach einer morgendlichen Konsultation ihrer persönlichen Astrologin in Palm Beach festzulegen. Zugleich war Zoe jedoch eine ausgesprochen sinnliche Frau, die jeden Orgasmus Colberts als Gelegenheit begriff, ihre Dankbarkeit für seine freigiebige Haltung unter Beweis zu stellen. Zoe war Colberts Seelenverwandte, und dies bis zu einem Grad, daß es möglich schien, Colbert könnte tatsächlich so etwas wie eine Seele besitzen.

In den Augen des Gesetzes waren sie natürlich geschieden. In Wirklichkeit handelte es sich dabei jedoch nur um einen juristischen Trick, den Colberts Anwälte ersonnen hatten, um Kapital auf ihren Namen überschreiben zu können und es so dem Zugriff der vielen Gläubiger zu entziehen. Und selbst wenn irgendeinem besonders Gerissenen der Nachweis gelingen sollte, daß die Scheidung nur vorgetäuscht war, Colbert hatte bereits vor langer Zeit offiziell seinen persönlichen Bankrott erklärt und nach in

Florida geltendem Gesetz über die private »Heimstätte« würde kein Gläubiger Château-sur-l'Océan antasten dürfen. Amerika war wirklich das Land der unbegrenzten Möglichkeiten.

»Warum ich hier bin, willst du wissen?« fragte Colbert nekkend. »Na, um nachzusehen, wie du mein Vermögen vergeudest.«

Es war nur halb im Spaß gemeint.

Sie zog eine Augenbraue hoch und strahlte ihn noch einmal an. »Dann komm doch herein und sieh es dir selbst an.«

Er entstieg der Limousine, und sie führte ihn an der Hand in ein Heim, dessen Pracht für gewöhnliche Menschen geradezu unvorstellbar sein mußte – aber andererseits waren sie ja auch keine gewöhnlichen Menschen.

Vorbei an den leise rieselnden Wandbrunnen brachte sie ihn ins Innere des Hauses in einen riesigen, runden Wohnraum, ausgelegt mit italienischem Marmor und orientalischen Teppichen und mit einer zehn Meter hohen, zwölfeckigen Decke aus Zypressenholz. Dann lotste sie ihn durch lange Gänge mit Savonnerieteppichen und Motiven aus Korallen, Eben-, Teak- und Birnbaumholz in die silbrig schimmernde Küche mit den italienischen Edelstahlschränken und den Arbeitsflächen aus Granitstein. Sie ging am Aufzug vorbei und ließ ihn die Travertintreppe hinaufsteigen, die in den größten der siebzehn Räume im Haus führte, das herrliche Schlafzimmer, dessen eine Wand in ganzer Breite aus einem Meerwasseraquarium bestand. Sie demonstrierte ihm die elektrisch bedienbaren Oberlichter und die auffahrbaren Türen, hinter denen eine Veranda im hawaiianischen Stil mit hohen, freitragendem Dach sichtbar wurde. Der weite Ausblick reichte über den eigenwillig geformten Pool und den Fischteich aus Beton und Glas hinaus auf das Meer und den hundertfünfzig Meter breiten, grundstückseigenen Strand.

Selbst Colbert, der an die ungeheuerlichsten Vorführungen verschwenderischen Konsums gewöhnt war, zeigte sich von der üppigen Pracht des Anwesens beeindruckt. »Es hat sich wirklich viel getan seit meinem letzten Besuch«, sagte er. »Sehr beachtlich, mein Liebling.«

»Oh, findest du wirklich?«

»Aber natürlich.«

»Ich bin ja so froh, daß du das sagst. Ich habe mich so bemüht, dir eine Freude zu bereiten.«

»Ich weiß. Das sieht man.«

»Hast du Zeit, dich ein wenig auszuruhen?« fragte sie.

»Nur ganz kurz, fürchte ich. Die Geschäfte rufen.«

Zwanzig Minuten lang saßen sie zusammen am Pool, und während die Bediensteten frische Golfshrimps und Cocktails servierten, erzählte Zoe angeregt Anekdoten darüber, wie sie die Baukolonne unter Druck setzte, ihre Termine einzuhalten. Colbert begnügte sich damit, sie reden zu lassen, und wäre von dem beruhigenden Rauschen der Wellen am Strand beinahe eingenickt.

»Oh, das hätte ich ja fast vergessen«, sagte sie plötzlich. »Da ist jemand, der dich sprechen möchte.«

Colbert war sofort hellwach. »Es ist jemand hier? Wer?«

»Ach, du weißt schon. Dieser Bursche, den ich letztes Jahr kennengelernt habe, als du mich mit nach Zürich genommen hast. Dieser russische Sicherheitsberater.«

»Alexejew ist hier?« Colbert tat, als sei er verärgert. »Warum hast du mir das nicht gesagt?«

Zoe spielte das Spielchen mit und heuchelte verletzte Gefühle. »Aber Liebling, das hab ich doch gerade.«

»Ich meine, sofort bei meiner Ankunft.«

»Was?« Sie tat bestürzt. »Nur um die damit deine ersten Eindrücke von Château-sur-l'Océan zu verderben?«

Viktor Alexejew war in ein mahagonigetäfeltes Studierzimmer im Westflügel der Villa geführt worden. Dort traf Colbert ihn an, wie er aufmerksam einen beleuchteten Globus betrachtete, als könnte er noch immer nicht begreifen, was die Geschichte mit seinem Vaterland, der früheren Sowjetunion, angestellt hatte. Eine dieser widerlichen haarlosen Katzen strich im Achterlauf um seine Knöchel. Colbert schloß die Tür des Arbeitszimmers, damit die Angestellten nichts von ihrer Unterhaltung hören konnten. »Warten Sie schon lange?«

Alexejew hob den Kopf und meinte achselzuckend: »Vierzig Minuten.«

Colbert hatte es sich zur Regel werden lassen, das eigene Verhalten niemals zu entschuldigen, und machte auch diesmal keine Ausnahme. »Sie sind früh dran.«

»Es gab nichts, was wichtiger gewesen wäre.«

»Gute Antwort, Viktor.« Colbert lächelte. »Was haben Sie denn für mich?«

»Einen Zwischenbericht. Ein paar Neuigkeiten. Nichts Dramatisches.«

»Ich verstehe.« Colbert deutete mit dem Kopf auf den großen Briefumschlag in der Hand des Russen. »Wollten Sie mir ein paar Observierungsaufnahmen zeigen?«

Alexejew nickte.

»In Ordnung. Folgen Sie mir.«

Zwei Zimmer weiter befand sich Colberts Büro. Auf ihrem Weg den Flur hinunter bemerkte Colbert mit Befriedigung, wie Alexejews Augen umherwanderten und begierig alle Einrichtungsdetails in sich aufnahmen – die Imari-Vasen, die Fächerpalmen und die gläsernen Aktfiguren von René Lalique. Wie viele Männer seines Standes lechzte Colbert nach den neidischen Blikken anderer Menschen. Schließlich wäre ohne sie das Erreichte weitgehend bedeutungslos.

»Hier herein.« Colbert hielt seinem Sicherheitschef die Tür auf und folgte ihm dann ins Innere des Büros, das genau auf seine Bedürfnisse zugeschnitten war. Es handelte sich um einen Tempel zu Ehren des anbrechenden Informationszeitalters, um den egomanischen Traum von der eigenen Medien- und Börsenhandelszentrale, der auch die Einbildungskraft des leidenschaftlichsten Technikfreaks noch übertraf. Mit dem Umlegen eines einzigen Schalters an der Konsole des zweihunderttausend Dollar teuren, handgearbeiteten Schreibtischs sprangen ein Dutzend Fernsehbildschirme an, die wabenartig eine ganze Wand einnahmen. Jeder Monitor zeigte ein anderes Bild. Zu sehen waren entweder das laufend aktualisierte Datenmaterial der Real-Time-Marktinformanten – Reuters, Dow Jones, Telerate, ADP, Bloomberg, Bridge, ICV, PTI Scan, Quick, Telekurs, SEAQ International – oder internationale Nachrichtenkanäle – CNBS, CNN, BBC, ASKyB. Mit einem weiteren Schalterflippen verwandelten sich die Bildschirme in ein Meer aus Blau und warteten darauf, mit Software gefüttert zu werden.

»Okay«, sagte Colbert und nahm in einem Sessel hinter dem Schreibtisch Platz. »Dann berichten Sie mal.«

Der Russe trat unruhig von einem Fuß auf den anderen. »Die Pethers-Situation spitzt sich zu.«

»Ach wirklich?« Colbert öffnete die Schublade seines Schreibtischs und entnahm ihr eine Box mit kubanischen Zigarren.

»Ja. Unserer Observierung zufolge bereitet er ein Schreiben an die Securities and Exchange Commission vor.«

»*Was?*« explodierte Colbert. »Sind Sie sicher?«

»Ja. Wir haben eine Reihe von Faxen zwischen ihm und seinem Anwalt abgefangen. Er überlegt noch hin und her wegen des genauen Wortlauts und zögert eigentlich nur noch, weil er zuerst von den amtlichen Stellen persönliche Straffreiheit zugesichert haben will.«

Colberts Gesicht verzerrte sich vor Wut. Er beugte sich vor und zischte: »Erinnern Sie sich noch daran, was Sie mir in London gesagt haben? Ihr Vorschlag, daß ich die Bedrohung eliminieren sollte?«

»Ja. Meinen Sie damit…«

»Ich meine, *eliminieren Sie die Bedrohung*. Ich denke, Sie wissen, was damit gemeint ist. Und lassen Sie es schnell erledigen, bevor er sich dazu entschließt, die verfluchte SEC anzurufen. Und ich möchte, daß Sie mir nach Abschluß der Aktion augenblicklich Bericht erstatten.« Colbert zündete seine Zigarre an und inhalierte tief. »Wie sieht's mit den Anwälten aus?«

»Wolcotts Anwälte?«

Colbert atmete eine Rauchfahne aus. »Ja, Kilmartin und dieser neue Anwalt. Wir haben noch zwei Wochen vor uns. Können wir davon ausgehen, daß die beiden der Initiative nicht in die Quere kommen werden?«

»Kilmartin bedeutet keine Gefahr. Unsere Überwachung hat ergeben, daß er von häuslichen Problemen abgelenkt ist. Seine Schwiegermutter ist krank geworden und in sein Haus gezogen. Das hat zu einem gespannten Verhältnis zwischen ihm und seiner Frau geführt.«

»Mh-hm.«

»Kilmartin wird morgen nachmittag zu einem zweiwöchigen Anglerurlaub nach Florida aufbrechen. Ohne seine Frau.«

Colbert lächelte. An Kilmartins erstem Arbeitstag nach dem Urlaub würde sich die Welt sehr von der unterscheiden, die er nur zwei Wochen zuvor verlassen hatte. »Und was ist mit dem neuen Stellvertreter?«

»Hansen. Da könnte sich ein Problem ergeben.«

Verwundert wanderten Colberts Augenbrauen hoch. »Wie das?«

Alexejew erwiderte Colberts durchdringenden Blick. Er berichtete von Gagarows Zusammenstoß mit Hansen in Binghams gemietetem Apartment, merkte an, daß der Wolcott-Anwalt das Haus mit Kopien von Computerdateien und Aktenmappe verlassen hatte, die womöglich in bezug zu der Initiative standen, und gestand auch, daß *Die Fratze* in der momentanen Aufregung einen ungezielten Schuß auf Hansen abgefeuert hatte. »Der Anwalt zeigt ein hartnäckiges Interesse an den Angelegenheiten seines Vorgängers«, erklärte Alexejew zusammenfassend.

»Lassen Sie mich das Überwachungsband sehen«, sagte Colbert knapp.

Alexejew reichte es hinüber, und Colbert schob die Kassette in einen der Rekorder im Zimmer. Dann drückte er auf Play. Die Ansammlung von Fernsehschirmen blieb schwarz. Colbert fluchte und drückte dann die Monitor-Mastertaste auf der Fernbedienung. Sofort erfüllte den Raum das fahle Kunstlicht, das von mehr als einem Dutzend Siebzigzentimeter-Bildschirmen abgestrahlt wurde. Colbert blickte zu der Wand von Videobildern hinüber.

Die Kassette zeigte nichts von Bedeutung. Es war ein Zusammenschnitt diverser Einstellungen von Richard Hansen bei der Arbeit und zu Hause. Eine Overheadaufnahme, die ihn in seinem Büro am Telefon zeigte. Hansen, wie er seine Arbeitsstelle verließ. Hansen, wie er in Binghams altem Apartmenthaus verschwand. Hansen, wie er seine schwangere Frau liebte. Colbert beschlich der Verdacht, daß dieses Band mit dem Motiv zusammengeschnitten worden war, Eindruck auf denjenigen zu machen, der dafür *zahlte. Mächtig bedeutsam*, die Russen hatten Lochkameras, die jeden Schritt des Anwalts festhielten. Colbert feixte: »Das Band hier sagt mir nichts, außer daß er Spaß dabei hat, seine attraktive Frau zu ficken.« Der Finanzier schaltete das Video aus. »Was für ein Interesse hat der Anwalt an Bingham?«

»Das wissen wir nicht«, murmelte Alexejew. »Alberne Neugier.«

»Viktor, können Sie mir garantieren, daß die Sicherheitsrisiken über die nächsten zwei Wochen hinweg unter Kontrolle gehalten werden? Können Sie mir versichern, daß meine Beunruhigungen unbegründet sind?«

Alexejew zögerte. Dann sagte er in wohlüberlegtem Ton: »Ich glaube, das kann ich.«

»Gut«, dröhnte Colbert. »Das ist gut. Trotzdem möchte ich, daß Sie diesen Hansen genau im Auge behalten. Wenn Gagarow das nicht zuverlässig erledigen kann, tun Sie es selbst. Pethers und Hansen, diese beiden Situationen müssen augenblicklich unter Kontrolle gebracht werden.«

Einige Minuten später, nachdem Colbert sich wieder beruhigt hatte, bestand er darauf, daß Viktor Alexejew auch eine Zigarre rauchte. Zuerst lehnte Alexejew dankend ab, aber Colbert überwand seinen Widerstand, indem er den Russen davon in Kenntnis setzte, daß sein Privatvorrat nicht einfach irgendeine Zigarre beinhalte. Dieses besondere Exemplar war eine Spezialmischung, die extra für Castro hergestellt worden war. Äußerst selten.

Und obwohl Alexejew kein großer Kenner war, mußte er gestehen, es war eine verdammt feine Zigarre, diese Liguito Number two.

35

Manhattan und Toronto

Montag, 1. März

Die Konferenzsekretärin rief Hansen in seinem Büro an und sagte: »Die Verbindung für Ihre Telekonferenz um vierzehn Uhr kommt in fünf Minuten zustande, Mr. Hansen.«

Rick dankte der Frau und legte den Hörer auf die Gabel zurück. Dann nahm er die Floppy Disk, die Presentation Technologies vormittags für ihn erstellt hatte, und ging in den »Star Wars«-Raum.

Star-Wars-Raum lautete der informelle Name für den New-Dehli-Raum, der mit High-Tech-Elektronik zur Abhaltung weltweiter Telekonferenzen vollgestopft war. Die Beteiligten konnten gleichzeitig via Fax, Computer, Telefon und Videokonferenz miteinander verbunden werden. Für weltweit operierende Investmentfirmen war es eine Selbstverständlichkeit, in ihrer Unternehmenszentrale über mindestens eine dieser Star-Wars-Einrichtungen zu verfügen. Einige besaßen sogar mehrere.

Hansen betrat den Raum für sein Zweiuhrgespräch zwei Minuten zu früh. Glücklicherweise hatten sich seine Vorgänger ihr Mittagessen bringen lassen, und Hansen fand noch eine ungeöffnete Flasche Evian vor. Er schob die Floppy Disk in den Laptop-Computer neben dem Kontrollpult und klickte sich mit der Maus durch die PowerPoint-Software.

Dann wartete er und nippte an seinem Wasser.

Pünktlich um zwei wurde die Verbindung durchgestellt.

Nach einem einzigen Klingeln erschien auf den beiden Bildschirmen das Bild seines Gesprächpartners. »Hallo?« Kenneth

Bellchambers sprach in vorsichtigem Ton. Er war ein schmächtiger Mann mit Grübchen in seinem schmalen, geröteten Gesicht, und sein Ensemble aus gelber Krawatte und pinkfarbenem Hemd hatte verheerende Folgen für die Bildqualität.

»Hallo, hier ist Rick Hansen. Können Sie mich verstehen?«

»Ich kann Sie nicht nur gut verstehen, ich kann Sie auch sehr gut sehen«, sagte Bellchambers grinsend. Was an Bellchambers sofort auffiel, war die Geschwindigkeit, in der er sprach. Die Worte sprudelten in einem eindrucksvollen Tempo aus dem Mund des kanadischen Stockbrokers. »Wir haben nicht allzu häufig Gelegenheit, das Telekonferenzsystem zu nutzen, aber ich nehme an, hier liegt ein plausibler Grund vor. Sie sagten heute morgen, Sie wollten mir ein paar Bilder zeigen?«

»Das wollte ich«, sagte Rick. »Hoffentlich gelingt es mir, dieses Gerät zum Funktionieren zu bringen.«

»Ganz schön verwirrend, wie?«

»Ja, haben Sie bitte einen Moment Geduld.« Rick arbeitete sich durch das Softwareprogramm, bis die erste Aufnahme auf dem Bildschirm des Laptops erschien. Es handelte sich um das firmeneigene Ausweisfoto von Tom Bingham, das die Presentation-Technologies-Abteilung zusammen mit einigen anderen Bildern für ihn eingescannt hatte. Über die Videokonferenzverbindung ließ der Anwalt die Aufnahmen nun von Bellchambers begutachten. »Ich denke, so müßte es klappen«, sagte er und betätigte einen Kippschalter an dem Pult. Die Kamera, die Hansens Bild an Bellchambers übertragen hatte, schwenkte um, und nun wurde am anderen Ende der Leitung in Toronto der Monitor des Laptops sichtbar.

»Das hat geklappt«, sagte Bellchambers. »Jetzt sehe ich das Foto.«

»Dies ist ein Bild von Tom Bingham«, erklärte Hansen. »Erkennen Sie ihn wieder?«

»Nein. Das ist nicht der Herr, für den ich das Konto eingerichtet habe.«

»Ist er nicht? Sind Sie sich ganz sicher?«

»Absolut. Der Herr, den Sie mir zeigen, ist blond und hellhäutig, und damit das ziemlich genaue Gegenteil von der Person, mit der ich zu tun hatte.«

Der Anwalt spürte die Erregung in ihm aufsteigen, gab sich jedoch betont ruhig. »Vielleicht ist das ja keine gute Aufnahme. Ich werde Ihnen jetzt hintereinander eine Reihe von Aufnahmen zeigen, und Sie sagen mir bitte, ob es sich dabei um die Person handelt, die behauptete, Tom Bingham zu sein.«

Hansen klickte mit der Maus, und eine kurze Folge von Aufnahmen Binghams flackerte über den Computerschirm. Die Fotos, die ihm Elena Bingham zur Verfügung gestellt hatte, waren ein paar Jahre alt – Schnappschüsse von ihnen beiden im Urlaub auf Nantucket, bei einer Hochzeitsfeier, zu Hause in ihrem Apartment in Central Park West...

»Nein«, sagte Bellchambers. »Mit hundertprozentiger Sicherheit nicht.«

»Das ist nicht Ihr Kunde?«

»Nein, ist er nicht. Den habe ich noch nie zuvor gesehen.«

»Und wie steht's mit dem Mann auf dem nächsten Foto?« fragte Hansen und tippte auf die Maus. Eine körnige Schwarzweißaufnahme erschien auf dem Bildschirm.

»Das ist er!« sagte Bellchambers. »Das ist der Bursche, der unter dem Namen Tom Bingham das Konto eingerichtet hat.«

Hansen schwindelte. Bellchambers Reaktion galt dem Bild des Unbekannte, der in sein Büro eingebrochen war und seine Computerdateien gelöscht hatte, der Mann, der in Binghams Apartmenthaus einen Schuß auf Hansen abgefeuert hatte. »Sind Sie sich wirklich sicher?«

»Mr. Hansen, noch nie in meinem Leben bin ich mir über etwas derart sicher gewesen. Dieser Bursche, dessen Bild jetzt auf dem Monitor zu sehen ist, der... na ja, wie soll ich mich ausdrücken? Ganz *politically correct* würde man in Amerika wahrscheinlich sagen, die Gesichtszüge des Mannes entsprechen nicht dem gewohnten Erscheinungsbild.«

Tom Bingham war also hereingelegt worden. Das Konto für die Insidergeschäfte hatte nicht ihm gehört.

Aber wer hatte ihn hereingelegt und warum?

Jetzt wird's brenzlig, sagte Hansen auf dem Weg zu Mike Kilmartin zu sich selbst.

Hansen klopfte an die angelehnte Tür von Kilmartins Büro.

»Er ist nicht mehr da«, sagte Mikes Sekretärin Felicity, ohne vom Tippen aufzusehen.

»Ist er heute früher gegangen?«

Felicity nickte. »Zum Fischen. Vielleicht erwischen Sie ihn ja noch am Fahrstuhl.«

Plötzlich erschien es ihm wichtiger denn je, seinen Chef zu finden und ihm von seinen Entdeckungen zu berichten. Hansen lief den Gang zu den Aufzügen hinunter. Keine Spur von Kilmartin. Hansen fuhr nach unten in die Eingangshalle und rannte auf den Bürgersteig vor der Wall Street 44 hinaus. Von Kilmartings Funkmietwagen nichts zu sehen. Der Chef des Anwalts war bereits zum Angeln unterwegs und für die nächsten zwei Wochen weg vom Geschehen.

36

Fifth Avenue, Manhattan
Mittwoch, 3. März

Graham Pethers nahm einen weiteren Schluck Cognac und betrachtete mit kritischem Blick die Sätze, die der Bildschirm seines Apple PowerBook zeigte.

Sehr geehrter Mr. Chairman,
ich nehme dieses Schreiben zum Anlaß, Sie über
einen Multimilliarden-Dollar-Plan zur Manpulation
des Börsenmarktes zu informieren, mit dem
innerhalb der nächsten drei Wochen für einen
Kurseinbruch von 40 % bis 50 % gesorgt werden soll.
Der siebenprozentige Einbruch, der im letzten
Januar an einem einzigen Tag erfolgte, war von
denselben Leuten als Vorspiel auf den noch für März
geplanten, erheblich gravierenderen Kursverfall
initiiert worden.

Die künstliche Wärme des Alkohols trug wenig zur Linderung der besorgten Unruhe bei, die seinen Magen zu einem Knoten zusammenzog. Den Chairman der amerikanischen SEC anzuschreiben, kam dem Öffnen der Büchse der Pandora gleich, das wußte er. Graham Pethers hatte sein Vermögen damit gemacht, Millionenbeträge von den Konten ihrer rechtmäßigen Besitzer in die eigene Tasche abzuzweigen. Wenn er jetzt wegen der Contrarians Kontakt zu amerikanischen Regierungsstellen aufnahm, lenkte er damit nur die Aufmerksamkeit auf seine eigenen Aktivitäten.

Vom Regen in die Traufe.

Der einundvierzigjährige australisch-amerikanische Anwalt ließ den Entwurf des Briefs ausdrucken, erhob sich von seinem Biedermeierstuhl und schlenderte mit dem Blatt Papier in der einen und dem Cognacschwenker in der anderen Hand zu der südlichsten Spitze seiner elfzimmrigen, fast siebenhundert Quadratmeter großen Altbauwohnung im sechzehnten Stockwerk der Fifth Avernue Nr. 834. Draußen vor den vom Boden bis zur Decke reichenden klassizistischen Rundbogenfenstern glitzerten die Lichter der winterlichen Skyline Manhattans wie eine Galaxie funkelnder Juwelen. Der imponierende Ausblick war herrlich wie immer und besänftigte Pethers lädierte Psyche ein wenig. Der Tuner der Bang-&-Olufsen-Stereoanlage war auf ein Klassikradio eingestellt. Die heitere Eleganz von Glenn Goulds »Goldberg-Variationen« drang aus den Lautsprechern – die Variationen 26 bis 29, gefolgt von dem lebhaften *Deutsche Freundlichkeit* und der *Aria da capo* aus der *Sarabande*.

Pethers Augen sanken von der Aussicht auf die Skyline zu dem Briefentwurf in seiner zitternden Hand. Während er seine eigenen Worte noch einmal las, wurde ihm die schicksalhafte Schwere der Situation bewußt. Seine Verwicklung mit Colbert und den Contrarians hatte seinem Leben unabänderlich eine neue Richtung gegeben. Seinem Anwalt Feldhof gegenüber hatte er betont, daß die Regierung ihm für eine Aussage gegen die anderen Straffreiheit zusichern müßte. Keine Anklagen sollten gegen ihn erhoben werden dürfen. Außerdem war die Rückgabe seines Kapitaleinsatzes eine Vorbedingung.

Feldhof hatte bloß trocken angemerkt, daß die Chancen dafür wohl noch leicht unter denen eines Schneesturms in der Hölle lägen.

Also versuchte Pethers einen Handel mit dem Teufel persönlich zu schließen.

Aber wie sollte ihm das gelingen, wenn er den Teufel nicht an den Verhandlungstisch bekam? Im Verlauf der letzten vierzehn Tage, seit er die Überzeugung gewonnen hatte, daß im Zusammenhang mit der Inititative Menschen ermordet wurden, hatte Pethers bei drei Gelegenheiten seiner ablehnenden Haltung unmißverständlich Ausdruck verliehen. Dreimal hatte er Nachrichten auf Colberts Voice Mail hinterlassen, die gewollt einzige Kontaktmöglichkeit zu ihm, und zu seinem wachsenden Frust war Colbert für ihn trotzdem nicht zu sprechen.

Aber so oder so, Graham Pethers zog sich von den Contrarians zurück. *Nicht böse gemeint, Jungs, zahlt mich einfach nur aus.* Sie sollten seinen Anteil glattstellen, ihm die $ 25 Millionen Startkapital zurückerstatten, und jeder ging seiner Wege. Passierte in Partnerschaften doch andauernd. Einer verließ die Gruppe, die anderen verfolgten weiter ihr gemeinsames Ziel. Und ungeachtet Colberts berechtigtem Zweifel war Pethers durchaus gewillt, den Mund zu halten und den Ablauf des Komplotts nicht zu behindern. Aber er wollte keinen Profit aus einer Aktion schlagen, bei der heimlich Menschen umgebracht wurden.

Das Telefon klingelte.

Überrascht blickte Pethers auf. Nur wenigen Personen war seine Geheimnummer bekannt, darunter auch Colbert. Oder es handelte sich um Feldhof, dessen Sitzung zu Ende war.

Er überquerte den antiken französischen Teppich zur anderen Seite seines Arbeitszimmers und nahm beim zweiten Klingeln ab. »Ja?«

»Sie haben ›Manipulation‹ falsch geschrieben.« Die frostige Stimme am anderen Ende war elektronisch verzerrt und dadurch aller Eigenart und Emotion beraubt. Sie sprach tief und eintönig. »Im ersten Satz Ihres Briefs. Es fehlt ein ›i‹.«

Pethers war geschockt. Woher wußten die…? Dann überfiel ihn eine rasende, atemberaubende Wut. »Ihr Dreckskerle! Warum hat Colbert nicht zurückgerufen?«

»Er hat Ihnen nichts zu sagen.« Die Stimme klang wie eine zu langsam abgespielte Aufnahme.

Pethers stürmte auf die andere Seite des Zimmers und schrie erregt in den Apparat. »Sagen Sie Colbert, ich will raus! Zahlt mich *auf der Stelle* aus, oder ich laß die ganze verdammte Scheiße hochgehen.« Mit diesen Worten kappte er wütend die Verbindung.

Sekunden später klingelte das Telefon erneut.

Pethers betrachtete es einen Moment, dann hob er es auf und hielt es an sein Ohr. Er sagte nichts.

Am anderen Ende dröhnte seine eigene Stimme: *Sagen Sie Colbert, ich will raus! Zahlt mich auf der Stelle aus, oder ich laß diese ganze verdammte Scheiße hochgehen.* Sie verhöhnten ihn.

Dann wurde die Leitung tot.

Pethers legte das Telefon auf den Halter zurück, unterdrückte seine Wut und wartete.

Fünfzehn Sekunden später klingelte es wieder.

»Ich habe einen Brief für Colbert«, meldete sich Pethers sofort. »Ich wünsche ein Treffen.«

Die mechanische Stimme antwortete: »Wann?«

»Jetzt gleich.«

»Wo?«

Pethers' Hirn suchte fieberhaft nach einem günstigen Treffpunkt, einem mit der größtmöglichen Menge an Zeugen. »Rockefeller Center. Die Passage unter Radio City. Da unten gibt's ein McDonald's. Wissen Sie, wo das ist?«

»Ja. Wann?«

»In fünfunddreißig Minuten wird es exakt halb acht sein. Wenn Sie um fünf nach halb nicht da sind, bin ich weg. Und mein Anwalt weiß über alles Bescheid, also keine Dummheiten.«

Die andere Seite legte erneut auf.

Pethers spürte, wie er zitterte. Es kam Bewegung in die Angelegenheit, aber mehr denn je lag die Kontrolle über die Vorgänge nicht bei ihm. Schnell kritzelte er auf sein persönliches Briefpapier eine kurze Nachricht für seinen Anwalt Laurence Feldhof. *Larry, ich habe Anlaß, um mein Leben zu fürchten. Anbei der Brief, von dem ich Dir am Wochenende erzählt habe. Sollte mir irgend etwas zustoßen, leite ihn doch bitte umgehend an den Adressaten weiter. Melde mich in Kürze, um alles zu erklären.*

Dann faxte er den letzten Entwurf sowohl an Feldhofs Privat- als auch an seinen Büroanschluß. Durch diese Maßnahme hoffte er, eine wirksame Lebensversicherungspolice für sich ausgestellt zu haben. Aber die Faxschreiben erreichten nicht den beabsichtigen Empfänger, sondern wurden von einer Black box in ein abgesperrtes Büro bei TCI Securities umgeleitet.

Sechs Minuten vor der Zusammenkunft traf Graham Pethers an dem vereinbarten Ort ein. Er bezahlte den Fahrer, schloß die Wagentür und verfolgte, wie das Taxi sich wieder in den Verkehr einreihte. Pethers ging um diesen leuchtenden Art-déco-Bau namens Radio City Music Hall herum und fühlte sich in den Scharen von Menschen, die aus den Bürohäusern strömten, zunehmend sicherer. Genau um 19.27 Uhr stieg er die Treppe hinab, die in die unterirdische Welt des Rockefeller Center führte.

In Gedanken legte er sich seine Strategie zurecht. Sie war einfach: den Umschlag mit der Aufschrift COLBERT-PERSÖNLICH überreichen, dem Abgesandten in die Augen sehen und sagen: »Richten Sie Colbert aus, er hat vierundzwanzig Stunden für eine Antwort, dann fliegt mein Anwalt nach Washington, um eine persönliche Zustellung zu machen.«

Das war alles. Kurz und bündig.

Natürlich war es Pethers in den Sinn gekommen, daß er sich schon durch die Einwilligung in dieses kurze Treffen mit Colberts Schlägern einer Gefahr aussetzte. Daher war er auf gewaltsame Aktionen vorbereitet, trug unter seinem Trenchcoat eine schußsichere Weste und in einem Hüftpolster die frisch erworbene Glock TacStar. Zugleich rechnete er aber nicht damit, daß sie mitten im Berufsverkehr unter Tausenden von Zeugen den Versuch machen würden, ihn zu entführen oder umzubringen. *Massenweise Sicherheit*, dachte er und tastete nach dem Brief in seiner Brusttasche wie nach einem Talisman.

Um diese Tageszeit wimmelte das riesige Tunnelnetz, das einige von New Yorks berühmtesten Wolkenkratzern miteinander verband – Time-Life, Equitable, McGraw-Hill – geradezu vor menschlichem Leben. Ihr Treffpunkt wurde durch einige Reihen Halogenstrahler, die sich in den cremefarbenen Wänden aus italienischem Marmor spiegelten, überraschend gut ausgeleuchtet. Auf dem gekachelten Boden war kein Kaugummifleck und nicht der kleinste Fetzen Papier zu entdecken. Die nur zwei Meter siebzig hohe Decke bewirkte allerdings eine grauenhafte Akustik. Selbst ganz gewöhnliche Geräusche schwollen zu enormer Lautstärke an: das Rauschen von Wintermänteln, das Schlurfen von Schuhen, das Quietschen von Sneakers, das Klingeln der Kassen, das Klimpern von Kleingeld in den Jackentaschen. Ein Karren mit leeren Milchkisten rumpelte vorbei und produzierte den Lärm eines U-Bahn-Zugs.

Pethers durchquerte die ersten fünfzig Meter der Passage, bog dann nach links ab und stellte sich vor den McDonald's. Den Rücken dicht an die Wand gepreßt, besaß er eine 180-Grad-Übersicht des Geschehens vor ihm.

Gleichgültig musterte er die wohlgeordneten Menschenströme, die in beide Richtungen an ihm vorbeizogen. Legionen von in Manhattan Beschäftigen, gekleidet in Burberry-Trenchcoats, und alle mit dem gleichen mürrischen, freudlosen Gesichtsausdruck. Unter diesen Flüchtlingen des Alltagsleben war Pethers ein Fremdling – er hatte ein solches Leben nie gekannt und dankte Gott dafür. Eine schnatternde Schar ausgelassener Schulkinder mit Rucksäcken rauschte vorbei, ein kontrolliertes Chaos, beaufsichtigt von einer resoluten, attraktiven Lehrerin, einer rothaarigen Frau Anfang Zwanzig. Ein Teenager mit einer mächtigen Haartolle und einem T-Shirt der Stuyvesant High dribbelte einen Fußball durch den Hindernisparcour aus heimströmenden Angestelltenscharen. Ein blinder Mann mit einem Stock bewegte sich geschickt durch die Passagen.

Zwölf Minuten vergingen. Wie ein Eisberg stieg eine unsägliche Wut in Pethers auf. Scheiß auf Colbert! *Die Zeit ist um.* Er schuldete ihm nichts.

Pethers drehte sich leicht nach links und klemmte den Umschlag unter ein beleuchtendes McDonald's-Zeichen.

Ein scharfer Stich in seinen Oberschenkel ließ ihn vor Schmerz laut aufschreien.

Instinktiv schlug er mit der Hand auf die Stelle und schnellte zugleich herum, um nach dem Übeltäter zu sehen.

Er bemerkte nichts Auffälliges in der vorbeiströmenden gesichtslosen Masse.

Pethers fluchte und rieb weiter heftig die Rückseite seines Oberschenkels.

Aber die Wunde begann in alarmierender Geschwindigkeit anzuschwellen.

Graham Pethers würde niemals völlig verstehen, daß ihm ein winziger Metallkegel, kaum größer als eine Bleistiftspitze, injiziert worden war. Sobald die von einem Schirmgewehr abgeschossene Ladung sicher im Fleisch saß, würde die in Rußland entwickelte »Viruspatrone« unverzüglich mit der Absonderung ihres Giftgemischs beginnen – Bernsteinsäure, Suxamethonium, synthetisches Curare und Cumarin. Gemeinsam machten sich diese Stoffe daran, Pethers lebenswichtige Körperfunktionen systematisch auszuschalten und führten zu einem schnellen, aber grausamen Tod, den die Ärzte fälschlicherweise einer fortgeschrittenen viralen Leukämie zuschreiben würden.

Die anfänglichen Wirkungen der Gifte erschienen in ihrem Ausmaß noch harmlos, waren in ihrer Gesamtheit aber bereits signifikant. Ein permanentes Klingeln in den Ohren, ein dumpfer Schmerz hinter den Augen, der an Intensität zunahm, die Blutung des kleinen Lochs in seinem Oberschenkel, die trotz Gegenpressens nicht zu stoppen war, die Atmung wurde schwerer. *Was ist mit mir los?* schrie eine Stimme in seinem Kopf.

Im nächsten Augenblick spürte Pethers einen heftigen Schmerz in seiner Brust, als wäre sein Herz explodiert. Dann fiel ihm auf, daß sein Herzschlag sich aus unerfindlichen Gründen rasant gesteigert hatte. Gleichzeitig konnte er kaum noch atmen. Es fühlte sich an, als würden die Muskeln, die seine Lungen antrieben, plötzlich festfrieren. Er geriet in Panik. *Such Hilfe.*

Er bemühte sich, seine Beine zu bewegen, aber sie waren erschreckend schwach, gehorchten ihm kaum mehr. Bei jedem Schritt war unter seiner Haut ein Brennen und Prickeln wie von zehntausend Nadelstichen zu spüren.

»Helft mir«, rief Pethers mit krächzender Stimme. »Bitte, ich brauche Hilfe.« Mit übermenschlicher Anstrengung gelang es ihm, unsicher in Richtung der Treppe zu schwanken, die nach oben auf die Straße führte.

Seine Sehfähigkeit begann nachzulassen, und in seinem Schädel detonierten in wahlloser Folge Feuerwerkskörper. Die Welt wurde für ihn zu einem Flammenmeer. Pethers Augen trieften jetzt unkontrollierbar, ließen seinen Blick verschwimmen. Der Druck hinter seinen Augen wurde unerträglich und inmitten der Panik, die in seinem Hirn tobte, befiel ihn die Angst, daß der Druck seine Augäpfel aus den Höhlen sprengen könnte. Langsam wurde ihm klar, daß Colbert für dies alles verantwortlich war und daß er sterben würde.

Unter Aufbietung all seiner Kräfte stürzte er auf die Treppe zu. *Warum half ihm denn niemand?* Jeder Atemzug war wie das Inhalieren flüssigen Feuers. Er versuchte aufzuschreien, aber die Giftstoffe hatten bereits seine Stimmbänder ruiniert und alles, was er zustande brachte, war ein klägliches Wimmern. *Bitte, lieber Gott. Nicht auf diese Weise.* Seine Beine waren unbrauchbar geworden, waren nicht länger fähig, ihn zu tragen. Aber ein Funken Hoffnung blitzte auf, als Grahman Pethers merkte, daß sich jemand neben ihn hinhockte. Dicht zu ihm beugte.

Der Blinde.

»Helfen Sie mir, bitte«, bettelte Pethers in einem schwerfälligen Flüsterton.

»Gute Nachricht von Colbert«, keuchte der Mann mit tiefer Stimme.

Colbert?

Der Blinde wedelte mit dem *Persönlich*-Brief vor Pethers Gesicht. »Ihrem Wunsch, die Contrarians verlassen zu dürfen«, erklärte der Blinde, »wurde stattgegeben.«

Der blinde Mann schlug Pethers in den Magen. Pethers

klappte auf den kühlen Marmorfliesen zusammen, zu keinem Atemzug mehr fähig. Schwärze umfing ihn. Inzwischen hatte er den Widerstand aufgegeben und sehnte das Ende herbei.

»Ein Arzt!« schrie *Die Fratze* mit vorgetäuschtem spanischem Akzent. »Bitte! Dieser Mann braucht einen Arzt!« Und während die Menschenmenge um den zu Boden gegangenen Graham Pethers anzuwachsen begann, trat *Die Fratze* zurück, löste sich aus dem einsetzenden Chaos, stieg die Treppe zur Straße hinauf und verschwand in der abendlichen Kälte des Märztages.

37

Upper East Side, Manhattan
Donnerstag, 4. März

»Danke, daß Sie bereit waren, mich zu treffen.«

Detective Daniel F. X. O'Bannon winkte ab. »Kein großer Gefallen. Die meisten Abende bin ich sowieso hier.«

Hier war der gutbesuchte Polizistentreff *Churchill's* in der Third Avenue, Höhe Seventy-third Street, der als eine Art holzverkleidetes Klubhaus für all diejenigen fungierte, die sich ihren Lebensunterhalt in der Strafverfolgungsbranche verdienten. NYPD-Cops drängten sich mit FBIlern zum Tresen vor, und Strafverteidiger spendierten eine Runde für eine Gruppe von Bezirksstaatsanwälten. Es war eine interessante Mischung von Leuten, und einige von denen, die jetzt zusammen tranken und lachten, gehörten in ihrer täglichen Arbeit gegnerischen Lagern an.

Es war zwar erst kurz nach sechs, aber der hintere Gastraum des Churchill's war schon vollgepackt mit lärmenden Polizeibeamten, die dienstfrei hatten. Die Unterhaltung zwischen Hansen und O'Bannon wurde beinahe übertönt von einer Horde uniformierter Polizisten zwei Tische weiter, die erbarmungslos lachend der Geschichte über einen neuen Kollegen zuhörten, der von seinem Vorgesetzten aufgefordert worden war, an einem vermutlichen Crackdealer seine erste intime Körperkontrolle durchzuführen. »Er ist also gerade mitten im Bohren und Sondieren«, meint der Erzähler, »da hält Roscoe ein Paar Gummihandschuhe hoch und sagt: ›Hör mal, mein Junge, solltest du nicht lieber die hier benutzen?‹« Der Tisch explodierte in lautes Grölen.

O'Bannon spülte den Krug frisch gezapftes Bier herunter, den Hansen ausgegeben hatte. »Sie sagten, Sie wollten mit mir über den Berger-Selbstmord sprechen.«

»Bingham.«

»Ach ja, richtig, Bingham. Ich erinnere mich, der Springer, der um die Weihnachtszeit herum den Abgang gemacht hat. Durchschlug das Dach eines Taxis.«

»Stimmt. Aber ich habe Grund zur Annahme, daß es kein Selbstmord war.«

O'Bannon warf seinem Tischgenossen einen skeptischen Blick zu. »Sie sind doch nicht vielleicht ein Verwandter, oder?«

»Nein. Ich bin nur der, der seinen Job übernommen hat, sein Nachfolger.«

Die Augenbraue des Detectives schoß nach oben. »Okay, dann erzählen Sie mal, was Sie wissen.«

Hansen berichtete O'Bannon von den Beweisen, die er bislang gesammelt hatte. Daß jemand die Dateien in seinem Computer getilgt hatte. Daß die Sache mit dem Insidergeschäft nur eine Falle war. Daß jemand in Binghams Apartmenthaus einen Schuß auf ihn abgefeuert hatte. Der Detective kritzelte währenddessen auf seinem Bierfilz herum und nickte mechanisch. *Mh-hm, yeah, richtig, verstehe, tatsächlich?*

»Und ich glaube, ich habe ein Bild von dem Kerl.« Hansen reichte O'Bannon das Videostandbild. Der nicht im Dienst befindliche Detective studierte mit unbeeindrucktem Gesichtsausdruck die Aufnahme.

Hansen fragte: »Also, was meinen Sie?«

Nüchtern erwiderte der Detective: »Ich werde mich darum kümmern.«

Der Anwalt blickte ihn ungläubig an. »Es scheint Ihnen ja nicht allzuviel daran zu liegen, diesen Fall zu lösen.«

Das ließ Detective O'Bannon auffahren: »Diesen Fall zu *lösen*? Haben Sie *lösen* gesagt? Soweit es das New York City Police Department betrifft, ist dieser Fall abgeschlossen. Was Sie von mir wollen, ist, den Fall *wiederaufzurollen.*«

»Also gut, dann halt wiederaufrollen. Egal, Tatsache bleibt jedoch, daß genügend Indizien vorliegen …«

O'Bannon unterbrach ihn mit zwei ausgestreckten Fingern. »Nur um sicherzugehen, daß ich Sie richtig verstehe. Sie vermuten also, Bingham wurde umgebracht wegen seiner Verwicklung in Insidergeschäfte …«

»Nein. Die Sache mit dem Insidergeschäft war fingiert, bloß vorgetäuscht, damit Binghams Selbstmord glaubhafter wirkte.«

»Hm-hm. Na gut, und Sie gehen jetzt davon aus, daß der Ganove, der Bingham abserviert hat, derselbe ist, der einen Schuß auf Sie abfeuerte?«

»Ich weiß nicht, ob er Bingham umgebracht hat, denkbar wäre es. Aber dieser Kerl ist ganz sicher stark involviert, denn schließlich wurde er von dem Stockbroker in Toronto als derjenige wiedererkannt, der sich bei Einrichtung des Spekulationskontos für Tom Bingham ausgegeben hat.«

»Ich brauche noch ein Bier.« O'Bannon hob zwei Finger in Richtung Kellnerin und deutete dann auf sein Glas, das bis auf ein paar Schaumreste leer war. »Ich darf Sie mal kurz mit den Realitäten der echten Welt vertraut machen, Rick. In meiner Welt, da draußen in den Straßen, da prasselt die Scheiße nur so auf uns herab, und Schirme gibt es uns da keiner. Den Kram, den wir Tag für Tag erleben? Er würde Sie zum Kotzen bringen. So sehr man sich auch ein dickes Fell gegenüber all dem Abschaum da draußen wachsen läßt, man wird nie völlig immum dagegen. Sehen Sie sich doch um. Fällt Ihnen nicht auf, daß der Laden vollgestopft ist mit hart trinkenden Cops, die Kurze in sich hineinkippen? Sie machen nichts anderes, als sich eine kleine Schutzimpfung gegen die morgige Scheiße zu verpassen.«

Hansen wußte das, und er hatte eine enorme Hochachtung für die Arbeit der stets überforderten Cops. Aber das zu erklären hätte in diesem Moment anbiedernd geklungen. Also hielt er seinen Mund und ließ O'Bannon fortfahren.

»Ein Wall-Street-Anwalt, der ins Gras beißt? Hey, in eurem Job gibt es eine Menge Druck. Da ist überhaupt kein großartiger

Geistesblitz nötig, um davon auszugehen, daß der Mann Selbstmord begangen hat. Und wenn sich zu guter Letzt herausstellt, er hat es doch nicht selbst getan? Na, wie ich schon sagte, dann werde ich die Akte eben wieder öffnen. Ansonsten liegen in meiner Ablage für Eingänge noch ungefähr fünf weitere Leichen, um die ich mich kümmern muß. Und im Mai, wenn ich an Fordham Law meinen Abschluß gemacht habe, bin ich aus dem Geschäft raus, Rick. Dann mach ich das, was Sie jetzt machen – ich werde ein Wall-Street-Anwalt. Was ich dabei aber nicht verstehe, ist, warum ein Wall-Street-Anwalt unbedingt die Arbeit eines *Detectives* machen möchte.«

Hansen starrte auf sein Bier. »Das weiß ich allerdings auch nicht.«

Das Treffen mit O'Bannon erwies sich als kompletter Reinfall und ließ einen völlig gefrusteten Hansen zurück. Ob es sich bei Binghams Tod nun um Mord oder Selbstmord handelte, die Wahrheit war, daß das Leben so oder so weiterging. Und genau darauf spekulierten wohl auch seine Mörder.

O'Bannons Worte schwirrten ihm noch im Kopf herum. *Warum möchte ein Wall-Street-Anwalt unbedingt die Arbeit eines Detectives machen?*

Es war hinter einem Verbrecher her, hinter einer Bande von Verbrechern, die ihm persönlich nichts zuleide getan hatten. Sein einziges Motiv für diese Jagd war, daß er das Gefühl hatte, es tun zu müssen.

Den Mord aufklären. Zwei Morde. Vielleicht sogar drei Morde.

Morde, die irgend etwas mit der Vorhersage der Börsenentwicklung zu tun hatten.

Nicht zum ersten Mal kam ihm der Gedanke, daß sie womöglich auch Gammage getötet, daß sie ihn *eliminiert* hatten.

Steckte einfach Habgier dahinter?

Der Impuls, einem anderen das Leben zu nehmen, wohnte wahrscheinlich jedem menschlichen Wesen inne, das zu dem Gedanken überhaupt fähig war. Es war ein Bestandteil der menschlichen Natur. Aber der Impuls war eine Sache, ihm nachzugeben und ihn auszuführen eine andere. Von dem vernunftbegabten menschlichen Wesen wurde erwartet, diesen Drang zu unterdrücken, ihm nicht nachzugeben. Einen Mord zu begehen war für Hansen eine undenkbare Vorstellung, es sei denn, er sah sich gezwungen zu töten, um das Leben von nahestehenden Personen zu schützen. Stephanie. Seine Eltern und seine Schwestern. Sein Kind, das bald geboren würde.

Unter solchen Umständen könnte er zweifellos töten.

Aber wegen *Geld*?

Habgier als Motiv für einen Mord war sicherlich nichts revolutionär Neues. Aber von allen Gründen, jemandem das Leben zu nehmen, war dies sicherlich der widerlichste. Blutgeld. Er war es sich selbst gegenüber schuldig, die verantwortlichen Dreckskerle zu verfolgen, insbesondere wenn sie in Verbindung zu seinem eigenen beruflichen Umfeld standen.

Gleichzeitig bereitete ihm Sorgen, daß sie nun, da sie bereits getötet hatten, zweifellos wieder töten würden. Und der Mann, dem er in Binghams Apartment begegnet war, hatte ja auch keine Sekunde gezögert, auf ihn zu schießen. In O'Bannon würde er keinen Verbündeten haben. In dieser Sache war er also auf sich allein gestellt. Nicht zum ersten Mal sagte er sich, daß er mit diesen sturen Nachforschungen womöglich sein Leben in Gefahr brachte. Es mochte sich sehr wohl um einen Todestrieb handeln, aber er konnte den Sirenengesängen einfach nicht widerstehen.

Auf seinem Heimweg zu Stephanie fuhr Hansen noch im Büro vorbei, um einige Unterlagen mitzunehmen, an denen er abends arbeiten wollte. Das blinkende Licht an seinem Telefon zeigte ihm eine Nachricht auf seiner Voice Mail an.

Ohne große Begeisterung wählte er Wolcotts Voice-Mail-Zentrale an. »Sie haben eine neue Nachricht«, informierte die Stimme vom Band ihn. »Drücken Sie eins-eins, wenn Sie die Nachricht jetzt hören möchten.«

Rick Hansen tippte die Nummer ein, während er einen Stapel Papiere in seinen Aktenkoffer räumte.

Die Aufzeichnung setzte mit einem Hintergrundrauschen ein. »Hallo, äh, meine Name ist Freddie Zaraghi, und ich, äh, melde mich auf Ihre Nachricht. Die, die Sie am letzten Sonntag hinterlassen haben, ja? Professor Gammage ist, äh, nicht länger bei Three, Three Rivers Algorithmics. Bitte setzen Sie sich doch mit mir in Verbindung und ich werde versuchen, Ihnen behilflich zu sein, vor allem wenn Sie eine Frage wegen einer Rechnung haben sollten.« Anschließend diktierte Freddie Zaraghi eine Nummer mit Pittsburgher Vorwahl.

Hansen wählte sie sofort.

Ein Klingeln, schon wurde geantwortet. »Hallo?«

»Ist da Freddie Zaraghi?«

»Am Apparat. Wer spricht?«

»Rick Hansen. Sie haben eine Nummer auf meiner Voice Mail hinterlassen.«

»Ach ja, Mr. Hansen, richtig.« Es klang wie ein Kid, ein pickelgesichtiges Kid, das um einen möglichst erwachsenen und selbstsicheren Eindruck bemüht war. »Tut mir leid, daß ich mich nicht früher bei Ihnen gemeldet habe, aber ich war unterwegs und bin eben erst ...«

»Wenn ich Sie richtig verstanden habe, arbeitet Professor Gammage nicht länger für Three Rivers Algorithmics, aber hätten Sie vielleicht eine andere Telefonnummer von ihm? Ich müßte ganz dringend mit ihm reden.«

»Nun, ich bin sein Geschäftspartner. Sie können mit mir reden.«

»Ich muß wirklich unbedingt Professor Gammage persönlich ...«, beharrte Hansen.

Die Stimme am anderen Ende fiel ihm ins Wort. »Professor Gammage ist kürzlich verstorben.«

Hansens Blut gefror. Unfähig zu sprechen, stand er da und umklammerte fest den Telefonhörer. Als er sich schließlich wieder gefangen hatte, flüsterte er mit heiserer Stimme: »Verstorben?«

»Ja, letzten Monat bei einem Unfall in seinem Haus.« Freddie Zaraghi wechselte das Thema. »Sie sagten, Sie sind von Wolcott Fulbright?«

»Ja, bin ich.«

»Arbeiten Sie mit Tom Bingham zusammen?«

»Tom... Tom ist ebenfalls tot.«

»Fuck«, stieß Zaraghi leise hervor. »So was Verrücktes.«

Es folgte ein Schweigen, da jeder über die Tragweite der Neuigkeit nachdachte, die sie soeben ausgetauscht hatten. Gammage auch tot? Zaraghi kannte Bingham? Plötzlich sagte Hansen: »Und Sie waren ein Geschäftspartner von Professor Gammage?«

»Ja«, sagte der Kid. »Das war ich. Unglücklicherweise.«

Rick Hansen setzte sich hin und hielt seinen Stift über ein frisches Blatt seines Notizblocks. »Was für Geschäfte genau haben Sie und Gammage denn betrieben?«

38

Pittsburgh, Pennsylvania

Samstag, 6. März

Auf halber Strecke des 9.10 Uhr-Flugs von JFK nach Pittsburgh International überkam Rick Hansen das irrationale Gefühl, daß er bei einem schrecklichen Flugzeugabsturz ums Leben kommen würde.

Es bestand kein Anlaß zu dieser Befürchtung. Das unerbittliche Rattern der Zwillingspropeller, die das SAAB-340B-Kurzstreckenflugzeug antrieben, hatte nicht ein einziges Mal ausgesetzt, und es gab auch keinen jähen Abfall des Kabinendrucks. Es war zugegebenermaßen alles bloß Einbildung. Doch die Paranoia, die das Vaterwerden mit sich brachte, ließ ihn einfach nicht los, vor allem nicht siebenundzwanzigtausend Fuß über dem Erdboden. *Werde ich sterben, ohne mein Kind gesehen zu haben?* Bingham war tot. Hansen könnte der nächste sein.

Lächerlich. Und trotzdem gelang es ihm nicht, das Gefühl abzuschütteln. Um seine Angst zu mindern, bediente sich Rick eines Spielchens, das er noch aus seiner Kindheit kannte. Er blickte aus dem Fenster und ließ seinen Assoziationen zu den bauschigen Formen der Wolken freien Lauf. Schlagsahne, Häschen, Baumwollflocken.

Atompilzwolken. Zeitlupenexplosionen. Rauchschwaden.

Arrrrgh.

Endlich sorgte das monotone Dröhnen der Zwillingspropeller dafür, daß Hansen in einen unruhigen Schlummer fiel.

Er erwachte kurz vor der planmäßigen Ankunftszeit, als das Flugzeug in seinem Landeanflug den spülwassergrauen Himmel über Pittsburgh durchstieß. Rick Hansen sah aus dem Fenster und zeigte sich angemessen beeindruckt von der Skyline der unter ihm liegenden Stadt, die er noch nie besucht hatte. Entgegen seiner Vorahnung gelang das Aufsetzen auf der leicht verschneiten Landebahn perfekt.

Die kleine Reisetasche über die Schulter geworfen, befand sich Hansen Minuten später bereits auf dem Weg durch die tadellos gepflegten Ausläufer des Greater Pittsburgh International Airport und summte eine Michael-Jackson-Melodie mit, die als Hintergrundmusik aus den Lautsprechern säuselte. Um 9.50 Uhr steckte er den Schlüssel in die Zündung eines weißen Chevy-Lumina-Mietwagen für fünfzig Dollar den Tag, stellte das Radio auf eine Heavy-Metal-Station namens X-ROCK ein und rauschte mit flotten hundertzehn Stundenkilometern die zwölf Meilen auf der Interstate 279 herunter, die ins östlich gelegene Stadtgebiet Pittsburghs führten.

Vierzig Minuten Fahrzeit vergingen. Wie sich herausstellte, ließ Freddie Zaraghis Wegbeschreibung in ihrer Genauigkeit stark zu wünschen übrig, aber trotz eines Fauxpas am Penn-Lincoln-Parkway, der Hansen einmal unnütz um das Three Rivers Stadium – *(Aha! Daher also der Name Three Rivers Algorithmics!)* – kurven ließ, gelangte der Anwalt doch irgendwie auf Forbes Avenue und steuerte ostwärts den Stadtteil Oakland an.

Minuten später tauchte auf der rechten Seite der Campus der Carnegie-Mellon University auf. An der Moorwood Avenue einmal kurz nach links in die Fifth, dann noch mal rechts einen Block zur Wilkins hoch und schon befand Hansen sich im Stadtteil Shadyside. Ein paar Meter weiter hielt er an dem verwohnten, grauen Backsteinhaus, in dem Zaraghi wohnte, und stellte den Motor ab.

Von außen spiegelte das Haus die bescheidenen finanziellen Verhältnisse eines teilzeitjobenden Collegeabbrechers ohne elterliche Unterstützung wider. Die Außenmauer wies gezackte Risse auf, die diagonal über die gesamte Fassade liefen. Die Dachziegel bröckelten. Sprünge in den Dachfenstern waren mit schlammfarbenem Klebeband gesichert worden. Die Miete dürfte nach Hansens Schätzung zweihundertfünfzig bis dreihundert Dollar im Monat betragen, einschließlich aller Nebenkosten wohlgemerkt.

Ricks Schritte knirschten auf dem Splitt, als er um die beiden vor dem Haus geparkten Wagen ging – einen schreiend orangefarbenen VW-Bus Baujahr circa 1971 und einen weißen Datsun 310EX mit zwei platten Reifen. Er stieg ein paar Stufen zur Eingangstür hinauf und klopfte.

Dumpf drang eine Antwort durch die Tür. »Sekunde! Komme gleich!« Im nächsten Moment öffnete sich die Tür, und Freddie Zaraghi stand vor ihm.

»Sind Sie der Anwalt aus New York?« fragte er.

»Stimmt. Und Sie sind Zaraghi?«

»Der bin ich.«

Freddie Zaraghi und Rick Hansen musterten sich gegenseitig. Sie entstammten zwei völlig verschiedenen Welten – der Yuppie gegen den Technikfreak, wobei die Kluft zwischen ihnen im wesentlichen monetärer Natur war. Zaraghi war ganz in Schwarz gekleidet, inklusive eines schwarzen Rollkragenpullovers.

»Sie sind ein bißchen früh dran, oder?« fragte Zaraghi.

»Es ging alles überraschend schnell. Soll ich lieber später noch mal vorbeikommen?«

Zaraghi schüttelte den Kopf. »Nein. Schon in Ordnung. Ich hab sowieso gerade nichts zu tun.«

Zaraghi öffnete die Tür weiter, und Hansen trat ein.

Es war stockdunkel in der kleinen Souterrainwohnung. Zaraghi hatte alle Fenster mit Sichtblenden verkleidet, und die einzige Lichtquelle im Raum war der eingeschaltete Fernsehapparat. Captain Kirk und Mr. Spock in japanischer Synchronisation – ein höchst bizarres Erlebnis. Das Mobiliar war spartanischestes IKEA – einfach, funktionell, typisch Studentenbude. Über den Boden verstreut lagen Iron-City-Light-Bierdosen, Jolt-Cola-Flaschen, Einwickelpapier von Little-Debbie-Snacks und Schachteln mit den Resten von chinesischem Essen.

Ein Bücherregal, überladen mit Fachliteratur über Computerprogrammierung und einer Sammlung aller *Star Treck*-Folgen. Nachdem sich Ricks Augen an die Dunkelheit gewöhnt hatten, bemerkte er, daß am anderen Ende des Sofas eine schlanke, hübsche, ebenfalls ganz in Schwarz gekleidete Japanerin saß, die von Hansen und Zaraghi offensichtlich keine Notiz nahm. Die obere Hälfte ihres Kopfs war von einer großen schwarzen Maske ähnlich einer Taucherbille verdeckt. Zur Ausrüstung zählte zudem ein Kopfhörer, so daß sie vollkommen von allen externen Reizen abgeschirmt war.

Zaraghi lächelte. »Das ist meine Quasiverlobte Suki. Mit dem Ding auf dem Kopf merkte sie nicht einmal, ob jemand kommt oder geht.«

»Was ist das?«

»Es nennt sich *Facesucker*.«

»Wie?«

»Facesucker.«

»Und was ist das? Soll das die Sinneneindrücke einschränken?«

»Eher das Gegenteil davon.« Zaraghi beugte sich hinunter und hob seinen eigenen Facesucker von der Couch auf. »Probieren Sie's, und sagen Sie mir, was Sie davon halten.«

Hansen nahm den Apparat, den Zaraghi ihm reichte, und schnallte ihn vor sein Gesicht. Das Set bestand aus einer dicht abschließenden Brille und digitalen Sony-Kopfhörern. Hansen zog den Halteriemen fest und justierte das Gerät richtig über Augen und Ohren. Dann drückte Zaraghi einen Knopf an einer Black box, die neben der Couch stand. Augenblicklich blitzte offenbar direkt vor seinen Augen das kristallklare Bild von Captain Kirk und Mr. Spock auf. Obwohl Hansen nicht zu den harten Star-Treck-Fans gehörte, erkannte er doch die Folge wieder. Es war die Episode »Griff in die Geschichte«, in der Captain Kirk sich in Joan Collins verliebte, nachdem er einen Sprung zurück in die amerikanische Depressionszeit gemacht hatte.

Aber es war mit nichts zu vergleichen, was er je zuvor gesehen oder gehört hatte. Das Bild war eine Hundertachtziggradrundumsicht in einer 3D-Qualität ähnlich wie bei einem View-Master, und der Ton ein dolbyverstärkter, digitaler Tiefensound. Hansen war überwältigt von dieser neuen Erfahrung.

»Das ist ja ein unglaublicher Apparat«, erklärte er dem Hausherren begeistert und reichte ihm den Facesucker zurück. »Was hat es damit auf sich?«

»Es ist eine Erfindung namens JackMan, mit der ich mich beschäftigt habe. Ganz gewöhnliches analoges Audio- und Videomaterial wird durch diese Blackbox geleitet, die dann dafür sorgt, daß der Betrachter glaubt, es sei dreidimensional und stereoskopisch. Alles nur Illusion.«

»Es ist cool.«

»Yeah. Ich hatte eine Menge freie Zeit, nachdem ich die Uni verlassen und persönlichen Bankrott erklären mußte.« Zaraghis Gesichtsausdruck entbehrte jeder Ironie. »Hören Sie, es liegt natürlich bei Ihnen, aber ich dachte, wir könnten rüber in die Cafeteria gehen, zusammen etwas essen und uns über diese Sache unterhalten.«

»Klingt gut.«

»Die Sache ist nur, Sie müßten die Rechnung übernehmen, denn ich besitze dank Gammage keinen einzigen Cent mehr, einverstanden?«

Sie brauchten zehn Minuten für den Fußmarsch um den Campus von Carnegie-Mellon herum. In der halbleeren Studentencafeteria nahmen sich Hansen und Zaraghi einen Tisch in einer Ecke und widmeten sich ihrem kohlehydratreichen Mittagessen aus vorgefertigten und warmgehaltenen Cheeseburgern und Fritten.

Der Anwalt war derjenige, der das einverständige Schweigen schließlich beendete. »Dieser JackMan ist wirklich ein tolles Gerät.«

»Ich weiß, vielen Dank.«

»›Griff in die Geschichte‹. Die beste *Star Treck*-Folge überhaupt.«

»Einer der fünf besten«, entgegnete der Kid.

»Sind Sie ein großer Fan?«

»Absolut. Ich habe jede Folge auf Band. Einige davon in fünf verschiedenen Sprachen.«

»Na, das ist ja ein interessantes Paradox«, meinte Hansen nachdenklich.

»Was?«

»Ein Trekkie, der den Aktienmarkt verfolgt. Was hat Sie dazu gebracht, sich für die Finanzwelt zu interessieren?«

Zaraghi zuckte leicht mit den Schultern und riß einen gierigen Bissen aus seinem Cheeseburger. »An dieser Leidenschaft ist mein Dad schuld, aber nicht so, wie Sie das jetzt denken. Sehen Sie, es ist nicht so, daß mein Dad eine einzelne Disney-Aktie gekauft und das Zertifikat an meine Schlafzimmerwand gehängt hätte oder daß mein Taschengeld in Investmentfonds gewandert wäre oder so ein Quatsch. Eigentlich ist es überhaupt keine sonderlich hübsche Story.«

Dann erzählte Freddie die Geschichte von der Emigration seiner Eltern in die Vereinigten Staaten, noch bevor er geboren wurde. Seine Familie ließ sich in Hamtramck, Michigan, in einer Gegend mit vielen türkischen Einwanderern nieder, denn hier lebten einige Cousins der Mutter und die Detroiter Autoindustrie versprach anständige Löhne. Kurze Zeit später bekam Zemach Zaraghi einen Fließbandjob bei General Motors im Hamtramck-Cadillacwerk, wo er Scheibenwischer an fabrikneuen DeVilles montierte. Dreiundzwanzig Jahre arbeitete Zaraghi senior in diesem Werk und brachte es im Laufe der Zeit bis zum Schichtleiter.

»Jeden Zahltag fuhr mein Vater seinen AMC Pacer zu der Filiale der People's State Bank in der Campau Avenue und zahlte einen kleinen Betrag in einen Collegefonds für mich und meine drei Schwestern ein. Die Familie meiner Mutter verhöhnte ihn immer, weil er so vorsichtig mit seinen Geldanlagen war, aber Dad hatte einen Höllenrespekt vor dem amerikanischen Aktienmarkt. In seiner alten Heimat hatte es etwas Derartiges nicht gegeben.

Dann kamen die wilden 80er. Junk Bonds. Aufkäufe. Schnelles Geld. Jeder arme Schlucker in Hamtrack versuchte sein Glück an der Börse. Und alle gewannen. Die Nachbarn machten meinen Dad völlig kirre. ›Zem, du kaufst einfach die Aktie eines Unternehmens und dann schaust du zu, wie sie steigt und steigt und steigt.‹ Sie redeten ihm ein, dies sei der wahre amerikanische Traum, auf diese Weise würden die Reichen noch reicher. Und schließlich hat es Dad keine Ruhe mehr gelassen. Plötzlich dachte er, wenn er ein kleines Risiko eingehen würde, könnte er es sich vielleicht leisten, uns aufs MIT oder nach Harvard zu schicken.

Also brachte ihn ein Cousin meiner Mutter mit einem Stockbrocker aus Grosse Point zusammen. Das war im August 1986, glaube ich.«

An diesem Punkt starrte Zaraghi auf die minzgrüne Wand der Cafeteria, als würde er aus der Ferne auf die Ereignisse von vor zehn Jahren blicken. »Ich erinnere mich noch an jedes Detail dieses 19. Oktobers 1987, an dem die Börse zusammenbrach. Ich weiß noch, wie ich nach Hause kam und meinen Dad am Küchentisch sitzen sah, vor ihm ein Aschenbecher randvoll mit zermalmten Zigarettenstummeln und eine halbleere Flasche Wodka. Man erkannte sofort, daß er am Boden zerstört war. Seine Hände zitterten, so.« Zaraghi demonstrierte das heftige Flattern mit seinen eigenen Händen. »Sobald er mich in die Küche kommen sah, fing er zu weinen an. Er brachte nur heraus, daß es ihm leid tut, daß es ihm leid tut, immer und immer wieder sagte er das. *Es tut mir leid.* Sechs Monate später schlugen die Auswirkungen von Black Monday durch, und GM setzte meinen Dad für zehn Monate vor die Tür.«

Rick massierte sich verlegen die Kinnbacken und brummte mitfühlend.

Zaraghi fuhr fort: »Ich habe mich geschämt. Und wissen Sie auch, warum?«

Hansen schüttelte den Kopf.

»Weil mein erster Gedanke war: *Hey, wo ist denn das ganze Geld hin?* Ich meine, gestern war es noch da, und jetzt auf einmal ist es weg. Wie ist das möglich? Und in diesem Moment wurde mir bewußt: Wenn Dad all dieses Geld verloren hatte, mußte es irgend jemanden geben, der es ihm aus der Tasche gezogen hatte. Es ist ein Nullsummenspiel – wenn jemand gewinnt, muß ein anderer dafür verlieren.

Und so habe ich mich den Rest meiner High-School-Zeit mit Börsengeschichte beschäftigt, mit Kurstendenzen und Einbrüchen. Ich entwickelte Computermodelle zur Marktanalyse. Und ich gewann ein Stipendium der Westinghouse National Science Talent Search für ein von mir geschaffenes Programm, mit dem sich nachweisen ließ, daß auf dem Aktienmarkt Profite erzielt werden können unabhängig von der Richtung, in der die Kurse gehen, solange nur überhaupt Marktbewegung stattfindet. Wie das Programm zeigte, kann jeder, der mit einem gewissen Grad an Zuverlässigkeit die Richtung und das Ausmaß der Bewegung abzuschätzen in der Lage ist, sehr schnell sehr, sehr, sehr reich werden.«

»Und mit dem Westinghouse-Stipendium haben Sie dann Carnegie-Mellon besucht?«

»Yeah. Damit und mit noch einer kleinen Unterstützung. Nachdem mein Dad all das Geld und dann auch noch vorübergehend seinen Job verloren hatte, war ziemlich Ebbe in der Kasse, als ich schließlich aufs College sollte.« Zaraghi verstummte für einen Moment. »Seit diesem Tag bin ich völlig darauf fixiert gewesen, ein System zu entwickeln, mit dessen Hilfe ich mir das Geld, das mein Vater verloren hat, von der Börse zurückholen kann. Dann würde ich es ihm in einer Einkaufstüte bringen und sagen: ›Hey, Dad, erinnerst du dich noch an das ganze Geld, für das du dir im Werk den Arsch aufgerissen hast? Hier bitte, jetzt bist du quitt. Und nun mach dir einen schönen Lebensabend.‹« Zaraghi lächelte. »Netter Traum, was? Natürlich hat es so nicht geklappt, zumindest bislang nicht.«

Der Anwalt wechselte das Thema. »Sprechen wir über Gammage.«

»Ach, wie hab ich diesen bärtigen Wichser gehaßt.« Zaraghis

gallige Wut ließ ihm die Worte beinahe im Hals steckenbleiben. »Von dem bin ich auf mehr Arten auf Kreuz gelegt worden als Madonna in ihrem ganzen Leben. Sehen Sie, ich will ja hier nicht wie ein verbittertes junges Arschloch klingen, aber na ja, ich bin halt nun mal eines. Gammage hat mich dazu gemacht. Kein Grund, sich dafür zu entschuldigen.«

»Ich bin auch nicht auf Entschuldigungen aus.«

Zaraghi musterte den Anwalt. »Worauf genau sind Sie denn eigentlich aus, Mr. Hansen?«

»Nur worüber wir am Telefon gesprochen haben.« Hansen legte seinen Cheeseburger auf das braune Plastiktablett und beugte sich nach vorn. »Ich kämpfe mit diesem merkwürdigen Puzzle. Je mehr ich daran herumspiele, desto weniger Sinn ergibt es. Zwischen Ihnen, Freddie, und zwei Toten – Gammage und Bingham – besteht eine Verbindung, und vielleicht kennen Sie die zur Klärung fehlenden Teilchen.«

Der Junge strich über sein Ziegenbärtchen und starrte nachdenklich in den Raum. »Lassen Sie mich ganz von vorne beginnen. Noch bevor Howard Gammage dafür sorgte, daß ich von CMU abgehen mußte, mein volles Stipendium verlor und im persönlichen Bankrott endete.«

»Okay.«

»Es war zu Beginn meines dritten Studienjahrs, vor zwei Jahren, um den Dezember herum. Damals war ich auf dem besten Weg zu einem vorzeitigen Abschluß im Hauptfach Computerwissenschaften. Wie Sie bestimmt wissen, zählt Carnegie-Mellon landesweit zu den zwei oder drei führenden Fachbereichen in den Computerwissenschaften. Mein Studienberater hatte mir einen Platz in Howard Gammages Seminar über ›Moderne neurale Supercomputer‹ verschafft, das sonst nur bereits graduierten Studenten offensteht.« Zaraghi legte die Reste seines dritten Cheeseburgers auf sein Tablett. »Eins müssen Sie verstehen, Mr. Hansen – und ich will Sie damit gar nicht sonderlich beeindrucken, denn es bringt mir persönlich ja überhaupt keinen Vorteil –, aber Sie müssen verstehen, daß man in mir den vielversprechendsten Studenten in den Computerwissenschaften sah, den die Uni in den letzten zehn Jahren oder so aufgenommen hatte.«

»Daran zweifele ich nicht«, erwiderte Hansen, dem auf dieses Selbstlob nichts Besseres einfiel. »Und so haben Sie sich in Gammages Graduiertenseminar eingeschrieben?«

»Ja. Der beste Student, den er je hatte.«

»Mh-hm.«

»So gut, daß er sogar ein Geschäft mit mir zusammen gründen wollte. Das hier war der Auslöser.« Freddie griff unter den Tisch, hob den mitgebrachten Rucksack auf seinen Schoß und kramte darin herum. Dann zog er eine prallgefüllte rostfarbene Aktenmappe mit der Aufschrift LINDA PROZESSUNTERLAGEN heraus. Freddie blätterte durch das Bündel Unterlagen, entnahm dem Ordner schließlich eine dicke, zerlesene Seminararbeit und reichte sie Hansen.

Rick blickte auf das Deckblatt:

DIE FINANZWELT HACKEN

Über die Anwendung von MPP Supercomputing Technology zur Vorhersage von Aktienkursbewegungen

Am Fuß der Titelseite befand sich eine Notiz in schwungvoller, schwarzblauer Füllfederhalterschrift.

A+ Ausgezeichnete Arbeit. Eine der anregendsten studentischen Abhandlungen, die mir je zu lesen vergönnt war. Bitte kommen Sie doch in der nächsten Woche in meinem Büro vorbei, damit wir uns detaillierter über die Thesen unterhalten können. (Kaffee geht auf mich.)

Dr. Gammage

»Also haben wir zusammen Kaffee getrunken«, sagte Zaraghi, den Faden wiederaufnehmend. »Und beim Kaffee einigten wir uns darauf, eine gemeinsame Firma zu gründen, in der wir Systeme zur Vorhersage des Aktienmarkts entwicklen würden. Wir nannten sie Three Rivers Algorithmics. Damals fühlte ich mich geschmeichelt. Mein Professor hielt mich also für so ein geniales Kerlchen, daß er mit mir Geschäfte machen wollte – für einen Zwanzigjährigen ist das schon eine berauschende Sache. Inzwischen ist mir natürlich klar, daß Gammage bloß ein geldgieriger Wichser war, der mich ausnutzte. Sobald ich die Technologie entwickelt und ein paar Kundenpräsentationen durchgeführt hatte, bremste er mich aus.«

»Wer waren diese Kunden?«

»Ein paar führende Wall-Street-Unternehmen. Ich weiß nicht genau, wie viele, da Gammage für diesen Geschäftsbereich, das Marketing, allein verantwortlich war. Aber ich weiß, wer das meiste Interesse gezeigt hat.« Zaraghi deutete auf Hansen. »*Ihre* Firma.«

»Wolcott Fulbright?«

»Ja. Auf diese Weise hab ich auch Ihren Tommy Bingham kennengelernt. Er tauchte eines Tages in Pittsburgh auf und quetschte mich über meine Forschungsarbeiten aus. Ich glaube, ich konnte es ihm schmackhaft machen.«

»Tom hat ein System von Ihnen erworben?«

Zaraghis Gesichtsausdruck verdunkelte sich. »Ich weiß bis zum heutigen Tag nicht, ob er's wirklich getan hat oder nicht. Sehen Sie, Gammage hat mich urplötzlich aus Three Rivers rausgekippt. Er hat unser Unternehmen vorsätzlich den Bach runtergehen lassen. Faselte irgendeinen Mist über unseren finanziellen Gönner, der den Saft abgedreht hätte. Und dann hat diese Drecksau doch Konkurs angemeldet, ohne mir vorher etwas davon zu sagen. Kam einfach so eines schönen Tages zu mir und meinte: ›Ist in die Hose gegangen, mein Junge.‹ Das waren exakt seine Worte – *ist in die Hose gegangen, mein Junge.* Da es sich um eine Partnerschaft handelte, sagte er, müßte ich laut Gesetz für fünfzig Prozent der Schulden geradestehen. Das hieß, mein Anteil betrug mehr als $ 100 000. Gammage meinte, er sei gesamtschuldnerisch haftbar und würde sein Haus belasten, um auch meinen Anteil zu begleichen, vorausgesetzt ich wäre bereit, persönlichen Bankrott zu erklären und einen Schuldschein zu unterschreiben. Was blieb mir anderes übrig? Ich unterschrieb also den verdammten Wisch. Erst viel später erfuhr ich, daß ich Gammage einer darin enthaltenen Klausel zufolge niemals wegen unserer gemeinsamen Geschäfte gerichtlich belangen durfte.

Fast unmittelbar danach wurde mir von interner Seite zugetragen, daß Gammage zum Ende des Semesters sein Ausscheiden von CMU erklärt hatte. Wie sich herausstellte, hatte er eine neue Firma gegründet. Gammage Financial Algorithmics.

Ich bin im Dreieck gesprungen. Bin in sein Büro und hab ihn im Beisein anderer Studenten angeschrien, hab ihm mit Klage gedroht und all so 'n Mist. Und als nächstes hab ich mich dann mit ein paar adretten Anwälten über eine Anklage unterhalten.«

»Klingt wie ein schwerer Fall von arglistiger Täuschung.«

»Tja, wären bloß *Sie* mein Anwalt gewesen. Die behaupteten nämlich, die Unterlagen wiesen mein Programm eindeutig als eine ›Auftragsarbeit‹ aus. Mit anderen Worten, unsere Partnerschaft basierte lediglich auf einem Handschlag, während die Verträge, die Gammage ausarbeitete, mich zu einem selbstständigen Lieferanten stempelten. *Der für ihn arbeitete!* Um einen solch langwierigen Fall von Diebstahl geistigen Eigentums anzunehmen, verlangten die Anwälte einen Honorarvorschuß von $ 25 000.

Also klotze ich ran wie ein Irrer und mach zwei Jobs nebeneinander, um das Geld für eine Klage gegen den Wichser zusammenzubekommen, und dann geht der her und bringt *sich selbst* um.«

Hansen wurde hellhörig. »Wie ist Gammage gestorben?«

»Eine Menge komischer Gerüchte sind auf dem Campus im Umlauf. Haben Sie schon mal von ›autoerotischer Asphyxie‹ gehört?«

»Ja, vage«, sagte Hansen. »Ist das nicht so eine abgedrehte Sexgeschichte?«

»Richtig. Auch bekannt als *choke & stroke.* Na ja, die Cops meinten jedenfalls, der gute Herr Professor hätte sich die Sauerstoffzufuhr abgestellt, während er sich, ähh, gerade einen runterholte.« Zaraghi schüttelte den Kopf bei der Vorstellung und zündete sich eine halbe Zigarette an.

Hansen sagte: »Gammage hat sich gar nicht umgebracht, wissen Sie. Jemand hat es nur so aussehen lassen.«

»Ach, kommen Sie.« Freddies Gesicht nahm einen verächtlichen Jetzt-hören-Sie aber-auf-Ausdruck an. »Glauben Sie wirklich, irgendein Killer würde *so etwas* arrangieren, um einen Mord zu vertuschen? Sie müssen schon entschuldigen, Mr. Hansen, aber die Theorie wäre selbst für Columbo reichlich weit hergeholt.« Freddie nahm einen langen Zug an dem Zigarettenrest und stieß den Rauch sofort wieder auf. »Zugegeben, LINDA ist schon Wahnsinn, aber doch keinen Mord wert.«

Hansen blickte ihn verständnislos an. »Linda? Wer ist Linda?«

Zaraghi lachte. »Nicht wer. Es ist ein *was*. LINDA ist das neuronale, algorithmische Datenverarbeitungsprogramm, das ich entwickelt habe.«

»Und wofür steht LINDA?«

»Na ja, es ist eigentlich gar keine Abkürzung. Es ist bloß der Name des ersten Mädchens, das mir den Laufpaß gegeben hat.«

Hansen verkniff sich ein Lächeln. Ein solches Monstersystem in einer Art Antitribut nach jemanden zu benennen, von dem man abserviert wurde, war wirklich die absolut abgefahrendste Rache. »Also ist LINDA das System, daß Sie und Gammage entwickelt haben, um die Bewegungen des Aktienmarkts vorauszuberechnen?«

Freddie fuhr auf: »Nein, LINDA ist das Programm, das *ich* zur Vorhersage der Börsenentwicklung geschaffen habe. Gammage hat nichts weiter getan, als mich über den Tisch zu ziehen.«

»Okay, okay. Sorry.«

Freddies Gesichtszüge entspannten sich und spiegelten den Stolz auf seine Erfindung wider. »Sie können mir's ruhig glauben, das ist für die Wall Street das oberaffengeilste Monsterprogramm. Wir haben Praxisanwendungen durchgeführt, die bewiesen haben, daß dieses System fünfzigmal effektiver ist, als alle existierenden Modelle.«

»Was ist das Besondere daran?«

»Sind Sie mit neurogenen Expertensystemen vertraut?«

»Könnte ich nicht behaupten.«

»Skalierbare Massiv-Parallel-Processing?«

»Nein.«

»Wie steht's mit Backpropagation-Paradigmen? Feedforward-Strukturen?«

»Hören Sie.« Hansen spürte, wie sein Frust angesichts des nicht enden wollenden Technikgequassels anstieg. »Langsam, langsam. Ich kann meinen PC dazu bringen, irgendwelche hausinternen Berichte auszuspucken, aber damit ist mein Computerwissen auch schon erschöpft. Ich fürchte, Sie werden es für Normalsterbliche formulieren müssen.«

»In Ordnung. Es ist technisch natürlich höchst kompliziert, aber das Grundkonzept ist schrecklich simpel.« Freddie hatte nun eine hochmütige Haltung angenommen, jene nervende Art von Den-genialen-Köpfen-sollte-die-Welt-gehören-Überlegenheit, wie sie Hansen so oft bei hochkarätigen Analysten begegnet war. »Fangen wir ganz von vorne an. Kann ich das bitte wiederhaben?«

Hansen reichte die Semesterabschlußarbeit an den Verfasser zurück. Zaraghi schlug schnell den Anhang auf und breitete die Seiten mit der Anlage FF aus. »Das dürfte für Klarheit sorgen.«

Hansen starrte auf das komplexe Flußdiagramm. Für Klarheit sorgte es keineswegs.

Während er das Schema studierte, hörte er Freddie sagen: »Als Angehöriger der Finanzindustrie erleben Sie die Revolution natürlich aus nächster Nähe.«

Hansen blickte auf: »Welche Revolution meinen Sie?«

»Die technologische Revolution und wie sie die Finanzgeschäfte verändert.«

»Auf jeden Fall. In der Technik beschäftigt Wolcott fast ein-

Allgemeiner Aufbau von LINDA		
Software	**Systemtheorie**	**Hardware**
Künstliche Intelligenz	**Chaostheorie**	**Innovative Supercomputing Technologie**
Expertensysteme	Komplexe, nonlineare, »chaotische« Systeme womöglich berechenbar	136 000 Megaflops Taktfrequenz und Galliumarsenid-Logikschaltung
Fuzzy Logik / Neuronale Netze	Globale Finanzmärkte	Asynchroner Transfer Modus (ATM)
Backpropagation Paradigmen	Mythenpaar Random Walk und effiziente Märkte	Skalierbare Massiv-Parallel-Processing (MPP)
Feed-Forward Strukturen	Irrationales Anlegerverhalten: Gier und Euphorie; Angst und Panik.	BACKBONE ATM-Netzwerk und Gigarouter
Neuronale Algorithmen	*Einschlüsse der Vorhersehbarkeit* im digitalen Kapitalfluß	DataKnife
Datensuche Datenfilterung	Echtzeitdatenfütterung und Datenbank Kursnotierungsgeschichte	
Räumlich-zeitliche Pattern-Erkennung	LINDA und unmittelbarer elektronischer Zugang zu Börsen weltweit	
Schlußfolgerung: Kursbewegungen auf breiter Basis verlaufen ihrer Natur nach kurzfristig (15 bis 60 Kalendertage) vorhersagbar.		

tausend Mitarbeiter, die ein hochmodernes Abwicklungssystem...«

Freddie schüttelte seinen Kopf. »Davon spreche ich nicht. Ich spreche davon, wie die Technologie den Begriff von Vermögen selbst verändert hat.«

Hansen runzelte die Stirn. »Ich kann Ihnen nicht folgen.«

»Das Geld wurde digitalisiert, verstehen Sie? Es wurde umgewandelt in einen bloßen Strom elektronischer Informationen, die vierundzwanzig Stunden am Tag mit Lichtgeschwindigkeit um den Erdball rasen. Aus diesem Grund kann man mit digitalem Geld gewisse Spielchen treiben.«

»Sie meinen, es kann auf elektronischem Weg gestohlen werden.«

»Nein, nein. Ich meine, ja, natürlich, das auch. Aber das ist auf dieser Stufe der Entwicklung doch vorsintflutlich. Wissen Sie, was man unter der Umlaufgeschwindigkeit des Gelds versteht?«

»Nein.«

»Das ist ein Begriff aus der Wirtschaftswissenschaft. Ein Maßstab dafür, wie schnell Geld nach dem Erhalt wieder ausgegeben wird. Die Geschwindigkeit, in der innerhalb eines Jahres ein Dollar durchschnittlich von einem zum anderen wandert.«

»Mh-hmmmm.« Hansen kam nicht mehr mit.

»Um Ihnen die Bedeutung der Umlaufgeschwindigkeit des Geldes zu verdeutlichen, lassen Sie mich Cyberguru Kevin Kelly zitieren.« Der Junge schloß fest seine Augen und rief die Passage aus seinem Gedächtnis ab.

»›Entkörperlichtes Geld – jeglicher materieller Basis enthoben – ist beschleunigtes Geld. Es reist weiter und schneller. Eine erhöhte Geldumlaufgeschwindigkeit wirkt sich ähnlich aus wie eine erhöhte Geldumlaufmenge. Als die Satelliten hochgeschossen wurden und einen weltweiten Börsenhandel mit annähernder Lichtgeschwindigkeit erlaubten, erhöhte sich die globale Geldmenge um 5 Prozent. Die Verwendung von digitalem Geld in großem Maßstab wird die Geldumlaufgeschwindigkeit noch einmal erhöhen. ... Geld ist so formbar wie digitalisierte Information.‹«

Er öffnete seine Augen und grinste. »Und deshalb, so führt Kelly aus, kann man Kapital mittlerweile ›hacken‹. Das war auch das Thema meiner Arbeit.«

»Kapital hacken? Mit Computern?«

Zaraghi nickte.

Hansen machte ein skeptisches Gesicht. »Wie?«

»Was ich sagen will, ist, wendet man moderne Wirtschaftstheorie und wahnsinnig leistungsfähige Computer auf die Berge von Daten an, die sich auf die Finanzmärkte beziehen, dann kann man daraus zwar leicht verschwommene, aber *sinnvolle* Pattern im Strom digitalisierter Gelder ableiten.«

»Okay.« Hansen glaubte nun zu verstehen. »Weiter.«

»Hat man erst diese festen Pattern – ›Fractals‹ genannt – in den turbulenten Finanzströmen ausgemacht, dann kann man vorausberechnen, wann diese Pattern in unmittelbarer Zukunft wieder auftauchen werden, und schnell sehr, sehr reich werden. Wie wär's mit einem neuen Schlagwort? Schon mal was von der Chaostheorie gehört?«

Hansen fiel seine kürzliche Unterhaltung mit Joe Money über das Thema wieder ein. »Ja. Einige unserer Derivatejungs bei Wolcott haben sich mit der Idee beschäftigt und glauben, sie funktioniert.«

»O ja, und ob sie das tut. Die Chaostheorie, die meine Software mitsteuert, funktioniert auf alle Fälle. Nicht ausnahmslos immer, aber fast immer. Bis zu einem gewissen Grad ist es daher möglich, den Aktienmarkt vorauszusagen. Ja, es ist sogar möglich, ihn zu *beeinflussen.*«

Der Anwalt lehnte sich in seinem Stuhl zurück, verschränkte die Arme vor der Brust und nagte an seiner Unterlippe. *Hatte* LINDA *Bingham in die Lage versetzt, Freefall Friday vorauszusagen?* Der Anwalt beschloß, den computerverrückten Youngster noch ein wenig aus der Reserve zu locken. Betont unbeeindruckt meinte Hansen: »Yeah, von diesen Timing- und Vorhersagemodellen für die Börse hab ich schon viel gehört. Entschuldigen Sie meinen Zweifel, aber LINDA klingt, um die Wahrheit zu sagen, wie eine dieser zahlreichen ›Blackbox‹-Entwicklungen, wenn auch mit ungewöhnlich vielen ausgebufften Details.«

»Ihr Wall-Street-Typen.« Freddie kicherte amüsiert. »Nie die Katze im Sack kaufen, wie? Butter bei die Fische, *show me de money*, und so weiter. Also gut. Mir scheint, es ist Zeit, daß Sie selbst die Bekanntschaft von LINDA machen.«

39

Die Fahrt zu der Anlage hinaus dauerte ungefähr fünfundzwanzig Minuten.

Feigenbaum Technology Park lag in einer kleinstädtischen Enklave nordwestlich vom Allegheny River, etwa dreizehn Meilen vom I-270 entfernt. Nach einem kurzen Stück auf einer zweispurigen, von Ladengeschäften und Filialen der Fast-food-Ketten gesäumten Durchgangsstraße sagte Zaraghi: »Jetzt scharf rechts, oder Sie sind dran vorbei.«

Hansen gehorchte und bog in einen Weg, an dem ein unauffälliges Schild das Gelände als NORTH AMERICAN SUPERCOMPUTING CONSORTIUM OF INDUSTRY AND ACADEMICA auswies. Der Chevy Lumina rollte gemächlich die Zufahrt hinauf, die durch die gepflegten Grünanlagen des Industrieparks führte.

»Wollen wir doch mal sehen, ob James C. heute im Häuschen ist«, murmelte Zaraghi mehr zu sich selbst als zu seinem Begleiter.

Der Chevy erreicht die Spitze des Hügels, auf der ein Wachhäuschen stand. Hansen brachte den Wagen vor einer schwarzgelbgestreiften Sicherheitsschranke zum Stehen und ließ das Fenster herunter. Ein eindrucksvoller Hüne von uniformiertem Wachmann, dessen Arme so dick waren wie die Oberschenkel mancher Männer, kam aus dem mit Spiegeln versehenen Häuschen, schritt entschlossen zu ihnen hinüber und blickte mit unfreundlichem Gesichtsausdruck in das offene Fenster. »Wohin möchten Sie denn?«

Zaraghi lehnte sich hinüber und salutierte ihm zackig. »Schon okay, James C. Wir gehören zusammen.«

Der Wachmann strahlte über das ganze Gesicht, als er Freddie auf dem Beifahrersitz erblickte. »Hey, wie geht's dir, Freddie?«

»Gab schon bessere Tage, wenn ich ehrlich sein soll. Aber reden wir nicht von mir. Wie sieht's denn in eurer Eishockeyrunde im Grill aus? Bist du dem Spitzenreiter noch immer auf den Fersen?«

»Ach Scheiße, nein. Die Pens kriegen's einfach nicht auf die Reihe, und ich deshalb genausowenig.« James legte die Ellbogen auf die Unterkante des geöffneten Fensters und kreuzte zwanglos seine Arme. »Wer ist dein Freund?«

»VIP von der Wall Street.« Freddie zwinkerte ihm zu. »Erzähl's ihm nicht, aber ich hoffe, wenn wir den roten Teppich für ihn ausrollen und ihn mit ein paar genialen Kunststückchen blenden, daß seine Firma dann ein paar Milliarden Dollar in LINDA stecken wird.«

Der Wachmann nickte freundlich. »Wir hier bei NASCIA mögen diese schwer betuchten Wall-Street-Leute ganz besonders.« Er langte durch das offene Fenster hinein und brachte eine grüne Tagesparkerlaubnis am Armaturenbrett an. »Jetzt kann's weitergehen.«

»Ich wünsch dir was, Jamester.«

»Gleichfalls.« James drückte den Knopf an seinem Pult. Der gestreifte Balken ruckte und hob sich dann. Hansen fuhr durch das Tor auf das Gelände.

»Hier arbeiten Sie?« fragte Hansen.

»Fünfundzwanzig Stunden die Woche für sechs fünfundsiebzig die Stunde. Eingaben im UNIX-Code. Kommt zwar nichts bei rum, aber die Arbeit entschädigt für den lausigen Verdienst.«

Der Technologiekomplex wurde sichtbar. Er bestand aus einer Gruppe von vier unpersönlichen Bauhauskuben mit verspiegelten Außenwänden, die nichts von den Aktivitäten in ihrem Innern preisgaben. Ein halbes Dutzend sichelförmiger Satellitenschüsseln waren um das Gebäude herum angeordnet. Die Sterilität der Anlage ließ bei Hansen den Eindruck eines geheimnisvollen Sperrgebiets aufkommen. *Eigentlich das passende Hauptquartier für einen Verein wie die CIA*, dachte er bei sich.

Erst da bemerkte er das Grinsen auf dem Gesicht seines Begleiters.

»Halten Sie sich bereit für die Revolution«, erklärte Freddie kryptisch.

Die Haupteingangshalle im größten der Gebäudewürfel wirkte ausgesprochen distinguiert. Der vornehme dunkelrote Teppichboden, die Skulpturen aus Stahl und Glas, die neomodernen Kunstwerke an den Wänden – all das suggerierte, daß die Einrichtung in einem Meer aus Fortunes-500-Geldern schwamm.

Hansen erwähnte diese Beobachtung, während Zaraghi ihnen an der Sicherheitskontrolle mit seiner Magnetstreifenkarte Zutritt durch das Drehkreuz verschaffte. »Feigenbaum war früher eine DARPA-Stelle«, erwiderte Zaraghi.

»DARPA. Das hat was mit dem Verteidigungsministerium zu tun, oder?«

»Wir müssen hier lang.« Zaraghi führte ihn einen Flur mit gedämpftem Licht entlang, der sich weiter und weiter zu schlängeln schien. »Stimmt. DARPA ist ein streng geheimer Arm des Pentagon. Steht für ›Defense Advanced Research Projects Agency‹. Während des kalten Kriegs war diese Anlage sechs Jahre lang eine hochbrisante DARPA-Stelle. Sie haben die Russen mit Hilfe von künstlicher Intelligenz besiegt, haben sich SAM AND IVAN entwickeln lassen, um Kriegspielszenarios bei wechselseitig versicherter Vernichtung durchzuspielen. Codes knacken und all so was.«

»Künstliche Intelligenz?«

»Ein Begriff für die nächste Computergeneration. Künstliche Intelligenz erlaubt einem Computer, menschliche Denkvorgänge nachzuahmen. Und wissen Sie was? Inzwischen sind die Computer ihren menschlichen Vorbildern bereits weit überlegen. Vielleicht das ultimative Beispiel für einen Schüler, der seinen Lehrer überflügelt.« Dies rang Zaraghi einen ironischen Pruster ab. »Na egal, jedenfalls als der kalte Krieg vorbei war und damit auch das Ausspionieren der Spione, für das man die Maschinen hätte brauchen können, stellte DARPA die Anlage der Wissenschaft zur Verfügung. Feigenbaum bekommt ein paar staatliche Zuschüsse von der NSF – der National Science Foundation –, aber angesichts der leeren öffentlichen Kassen müssen neun von zehn Dollar zur Unterhaltung dieser Einrichtung von privaten Investoren kommen. Westinghouse, General Electrics und Hughes sind quasi eingesprungen. Aber natürlich nicht aus reiner Nächstenliebe, ihnen werden dafür Anrechte auf kostbare Zugriffszeiten eingeräumt. Und die werden in den letzten Wochen und Monaten immer kostbarer. NASCIA hat ungefähr dreihundert laufende Projekte und etwa achthundert Anwender, die sich jeden Monat einklinken. Wie das Universum entstand. Modelle der Meeresströmungen im Golf von Mexiko. Aufzeichnung der Sonnenwinde. Stahlabstich.«

Ein junger Programmierer asiatischer Abstammung kam an ihnen vorbei und nickte Freddie grüßend zu. Er trug ein T-Shirt mit der Aufschrift:

~~JIM MORRSION~~
~~JERRY GARCIA~~
SEYMOUR CRAY IST GOTT

»Spinnerhumor«, murmelte Freddie Zaraghi erklärend.

Während sie weitergingen, wurde die Beleuchtung in dem Korridor immer schummriger und verlieh dem Ganzen eine gruselige Big-Brother-Atmosphäre. Am Ende des Korridors war ein menschenleerer Vorraum mit einem elektronischen Kontrollgerät. Zaraghi trat dicht heran. Eine in die Wand eingebaute Linse strahlte ein grünliches Licht aus. Gebannt verfolgte Hansen, wie auf einem kleinen Farbmonitor im Vorraum das gescannte Gesicht Freddie Zaraghis zusammengesetzt wurde. Irgendein unsichtbarer Computer piepste, klickte und zirpte, und kurz darauf erklang ein elektronisches Betätigungssignal und ein schweres metallisches Klicken von den stahlverstärkten Flügeltüren.

Auf dem Bildschirm leuchteten in grünen Buchstaben die Worte: FREDDIE ZARAGHI FTP/IDO6810-BITTE EINTRETEN.

Zaraghi machten einen Schritt nach vorn, öffnete die Tür und trat ein. Rick folgte ihm.

Sobald sie drinnen waren, drehte Freddie sich ihm zu. »Dies«, erklärte er voll stiller Ehrfurcht, »ist der NASCIA-Maschinenraum.«

Hansen brauchte einige Sekunden, um sich an das gleißend weiße Licht zu gewöhnen.

Erster Eindruck: Der Raum war groß, hell erleuchtet und vor allem laut. Die Grundfläche war unerwartet großzügig und entsprach vielleicht in Länge und Breite zwei Drittel eines Fußballfeldes. Eine überhohe Decke gewährte den Abzug der Hitze von jenen drei Dutzend ständig brummenden Maschinen, die nur zur regelmäßigen Wartung runtergefahren wurden. Aus irgendeinem Grund waren Boden, Wände und Decke alle in einem strahlenden antiseptischen Weiß gestrichen. Und an den Krach der Maschinen – beständig und aufreibend – mußte man sich erst gewöhnen.

»Betrachten Sie sich als besonders privilegiert, mein Freund«, sagte Zaraghi. »Sie blickten gerade auf eine der leistungsstärksten Computeranlagen, die sich weltweit in privater Hand befindet.«

»Was *ist* das hier eigentlich?«

»Das ist das North American Supercomputing Consortium of Industry and Academia, oder NASCIA, wie wir es nennen. Kommen Sie, ich mach mit Ihnen die Einsteigerrunde.« Zaraghi deutete auf die entgegengesetzte Ecke des Raumes. »Da lang.«

Hansen folgte seinem Führer durch den Raum und betrachtete dabei interessiert den exotischen Maschinenpark. »Wie Sie sich vorstellen können«, sagte Freddie, »braucht man allein für den Unterhalt haufenweise Geld. Draußen hinter dem Gebäude stehen sechs Dieselgeneratoren, die im Falle eines unserem Wohltäter General Electric zu verdankenden Stromausfalls sofort in Betrieb gehen.

Aber ein Stromausfall wäre das Weltuntergangsszenario, das tagtägliche Problem dagegen ist die Wärmeregulierung. Auf jeder Seite des Maschinenraums stehen zwei fünfundachtzig Tonnen schwere, FKW-gekühlte Klimaanlagen, die für niedrige Temperaturen sorgen. Und unter den luftdurchlässigen Bodenfliesen, auf denen wir gerade stehen, ist ein vierzig Zentimeter tiefer Hohlraum, durch den im Zickzack über die gesamte Fläche dicke Rohre mit eiskaltem Wasser laufen.

»Ist deshalb auch alles im Raum weiß gestrichen?«

»Genau. Durch die reflektierende weiße Farbe ist weniger Licht erforderlich.«

»Und weniger Licht, weniger Wärme.«

»Sie sagen es. Diese Maschinen sind in der Unterhaltung aufwendiger als meine Verlobte. Kosten schlappe $ 40 000 pro Monat. Und die Maschinen selbst sind auch nicht unbedingt billig. Jeder Prozessor kostet ungefähr $ 35 000, und in diesen hochmodernen Geräten stecken bis zu 512 davon. Rechnen Sie nach, und Sie werden verstehen, warum man UNIX-Programmierer wie mich mit solchen Hungerlöhnen abspeist. Es ist einfach nichts mehr in der Kasse.«

Freddie trat an einen drei Meter hohen, länglichen Kasten, der Hansen an einen überdimensionalen Kühlschrank erinnerte. Es war ein unscheinbarer, dunkelgrauer Schrank mit roten Zierleisten, der nur durch seine Gewöhnlichkeit auffiel. Kein Monitor, keine Tastatur, kein Display irgendeiner Art legten den Verdacht nahe, daß es sich um einen Computer handelte.

»Schon mal die Bekanntschaft mit einem dieser bösen Buben gemacht?«

»Ist das ein Supercomputer?« meinte Hansen zweifelnd. »Macht gar nicht so einen Supereindruck.«

»Das ist nicht einfach nur ein Supercomputer. Das ist ein Cray T3E. Das Feinste vom Feinsten, mein Freund.«

»Ist wesentlich… kleiner, als ich mir einen Supercomputer vorgestellt habe.«

Zaraghi lachte. »Genau deshalb ist es ja das Feinste vom Feinsten. Denken Sie nur daran, daß der erste Computer, der in den Fünfzigern entwickelt wurde – der ENIAC an der University of Pennsylvania – noch die Größe eines Überseecontainers hatte. Dieser Neuntonnenbursche hier ist ganz auf Taktgeschwindigkeit ausgerichtet. Und damit meine ich atemberaubende Geschwindigkeiten. Wenn man diese Maschine ohne ausdrückliche Genehmigung der Bundeszollbehörde in ein Dritte-Welt-Land ausführt, kann man wegen Landesverrats hingerichtet werden. Diese Maschine würde nicht mehr als zwei Tage brauchen, um eine Bananenrepublik ins Atomwaffengeschäft zu bringen.«

Zaraghi ließ die Tür des Gehäuses aufspringen. Hansen beugte sich vor und betrachtete die Eingeweide des ratternden Ungetüms. Es war ein geordnetes Wirrwarr aus verschiedenfarbigen Kabeln, vergoldeten Anschlüssen und einem kleinen Schwarzweißbildschirm.

Als Freddie ein Speichermodul ausbaute, dessen Bestandteile und Funktionsweise erklärte, und anschließend fortfuhr mit etwas, das sich Josephon Junction Switcher nannte, mit RAID Level 5, vergleichenden Betrachtungen zwischen Galliumarsenid-Logikschaltungen und Siliconchips, fiel ihm Hansen leicht genervt ins Wort: »Okay, die Maschinen sind zugegebenermaßen beeindruckend, Freddie. Aber was hat das mit der Chaostheorie und der Vorhersage von Kursentwicklungen zu tun?«

»Eine ganze Menge«, erwiderte Freddie. »Ist Ihnen klar, wovon wir hier sprechen? Ein Zweitausenddollarcomputer kann den IQ seines Benutzers von hundertfünfzig auf zweitausend Punkte steigern. Verstehen Sie nun, welche Folgen es haben kann, das menschliche Hirn vor einen Supercomputer zu spannen?«

»Nicht richtig.«

»Um die Bedeutung dieser Technologie wirklich einschätzen zu können, muß man sich erst über die Beschränkungen des menschlichen Hirns bewußt sein. Schon vor Jahrhunderten erkannte die Menschheit diese Beschränkungen und erfand Hilfsmittel zur Unterstützung der menschlichen Intelligenz. Zuerst waren es sehr einfache Hilfsmittel – Papier und Feder, Rechenbrett. Es folgten der Rechenschieber, später die Rechenmaschine und in diesem Jahrhundert dann die Computer. *Computer.* Das ist die bedeutsamste Erfindung aller Zeiten, weil hier der Mensch zum ersten Mal ein Hilfsmittel entwickelt hat, dessen Denkkraft die seines Erschaffers übersteigt. Stellen Sie sich nur vor! Ein Apparat, der nicht nur die menschliche Intelligenz unterstützt, sondern der sie *vervielfacht*. Den ersten wirklichen Vorgeschmack davon haben wir bekommen, als ein IBM-Supercomputer namens Big Blue dem weltbesten Schachspieler eine Abfuhr erteilte.« Der Junge merkte, daß er sich mitreißen ließ, und bremste seinen Reiseführerenthusiasmus. »Haben Sie schon mal von einer Technologie namens ›Massiv-parallel-Processing‹ gehört?«

»Das steckt hinter der Abkürzung MPP, oder?«

»Stimmt. Also mal angenommen, Sie wollten Ihr Haus neu anstreichen, okay? Selbst wenn Sie der beste Malermeister auf Erden wären, müßten Sie doch zugeben, daß Ihr Haus schneller fertig angestrichen wäre, wenn zehn Ihrer Freunde vorbeikommen und Ihnen helfen würden.«

»Natürlich.«

»Und wenn jeder Ihrer Freunde noch zehn seiner Freunde mitbringen würde, wäre die Aufgabe noch schneller erledigt.«

»Ich denke, ich weiß jetzt, worauf Sie hinauswollen. Viele Leute, die untereinander kleine Beiträge zu einer Gesamtarbeit aufteilen. Das meint ›Massiv-parallel-Processing‹?«

»Ja. MPP ist der neueste Quantensprung im Supercomputerbereich, denn es eröffnet die Möglichkeit, Prozessoren von Supercomputern über entsprechend schnelle Telefonleitungen in großer Zahl miteinander zu verknüpfen und sie dann – ähnlich einem hungrigen Schwarm Piranhas – wohlabgestimmt gemeinsam vorgehen zu lassen. Alle zusammen haben sie das Skelett in Null Komma nichts blank.

Im NASCIA sind wir mit unverschämten Reichtümern gesegnet.« Freddie vollführte eine Pirouette und deutete auf die anderen im Raum stehenden Supercomputer. »Wir haben hier vor Ort noch einen DEC 3000 Alpha AXP Super-Cluster und ein IBM SP2 Scalable Power Parallel System, beides alles andere als Elektroschrott. Aber mit der ATM-Technolgie können wir unser Supercomputer außerdem mit denen in Ithaca, Urbana und San Diego zusammenschalten. Geografische Trennung spielt keine Rolle. Können Sie mir noch folgen?«

»Ich glaube schon.«

»Gut. Hier entlang.« Freddie führte ihn zu einem sonderbaren, glasumhüllten Bandgerät, das automatisch und in verblüffendem Tempo Datenkassetten lud, abspulte und in den Input-/Output-Schlitzen verschwinden ließ. »Das ist ein Storage Tek 9310 Nearline Tape Robot. Er entlastet den Speicher des Supercomputers von allen inaktiven Daten, die eine effektive Ausnutzung von dessen Leistungsmöglichkeiten bloß verhindern würden. Etwa sechstausend Kassetten stecken hier drin, jede mit ungefähr zehn Gigabyte Kapazität. Die Daten können in Sekundenschnelle geladen werden. Ein Lagerhaus für Daten mit einer Gesamtkapazität von sechzig Terabyte – sechzig Billionen Einzelinformationen. Die verschiedenen Modelle sind im Archiv dieses Silos abgelegt. So lagert hier für LINDA eine relationale Datenbank, in der auf einer Billion Byte die weltweiten Börsenverkäufe der letzten fünfzig Jahre gespeichert sind.«

»Unglaublich.«

»Dieser T3E hier schafft 167 000 Megaflops, das sind Millionen Gleitkommaoperationen pro Sekunde, mit anderen Worten, er führt 167 Milliarden Rechnenoperationen pro Sekunde aus. Das stellte noch nicht einmal die absolute Spitze dar, und ist doch hundertmal leistungsstärker als die Vorläufermodelle vor zehn Jahren. Durch die Anwendung der MPP-Technologie läßt sich dieser Wert noch einmal um das Zehn-, Zwanzig-, ja Fünfzigfache steigern. An diesem Punkt kann man äußerst aufwendige Datenverarbeitungsprojekte angehen. Supercomputer werden uns in die Lage versetzen, das Nordlicht zur Energiegewinnung zu nutzen, künstliches Blut herzustellen, das Problem der schwindenden Ozonschicht zu lösen oder Aids zu heilen. Aber das ist Zukunftsmusik. Die Vorhersage von Börsenkursbewegungen dagegen gehört bereits der Gegenwart an. Kommen Sie, ich zeig es Ihnen.«

Freddie Zaraghi führte Hansen zu einem winzigen Metalltisch in einer der mitten im Raum wabenartig angeordneten Arbeitsplätze. Er winkte Hansen heran und der setzte sich neben ihn. Zaraghi schaltete die Workstation auf dem Tisch an, und während sich das System aufbaute, öffnete er eine Schublade, der er zwei Little-Debbie-Schokoladenriegel entnahm. Einen bot er Hansen an. »Ein wenig Hirnfutter?«

»Nein, danke.«

Der Bildschirm erwachte zum Leben. Zaraghi haute wie wild auf die Tasten und der Bildschirm veränderte sich. WELCOME TO LINDA. Die Worte waren über das Standbild einer wollüstigen Linda Lovelace aus dem Film *Deep Throat* geblendet. Zaraghi errötete vor seinem Gast. »Ähh, Spinnerhumor.«

Ein paar weitere Eingaben und der Bildschirm veränderte sich erneut.

REMOTE/LOCAL: LOCAL
SALESMAN: NONE
OWNERSHIP: USER
MAX LOT OVERRIDE: YES
MAX LOT: 150
GTC COMPULSORY? YES
GTC_DEFAULT TYPE: STANDARD
DEBUG: NO
ON_ID 72
PORT: 8000
LOGFILE_NAME: FZARAGHI
MODE-RECOMMEND/AUTO: RECOMMEND

Während das Programm geladen wurde, erklärte Freddie Zaraghi: »Sehen Sie, LINDA ist eine auf Windows basierende Frontendschnittstelle zu den Supercomputern. Ich will damit sagen, sie fungiert als der MPP-Quarterback für die Datenverarbeitung selbst. LINDA aktiviert ein von mir in den Cray installiertes, neuronales Expertensystem, das den Denkprozeß des menschlichen Hirns nachahmt. Es spielt Möglichkeiten durch, verwertet die Ergebnisse und bringt sie in seine Analyse der Finanzmärkte mit ein.«

Der Computer brummte eifrig, und der Bildschirm dokumentierte die Zuschaltbemühungen.

UPLINKING...	UPLINKING...	UPLINKING...
Isbister's Options	Optionmetrics	S & P Comstock
Knight Ridder	Quotron Advantage AE	Bloomberg
ADP	Candlestick 4caster	Dow Jones
DTNstant	CQG	Teletrack
Reuters	Telerate	DBC Signal

»Das ist das Echtzeitmaterial über Kursentwicklungen, das der Billionen Byte großen relationalen Datenbank im Bandsilo gegenübergestellt wird«, erläuterte Zaraghi. »Unter LINDAs Anleitung werden die Supercomputer Millionen von Permutationen überprüfen, indem sie 200 000 Wenn-dann-Szenarien pro Sekunde durchspielen. Anschließend wird es entweder ...«

Unvermittelt brach Zaraghi ab.

Hansen folgte seinem gequälten Blick.

Auf dem Bildschirm stand:

FATAL ERROR #072-APPLICATION ABORTED.

»Shit«, sagte Zaraghi, ohne zu atmen.

»Was ist das für eine Fehlermeldung?« fragte Hansen.

Zaraghi machte eine abwehrende Handbewegung, tippte einige Befehle ein und drückte die Enter-Taste.

FATAL ERROR #072-APPLICATION ABORTED.

Geduldig verfolgte Hansen, wie Freddie verzweifelt ein, zwei, drei weitere Anläufe unternahm, das Programm zu starten.

Frustrierenderweise blieb das Ergebnis immer gleich.

FATAL ERROR #072-APPLICATION ABORTED.

Freddie Zaraghis Augen funkelten. Ohne sich zu seinem Begleiter umzuwenden, zischte er:

»*Irgend jemand hackt* LINDA.«

40

»Ich kann's nicht fassen«, murmelte Freddie Zaraghi tonlos über seinem halbleeren Glas Bier. »Ich habe gedacht, es sei unmöglich.«

»Tja«, meinte Hansen mitfühlend. »übertrifft die schlimmsten Befürchtungen, wie?«

»Ich kann es noch immer nicht fassen. Jemand benutzt LINDA *in diesem Augenblick*.«

»Und Sie bekommen kein Geld dafür«, sagte Hansen.

»Erinnern Sie mich bloß nicht noch daran. Da wird mir ja kotzübel.«

Zaraghi und Hansen waren ein Bier trinken gegangen, um die Zeit zu überbrücken, bis Hansens 18.20-Uhr-Flug zurück nach New York aufgerufen wurde. Sie hatten eine kaum empfehlenswerte Sportbar im hintersten Ende des USAirways-Terminal aufgesucht. Das gezapfte Bier war schaumlos und schmeckte schal, so als wären die Leitungen seit den NBA-Finals im letzten Jahr nicht mehr gesäubert worden. Nicht, daß das lauwarme Flaschenbier eine Alternative gewesen wäre. Komischerweise lief trotz der Sportaufmachung der Kneipe im Fernsehen weder Basketball noch Eishockey, sondern überall nur MTV. Gerade flimmerte ein Billigbudgetclip von *Hootie and the Blowfish* über die Mattscheiben. Hootie und seine Band spielten Golf. Das schummrige Licht in dem Laden verschlimmerte den deprimierenden Anblick von Zaraghis Durchhänger noch. Im Licht der Neonbierreklamen hinter der Theke wirkte das Gesicht des Jungen wie eine bläulich-rote Kabuki-Opfermaske.

»Mr. Hansen?«

»Ja?«

»Hätten Sie etwas dagegen, wenn wir mal durchgehen würden, was Sie wissen?«

»Sicher.« Hansen schloß seine Augen zur besseren Konzentration. »Was wir wissen... Wir wissen, daß Sie ein Monstersystem entwickelt haben, von dem Sie behaupten, es könne die Börsenbewegungen voraussagen. Ihr Professor-Schrägstrich-Geschäftspartner ist mit einem oder mehreren – uns nicht bekannten – Interessenten ins Geschäft gekommen, die das System benutzen, ohne Sie dafür zu bezahlen. Zumindest einer dieser Kunden könnte meine Firma sein, Wolcott Fulbright, da Sie einmal mit einem Mann namens Tom Bingham die Funktionsweise Ihres Systems besprochen haben. Bingham seinerseits gelang eine verflucht supergenaue Vorhersage des Minicrashs vom vergangenen Januar, vielleicht... wahrscheinlich mit Hilfe von LINDA. Sowohl Gammage als auch Bingham sind tot. Binghams Assistentin ist ebenfalls tot. Und obendrein hat dann irgend so ein Arschloch auch noch auf mich geschossen, als ich in Binghams früherer Wohnung war. Wir wissen, daß jemand in Ihr System eingedrungen ist, und es dürften Verbindungen zwischen diesem Hakker und den Mördern von Gammage, Bingham und Oberlin bestehen. Mal ganz abgesehen von dem Kerl, der auf mich geschossen hat.«

»Aber warum sollten sie Gammage umgebracht haben?« fragte Zaraghi.

»Sie haben doch selbst erklärt, daß LINDA ein komplett ausgearbeitetes Programm ist. Einfach nur den Startknopf drücken und los geht's, richtig? Sie brauchten ihn nicht länger, also haben sie ihn eliminiert.« *Ihn eliminiert! Herrgott, wie er jetzt schon redete.*

»Mann, o Mann«, seufzte Zaraghi leise. »Die Sache ist wirklich fett.«

»Ja, das ist sie.« Der Anwalt musterte den Collegeabbrecher. »Wie geht es Ihnen? Alles okay?«

»Nein, nichts ist okay, und ich hab eine Stinkwut.«

»Kann ich Ihnen nicht verübeln. Noch ein Bier?«

»Yeah, klar. Ich könnte jetzt im Handumdrehen ein Sixpack niedermachen.«

Hansen gewann die Aufmerksamkeit der gelangweilten Zapferin und signalisierte mit einer kreisenden Bewegung über ihren Biergläsern, daß sie eine weitere Runde wünschten. Mit einem genervten Gesichtausdruck knallte sie ihr Judith-Krantz-Taschenbuch auf die Theke und riß den Hahn auf. Hansen ignorierte ihre schlechte Laune. Nichts konnte seine persönliche Hochstimmung trüben.

Er spürte, daß es an der Zeit war, eine Übereinkunft zu treffen. »Ich denke, Sie sollten mit mir nach New York kommen, um neues Beweismaterial für Ihre Klage zusammenzutragen.«

»New York?« Zaraghi schüttelte den Kopf. »Das kann ich mir nicht leisten.«

»Das müssen Sie überhaupt nicht. Ich mache Ihnen einen Vorschlag.«

Zaraghi sah den Anwalt an.

Hansen sagte: »Sie kommen nach New York. Sie geben mir achtundvierzig Stunden Ihrer Zeit, und die Reise wird Sie keinen Penny kosten. Ihren Flug bezahle ich mit den Unmengen an Freimeilen auf meinem USAirways-Konto, und ich werde dafür sorgen, daß Sie für zwei Nächte in den firmeneigenen Gastapartments in Battery Park City unterkommen. Sollte das nicht funktionieren, schlafen Sie einfach bei mir. Als Gegenleistung für Ihre Zeit helfe ich Ihnen bei der Vorbereitung Ihrer Anklage gegen denjenigen, der sich Ihr Programm widerrechtlich angeeignet hat.

Sollte es sich herausstellen, daß dies meine Firma war, werde ich darauf drängen, daß unsere für Rechnungsbegleichungen zuständige Abteilung den Scheck auf Sie und nicht auf Gammages neue Firma ausstellt. Als Zugabe helfe ich Ihnen bei der Patentierung von JackMan in Washington. Das wäre das Angebot.«

Zaraghi blickte ihn an. »Was würde ich in New York machen?«

»Zuerst einmal wäre da Binghams Festplatte. Die Dateien darauf sind alle verschlüsselt. Ich habe gehofft, Sie hätten vielleicht ein wenig Erfahrung im Dechiffrieren von Dateien.«

»Mag sein«, erklärte Zaraghi vorsichtig. »Aber eine Sache muß klar sein, bevor wir loslegen.«

»Und die wäre?«

»Ich bin kein dämliches Hackerschwein. Ich bin ein UNIX-Programmierer. Ich mag zwar über die gleichen Fähigkeiten wie das gemeine Hackerschwein verfügen, aber ich bin trotzdem keins.«

»Okay«, sagte Hansen. »Verstanden. Sie sind kein Hacker.«

»Was würde ich noch tun müssen?«

»Bingham hat einen Berg von Akten und Dateien zurückgelassen. Es wäre gut, wenn Sie sich einige davon ansehen könnten, um nachzuprüfen, ob sie auf Ihrer Unterhaltung mit ihm beruhen.«

»Klingt vernünftig.«

Hansen versuchte sein Glück: »Also Sie kommen nach New York, ja?«

»Na ja, ich muß zugeben, der Preis stimmt. Ach, was soll's. Klar komm ich nach New York.«

»Wunderbar!« Begeistert nahm Hansen seinen Bierkrug und stieß mit Kid an. Zum ersten Mal hatte er einen Verbündeten, und dann auch noch einen computerfesten. »Können Sie Montag morgen sofort kommen?«

Zaraghi schüttelte den Kopf und wischte sich den Schaum von den Lippen. »Äh, nein. Es ist so, morgen muß ich eine Doppelschicht bei NASCIA einlegen, denn ab Montag bin ich für drei Tage in Washington, um irgendwelchen Generälen im Pentagon etwas über informationelle Kriegsführung zu erzählen. Anschließend bin ich Donnerstag bis Sonntag für Wartungsarbeiten im Maschinenraum eingeteilt. Das heißt also, ich könnte frühestens übernächste Woche nach New York kommen.«

Hansen schüttelte vehement seinen Kopf. »Das geht nicht. Ich brauch Sie unbedingt früher.«

Zaraghi spielte an seinem Ziegenbärtchen herum. »Ich schätze, ich könnte versuchen, Donnerstag und Freitag mit Kwan zu tauschen. Sollte er damit einverstanden sein, hätte ich Donnerstag und Freitag Zeit für Sie.«

Hansen nickte zu der Kompromißlösung. Wenn es nicht besser ging, mußte das eben reichen. »Abgemacht.«

»Auch abgemacht.«

Der Anwalt warf einen Blick auf seine Armbanduhr. 18.03 Uhr. Noch siebzehn Minuten bis zum letzten Boardingaufruf. Hansen nahm einen Schluck Killian's Red, behielt ihn einen grübelnden Moment lang im Mund und schluckte ihn dann hinunter. »Da gäbe es noch ein paar Dinge, die Sie in der Zwischenzeit erledigen könnten.«

»Zum Beispiel?«

Hansen legte eine Hand um sein Stoppelkinn und grübelte. »Um LINDA zu starten, muß man erst Zugang zum NASCIA-Netzwerk haben. Und das geschieht, indem man es über eine externe Leitung anwählt, richtig?«

»Richtig. Man kann von überall auf der Welt aus anrufen und das System, sofern man das Paßwort kennt, aktivieren. Einmal aktiviert läuft die Sache über Autopilot.«

»Schön. Besteht denn irgendeine Möglichkeit, bei NASCIA eingehende Anrufe zurückzuverfolgen?«

»Sie meinen, um festzustellen, wer LINDA gestartet hat?«

»Ja.«

Freddie Zaraghi blickte nachdenklich zur Decke. »Ich bin mir nicht sicher, daß es sich einfach abrufen läßt. Aber ich könnte ein wenig herumsuchen, um zu sehen, ob in der Anwenderschnittstelle vielleicht eine Funktion zur Anruferidentifikation eingebaut ist.«

»Gut. Und selbst wenn das nicht funktioniert, dürfte es noch eine andere Möglichkeit geben. Muß man nicht über eine Art Konto verfügen, um Zugang zu NASCIAs Supercomputerkapazität zu bekommen?«

Freddie Zaraghis Gesicht hellte sich auf. »Sicher. Es kostet zweihundertfünfundzwanzig Dollar die Stunde, um sich durch das Backbone-Schnellpaketvermittlungsnetz einzuklinken. Am

Monatsende werden die einzelnen Zeitkontingente dann ermittelt und auf elektronischem Weg als Rechnungen verschickt.«

»Bingo! Wenn Gammage im Januar umgebracht worden ist, dann liegt es nahe, daß LINDA bereits seit einem oder zwei Monaten benutzt wird. Könnten Sie sich die, sagen wir, letzten drei Monatsabrechnungen von NASCIA beschaffen? Wenn LINDA wirklich soviel Computerleistung beansprucht, wie Sie erzählt haben, dann wäre der größte Anwender zugleich unser Hauptverdächtiger. Insbesondere sollte dieser Anwender Verbindungen zur Wall Street besitzen.«

Zaraghi wandte sich Hansen zu und sah ihm nach langer Zeit zum ersten Mal wieder ins Gesicht. »Yeah, das ist machbar. Das bekomm ich hin.«

»Was ist mit den Unterlagen in Gammages Büro auf dem Campus von Carnegie-Mellon. Irgendeine Möglichkeit, da heran zu kommen?«

Zaraghi lächelte verschwörerisch. »Wäre einen Versuch wert.«

»Ich meine, tun Sie's nicht, wenn Sie deshalb Scherereien mit der Campus-Polizei bekommen, aber diese Unterlagen könnten äußerst aufschlußreich sein.«

»Ach, lassen Sie die Campus-Wachleute mal meine Sorge sein«, sagte Zaraghi mit einem gehörigen Schuß Spitzbübigkeit.

Die Lautsprecheransage verkündete den letzten Aufruf für Hansens Flug nach La Guardia International Airport.

»Das ist meiner.« Rick deutete auf die Aktenmappe mit LINDA-Unterlagen. »Was dagegen, wenn ich die schon mal mitnehme?«

Zaraghi zuckte mit den Achseln. »Nur zu.«

Hansen leerte den Rest der schaumlosen, bernsteinfarbenen Flüssigkeit, nahm die Dokumentation zu LINDA an sich und legte einen Zwanziger für die Getränke auf die Theke. »Hier ist noch Taxigeld für die Rückfahrt.« Er reichte Zaraghi einen Zwanziger. »Und Sie müßten sich das hier mal ansehen.«

Hansen griff in seine Manteltasche und brachte Tom Binghams Sharp Zaurus zum Vorschein.

»Wessen PDA ist denn das?« sagte Zaraghi und betrachtete das Gerät.

»Binghams. Natürlich mit Paßwort gesichert. Ich möchte Sie bitten, den Code zu knacken – selbst wenn Sie nicht irgend so ein Hackerschwein sind.« Hansen zwinkerte ihm zu.

Das entlockte dem Ex-Studenten ein rares Lächeln. »Ich spiel mal ein bißchen damit herum und seh, was dabei herauskommt«, sagte er und nahm das Taschengerät mit einer Mischung aus Scheu und Neugier an.

»Und an Ihrer Stelle«, sagte Hansen, »wäre ich eher hellauf begeistert statt am Boden zerstört.«

»Ach ja? Und warum?«

»Solange die LINDA anzapfen, bleibt uns noch eine Chance, die Wichser zu schnappen.«

Zaraghi grinste. »Yeah, wäre denkbar, was? Könnte noch ein echter Spaß werden.«

Könnte auch tödlich sein, dachte Hansen bei sich.

Auf seinem Sprint in Richtung Flugsteig traf Rick Hansen eine Frau, die an einem Stand verbilligte Blumen anbot. Spontan kaufte er seiner hoffentlich verständnisvollen Frau ein Dutzend langstielige rote Rosen. Er warf die fünfzehn Dollar auf den Tresen und lief los, um seinen Flug noch zu bekommen. Während er die Rampe in das Flugzeug hinabtrampelte, wurde ihm bewußt, daß es weit mehr als ein paar billiger Rosen bedürfen würde, seine im neunten Monat schwangere Frau für diese Bingham-Geschichte zu entschädigen.

Halt durch, Stephanie, beschwor er seine 388 Meilen entfernte Frau. *Es kann jetzt nicht mehr lange dauern.*

Teil IV

Digitaler GAU

14.–21. März

Finanzkrisen gehen mit den Scheitelpunkten der Konjunkturzyklen einher. Exzessive Spekulation und die Umkehr dieses Übermaßes in Form von Krise, Crash oder Panik [sind] unvermeidlich und historisch üblich.

Kindleberger, 1978

Boomende Märkte, deren Anstieg sich allein auf psychische Motive stützt, müssen sich unweigerlich den finanziellen Gravitationsgesetzen beugen. Am Ende schlagen unhaltbare Preise mit der Plötzlichkeit eines Erdbebens um – und je größer die Sause, desto schwerwiegender der anschließende Kater.

Malkiel, 1990

41

Manhattan

Montag–Donnerstag, 15.–18. März

Die Zeit vergeht an der Wall Street immer und ohne Ausnahme in rasender Geschwindigkeit. In Zeiten lebhafter Märkte – wie in dieser dritten Märzwoche – ging ein vierzehnstündiger Arbeitstag in den nächsten über, getrennt lediglich von einer Sechsstundenphase bestehend aus Schlaf, Duschen und Arbeitsweg. Essen wurden hastig zwischen Telefonkonferenzen und Sitzungen heruntergeschlungen, vorausgesetzt, man vergaß es nicht ganz.

Warten auf Zaraghi. Rick blieb nichts anderes übrig, als die für Donnerstag geplante Ankunft des Kids abzuwarten. Allerdings war es leicht genug, sich in den Aktenberg zu vertiefen, der in schwankenden Türmen aus der Eingangsbox auf seinem Schreibtisch wuchs. Es bestand kein Mangel an neuen Derivategeschäften bei Wolcott Fulbright.

In den folgenden vier Tagen konzentrierte sich Hansen mit einer solchen Ausschließlichkeit auf die Vertragsdetails jedes Deals, daß er völlig blind wurde für alles, was nicht im *Wall Street Journal* stand. Am Wochenende hatte Clapton, sein Lieblingsgitarrist noch aus Collegetagen, den Garden zum Toben gebracht, aber er hatte das Konzert aus irgendeinem Grund verpaßt. Seine geliebten Knicks spielten einen ganz hervorragenden Ball, aber es gelang ihm einfach nicht, ein Spiel einzuschieben. Paul Gelbaum hatte angerufen, um ihm eine Abreibung zu verpassen, weil Hansen dessen Geburtstag vergessen hatte, und Rick war zu beschäftigt gewesen, um den Anruf auch nur entgegenzunehmen. St. Patrick's Day kam und ging. Ein stadtweiter Streik der Müllabfuhr drohte. Ein Serienvergewaltiger machte die U-Bahn unsicher. Die Aussichten auf den Frühling hatten sich durch die Ankündigung eines dieser scheußlichen Nordoststürme zerschlagen, der später in der Woche aus New England herüberziehen sollte.

In Zeiten wie diesen wurde die wirkliche Welt ein Widersacher, ein feindlicher Planet, dessen permanenter Lärm ausgeblendet werden mußte. Nur mit Müh und Not wußte Rick Hansen seiner Frau zu sagen, was er am Tag zuvor zum Frühstück gegessen hatte, aber dafür kannte er den Schlußkurs des Dow Jones Industrial Average auf die Kommastelle genau (natürlich eine weitere Rekordmarke).

Von Zeit zu Zeit dachte er kurz daran, wie Freddie Zaraghi jetzt womöglich damit beschäftigt war, Tom Binghams PDA zu knacken. Aber dann verbannte er den Jungen wieder aus seinen Gedanken und vergrub sich erneut in seine Arbeit. Er konnte nichts machen, zumindest im Moment nicht.

Montag, 8.00 Uhr.

Hansen war eben auf dem Trading Floor und arbeitete mit Joe Money am Aufbau einer synthetischen, wandelbaren Fondsstruktur für eine der Versicherungsgesellschaften, die zu den Kunden der Abteilung zählten, als Max Schomburg mit Donald Trump zu einer kleinen Betriebsführung erschien.

Ein hörbares Raunen breitete sich im Raum aus. Seit Monaten schon hielt sich das Gerücht, daß Trump an einer zehnprozentigen Beteiligung an Wolcott Fulbright interessiert sei, sollte das Unternehmen tatsächlich an die Börse gehen. Die Anwesenheit des schillernden Medienmoguls mitten unter Wolcotts Händlertrupp gab diesen Spekulationen selbstverständlich neue Nahrung.

Max Schomburg ergriff das Mikrofon, mit dem sich über eine Art betriebsinternes CB-Radio das Wolcott-Personal weltweit erreichen ließ, drückte den Anschaltknopf, und schon erdröhnte um den Globus herum die Stimme des Vorstandsvorsitzenden:

»Guten Morgen allesamt, hier spricht Max Schomburg. Ungeachtet der Weltuntergangsszenarien einiger Börsenfachleute, die nach Freefall Friday bereits eine Halbierung der Kurswerte prognostizierten, hat der amerikanische Aktienmarkt einen erstaunlichen Behauptungswillen bewiesen. In den letzten sechs Wochen hat die Börse sich vollkommen von den Verlusten im Zusammenhang mit Freefall Friday erholt und stellt wieder neue Rekordmarken auf.«

Sporadischer Applaus kam aus den Reihen des versammelten Händlerpersonals.

Schomburg fuhr fort: »Ja, die Börse ist ein hochdramatisches, nervenaufreibendes Parkett, und die Furchtsamen, die voreilig von Aktiengeschäft zu US-Schatzwechseln übergelaufen sind, müssen nun damit rechnen, daß ihnen jener zusätzliche siebzehn- bis zwanzigprozentige Anstieg entgeht, den unsere Chefanalystin Roslynn Blum bis zum Jahresende voraussagt.

Sie waren es, die das als Team in einem außergewöhnlich lebhaften Marktgeschehen vollbracht und unseren Kunden damit einen Service geboten haben, der es mit dem jeder anderen Wall-Street-Firma aufnehmen kann. Angesichts Ihrer andauernden Bemühungen bin ich davon überzeugt, daß unsere für Mai vorgesehene Public Offering ein überwältigender Erfolg werden wird. Ich möchte an dieser Stelle jedem einzelnen von Ihnen persönlich für seinen Beitrag danken.«

Mit diesen Worten verabschiedete sich Schomburg, und die Anwesenden applaudierten höflich. Als die beiden Titanen der Macht den Saal verließen, lehnte sich Trump zu Schomburg, flüsterte ihm etwas ins Ohr, und die beiden Männer brachen in freundliches Gelächter aus.

Joe Money verfolgte in aller Ruhe ihren Abgang. Sobald sie außer Sicht waren, schüttelte er den Kopf: »Na, biblisches Omen gefällig, daß es mit der Hausse zu Ende geht? Gerade haben Sie eins gesehen.«

Dienstag, 13.35 Uhr.

Mike Kilmartin rief vom Lake Okeechobee in Clewiston, Florida, an.

»Und beißen die Fische?« fragte Hansen seinen Chef.

»Yeah, nur nicht bei mir«, sagte Kilmartin. Seine Stimme klang entspannt, ja fröhlich. »Mein alter Collegekumpel zieht die Barsche in einem Tempo raus, Sie würden es nicht glauben. Und ich könnte mir nicht mal 'ne Erkältung fangen. Aber wissen Sie was? Stecken Sie mich auf ein Boot, in die eine Hand eine Angel, in die andere ein Old Milwaukee und schon haben Sie einen glücklichen Zeitgenossen. Wie ist denn das Wetter bei Ihnen so?«

»Laut Bloomberg wird's eklig. Der Northeastern kommt.«

»Klingt wie Musik in meinen Ohren«, lachte Kilmartin. »Sorry, Rick, aber ein Florida-Urlaub macht einfach keinen Sinn, wenn man nicht mit fünfundzwanzig Grad und Sonnenschein prahlen kann. Und wie läuft's im Geschäft?«

»Sie haben sich eine gute Woche zum Wegfahren ausgesucht«, teilte Hansen ihm mit. »Die Börse geht mal wieder auf Rekordjagd. Viel zu tun, aber kaum Anlässe für Großalarm.«

»Nächsten Freitag ist Tripple Witching Day, hab ich recht?«

Der Dreifache Hexensabbat. Den berühmten Tripple Witch gab es nur viermal im Jahr, ein Freitag pro Quartal. Dann fallen die letzten Handelstage von Index-Optionen, Aktienoptionen und Futures-Kontrakten alle zusammen, und die Börse erlebt ungewöhnlich heftige Schwankungen und unberechenbare Kursentwicklungen, was die Verkäufer und Händler mächtig in Trab hält – von den Anwälten ganz zu schweigen.

»Stimmt genau, nächsten Freitag«, antwortete Hansen. »Keine Sorge, die Firma wird schon nicht in Konkurs gehen, während Sie in Florida Urlaub machen.«

»Keine Sorge? Ich *muß* mich sorgen, Rick. Damit verdiene ich mir schließlich meinen Lebensunterhalt. Ich habe auf jeden Fall ständig meinen SkyPager dabei, sollte McGeary Ihnen zu dicht auf die Pelle rücken ...«

Cliff Weiner platzte in Ricks Büro. »Da ist ein Mr. Zaraghi für

Sie auf der anderen Leitung. Sagt, er ruft aus dem... *Pentagon* an?«

Hansen spürte einen elektrischen Schlag. Seinem Chef erklärte er: »Mike, ich muß da leider ran.«

»Geben keine Ruhe, die Raubtiere, wie? Null Problem, verbinden Sie mich doch bitte zu Irv Siegel weiter.«

»Schönen Urlaub noch.« Pflichtbewußt leitete Hansen den Anruf an Siegel weiter und öffnete dann die andere Leitung. »Freddie, wie geht's?« fragte er beunruhigt.

»Ich bin jetzt in Washington.«

»Schon klar.«

»Wissen Sie, von außen sieht das Pentagon ja riesig *cool* aus, aber innen drin ist es genauso riesig öde. Echt schäbige Büros und Einrichtungen. Ich war tief enttäuscht.«

Hansen zwang sich, ruhig zu bleiben. »Läuft's gut in D. C.?«

»Was soll ich dazu sagen? Ist 'n richtig fetter Gig. Die Generäle können überhaupt nicht genug bekommen von diesen Geschichten über einen Informationskrieg. Brauchen nach dem Ende des Kalten Kriegs halt ein neues Problemfeld. Egal, ich hab gute Nachrichten für Sie, wirklich gute Nachrichten. Ich hab das PDA von dem toten Typen geknackt.« In der Stimme des Ex-Studenten schwang mehr als nur ein kleines Maß Stolz mit.

»Wirklich?« Hansen spürte, wie seine Hand unbeabsichtigt den Hörer fester umklammerte.

»Yeah. Diese PDAs... nette, kleine Dinger, um ein paar grundlegende Informationen zu speichern, aber in puncto Sicherheit echte Nieten. Ich hab's an mein Laptop angeschlossen und einfach solange CodeCracker 2.1 reingepumpt, bis es wie eine Muschel aufplatzte.«

»CodeCracker, ist das eine Software?«

»Yeah, eine Software zum Paßwortaufspüren, wie sie Computerterroristen benutzen. Nur zu Ihrer Information, das Paßwort lautete ›Neelhtak‹.«

»Was bedeutet das?«

»Das ist ›Kathleen‹ rückwärts buchstabiert.«

Hansens Kopf sackte kurz nach vorn. »Irgend etwas Brauchbares auf dem PDA?«

»Na ja, wie sich herausstellt, gehörte Ihr Kumpel zu diesen analfixierten Typen, die jedes noch so langweilige Detail ihres Yuppiedaseins dem digitalen Tagebuch anvertrauen müssen. Seine Sammlung an Jazz-CDs, die Restaurants, in denen er gegessen hat, Sexphantasien. Dieser Sexkram würde Ihnen übrigens echt die Schuhe ausziehen...«

Hansen unterbrach ihn: »Das brauch ich nicht zu wissen, und – ganz ehrlich gesagt – *möchte* ich es auch gar nicht wissen.«

»Okay, okay. Also kommen wir zur Sache. Der Dechriffrierungsschlüssel befindet sich darauf.«

»Tatsächlich? Sie meinen den Schlüssel zu seinen PC-Dateien?«

»Ich glaube schon. Wir werden es ausprobieren müssen, wenn ich in New York bin. Nebenbei bemerkt, sagt Ihnen der Begriff ›BEACON-Projekt‹ was?«

BEACON-PROJEKT! »Ja, ja, das sagt mir was.«

»Was auch immer sich dahinter verbirgt, sein PDA ist jedenfalls voll davon. Hören Sie, meine Pause ist um, ich muß zurück zu den Generälen. Ich sehe Sie dann in ein paar Tagen.«

Rick legte den Hörer wieder auf und riß die Aktenschublade an seinem Schreibtisch auf. Fieberhaft suchte er die Schilder der Hängemappen nach der Aufschrift *Binghams Sachen* ab.

Gefunden.

Hansen zog jenen dicken Umschlag aus Binghams Wohnung in Central Park West heraus, der den geheimnisvollen Namen BEACON trug, schob seine Hand hinein und fand nur einen einzigen Gegenstand.

Ein unbeschriftetes weißes Rechteck aus Plastik von der Größe einer Geldkarte mit einem schwarzen Magnetstreifen auf der Rückseite.

Eine elektronische Kennkarte.

Aber für was? wollte die Stimme in seinem Kopf wissen.

Die Antwort darauf würde warten müssen, aber zum ersten Mal war er zuversichtlich, sie schon bald zu wissen.

Mittwoch, 7.45 Uhr.

Hansen nahm an dem allmorgendlichen strategischen Rundruf der Derivategruppe teil, hoffte, daß der Kaffee ihn bald wach machen würde, und kämpfte einstweilen darum, dem internationalen Hin und Her über Calls, Puts, Spreads, Straddles, Strangles, Deltas, Gammas und Rolls zu folgen.

Nach ein paar Minuten fiel ihm an Gil McGeary etwas Merkwürdiges auf. Der Mann schwieg wie ein Grab. Während der gesamten fünfzehnminütigen Telefonkonferenz blieb der Chef der Abteilung völlig untypischerweise stumm.

Und, Gott, er sieht ja beschissen aus, dachte Hansen. McGeary wirkte ausgelaugt und fahl, so als hätte er seit mehreren Tagen nicht geschlafen. Wie jeder wußte, war »Boni-Woche«, die Zeit, in der die Abteilungsleiter mit dem Management die Jahresprämien aushandelten, und auf dem Trading Floor wurde kolportiert, daß Magilla mit Milgrim und Schomburg in einer blutigen Schlacht um den Anteil seiner Gruppe verwickelt war und dabei offenbar eine herbe Schlappe hinnehmen mußte. Bei der Morgensitzung schien McGeary ganz in seinen persönlichen Problemen aufzugehen. Er hatte sich an diesem Morgen nicht rasiert und mit großer Wahrscheinlichkeit auch nicht am Tag zuvor, vielleicht wollte er sein ungepflegtes Aussehen ja als Zeichen des Protests verstanden wissen.

Gegen Ende der Konferenz sagte der Londoner Händler: »Magilla, ich hab den ganzen Morgen noch keinen Mucks von dir gehört. Wie siehst du denn die Dinge auf eurer Seite des großen Wassers?«

Gil McGeary starrte aus dem Fenster und strich sich abwesend über die Bartstoppeln. »Alles Gute muß einmal zu Ende gehen«, verkündete er feierlich. »Und ich persönlich glaube, das Ende ist nahe. Ich kann auch nicht genau sagen, warum, aber ich habe das Gefühl. Es lief einfach viel zu lange viel zu gut. Ich habe so eine…

Ahnung, daß der dreifache Hexensabbat am Freitag mörderisch wird.«

Dies rief ein internationales Schweigen hervor. Niemand konnte sich daran erinnern, daß Gil McGeary jemals zuvor derart pessimistisch über die Börsenaussichten gesprochen hatte.

London sagte: »Das klingt aber mehr nach Astrologie als nach einer Marktanalyse.«

Mitten in das beunruhigte Lachen hinein erklärte Gil teilnahmslos: »Sorry, daß ich nicht hoffnungsvoller klinge, Nigel, aber ich werde nun einmal nicht dafür bezahlt, einen Rückgang im Börsengeschäft schönzureden.«

»Na schön«, meinte London resignierend. »Und worin, soll ich meinen Kunden sagen, sollen sie ihr Geld investieren?«

McGeary rieb sich seine müden Augen und starrte auf den Boden. »1642 haben die Holländer den Indianern Manhattan für fünfundzwanzig Dollar abgekauft. Heute ist diese Investition ungefähr drei Billionen wert. Ich weiß nicht, Jungs. Scheiß auf die Börse. Ich steh auf Immobilien.«

Die New Yorker Gang lachte, wenn auch mit hörbarem Unbehagen.

»Ende und aus«, murmelte McGeary und drückte den Trennungsknopf.

Am Nachmittag erfuhr Hansen von Julian Stainsby, daß Gil McGeary sich den ganzen Tag in seinem Büro vergraben hatte. Noch nicht einmal zum Mittagessen war Magilla aus seinem Bau gekrochen. Die Derivatehändler sahen darin ein Omen, daß die Prämien dieses Jahr erbärmlich ausfallen dürften.

Donnerstag.

Schließlich fiel der angedrohte Northeastern doch noch in Manhattan ein. Die Sturmfront, die große Teile Vermonts und Massachusetts lahmgelegt hatte, mochte bei ihrem Eintreffen in den südlicheren Küstenstaaten zwar an Heftigkeit eingebüßt haben, doch sie besaß noch immer genug Wucht, um den New Yorkern das Leben schwerzumachen. Wie kleine Glasscherben prasselte der Schneeregen auf die Stadt hinab. Bei Tagesanbruch herrschten furchtbare Straßenverhältnisse, und das Quecksilber war noch weiter gefallen. Die mächtigste und lebendigste Stadt auf der Welt wurde einmal mehr von den Naturgewalten gedemütigt.

Hansen schützte seine vom Schlafmangel gezeichneten Augen mit einem erhobenen Unterarm und marschierte im Stechschritt durch den tückischen Schneematsch auf der Broad Street. Seine U-Bahn-Fahrt zur Arbeit hatte an diesem Tag doppelt so lange wie gewöhnlich gedauert. Er empfand ein gewisses Mitgefühl für die armen Kerle, die sich aus ihren Vororten mit der Metro North oder der Long Island Rail Road in die Stadt quälen mußten; sie brauchten für ihren Weg zur Arbeit an diesem Morgen sicherlich bis zu drei Stunden. Rick schlug den Mantelkragen hoch und vergrub schützend gegen den Eisregen sein Kinn darin.

Der ausgemergelte Mann in der Kapuzenjacke trat aus einem Hauseingang vor und verstellte Hansen den Weg. Rick stieß mit ihm zusammen. Verwirrt blickte der Anwalt in das Gesicht des Mannes, dessen Haut beängstigend rot war, das typische arterielle Rot eines Frostbeulenopfers. Dicke Eisklumpen hingen in dem orangeblonden Bart des Mannes. Seine Stimme war die eines lebenden Toten:

»Tue Buße, mein Bruder. Ein Samhain-Mond steht über uns, und das Ende ist nah.«

»Ein was?« Hansen schrie es beinahe zurück.

Der Mann klatschte ein Schriftstück in Hansens Handschuh, als würde er eine Vorladung zustellen. Dann tauchte er wieder in die Bataillone hetzender Arbeitswilliger ein.

Hansen wartete mit dem Entfalten des Flugblatts, bis er sich wohlbehütet im Aufzug der Wall Street 44 wußte. Es war in einer fast psychedelischen Zusammenstellung bunter Farben gedruckt. In achtundvierzig Punkt großen Lettern verkündete die Überschrift reißerisch:

WALL STREET APOCALYPSE NOW!
Der Countdown für das Ende des Jahrhunderts hat begonnen!
Der Aktienmarkt wird zusammenbrechen –
SEHR BALD SCHON!

Dies ist kein Test! Dies ist kein Test! Die Apokalypse steht bevor! Das Ende ist nah! Das große, unerforschliche Finale wird sich offenbaren! Die Zeichen lassen sich nicht länger ignorieren:

1. **Erdbeben** (7,0 oder stärker) – Loma Prieta; Sulawesi, Indonesien; Eilat, Israel; Tuxtla Gutiérrez, Mexiko; Mt. Minami, Japan.
2. **Vulkanausbrüche** – Kamtschatka-Halbinsel, Rußland; Cerro Negro, Nicaragua; Mt. Kujú, Japan; Mt. Ruapehu, Neuseeland.
3. **Ultraniederfrequenzbrummen** in Taos, New Mexico und auf der Halbinsel Monterey.
4. **Loch in der Ozonschicht** über der Antarktis hat inzwischen die Größe von Europa und sich damit in einem Jahr verdoppelt.
5. **Globale Überbevölkerung** verursacht das **Aussterben von drei Tierarten** pro Stunde.
6. **Virusepidemie** in Australien tötet Millionen von Hasen; **Beulenpest** bei Eichhörnchen in Angeles National Forests; Ebola-Viruskrankheit breitet sich aus.
7. **Spermienzahl bei männlichen Homo sapiens** seit zwanzig Jahren rückläufig.
8. Geburt des **weißen Buffalokalbs** in Madison, Wisconsin, erfüllt zweitausend Jahre alte indianische Prophezeiung.
9. **Aktienmarkt** spiegelt weiter ein irrationales Übermaß an allgemeinen Optimismus wider.
10. *Pluto steht in einem rechten Winkel zu einer Konstellation aus Venus, Mars und Jupiter. Uranus ist letzte*

Woche in das Tierkreiszeichen des Wassermanns eingetreten.

Angesichts dieser Planetenkonstellation und des Samhain-Vollmond sind alle Bestandteile zusammen für einen historischen …

• Elliot-Wellen-Riesen-Supercycle-Börsencrash •

Die gegenwärtige Riesensupercyclespitze ist vergleichbar der Situation vor dem Ausbruch des Zweiten Weltkriegs! Nach den schweren Verlusten des amerikanischen Aktienmarkts wird es zu einem erneuten gesellschaftlichen Zusammenbruch kommen, diesmal verbunden mit einer Panik am Finanzmarkt, einer internationalen Wirtschaftsdepression und – wie prophezeit – einem globalen thermonuklearen Krieg mit der Sowjetunion …

Gruselig, diese Weltuntergangsprophezeiungen. Trotzdem verzog Rick amüsiert seine Mundwinkel. *Natürlich! Ein Samhain-Mond. Das erklärte auch McGearys »Ahnung«.*

Rick stopfte das apokalyptische Manifest in einen Umschlag und adressierte diesen an Magilla in der Derivateabteilung.

Vielleicht würde ihn ja das ein wenig aufheitern.

Dann stürzte Rick sich in die Arbeit.

Der Tag verging im Flug.

Als sein Text- und Numerikempfänger piepte, stellte Hansen verblüfft fest, daß es bereits nach fünf war. Er drückte den Knopf, der das Display einschaltete.

HALLO! BIN AN DER PENN STATION.
BITTE ABHOLEN. FREDDIE Z.

42

Fifty-fifth Street und Fifth Avenue, Manhattan

Der Portier mit den weißen Handschuhen im St. Regis drückte den Rücken durch, als er die vertraute Gestalt auf seine Rezeption zukommen sah. »Ah, schön Sie wiederzusehen, Mr. Colbert.«

»Gleichfalls, Matthias. Und, wie geht's Irina?«

»Glänzend. Und Mrs. Colbert?«

»Ausgezeichnet, Matthias.«

Der Portier nickte. »Wie war die Fahrt?«

Colbert verzog das Gesicht. »Der Sturm und der Eisregen waren grauenhaft. Wir mußten im Chesapeak ankern, bis der Sturm sich gelegt hatte.«

Der Mund des Portiers formte sich zu einem mitfühlenden O.

Genug idiotisches Blabla, dachte Colbert und trommelte mit seinen Fingerspitzen auf den Tresenrand der Rezeption. »Nun gut, ich sollte Sie wohl besser vorab warnen. Ich habe bei dieser Reise eine ganze Menge Kisten mitgebracht.«

»Kein Problem«, erklärte Matthias hilfsbereit. »Ich werde Ihr gesamtes Gepäck sofort auf Ihre Suite bringen lassen.«

Colbert legte eine Hundertdollarnote auf den Tresen. »Ich meine eine *wirklich große* Anzahl von Kisten, Matthias.«

Letztlich handelte es sich um genau zweiunddreißig Stück, die Koffer des Finanziers nicht mitgerechnet. Es waren drei Hoteldiener und vier Karren nötig, um die Ansammlung von Kisten aus zwei Limousinen auf der Fifty-fifth Street in Colberts Viereinhalbtausend-Dollar-die-Nacht-Suite im sechzehnten Stock hinaufzubringen. Viele der Kisten waren merkwürdig geformt und klobig. Bei einem besonders gewichtigen Karton verrenkte sich einer der Männer den Rücken.

Obwohl Matthias die hundert Dollar Trinkgeld unter den Hoteldienern aufteilte, verfluchten sie die Aufgeblasenheit dieses arroganten Gastes. *Welcher Mensch reiste schon mit einem derart absurden Berg an persönlichen Habseligkeiten?*

Eine halbe Stunde später hatte Alexejew zwei Russen in Colberts Dreizimmersuite zum Zusammenfügen der Komponenten abgesetzt. Die grobschlächtige Art, mit der die Russen bei der Erledigung ihrer Aufgabe das Louis-XV.-Mobiliar behandelten, sprach eindeutig für unkultivierte Banausen. Doch sie arbeiteten fachmännisch und schlossen die diversen elektronischen Geräte mit vielen Metern an verschiedenfarbigen Kabeln und bunten Bananensteckern an ein einziges Steuerpult an.

Während der gesamten Zeit, die sie brauchten, blieb Colbert am Telefon und versorgte ein paar der Contrarians mit letzten Situationsberichten.

Nach achtzig Minuten war die Aufgabe gemeistert.

Colberts mobiler Trading Floor war nun voll funktionsfähig.

Er bezahlte die Männer für ihre Arbeitszeit. Sie bedankten sich auf russisch.

Als sie gegangen waren, drückte der Finanzjongleur einen Schalter auf seinem Pult und zehn in einem Halbkreis um die beiden Schreibtische aufgestellte Computerbildschirme gingen flackernd an. Dies entlockte Colbert ein seltenes Lächeln. Es war der Vorabend des großen Coups, und er war bereit.

Diesmal bewies Stiletto Pünktlichkeit. Kurz vor 17.30 Uhr klopfte der Wall-Street-Mann an die Zimmertür. Stiletto betrat die von Christian Dior entworfene Präsidentensuite, betrachtete die mit zweiundzwanzigkarätigem Blattgold aufwendig gestalteten Dekken und den kristallnen Waterford-Kronleuchter und pfiff fasziniert. »Äußerst beeindruckend, Philip. Paß auf, daß die Partner nicht erfahren, wie du mit ihrem Geld dem Luxus frönst.«

Colbert grinste. »Willst du wirklich mal etwas Beeindruckendes sehen? Ich zeig dir, was beeindruckend heißt. Aber eins nach dem anderen. Möchtest du einen Drink?«

»Hast du Chivas da?« Stiletto nickte zur Servobar hinüber.

Sobald sie ihre Getränke in den Händen hielten, führte Colbert den Börsianer ins Herz der Suite und zeigte ihm die Möglichkeiten seines Ad-hoc-Handelspostens. Unter anderem standen ihm zur Verfügung: sechs verschiedene Computer – darunter NeXT, Sun und Compaq Pentium –; diverse analoge Arvey-Dynamics-Bildschirme zum Empfang von CNBC und CNN; aktuelle Datenversorgung durch Reuters, Bloomberg und das Internet; historische Informationen über jede Aktie, die jemals in den Vereinigten Staaten gehandelt wurde, bereitgestellt durch Prometheus in Chicago; sowie ein neunundfünfzig Zentimeter großer Bildschirm von Mitsubishi, der das rasend schnelle Vorgehen jenes Computerprogramms wiedergab, das Gammage LINDA genannt hatte. Selbstverständlich verfügte die Suite nicht über all die dafür notwendigen Telefonverbindungen, weshalb Colbert auf Mobilfunkeinrichtungen und Satellitenverbindungen ausweichen mußte.

»Wahnsinn«, erklärte Stiletto verblüfft.

»Ja, das ist es wirklich, nicht?« Colbert rang sich den Anflug eines Lächelns ab. »Vor ein paar Jahren gab es dies alles noch gar nicht.«

»Wem sagst du das«, erwiderte Stiletto. »Du kannst dir überhaupt nicht vorstellen, wie viele Millionen Wolcott Fulbright in den letzten Jahren für Technologie ausgegeben hat, die dreizehn, vierzehn Monate später schon wieder überholt war.«

»Ja, das glaube ich dir gerne«, sagte Colbert und musterte seinen Gast aufmerksam. »Ist die dritte Überweisung schon auf deinem Offshore-Konto gelandet?«

Stiletto errötete sichtbar bei der unverhohlenen Erwähnung seiner Entlohnung. »Ja. Aber das weißt du doch.«

»Wollte nur sichergehen. Deine Teilnahme an dieser Sache ist, wie du ja weißt, von unschätzbarem Wert gewesen.«

Stiletto nickte und schwieg. Er nahm einen langen Schluck aus seinem Glas.

Colbert schenkte ihm nach. »Du siehst müde aus, mein Freund.«

Stiletto schnitt eine Grimasse. »Ich habe eine harte Woche hinter mir. Firmeninterne Auseinandersetzungen. Es war wirklich brutal. Ich beneide dich um deine Unabhängigkeit.« Und bevor Colbert die Unterhaltung weiter bestimmen konnte, setzte Stiletto nach. »Und du, du Mistkerl. Du siehst alles andere als müde aus. Du wirkst richtig erfrischt.«

»Warum auch nicht?« sagte Colbert. Er hielt seinen Zeigefinger hoch, als wollte er auf die vergoldete Decke weisen. »In nur sechzehn Stunden wird dies der mächtigste Finger auf der ganzen Welt sein. Eine kleine Bewegung...« Colbert senkte den Finger auf das Keyboard und drückte auf Enter. »...Ein einziger Tastendruck morgen früh wird die Weltgeschichte verändern. Milliardenbeträge werden verlorengehen, wenn ich morgen früh diese Taste drücke.«

Alle Farbe wich aus Stilettos Gesicht. Ihm schien unbehaglich zumute.

Colbert dagegen genoß das Spielchen und fuhr fort. »Du hast mir zu dieser Macht verholfen. Ich hoffe, du fühlst dich angemessen entschädigt dafür.«

Stilettos Stimme klang rauh. »Ja, natürlich. Das Geld ... es ist wirklich großzügig.«

»Du wirkst trotzdem... besorgt.«

Stiletto tat die Bedenken mit einer Handbewegung ab. »Lampenfieber. Premierenangst, das ist alles.«

Colbert lächelte. »Wenn du es noch mal zu tun hättest, würdest du dich wieder mit mir zusammenschließen, jetzt, wo du weißt, was morgen geschehen wird?«

Einen winzigen Moment lang zögerte Stiletto, bevor er sagte: »Aber sicher.«

Du bist ein schlechter Lügner, dachte Colbert. *Warst es schon immer und wirst es immer bleiben.* Dabei bedeutete die Tatsache, ein Lügner zu sein, gar kein Manko. Im Gegenteil, es war eine sinnvolle Eigenschaft, und Colbert hatte sich stets etwas darauf zugute gehalten. In diesem Punkt hielt Colbert sich sogar für einen erfahrenen Profi. Aber es bestand ein himmelweiter Unterschied zwischen einem professionellen Lügner und einem amateurhaften.

Colbert schenkte dem Wall-Street-Mann ein Grinsen. »Ich habe an deiner Loyalität niemals gezweifelt. Du warst stets ein verläßlicher Geschäftspartner und wirst es bestimmt auch bleiben. Ich danke dir dafür, daß du vorbeigekommen bist. Wir sprechen uns dann morgen. Vor Börseneröffnung, okay?«

43

Penn Station und Wall Street 44, Manhattan

Zaraghi war erst einmal in New York gewesen, daher nahm Hansen die U-Bahn uptown zur Penn Station, um ihn dort zu treffen. Der Junge hatte eine Menge kostspieliger Hardware dabei und sollte um Himmels willen nicht Gefahr laufen, auf seinem Weg zur Wall Street ausgeraubt zu werden. Freddie zur Wall Street 44 zu eskortieren, war das wenigste, was Rick tun konnte.

Als Rick um kurz nach 18.15 Uhr an der Penn Station eintraf, erlebte der Berufsverkehr eben seinen Höhepunkt, trotzdem bereitete es ihm keine große Mühe, Freddie Zaraghi in dem Getümmel aus Schlips- und Anzugträgern auszumachen. Zaraghi wartete mit den Händen in der Tasche am vereinbarten Treffpunkt unter der großen goldenen Uhr im Zentrum der Bahnhofshalle. Der Junge hatte sich offenbar die ganze Woche nicht rasiert und trug selbst an diesem trüben Wintertag eine dunkle Sonnenbrille. Erwartungsgemäß war er ganz in Schwarz gekleidet.

Hansen schob sich im Zickzack durch die dahintrottenden Pendlermassen bis zu seinem Besucher. »Und, wie war die Reise von D. C. hierher?« fragte er.

Zaraghi zog seine Sonnenbrille ab. »Nicht unbedingt ein Katzensprung. Mit dem Flugzeug ging nichts. Gott sei Dank gibt's ja noch Amtrak.«

Der Anwalt deutete auf die große Rollenreisetasche, die neben Freddie stand. »Ist das alles?«

»Glauben Sie mir, mehr brauche ich nicht. Ich bin zur Großwildjagd bereit.«

»Sie haben nicht zufällig auch Anzug und Krawatte da drin, was?«

Zaraghi grinste breit. »Chef, wie kommen Sie nur auf den Gedanken, daß ich so etwas überhaupt besitze?«

»War ja nur ein Versuch.«

»Ihnen paßt wohl mein Aussehen nicht, meinen Sie das vielleicht?«

»Es entspricht nur nicht unbedingt den, ähh... Gepflogenheiten an der Wall Street.«

»Ach ja, tut es das tatsächlich nicht?« Zaraghi lächelte. »Irgendwie habe ich Zweifel, daß es das jemals tun wird.«

Hansen mochte den Jungen aufrichtig gern. Er nahm die Tasche und dirigierte Freddie durch die Halle zum U-Bahn-Eingang. »Nur so aus reiner Neugier, Freddie, tragen Sie eigentlich auch mal was anderes als Schwarz?«

»Selten.«

»Schwarze Socken?«

»Natürlich.«

»Und schwarze Unterwäsche auch?«

Trocken gab Freddie zurück: »Wenn ich Unterwäsche tragen würde, müßte sie auch schwarz sein.«

Hansen machte ein mißfälliges Gesicht. »Sorry, daß ich gefragt habe.«

»Aber Mr. Hansen, ich zieh Sie doch nur auf«, lachte Zaraghi. »Selbstverständlich trage ich Unterwäsche, und wissen Sie was, sie ist sogar *weiß*.«

Der Anwalt lachte und steckte zwei U-Bahn-Münzen in das Drehkreuz. »Ich denke es wird Zeit, daß du mich Rick nennst.«

Die Sitzplätze in der U-Bahn waren alle besetzt, also blieben sie stehen und hielten sich an der Metallstange fest, während der Expreßzug unter der Stadt hindurch südwärts donnerte. Freddie erlebte die New Yorker U-Bahn zum ersten Mal und verbrachte den größten Teil der vierzehnminütigen Fahrt damit, durch die Fenster auf die hypnotisierenden Lichtflecken der Signalleuchten zu starren, die draußen vorbeiwischten. Das gab Hansen die Gelegenheit, einen Moment seinen eigenen Gedanken nachzuhängen.

Gegen Ende der Fahrt fragte Eddie: »Gibt es wirklich Alligatoren in der New Yorker U-Bahn?«

»In den Abwasserkanälen«, verbesserte Hansen ihn. »Alligatoren gibt's in den Abwasserkanälen. Aber die Ratten sind hier wesentlich größer als die Alligatoren.« Hansen zögerte ein wenig, bevor er weitersprach: »Freddie?«

»Yeah?«

»Da wäre etwas, über das wir uns ganz klar sein müßten.«

»Yeah?«

»Es sind Leute, die mit dieser Sache zu tun hatten, umgebracht worden.«

Freddie Zaraghi riß seinen Blick vom Fenster los. »Yeah, ich weiß. Worauf willst du hinaus?«

»Worauf ich hinaus will? Das liegt doch wohl auf der Hand, oder? Ich meine, es könnte gefährlich werden.«

Zaraghi zuckte mit den Achseln und wandte seine Aufmerksamkeit wieder den vorbeihuschenden Lichtern zu. »Das macht's ja gerade lustig.«

18.47 Uhr. Sie trafen an Wolcott Fulbrights Bürogebäude in der Wall Street 44 ein.

Zaraghi erstaunte dieser offen zur Schau getragene Überfluß. Mit weitaufgerissenen Augen betrachtete er die marmorne Eingangshalle. »Hübsche Arbeitsstätte habt ihr Jungs.«

»Wall Street 44 ist nicht unbedingt die schlechteste Büroadresse, das stimmt.« Im Besucherbuch der Einlaßkontrolle trug Hansen für Zaraghi ›technischer Berater‹ ein.

Freddie drehte sich zu dem Anwalt und sagte: »Du verdienst bestimmt einen Haufen Geld hier, was?«

Hansen reichte Freddie einen Besucherausweis. »Ob du's glaubst oder nicht, ich schaffe es eben mal, meine New Yorker Miete zu zahlen. Zum Aufzug hier lang.«

Auf ihrer Fahrt in die Rechtsabteilung hinauf, sagte Hansen: »Möchtest du noch etwas essen, bevor wir loslegen?«

»Wenn du eine Pizza bestellen könntest, das genügt schon.«

»Pizza? Jetzt bist du schon mal in der kulinarischen Weltmetropole und willst lediglich eine Pizza? Ist dir Smith & Wollensky ein Begriff? Ein ganz berühmtes Steakhaus in Midtown und wir könnten...«

»Schönen Dank auch, aber ich würde wirklich Pizza vorziehen. Und zwei Dosen Mountain Dew. Lieber nicht viel Umstände mit dem Essen machen, damit wir direkt anfangen können.«

Beeindruckt von der Arbeitsmoral des Jungen nickte Hansen. »Dann halt Pizza.«

18.53 Uhr.

Sobald sie im siebenunddreißigsten Stock eingetroffen waren, führte Hansen den unrasierten Ex-Studenten schnell durch die Gefahrenzone Großraumbüro. Zu seiner Erleichterung waren die meisten Sekretärinnen um diese Zeit bereits gegangen, so daß er keine Erklärungen für die Anwesenheit dieses schwarz gewandeten Cyberfreaks finden mußte. Am Ende des Gangs entdeckte er Mike Kilmartins Sekretärin Felicity, die in ihrer Arbeitszelle noch Überstunden machte. *Verdammt.* Rick drängte Zaraghi hastig in sein Büro, zog die Tür halb zu und hoffte, daß sie ihn nicht wahrgenommen hatte.

Zaraghi hatte kaum seine schwarze Bomberjacke ausgezogen, da stürzte er sich bereits auf den Computer. Mit einer Handfläche fuhr er über das wachsfarbene Gehäuse des Geräts. »Ist das der Apparat mit den Dateien von Tommy Boy?«

»Ja. Alle Daten, die ich von Binghams privatem Computer kopiert habe, sind auf diese Festplatte übertragen worden.«

»Und alle Dateien, die du gefunden hast, sind verschlüsselt, richtig?«

»Richtig.«

»Cool. Na, dann wollen wir mal anfangen mit dem *Voodoo, that I doo-doo.*« Zaraghi rieb die Hände aneinander und machte sich an die Arbeit. Er zog den Reißverschluß an seiner Tasche auf und brachte ein Paar grell orange Verbindungskabel zum Vorschein. Der Innentasche seiner Bomberjacke entnahm er Binghams Sharp Zaurus. Dann schaltete er den PDA ein und benutzte die Verbindungskabel sowie einen Adapter, um ihn mit Hansens PC zu verbinden.

Freddie tippte Binghams Paßwort in das elektronische Notizbuch. – NEELHTAK –

»Okay, und jetzt öffne doch auf deinem PC mal eine der verschlüsselten Dateien«, wies Zaraghi ihn an.

Hansen suchte sich eine beliebige Datei aus und kam der Aufforderung nach. Der Bildschirm füllte sich mit unentzifferbarem Kauderwelsch.

»Hmmm«, sagte Zaraghi. Dann fügte er in einem tiefen Singsang hinzu: *»One for the money, two for the show, three to get ready and four to decode.«*

Freddie Zaraghi drückte die winzige Return-Taste auf dem Sharp Zaurus.

Sofort flackerte der Monitor, wurde, begleitet von einem elektronischen Aufstöhnen, schwarz und blitzte im nächsten Augenblick wieder auf. Der Text auf Hansens Computerbildschirm erschien jetzt in verständlicher Sprache.

»Presto-change-o«, erklärte Zaraghi grinsend.

»Geknackt!« jubelte Hansen.

»Kein großer Akt«, meinte Zaraghi gleichgültig. »Da der Typ den Decodierungsschlüssel ja in seinem elektronischen Notizbuch gespeichert hatte, war die makellose Trefferquote nie in Gefahr.«

Hansen wandte sich dem Monitor zu, um den entschlüsselten Text zu lesen.

12. September

Liebe Elena,
Ich habe den letzten Brief von Deinem Scheidungsanwalt erhalten. Bitte übermittle ihm meine herzlichsten Grüße

verbunden mit der aufrichtigsten Hoffnung, daß er einen langsamen Tod an Prostatakrebs sterben möge. Du begehst einen großen Fehler, wenn Du mich verläßt, Elena. Ich kann Dir zwar nicht sagen, worum genau es sich handelt, aber glaub mir, diesmal ist es wirklich eine Riesensache.

Rick erschrak. Nur ein Bettelbrief an seine Ex-Frau. Was, wenn alle verschlüsselten Dateien lediglich aus peinlichen privaten Schreiben an seine Ex-Frau bestanden? Hansen empfand es als schmutzig, in derart persönlichen Unterlagen herumzuschnüffeln. Allerdings bekräftigte das Schreiben einmal mehr die Vermutung, daß Bingham an irgendeinem großen Deal beteiligt gewesen war. Einem großen und heimlichen Deal.

»Die nächste Datei, bitte«, sagte Zaraghi.

Hansen gehorchte, und Zaraghi decodierte auch diesen Text. Hierbei handelte es sich um einen bissigen Brief an den Vater, weil der angeblich mit der Rückzahlung des Studiendarlehens für Harvard in Verzug war. Wieder ließ Hansen der Ton erschaudern. Der nächste Text war eine uralte Aufstellung »Vorsätze fürs neue Jahr«. Datei Nummero vier bestand aus einer Liste neuer Weine, die Bingham zu probieren beabsichtigte.

Dokument Nr. 4 war… interessant.

»Was, zum Teufel, ist denn das?« fragte Zaraghi.

Rick blickte gebannt auf das komplizierte Diagramm aus Kästchen und Pfeilen. »Sieht aus wie eine Reihe von Firmenmänteln, über die womöglich Kapital beiseite geschafft wird. Könnte sich um einen Plan zur Steuerhinterziehung oder so handeln.«

Eine rauchige Frauenstimme ließ sie aufschrecken. »Na, heute lange Nacht, Rick?«

Hansen schnellte herum. Felicity Robbins' stämmige Figur füllte den Türrahmen aus. Abschätzend musterte die Sekretärin die beiden aus ihren zu Schlitzen zusammengekniffenen Augen.

Wie lange stand sie wohl schon dort? »Oh, hallo, Felicity. Yeah, sieht so aus. Ich hab Probleme mit dem Computer.«

Wie zwei Laserstrahlen wanderte ihr mißtrauischer Blick zu dem unrasierten Jungbankrotteur mit dem kleinen PDA in der Hand. »Wollen Sie mich nicht mit Ihrem jungen Freund bekannt machen?«

»Das ist Frederik Zaraghi. Er ist Computerexperte.«

»Oh?« Sie legte einen Finger an ihren Mund. »Ich kann mich gar nicht daran erinnern, ein Anforderungsformular für einen externen Berater gesehen zu haben.«

»Und das werden Sie auch nicht«, sagte Rick. »Frederik wird der Abteilung für seine Dienste nichts in Rechnung stellen.«

»Das wird Mike sicherlich freuen zu hören«, sagte sie. Nach einem bedrückenden Schweigen löste sie sich endlich vom Türrahmen. »Na, dann einen schönen Abend.«

»Ihnen auch«, brummte Hansen und wandte sich wieder dem Bildschirm zu.

Felicity verschwand.

Freddie Zaraghi blickte Hansen an und machte ein saures Gesicht. »*Frederik?* Komme ich dir vielleicht wie *Frederik* vor?«

Hansen konnte sich genau vorstellen, wie sie die Sache darstellen würde, sobald Kilmartin aus Florida zurückkam. *Und Sie hätten Ihren eigenen Augen nicht getraut, Mike, hatte Hansen doch dieses unrasierte Jüngelchen spätabends noch in seinem Büro, um Gott-weiß-was-für-Dinge mit dem Computersystem der Firma anzustellen.* Na ja, dann war es halt so. Gegen eine chronisch boshafte Sekretärin ließ sich nun mal nichts machen. Er strich die Begegnung aus dem Kopf.

Hansen sagte: »Wir drucken das hier einfach aus und machen weiter.«

Und mit Öffnen und Ausdrucken verbrachten sie die nächsten Stunden.

44

21.47 Uhr

»Doritos«, murmelte Hansen, während er entschlossen den Junkfood-Gang des rund um die Uhr geöffneten Lebensmittelladens ablief. »Wo sind denn bloß die Doritos mit Nachokäse?«

Mittlerweile war es kurz vor zehn geworden, und was wie ein paar Überstunden ausgesehen hatte, nahm jetzt doch eher die Form einer Nachtschicht an. Hunderte von Seiten waren durch den Zwei-Seiten-pro-Minute-Laserdrucker gelaufen und Hunderte mehr mußten noch decodiert und ausgedruckt werden. Hansen und Zaraghi schienen unweigerlich jene unsichtbare Grenze anzusteuern, nach der es sinnvoller war, wach zu bleiben, als für ein paar Stunden Schlaf nach Hause zu gehen. In Ricks Collegetagen in Cornell und den anschließenden Jahren auf der juristischen Fakultät in Fordham hatte »eine Nachtschicht einlegen« noch einen richtig heroischen Klang besessen. Es war die letzte, konzentrierte Kraft- und Willensanstrengung gewesen, das Hirn mit dem notwendigen Wissen für eine studienentscheidende Prüfung vollzustopfen. Der Verzicht auf eine Nacht Schlaf ließ sich nie wieder voll ausgleichen, und das allein hatte schon von der Bedeutung der bevorstehenden Aufgabe gezeugt.

Aber das Leben in der Anwaltsfirma hatte dieses romantische Verständnis von Nachtschicht zerstört. In ihrem unersättlichen Hunger nach anrechenbaren Arbeitsstunden hatte seine ehemalige Firma regelmäßig von ihm erwartet, auf seinen Schlaf zu verzichten, um in einem innerstädtischen Copyshop die Herstellung von IPO-Prospekten zu überwachen. Zwangsläufig hatte Rick Hansen damals nächtelang verärgert vor sich hin gebrütet, bitteren und lauwarmen Kaffee aus Styroporbechern getrunken und sich gefragt, warum zum Teufel er sein Leben mit einem solchen Mist vergeudete.

Aber auch wenn die Erfahrungen aus einer Anwaltskanzlei und das Prinzip der Maximierung berechenbarer Arbeitsstunden seine Wertschätzung für die Nachtschicht drastisch hatten sinken lassen, der heutige Abend war etwas völlig anderes. Heute war das Idealistische in dieser Anstrengung zurückgekehrt. Hansen fühlte sich wie aufgedreht. Daß er so mühelos in die alte Nachtschichtstimmung wieder zurückfallen konnte, erfüllte ihn mit freudiger Erregung. Sie standen kurz vor dem Durchbruch, das spürte Hansen, und um diese Dynamik bis zum Tagesanbruch nicht zu verlieren, benötigten sie dringend Proviant. *Hirnfutter* – wie Zaraghi das Junkfood, das er brauchte, getauft hatte. Zucker, Salz und Koffein – alles mußte in großen Dosen enthalten sein.

Rick Hansen war begeistert von den Fortschritten, die sie erzielten, und nur zu gerne kam er den Bedürfnissen seines Computergenies nach. Was auch immer notwendig sein würde, den Motor bis morgen früh auf Touren zu halten – Hoh-Hos, Little Debbies, Jolt Cola, Freddies heißgeliebtes Mountain Dew, Erdnußbutter-Snickers, Burritos, Kaffee, Doritos – Hansen war bereit, willens und in der Lage, es bereitzustellen.

»Das ist nicht alles für mich«, erklärte Hansen dem koreanischen Angestellten hinter der Kasse und legte spontan noch eine Schachtel glasierter und künstlich aromatisierter Obsttörtchen dazu. Der Kassierer rechnete alles zusammen und kam auf die Summe von $ 17,48. Der Preis spiegelte den Zuschlag wider, den man in einem Vierundzwanzigstunden-Deli in New York einkalkulieren mußte. Hansen packte die Tüten, bedankte sich und trat auf die Pine Street hinaus.

Die Gebäude des Finanzbezirks glitzerten, als wären sie mit Zuckerguß überzogen. An den Straßenrändern hatten sich tückische Krater gebildet, und die Gehwege waren zu einer polaren

Eislandschaft erstarrt. Für Freitag hatte der Wetterbericht ein Ende des brutalen Kälteeinbruchs vorausgesagt. Hansen zog schützend die Schultern gegen die beißende Kälte hoch.

Während er an der William Street links abbog, wanderten seine Gedanken zum gegenwärtigen Stand ihrer Untersuchung zurück. Welche Aussagekraft besaßen die bislang gesammelten Details?

Die Unterlagen, die sie an diesem Abend decodiert hatten, wiesen eindeutig auf ein geheimes Arrangement hin, das offenbar irgendeiner Art von Täuschung dienen sollte. Rick hatte handfeste Beweise dafür gefunden, daß Tom Bingham einer Gruppe unbekannter Personen beim Aufbau eines Systems behilflich gewesen war, mit dessen Hilfe Gelder auf kaum nachvollziehbare Weise verschoben werden konnten. Bislang schien Hansens erste Annahme noch zu greifen, nämlich daß Bingham von einem Hedge-Fonds als externer Berater bei der Einrichtung eines komplexen Unternehmensgeflechts hinzugezogen worden war. Das Schema, auf das sie gleich zu Anfang gestoßen waren, zeigte ein verwirrendes Netz von Firmen, mit dem Kapitaltransfers kaschiert werden sollten. Aber wen wollte dieses Netzwerk denn täuschen? Die erste Vermutung mußte natürlich lauten: die Steuerbehörden. Die beunruhigendere Variante wäre allerdings Wolcott oder die SEC. Dahinter stand die Frage, warum es überhaupt notwendig war, ein derartiges Geflecht von Geisterfirmen zu konstruieren, wenn Bingham nur für einen völlig rechtmäßigen Hedge-Fonds gearbeitet hatte. Wahrscheinlich handelte es sich doch um ein System zur Steuerhinterziehung.

Eine Sache war jedenfalls klar – Bingham hatte irgendwelche krummen Geschäfte geplant.

Blieb die Frage, ob ihn seine Verwicklungen in diese Aktivitäten letztlich das Leben gekostet hatten.

Intuitiv würde Hansen dies bejahen. Mit Zaraghis Hilfe könnten sie vielleicht genug Beweismaterial sammeln, um O'Bannon davon zu überzeugen, den Fall Bingham wieder aufzurollen.

»Mahlzeit!« rief Zaraghi begeistert aus, als Hansen mit der Beute seines Jagdzugs ins Büro zurückkam. Hansen stellte die Tüten auf den Schreibtisch, riß sie auf und verteilte die Sonderprämie Junkfood über die Schreibplatte.

»Noch etwas Interessantes gefunden?« erkundigte sich Hansen, während er den Beutel Doritos mit einem Brieföffner sezierte.

»Hab ungefähr zwei Tonnen Papier für dich zum Durchsehen ausgedruckt. Nichts so Aufregendes wie das Diagramm dabei. Eine Menge Privatkram. Diverse Turteltäubchen-E-Mails an die Namensgeberin seines Paßworts, diese Kathleen. Du glaubst ja gar nicht, was für schweinische Sachen er ihr schreibt…«

Hansen hielt abwehrend seine fettigen Doritofinger hoch. »Will ich auch gar nicht wissen.«

»Yeah, yeah.« Zaraghi lächelte und riß eine Zweierpackung Hostess Ho-Hos auf. »Ach, bevor ich es vergesse, heißt deine Frau nicht Stephanie?«

»Ja?«

»Sie hat vor etwa zehn Minuten angerufen. Sagte, es sei sehr wichtig.«

Der Magen des Anwalts zog sich zu einem dicken Knoten zusammen… *Das Baby!* »Hat sie gesagt, worum es geht?«

»Nein. Nur, daß du sie so schnell wie möglich zurückrufen solltest.« Zaraghi stopfte sich einen ganzen mit Schokolade überzogenen Ho-Ho in den Mund. »Besseres Essen dank Chemie.«

Um ungestört zu sein, rief er Stephanie aus Kilmartins Büro an und schloß vorher noch die Türen. Zwei Klingelzeichen vergingen. Gnadenlos langsam kroch die Zeit, während er darauf wartete, daß sie endlich abhob.

Ihr Fruchtwasser ist geplatzt, mutmaßte Rick. *Und ich war weg, um diese scheiß Ho-Hos zu kaufen! Herrgott, womöglich ist sie bereits im Krankenhaus, die Beine hochgelegt und macht ihre verdammten Atmungsübungen ohne mich…*

Stephanie meldete sich mit flüsternder Stimme: »Hallo?«

»Steph, ich bin's. Eben zurückgekommen. Alles in Ordnung?«

»Du mußt unbedingt sofort nach Hause kommen.« Ihre Stimme nahm einen verzweifelten Klang an, der bei Hansen sofort für Gänsehaut sorgte.

»Ist es das Baby? Ist das Baby okay?«

»Nein, es ist nicht das Baby«, flüsterte sie.

»Was ist es denn?«

»Nicht am Telefon. Komm bitte sofort nach Hause, Rick. Ich hab wirklich Angst.«

Mein Gott! Wie sehr er sich wünschte, selbst hinter dem Steuer dieser Taxe zu sitzen!

Der Fahrer schlängelte sich routiniert durch den langsamer dahinströmenden Verkehr auf dem Franklin D. Roosevelt Drive in Richtung Norden, aber so schnell hätte er gar nicht fahren können, daß sein hektischer Fahrgast von der Wall Street zufrieden gewesen wäre. Wie ein Jockey trieb Hansen den Fahrer vom Rücksitz aus permanent an und drängte ihn, schneller, schneller, schneller zu fahren.

»Sir, noch schneller geht es nur mit dem Flugzeug«, beschwerte sich der Kutscher vernehmlich.

»Bitte, so schnell Sie eben können. Meine Frau bekommt vielleicht gleich ein Baby.«

Der Fahrer murmelte etwas für Rick Unverständliches, aber Hansen wollte sich im Moment nicht mit einem Taxifahrer auf einen verbalen Schlagabtausch einlassen. »Bringen Sie mich einfach nur hin«, bat er.

An ihrem Apartmenthaus warf Hansen einen Zwanziger auf den Beifahrersitz und sprintete durch die Eingangshalle zum Fahrstuhl. Ein kurzes Klopfen an die Tür seiner Wohnung, dann steckte er den Schlüssel ins Schloß, riß ihn aufgeregt herum und drückte die Tür mit der Schulter auf.

»Stephanie?« rief er aus. »Stephanie, alles in Ordnung?«

Als erstes fiel ihm auf, daß das Radio im Wohnzimmer leise spielte. Es war auf den UKW-Sender mit klassischer Musik eingestellt, den Stephanie in den letzten sechs Monaten so häufig hörte.

Dann trat seine im neunten Monat schwangere Frau aus der Küche. Ihr Gesicht war ausdruckslos, aber offensichtlich hatte sie erst kurz zuvor geweint. Stephanie hielt den blauen Spiralblock in der Hand, auf dem sie sich in ihrem Lamazekurs immer Notizen machte, und warf ihm einen beschwörenden Blick zu. Hansen wartete gespannt.

Mit einem Kugelschreiber tippte sie auf das oberste Blatt ihres Blocks.

Rick blickte auf die Seite, in dessen Mitte eine kurze Notiz in ihrer eleganten Handschrift stand.

PASS AUF, WAS DU SAGST.
ICH GLAUBE, DIE WOHNUNG WIRD ABGEHÖRT.

»Was?« flüsterte er. »Wie kommst du denn darauf...«

Sie bedeutete ihm mit einem Finger über dem Mund zu schweigen, schlug die Seite ihres Blocks um und es erschien eine weitere Notiz, die sie vorab bereits aufgeschrieben haben mußte.

ES MAG PARANOID KLINGEN, ABER DIE EIGENEN
TELEFONGESPRÄCHE KOMMEN AUS DEM RADIO.

Hansen schüttelte ungläubig den Kopf.

Stephanie gab ihm ein Zeichen, ihr zu folgen. Sie nahm ihn an der Hand und führte ihn ins Wohnzimmer.

Aus den Lautsprechern ihrer Yamaha-Stereoanlage drang Haydns Symphonie Nr. 101, »Die Uhr«, und immer wieder wurde die Musik von einer zischelnden Störung überlagert. Stephanie drehte die Lautstärke auf und kam dann wieder zu ihrem Mann zurück.

»Hör genau zu«, flüsterte Stephanie ihm ins Ohr.

Dann hob sie mit zittriger Hand den Hörer von der Gabel.

Ein schwaches Echo des Freizeichens wurde über die Bose-Lautsprecher hörbar. Beeinträchtigt durch das Zischeln zwar und von der Symphonie übertönt, aber es war da. Eindeutig. Bestürzt ging Hansen zu dem Stereo-Receiver hinüber. Er richtete die Antenne ein wenig genauer auf das Telefon aus und drehte den Sendersuchlauf vorsichtig nach rechts, wodurch die Kilohertzzahl der Frequenz erhöht wurde. Während er dies tat, verschlechterte sich die Tonqualität des Freizeichens. Dann drehte der Anwalt den Knopf in die entgegengesetzte Richtung. Sofort drang das Freizeichen des Telefons in größerer Klarheit aus den Bose-Lautsprechern als der Radiosender selbst.

Hansen blickte seine Frau an und nickte.

Stephanie drückte die Kurzwahltaste fünf auf dem Apparat, die mit MOVIE-FONE beschriftet war.

Über die Lautsprecher war das Klingeln in kristallklarer Wiedergabe zu hören. Hansen erstarrte.

Nach dem ersten Klingeln flötete die übertrieben freundliche Männerstimme, die sie schon dutzendemal gehört hatten, aus der Anlage. »Hallo und willkommen bei Movie-Fone! Wenn Sie den Namen des Films kennen, drücken Sie jetzt bitte die Eins!«

Sprachlos und verwirrt stand Hansen in der Mitte ihres Wohnzimmers. Ihr Telefon war keins dieser schnurlosen Modelle, die über Radiowellen funktionierten. Und da es über Kabelleitungen lief, mußte in ihrer Wohnung also ein Gerät sein, das den Anruf in Form von Radiowellen weiterleitete, *eine Abhöreinrichtung, die jemand installiert hatte, um all ihre Gespräche zu belauschen.* Erniedrigung und Wut ließen seine Haut prickeln. *Wie lange dauerte das bereits an?* Jedes ihrer Gespräche, jede intime Unterhaltung…

Rick Hansen legte den Hörer auf. Er schloß seine Frau fest in die Arme, wodurch das ungeborene Kind wohlbeschützt zwischen ihren engumschlungenen Körpern lag, und flüsterte seiner Frau ins Ohr: »Pack ein paar Sachen für die Nacht.«

Im Halbdunkel eines gutausgestatteten Zimmers im vierten Stock des Millenium Hotels lag das Ehepaar auf dem Bett und hielt sich fest umklammert. Das bedrückte Schweigen zwischen ihnen spiegelte ihre Ängste, und nur die beruhigenden Geräusche des nächtlichen Verkehrs unten auf der Church Street erfüllten die Stille. Rick Hansen starrte zu den Lichtern und Schatten hinauf, die an der Decke spielten, und streichelte Stephanies Haar.

Sie seufzte: »Ach, Rick. Worauf hast du dich da bloß eingelassen?«

Die Frage traf ihn wie ein eisiger Dolch ins Herz. Welch feindselige Macht hatte er aufgestört, indem er diesen Geheimnissen nachjagte? »Stephanie, wir sollten keine voreiligen Schlüsse ziehen. Wir wissen nicht einmal mit Sicherheit, daß die Wohnung abgehört wird. Es könnte sich auch um..., ich weiß nicht, irgendeine Macke im Leitungsnetz handeln...«

»Nein«, erklärte sie entschieden. »Nicht deiner eigenen Theorie zufolge. Schon vergessen? Sie haben Tom Bingham umgebracht, sie haben den Professor in Pittsburgh umgebracht, und jetzt sind sie hinter dir her.«

Hansen sagte daraufhin kein Wort, strich nur weiter mit seinen Fingern durch das seidige Haar seiner Frau.

Stephanies Stimme klang verzweifelt: »Wenn ich nur daran denke, abgehört zu werden, dann würde ich am liebsten auf und davon rennen. Die Dinge, die wir einander gesagt haben, alles von *Fremden* mitgehört. Unsere vertraulichen Unterhaltungen, unsere Auseinandersetzungen, unsere Intimitäten. Wer weiß, wie lange das schon so läuft.«

Schuldbewußt betrachtete Hansen seine verstörte Frau. Ursprünglich hatte sein Beschützerinstinkt ihn dazu bewogen, alle unnötigen Sorgen von ihr fernzuhalten. Nun hatte sie jedoch dieser unerwartete Angriff auf ihre Privatsphäre nur noch härter getroffen. Erst suchte er nach den passenden Worten, aber sie kamen letztlich ohne Nachdenken aus seinem Mund: »Ich liebe dich.«

»Das hast du seit zwei Wochen nicht mehr zu mir gesagt«, bemerkte sie leise. »Schön zu hören.« Ihre Stimme verstummte vollends. Nach einer Weile sagte sie: »Nach allem, was wir wissen, können sie uns auch sehr wohl hierher gefolgt sein.«

Sie. Wer waren *sie*? Dies hochbrisante Rätsel zu lösen war nun unumgänglich geworden. Sie hatten bereits zuvor gemordet und würden zweifellos wieder morden.

Dann wurde ihm klar: *Bei diesem Geschäft konnte Bingham unmöglich der einzige Wolcott-Fulbright-Insider sein.* Sofort nahm eine Hypothese Formen an. Tom Bingham bildete in dem ganzen Plan nichts weiter als ein kleines Rädchen, ein Laufbursche. Insgesamt gesehen war Tom lediglich ein korrupter Anwalt, der sich in die Sache hineingeschlängelt hatte, indem er eine fundierte Analyse zu Professor Gammages Theorien über Börsencrashs lieferte. Einmal in den Kreis der Ganoven eingedrungen, erwies sich Bingham als nützlicher Helfer – zumindest in der Anfangsphase. Es muß Bingham gewesen sein, der Gammage auf die Idee mit den falschen Dokumenten gebracht hatte, die Zaraghi nicht als Entwickler von LINDA, sondern als freien Mitarbeiter auswiesen. Tom Bingham erstellte das Modell von Scheinfirmen, mit deren Hilfe sich der Kapitalfluß vor den amtlichen Stellen verbergen ließ.

Dann muß es irgendwie Streit gegeben haben. Vielleicht über Geld – nein, mit Sicherheit über Geld. Möglicherweise verlangte Tom plötzlich mehr für seine Mitarbeit, oder er verlangte Schweigegeld. Und als Folge einer solchen Forderung wurde Tom Bingham über das Geländer seines Balkons geworfen und verwandelte sich am Boden in einen Erdbeerbecher.

Der andere Wolcott-Insider mußte in der firmeneigenen Hackordnung weit über Tom stehen. Jemand mit privilegiertem Zugang zu Wolcotts Personalakten, einschließlich Fingerabdrücken und privaten Daten. Jemand, der Betriebsfremden unbemerkt Einlaß verschaffen konnte, damit sie Dateien auf Hansens Computer vernichteten. Jemand, der die Möglichkeit und ausreichend Fachkenntnis besaß, um dem toten Anwalt ein Insidergeschäft via Toronto anzuhängen, das zudem erst im richtigen Moment ans Tageslicht kommen durfte.

Hansen dachte an Freddie Zaraghi, der in diesem Augenblick allein in seinem Büro saß und der sich – aufgeputscht mit Bergen von chemisch angereichertem Junkfood – auf der Suche nach neuen Spuren durch Binghams Computerdateien arbeitete. Der Digitalanzeige des Weckers zufolge war es kurz nach Mitternacht. Rick Hansen mußte unbedingt zurück in die Wall Street 44.

»Stephanie ...«, begann er behutsam.

»Ich weiß, ich weiß«, sagte sie. »Du mußt zurück ins Büro, um Beweismaterial für die Polizei zu sammeln.«

»Der Alptraum wird nie ein Ende haben, wenn mir das nicht gelingt. Ich glaube, dieser Zaraghi-Junge und ich stehen kurz vor dem Durchbruch. Aber morgen nachmittag werde ich auf jeden Fall Mike Kilmartin alles erzählen und, sofern sie mich anhören, auch den Cops.«

Sie schwieg einen Moment lang. »Sei bitte vorsichtig.«

Er küßte sie. »Das Büro ist nur fünf Minuten von hier entfernt, Steph, also ruf mich an, wenn du mich brauchst. Und schließ die Tür immer zweimal ab.«

»Ach was, Dick Tracy«, sagte sie.

Dann war nur noch das Rascheln von Stoff zu hören, als Hansen seinen Mantel überstreifte. Unwillkürlich umfaßte Stephanie Hansen das Baby in ihrem Bauch und massierte es sanft. »Ich hab beschlossen, Baby X entweder Juliane zu nennen, wenn es ein Mädchen ist, oder Grant, wenn es ein Junge wird.«

Hansen lächelte schwach. »Mir gefallen beide Namen gut«, sagte er zustimmend. »Ich liebe euch beide.«

45

Midtown Manhattan
23.11 Uhr

Colbert kam mit zwei der Contrarians zu einem späten Abendessen im Lespinasse, einem französischen Gourmetrestaurant mit asiatischem Touch in der Fifty-fifth Street, zusammen.

Colbert bestellte sowohl das Fundybai-Lachsparfait mit Sommertrüffeln als auch den Steinbutt auf Kräutertunke mit Zuckerschoten und Petersilienwurzel. Einer festen Gewohnheit folgend, probierte er beide Vorspeisen und ließ dann eine zurückgehen. Ohne besonderen Grund gab er dem Steinbutt den Vorzug vor dem Lachs.

Im weiteren Verlauf des Abends tauschten sich die drei Partner über ihre jeweiligen geschäftlichen Unternehmungen der letzten Zeit aus. Diverse Flaschen Bordeaux, 82er Château Haut-Brion wurden geleert. Tunlichst vermied man es, die Sprache auf die gemeinsame Initiative zu bringen, bevor Colbert signalisierte, daß er über Einzelheiten zu reden nun gewillt sei. Schließlich, als alle Teller abgeräumt waren, hielt ein angetrunkener Jermyn die Spannung nicht länger aus. Er schlug mit einer Handfläche auf den Tisch und flehte Colbert an: »Bitte, Philip, Schluß mit der Geheimniskrämerei. Erzähl uns etwas über diesen Wunderkasten, der uns morgen alle zu Milliardären machen wird.«

Zull bedachte Jermyn mit einem mißbilligenden Blick, doch Colbert hob beschwichtigend eine Hand. Von Selbstgefälligkeit und Alkohol getrieben, *wollte* Colbert sogar darüber reden, um seine Erregung mit den Geschäftspartnern zu teilen. Es blieben ja sowieso nur noch zwölf Stunden, bis der erste Dominostein kippte. Welcher Schaden konnte der Initiative schon von einem kleinen Tischgespräch unter Partnern drohen? »Na schön, Dirk«, grinste Colbert. »Wenn du's unbedingt wissen mußt…«

Das System nannte sich LINDA. Dabei handelte es sich um ein computerisiertes Programm für den Aktienhandel, das darauf angelegt war, seine eigenen Handelsentscheidungen zu treffen. Es operierte auf einer Wenn-dann-Logik, was bedeutete, *wenn* der Aktienmarkt sich in eine bestimmte Richtung bewegte, *dann* würde LINDA entsprechend mit Verkauf, Kauf oder Halten einer gewissen Notierung oder gewisser Aktienkörbe darauf reagieren.

Der Professor aus Pittsburgh, durch den Colbert mit dem System bekannt gemacht worden war, hatte den ursprünglichen Operationskode von LINDA vollkommen umgeschrieben. Jetzt war LINDA darauf programmiert, einen massiven Kurseinbruch herbeizuführen. Und da es sich um eine Maschine handelte, würde sie nicht eher stoppen, bis dieses Ziel restlos erreicht worden ist.

Colberts Tischgenossen starrten ihn verständnislos an. Wie sollte das möglich sein? »Und das alles wird über den Computerhandel der Börse abgewickelt?« fragte Zull.

»Gott im Himmel, nein«, erklärte Colbert herablassend. »Bei der Börse gibt es ein paar ganz helle Köpfe, die den elektronischen Handel kontrollieren. Würde LINDA versuchen, den Markt nur über den Computerhandel zusammenbrechen zu lassen, würden die Aufsichtsbeamten der Initiative binnen fünf Minuten den Garaus machen. Nein, die Lösung lautet Internet.«

Seine Partner warteten darauf, daß er fortfuhr.

Colbert lächelte: »Ich werde euch ein Szenario entwerfen: Morgen früh um zehn Uhr Londoner Zeit, fünf Uhr morgens New Yorker Zeit wird die Dartmouth Funds Group an der Londoner Börse einen Verkauf amerikanischer Standardpapiere im Wert von zwölf Milliarden Dollar durchführen. Diese Notierungen zählen zu den beiden wichtigsten Indizes des amerikanischen Aktienmarkts – vorrangig des Dow Jones Industrial Average. Der Verkauf wird in den Finanznachrichten weltweit für Gesprächsstoff sorgen. Dieser Initialverkauf wird den Managern von Pensionsfonds, Hedge-Pools und Vermögensfonds signalisieren, daß eine renommierte amerikanische Vermögensverwaltungsgesellschaft kein Vertrauen mehr in den Aktienmarkt hat. Sie werden einen Anfall von Paranoia durchmachen und sich fragen, *Was weiß Dartmouth über den Markt, was wir nicht wissen?* Selbstverständlich gibt es den Verkauf in Wahrheit überhaupt nicht – bei der Gegenseite handelt es sich um eine Schweizer Mantelfirma, die uns gehört, der Handel ist also nur vorgetäuscht.«

Zull und Jermyn kicherten.

»Punkt neun werde ich eine Taste drücken, und LINDA übernimmt die Kontrolle. Den Anfang macht eine zehn Milliarden Dollar schwere Verkaufsorder, die durch das vollautomatische Abwicklungssystem eines New Yorker Wertpapierhauses auf das Parkett der New Yorker Börse geleitet wird.« Colbert sah keinen Anlaß, seinen Partnern den Namen Wolcott Fulbright preiszugeben. »Sobald diese Transaktion bestätigt ist, beginnt LINDA damit, über das Internet bei siebenundvierzig weiteren Finanzhäusern weltweit Verkaufsorders zu plazieren. Jeder dieser Broker glaubt, im Auftrag der Dartmouth Funds zu handeln. Alle wurden angewiesen, für das Konto einen Nummerncode zu verwenden, um die Identität von Dartmouth zu schützen. Natürlich verkauft die Dartmouth Group hier Aktien, die ihr gar nicht gehören und die sie drei Tage später am Erfüllungstermin auch nicht vorlegen kann...«

Colbert redete sich bei der Beschreibung der Ereigniskette, deren Beginn unaufhaltsam näher rückte, zunehmend in Rage. Verkaufsorders für Aktien im Wert von einhundert Milliarden Dollar in den ersten Stunden eines Triple-Witch-Friday... niemand würde wissen, woher sie stammten... institutionelle Anleger würden einfach annehmen, der Markt mache schlapp... Billionen von Dollar – Billionen! – würden sofort auf den Notausgang zustürmen und dieser Notausgang würde sich als rapide schrumpfendes Schlupfloch erweisen. Das ausländische Kapital aus England, Frankreich, Japan, Deutschland, Israel und dem

Nahen Osten, das für den künstlich aufgeblähten amerikanischen Aktienmarkt gesorgt hatte, würde mit einem Mal wieder abgezogen.

Investmentgesellschaften, die laut Bundesgesetz stets über ausreichende flüssige Mittel verfügen müssen, um Rückzahlungsforderungen bei ihren Vermögensfonds nachzukommen, würde überhaupt nichts anderes übrigbleiben, als Dartmouth' Beispiel zu folgen und erhebliche Teile ihres Portefeuilles am Markt glattzustellen.

Die institutionellen Anlagemanager, die für den Schutz von Hunderten Milliarden an Vermögenswerten anderer Leute verantwortlich waren, würden angesichts dieses massiven Verkaufsdrucks ebenfalls aktiv werden müssen. Auch sie würden verkaufen.

Und auch das symbiotische Beziehungsgeflecht zwischen Aktien- und Derivatemarkt würde verrückt spielen. Um sich gegen die einschneidenden Verluste bei ihren den Bach heruntergehenden Aktienportefeuilles abzusichern, würden institutionelle Anleger mit Macht auf »Portfolio-Insurance« setzen – Calls verkaufen, Puts kaufen, Index-Futures verkaufen etc. –, und all diese Baisseaktivitäten würden den Abwärtsdruck auf die Aktiennotierungen nur noch verstärken.

Dann würden die zögerlichen institutionellen Anleger ihr Scherflein zum Niedergang beitragen und dafür bluten müssen, daß sie in der Hoffnung auf eine schnelle Erholung so lange nicht eingegriffen hatten.

Und der Kleinanleger, der einfache Mann, würde in dieser weltumspannenden Variante der Reise nach Jerusalem wieder einmal der Verlierer sein. Wenn er endlich zu seinem Broker durchkäme, hätten die Aktien in seiner privaten Rentenkasse innerhalb weniger Tage um die Hälfte an Wert verloren.

Das Blut würde durch die Hochhausschluchten der Wall Street schießen und sich über ganz Amerika verteilen, und die Nachwirkungen würden rund um den Globus zu spüren sein.

Im Verlauf von zwei Handelstagen würde der amerikanische

Aktienmarkt den größten Einbruch aller Zeiten erleben – weitaus schlimmer als im Oktober 1987 oder 1929. LINDAs Kalkulationen zufolge würde der Kurs des Dow Jones Industrial Average in nur zwei Tagen um drei- bis viertausend Punkte fallen und damit vierzig bis fünfzig Prozent seines Werts einbüßen.

Und da die 116 verschiedenen baisseausgerichteten derivativen Wetten, die »Charles Stone« bei ausländischen Banken und Investmenthäusern abgeschlossen hatte, dann »in-the-Money« kämen, würde ein Milliardenvermögen von amerikanischen Aktienbesitzern auf Konten übergehen, die ihrer Gruppe gehörten. Und in diesen beiden Tagen allein würde der amerikanische Aktienmarkt einen Wertverlust erleiden, der ungefähr in der Größenordnung des Bruttosozialprodukts von Frankreich liegen dürfte. »Und das ist es, was dieser Wunderkasten morgen für uns leisten wird«, schloß Colbert.

»Große Güte«, murmelte Jermyn.

»Das Bruttosozialprodukt von Frankreich«, wiederholte Zull sichtlich erschüttert.

»Ich denke, eine weitere Flasche Wein wäre jetzt angebracht, meine Herren.« Colbert grinste. »Und zu Ehren des Bruttosozialprodukts von Frankreich wäre vielleicht ein weiterer Château-Haut-Brion die angemessene Wahl. Was meinen Sie?«

46

Wall Street 44, Manhattan
Freitag, 19. März, 0.15 Uhr

Mit flatternden Nerven kehrte Hansen um Viertel nach zwölf in das Bürogebäude von Wolcott Fulbright zurück. Er traf Freddie Zaraghi exakt da an, wo er ihn ein paar Stunden zuvor verlassen hatte. Wie in ein andächtiges Zwiegespräch mit dem Apparat versunken hing der Junge über der Tastatur des Desktop-Computers, decodierte Binghams verschlüsselte Dateien und druckte sie anschließend aus.

Freddie sah kaum auf von seinem Tippen, als der Anwalt in die Tür trat. »Wenn du schon wieder da bist, war es vermutlich doch noch nichts mit dem Baby.«

»Freddie.«

Der Ton in der Stimme des Anwalts ließ den Jungen herumfahren. »Ja?«

Hansen bedeutete ihm, nach draußen zu kommen. Wortlos stand Freddie auf, und Hansen führte ihn vom Büro fort.

»Was ist?« fragte Zaraghi.

Leise berichtete der Anwalt ihm von den Ereignissen der letzten beiden Stunden – von dem Verdacht, daß seine Wohnung verwanzt sein könnte, und der reinen Vorsichtsmaßnahme, seine Frau in einem nahe gelegenen Hotel einzuquartieren.

Zaraghi legte eine Hand um sein stoppliges Kinn und hörte aufmerksam zu. Nachdem Rick fertig war, meinte er grüblerisch: »Das heißt, dein Büro könnte ebenfalls verwanzt sein.«

»Stimmt genau. Deshalb unterhalten wir uns ja auch hier und nicht da drinnen.«

»Meinst du nicht, wir sollten in diesem Punkt lieber sichergehen?«

»Ich denke, ich könnte den Sicherheitsdienst anrufen...« Bevor Rick seine Überlegung noch zu Ende sprechen konnte, hatte sich Freddie Zaraghi bereits umgedreht und wieder das Büro betreten. Zielstrebig umkurvte der Junge den Schreibtisch und entstöpselte den 200 MHz Gateway 2000 Laptop von seinem Akku. Jetzt wurde das fünf Pfund schwere Gerät frei von jedem Stromkabel nur über die eigenen Lithiumzellen betrieben. Der *Star Trek*-Bildschirmschoner lief, und auf dem LCD-Schirm zeigte Mr. Spock den weltberühmten Glück-und-langes-Leben-Gruß mit den abgespreizten Fingern.

Hansen stand an der Türschwelle seines eigenen Büros und zischte: »Was, zum Teufel, machst du da? Hast du nicht gehört, was ich gesagt hab?«

»Laut und deutlich.« Aus unerfindlichen Gründen hob der ehemalige Student den summenden Laptop vom Schreibtisch und hielt ihn wie eine Vorspeisenplatte bei einer Cocktailparty vor sich hoch. Vorsichtig durchquerte er das Büro und richtete die Rückseite des Geräts so aus, daß sie beinahe die Wand berührte.

»Was machst du da?« wollte Hansen wissen.

»Ich benutze den Computer, um EMS-Quellen zu orten.«

»Wie war das bitte?«

»EMS, soll heißen elektromagnetische Störungen«, erklärte Freddie Zaraghi im Plauderton. »Gesetzt den Fall hier in deinem Büro gibt's irgendeine Art von Überwachungseinrichtung, dann wird diese Installation naturgemäß irgendwelche Radiowellen abstrahlen, richtig?«

»Kann schon sein.«

»Aber sicher kann das sein. Eine Wanze ist schließlich ein Sender. Sie dient dem Zweck, unsere Stimmen zu einer externen Empfangsstation zu übertragen. Nun, und was ist mit diesem tragbaren Computer, den ich hier in der Hand halte? Dieses Laptop strahlt ebenfalls Radiowellen ab. Wußtest du das?«

»Nein, wußte ich nicht.«

»Tja, du kannst es mir ruhig glauben, es tut's. Die Bundesaufsichtsbehörde hat Laptops wie meinen Gateway hier zu Computergeräten der Klasse B deklariert, das heißt, es handelt sich um einen Apparat, der ungewollt elektromagnetische Radiowellen absondert. Kommst du noch mit?«

»Sollten wir dieses Gespräch nicht irgendwo anders führen?« Hansen machte sich Sorgen, daß jedes ihrer Worte mitgehört werden könnte. Das Cyberkid forderte das Schicksal geradezu heraus.

Zaraghi fuhr fort: »Aus diesem Grund lassen die Fluggesellschaften während Starts und Landungen auch niemanden Computer, Mobiltelefone oder CD-Spieler benutzen. Laptops strahlen derart viel elektromagnetische Radiowellen ab, daß sie die Navigationsinstrumente des Flugzeugs stören können. Woraus folgt, sollte sich hier in deinem Büro irgendein Abhörgerät befinden, das jedes Wort zu den bösen Buben überträgt, na, dann müßten dessen elektromagnetische Störungen Auswirkungen auf mein Laptop zeigen.« In einer theatralisch lauten Stimme fügte er hinzu: »Ist doch so, ihr bösen Buben, oder?«

»Das ist kein Witz, Freddie«, sagte Hansen.

»Du hast recht, es ist kein Witz«, pflichtete Zaraghi ihm bei. »Unternehmensspionage ist eine riesige Sauerei, ein Straftatbestand für die Bundesjungs.« Während Zaraghi den tragbaren Computer über seinen Kopf hielt und zur Decke schweben ließ, begann das digitalisierte Bild von Mr. Spock unübersehbar zu zittern.

»Es wird wärmer, wärmer«, stimmte Freddie einen Singsang an.

Hansen war weiter skeptisch. »Könnte auch eine elektrische Störung durch die Deckenleuchte sein.«

»Könnte sein«, murmelte Zaraghi zerstreut. Er fuhr mit dem LCD-Bildschirm des Laptops über die Decke wie mit einer Wünschelrute auf der Suche nach Wasser. Jetzt war es eindeutig: Je näher das Gerät der Sprinkleranlage kam, desto stärker wurden die Störungen des Bildschirms. Sobald Zaraghi den Laptop forthielt, stabilisierte sich das Bild von Mr. Spock wieder. Ein Schauer lief Hansen über den Rücken, und er mußte sich eingestehen, daß sein junger Freund nicht ganz falsch zu liegen schien. Sacht berührte Zaraghi mit der Rückseite seines Computers das Gehäuse des Sprinklers. Das Bild wackelte und wurde zudem von Streifen verzerrt.

Freddie lächelte selbstzufrieden. »Wenn ich jetzt so darüber nachdenke: Hat es dich eigentlich noch nie gewundert, daß der Sprinkler direkt über deinem Schreibtisch und nicht etwa in der Mitte der Decke angebracht ist?«

Leicht benommen erwiderte Hansen: »Mir ist der Sprinkler noch nie zuvor aufgefallen.«

»Das glaube ich dir gerne. So ist's ja auch gedacht.« Zaraghi zog den rollenden Schreibtischsessel zu sich hinüber, stieg vorsichtig auf die Sitzfläche und brachte seinen Kopf möglichst nah an das weiße Kästchen, während er sein Laptop zugleich damit in Kontakt hielt. In einem kräftigen Leierton sang Zaraghi: *»Mary had a little lamb, little lamb, little lamb.«*

Jede Silbe, die er von sich gab, rief ein heftiges Zucken auf dem LCD-Display hervor.

»Fuck«, stieß Hansen in ungläubigem Staunen aus.

Zaraghi pfiff durch die Zähne. »Du hattest recht, Chef, dein Büro ist tatsächlich verwanzt. Hallo, ihr Bösewichter, hier ist Radio Free America, wir stellen den Sendebetrieb nun ein. Gute Nacht, Mrs. Calabash, wo auch immer Sie sein mögen.« Mit einem entschlossenen Ruck riß Zaraghi die Installation ab. Sie löste sich ohne Probleme von der perforierten Deckenplatte. Ein paar winzige Drähtchen baumelten aus ihrer Rückseite. Zaraghi inspizierte das Innenleben. »Heiliges Kanonenrohr, schau dir das an! Eine Scheißkamera. Eine Minilochkamera mit einem drahtlosen Mikrofon. Na, hoffentlich hast du in deinem Büro nicht heimlich in der Nase gepopelt, Chef, denn sonst könnten sie einige belastende Videoaufnahmen von dir haben, solltest du mal für ein öffentliches Amt kandidieren wollen.«

Hansen schnappte: »Könntest du endlich mal die Klappe halten?«

Mit erstaunt aufgerissenen Augen reagierte das junge Computergenie auf diesen Ausbruch.

»Das ist kein Spiel hier, Freddie«, sagte Hansen. »Das ist kein Spiel. Das ist eine verdammt todernste Angelegenheit. Die haben meine Wohnung und mein Büro verwanzt. Die haben Leute umgebracht. Und du machst hier den Kasper.«

Zaraghi brummte: »Okay, okay. Du hast ja recht. Entschuldige.«

Hansen rieb sich die Augen und versuchte einen klaren Gedanken zu fassen. »Spar dir deine Entschuldigung. Laß uns lieber einen anderen Ort finden und weiterarbeiten.«

47

1.25 Uhr

Viktor Alexejew schritt den mit dickem Teppichboden ausgelegten Flur zu Colberts Suite im St. Regis hinunter und dachte mit Unbehagen an sein bevorstehendes Gespräch mit dem Finanzier. Der Russe hatte mittlerweile eine enorme Abneigung gegen Colbert entwickelt und es fiel ihm immer schwerer, den bohrenden Neid in seinem Innern zu unterdrücken. *Ein harter Mann, der ein leichtes Leben führt,* dachte er verbittert. *Eine Woche in einem Hotel wie diesem mußte Zehntausende kosten.* Colbert besaß mehr Geld als der liebe Gott und hielt sich dementsprechend wohl auch dieser höheren Macht überlegen.

Alexejew klopfte an die goldverzierte Tür der Suite. Selbst um diese nächtliche Stunde trug Colbert noch Anzug und Krawatte, als er öffnete. Sein Atem roch nach Kaffee und in seiner Stimme schwang ein gereizter Ton mit. »Ja, was ist denn, Viktor?«

»Es gibt ein paar Dinge zu besprechen.«

»Und offensichtlich können Sie nicht bis morgen warten.«

»Nein.«

Colbert seufzte. »Kommen Sie rein.«

Der Luxus der Präsidentensuite übertraf alles, was Alexejew jemals gesehen hatte. Aber auch wenn die verschwenderische Pracht, die ihn aus allen Winkeln des Zimmers zu verhöhnen schien, überwältigende Ausmaße erreichte, so bewahrte er doch ungerührt sein eisiges Auftreten. »Zaraghi ist in der Stadt.«

»Zaraghi. Der Name kommt mir bekannt vor.«

»Zaraghi war Gammages Geschäftspartner, der Collegestudent, der Ihr Computerprogramm entwickelt hat.« Alexejew deutete auf den großen Bildschirm, auf dem LINDA lief. »Er trifft sich zur Zeit mit dem Anwalt in dessen Büro. Sie gehen Binghams Akten durch und scheinen die ganze Nacht damit verbringen zu wollen.«

»Welcher Anwalt? Meinen Sie Kilmartin?«

»Nein. Kilmartin ist noch in Florida. Der andere, Hansen.« Alexejew zögerte einen Moment. »Der Anwalt und der Programmierer haben an zwei Orten unsere Überwachungseinrichtungen entdeckt. Hansen ist so verängstigt, daß er seine Frau in ein Hotel gebracht hat.«

Colbert hörte ihm aufmerksam zu und überdachte die Tragweite der Neuigkeiten. »Wissen wir welches Hotel?«

»Das Millenium.«

Erfreut eine funktionalisierbare Schwachstelle zu kennen, nickte Colbert. »Wir sind jetzt im Endspurt, Viktor. Existiert zu dieser Stunde tatsächlich eine ernstzunehmende Bedrohung für die Initiative oder sind wir nur übervorsichtig?«

Alexejew analysierte die Situation für Colbert. Zu den positiven Punkten zählte seiner Meinung nach, daß die Gefahr einer Information der zuständigen Behörden über die bevorstehende Operation minimal sei. Der größte Feind des Anwalts war die Zeit, sie würde ihm ausgehen, lange bevor er die Aufsichtsorgane über die Aktion in Kenntnis setzen könnte. Erschwerend kam hinzu, daß es dem Anwalt und dem Programmierer bislang noch nicht gelungen war, irgendwelche Verbindungen zwischen den Contrarians und Bingham herzustellen. Allerdings handelte es sich bei Zaraghi um einen ausgewiesenen Computerexperten. Er hatte Hunderte von Akten entschlüsselt, und wer wußte schon zu sagen, welche Informationen diese Unterlagen enthielten. Ärgerlicherweise hatten sie bereits ein Diagramm entdeckt, in dem Bingham für Stiletto ein Geflecht fiktiver Firmen beschrieben hatte. Und letzten Endes war LINDA nun einmal Zaraghis Werk, weshalb der Computerprogrammierer natürlich eine Gefahr darstellte, sollte er Zugang zu der Anlage bekommen, auf der bei Wolcott die Software lief. Verschlimmert wurde der Punkt noch dadurch, daß die Russen das Vorgehen des Anwalts und des Programmierers nicht mehr länger observieren konnten. Genaugenommen befanden sie sich nun im Blindflug.

Colbert verarbeitete all die Informationen und meinte dann spitz: »Ja, es war äußerst bedauerlich, daß der Anwalt in den Besitz der Dateien von Binghams Festplatte gekommen ist. Den Preis dafür zahlen wir immer noch, hab ich nicht recht?«

Alexejew erstarrte. Diese Bemerkung war eine schallende Ohrfeige für die Russen wegen des weltmeisterlichen Bockmists, den sie gemacht hatten. Colbert hatte natürlich recht: Es war unentschuldbar nachlässig gewesen, davon auszugehen, daß der gesamte persönliche Besitz von Tom Bingham in seine neue Wohnung gebracht worden war. Ihnen hätte auffallen müssen, daß der Anwalt das Central-Park-Apartment für seine Liebhaberin Oberlin behalten wollte. Zugegeben, sie hatten Scheiße gebaut. Aber das gab Colbert noch lange nicht das Recht, fällige Zahlungen an die TCI in Höhe von $ 250 000 zurückzuhalten. Iljutowitsch anzurufen, um sich bei ihm über *Die Fratze* zu beschweren, hatte Colbert in Alexejews Augen nur noch verhaßter gemacht. Doch Alexejew behielt sein Pokerface bei und gestand: »Ja, es war bedauerlich, aber was vorbei ist, ist vorbei, oder? Jetzt müssen wir die Situation unter Kontrolle behalten.«

»Und was wollen Sie dabei von mir?«

»Wir benötigen Zugang zu der geheimen Anlage.«

Colbert sah auf die Uhr. 1.32 Uhr. Er lächelte. In Wahrheit bereitete es ihm ein diebisches Vergnügen, Stiletto um diese Uhrzeit aus dem Bett zu werfen. Aus Colberts Sicht hatte der Wolcott-Insider sich noch lange nicht seine 40-Millionen-Dollar-Prämie verdient. »Wird veranlaßt. Was noch?«

»Ich brauche die Versicherung, daß alle Optionen zu unserer freien Verfügung stehen.«

»Alle Optionen?« Colbert hob eine Augenbraue. »Meinen Sie damit, ob Sie sie *töten* dürfen, wenn es nötig ist? Natürlich dürfen Sie das. Aber schärfen Sie *Fratze* ein, nicht aus reinem Spaß an der Sache vorzupreschen. Die Maßnahme gilt nur als letzter

Ausweg. Und es darf, um Himmels willen, nicht auf dem Firmengelände passieren. Schaffen Sie sie irgendwo anders hin, von mir aus zum Hafen. Haben Sie mich verstanden?«

»Ja.« Viktor Alexejew betrachtete den Finanzier gelassen.

»Gut. Ich werde dafür sorgen, daß Sie Zugang zur Anlage bekommen.« Colbert wandte sich wieder den flimmernden Bildschirmen zu, die ihn umgaben. »Tja, wenn wir jetzt damit fertig sind, ich muß zurück an meine Arbeit.«

Alexejew sagte: »Ja. Jetzt sind wir fertig. Schönen Dank.« Er verschwand.

1.52 Uhr.

Der Wachmann sah aus, als hätte ihn die Nachricht über einen Zwischenfall im siebenunddreißigsten Stockwerk aus einem unruhigen Schlaf gerissen.

Sehr zu Ricks Verdruß zeigte der Mann herzlich wenig Interesse für die Mitteilung, daß in der Decke von Hansens Büro eine Überwachungskamera versteckt war. Mechanisch zog er ein pinkfarbenes Formblatt für »sicherheitsrelevante Vorfälle« heraus, schmatzte müde mit den Lippen und trug in der krakeligen Handschrift eines Drittkläßlers VERSTECKTE KAMARA IN BÜRO GEFUNDEN in den Berichtsbogen ein. Hansen konnte es nicht fassen, daß der Mann nicht einmal wußte, wie »Kamera« buchstabiert wurde.

Sobald der Wachmann sich wieder in Richtung untere Stockwerke geschleppt hatte, meinte Zaraghi kopfschüttelnd: »Genau wie beim NASCIA. Nachts kannst du den Sicherheitsdienst vergessen.«

Nachdem sie den Vorfall angezeigt hatten, verlagerten die beiden ihre Aktivitäten in den War Room, jenes fensterlose Zimmer am anderen Ende des Stockwerks. Es schien äußerst unwahrscheinlich, daß dieser abgelegene Konferenzraum ebenfalls verwanzt war. Im Archiv der Rechtsabteilung fanden Hansen und Zaraghi einen fahrbaren Tisch für Audio- und Videogeräte, auf dem sie den Computer in den War Room karrten. Drinnen setzte

Zaraghi die Anlage wieder zusammen und schon konnte die Verschwörerjagd weitergehen.

Die nächste Stunde verbrachte Zaraghi damit, die restlichen Dokumente zu decodieren und auf dem vorsintflutlichen, entsetzlich trägen Laserdrucker, den Felicity Rick bei seinem Eintritt in die Firma zugeteilt hatte, auszudrucken. Insgesamt mußte Rick über siebenhundert Seiten mit Bingham-Dateien auf Indizien hin überprüfen. Aber bevor sich Rick darangab, suchte er aus den archivierten Kartons, die er letzten Monat abgerufen hatte, die wichtigsten Unterlagen heraus, um Zaraghi einen Blick darauf werfen zu lassen. Hansen unterdrückte den Drang, sich nach Stephanies Befinden zu erkundigen, sie brauchte jetzt Ruhe.

Kurze Zeit später tauschten sie die Papiere aus, und Zaraghi sah sich die Unterlagen aus Binghams Kisten an, während Hansen die decodierten Dokumente studierte, die Zaraghi fertiggestellt hatte.

Bei ihrer Lektüre fielen sie immer wieder in langes Schweigen. Plötzlich stieß Zaraghi ein ironisches Prusten aus.

»Was ist?« fragte Rick.

»Diese Expertise, die dein Freund Bingham hier über die Unvermeidbarkeit von Börsencrashs angefertigt hat.«

»Ja, was ist damit?«

»Das sind *meine* verdammten Forschungsergebnisse, die er hier aufarbeitet. Ich weiß noch, wie Gammage mich bat, das Thema für einen potentiellen Kunden kurz abzuhandeln, was ich in einer achtundvierzigstündigen Kaffeeorgie in den Bibliotheksräumen der CMU dann auch tat. Und jetzt stell ich fest, der Kerl hat die Arbeit einfach als seine eigene verkauft. Wundervoll. Ich hab's echt raus, mir meine Geschäftspartner auszusuchen, was?«

»Kein Kommentar«, sagte Rick und wandte sich wieder den Ausdrucken zu.

Die Zeit kroch dahin, während sie sich durch die Berge von gespeicherten Texten quälten. Fast eine Stunde verging. Hansen gähnte. Aus der Anwaltsarbeit würde morgen nicht viel. *Immer auf die Pausen konzentrieren,* dachte er schläfrig. Der Anwalt trank einen Schluck dünnen Automatenkaffee und ergriff das nächste Blatt. Sofort schrie er triumphierend auf.

Zaraghis Kopf schnellte hoch. »Was ist?«

Freudestrahlend blickte Hansen ihn an. »Das Geheimnis von BEACON ist gelöst!«

»Ohne Quatsch?« Zaraghi kam zu Hansens Stuhl herüber und sah ihm über die Schulter.

VERTRAULICH
Adr.: Max Schomburg
Abs.: Robert M. Wolcott III., Vorsitzender der Executive Commitee Task Force für das Beacon-Projekt
betr.: Das BEACON-Projekt – Katastrophenschutzmaßnahmen

»Ach du heiiiilige Scheiiiiiße«, jodelte Zaraghi. »Ist dir klar, was das bedeutet?«

»Na, ein firmeneigener Notfallplan für Katastrophensituationen.«

»Genau. Und ich hab in diesem Bereich schon ein wenig als Berater gearbeitet. Gemeint ist ein ›Störfall extremen Ausmaßes‹ wie der Anschlag von Computerterroristen, ein Brand oder ein Erdbeben. Insbesondere ihr Jungs im Finanzdienstleistungsgewerbe seid doch völlig auf elektronischen Datentransfer angewiesen. Für den Fall, daß die Hauptanlagen mal ausfallen, muß es also einen Notplan geben. Allem Anschein nach ist das Projekt BEACON der Back-up-Plan für deine Firma, sollte irgendeine Art von Katastrophe die zentrale Rechneranlage einmal schachmatt setzen …«

»Schon klar«, sagte Hansen in dem Versuch, Freddie von dessen Cyber-wissen-einfach-alles-Thron herunterzuholen. »Das BEACON-Projekt ist also der Notfallplan der Wolcott Fulbright. Und jetzt weiter.«

Einleitender Überblick

Wolcott, Fulbright & Company unterhält zwei Einrichtungen, die für ein effizientes Funktionieren ihrer globalen Geschäftsverbindungen auf dem amerikanischen Kontinent, in Europa und im pazifischen Raum von unerläßlicher Bedeutung sind. Diese beiden Einrichtungen sind die Wall Street 44 und Parsipanny in New Jersey.

Ein Katastrophen- oder Notfall liegt vor, wenn höhere Gewalt oder ein vergleichbares Ereignis eine zentrale Komponente des Datentransfers ausgeschaltet hat. Sofern sich die Notfallpläne an den betroffenen Haupteinrichtungen als unzureichend erweisen, werden die Rettungsmaßnahmen in den Ausweichzentren eingeleitet. In diesem Szenario besteht die wesentliche Aufgabe des BEACON-Projekts darin, in einem Katastrophenfall die teilweise oder vollständige Kontrolle über die wichtigsten geschäftlichen Handlungsfunktionen sicherzustellen, damit Firmenbesitz und Kundenkonten auch in extremen Ausnahmesituationen keine gravierenden Verluste hinnehmen müssen.

Gefahren:

Im Fall von Katastrophenszenarien der Stufe 1 oder 2 könnten Kunden- und firmeneigene Konten aufgrund der paralysierten Handelseinrichtungen der Firma Verluste in unbestimmbarer Höhe erleiden.

Empfehlung:

Die Untersuchungskommission empfiehlt die Einrichtung zweier Ausweichquartiere.

Geographisch entfernte originalgetreue Nachbildung (»Shell Site«):

Eins dieser Quartiere würde in mindestens hundertfünfzig Meilen Entfernung vom Epizentrum in New York City und damit in sicherem Abstand vom Katastrophenherd eingerichtet – Camden, New Jersey, und Framingham, Massachusetts, zählen hier zu den Kandidaten. Dies gilt für KATASTROPHENSZENARIEN DER STUFE 1, durch die es der Firma für einen Werktag oder länger unmöglich gemacht wäre, ihre normalen Aufgaben wahrzunehmen (Erdbeben, höhere Gewalt etc.)

Back-up-Einrichtung vor Ort in Wall Street 44 (»Hot Site«):
Zugleich sollte für den Fall, daß die Beeinträchtigungen nicht das gesamte New Yorker Stadtgebiet, sondern nur Wolcotts firmeneigenen Bereich betreffen (z. B. Stromausfall, Zusammenbruch der Telekommunikation, Sabotage, Überschwemmung, Brand, etc.) innerhalb der Wall Street 44 eine »Hot Site« im Kleinformat installiert werden, deren spiegelgetreuer Aufbau eine nahtlose Übernahme der lokalen Funktionen gewährleistet. Diese Einrichtung würde mit dem Mindestmaß von Soft- und Hardware ausgerüstet, der nötig ist, um die Wertpapier- und Derivatebestände trotz des Ausfalls der zentralen Anlage weiter verwalten zu können. Dies gilt für KATASTROPHENSZENARIEN DER STUFE 2, die sich auf vorübergehende, begrenzte Notfälle beschränken, die an einem einzelnen Handelstag lediglich stundenweise den normalen Geschäftsablauf beeinträchtigen würden (etwa vorübergehender Stromausfall).

Definition von Vorfall:
Eine Situation, die über mehrere Stunden, einen ganzen Arbeitstag oder einen unabsehbaren Zeitraum hinweg zu einem Ausfall aller Versorgungsquellen und aller bestehenden Geschäftsfunktionen führt.

Risikomanagement:
Die einer Katastrophe/Notfallsituation innewohnenden Risiken können durch die Unterhaltung einer Reihe zu-

sätzlicher, geographisch weit auseinanderliegender Einrichtungen als alternative »Hot Sites« minimiert werden.

»Aha«, sagte Rick. »Sie nennen es also BEACON, weil die Notfallpläne, sobald die Lichter ausgehen, in Kraft gesetzt werden und dabei wie ein *Leuchtturm* in der Dunkelheit fungieren.«

»Hübsch«, sagte Zaraghi und riß das Einwickelpapier von einem Snickers-Riegel. »Gefällt mir. Aber was hat es mit Tom Bingham zu tun?«

Hansen schnaufte frustriert. »Vielleicht hat Tom ja nur als juristischer Berater für das Projekt gearbeitet. Vielleicht hat BEACON überhaupt nichts mit dem anderen Plan zu tun.«

»Irgend etwas muß es damit zu tun haben. Denk doch nur daran, wie er in seinem PDA dauernd davon spricht. ›BEACON besuchen‹, ›Heute Programmierungen an BEACON vornehmen‹, ›Treffen auf BEACON-Ebene‹. In den letzten drei Monaten seines Lebens nehmen die BEACON-Eintragungen in seinem Notizbuch einen immensen Raum ein.« Zaraghi breitete seine Hände zu einer Fakt-bleibt-Fakt-Geste aus.

Hansen betrachtete das Gutachten, griff dann in seine leinene Umhängetasche und zog den Umschlag heraus, den Bingham schlicht »BEACON« beschriftet hatte. Er entnahm ihm die Magnetstreifenkarte und starrte diese an, als wollte er sie in purer Willensanstrengung zur Preisgabe ihres Geheimnisses zwingen. Wo war BEACON?

Plötzlich spielte ein leichtes Lächeln auf seinem Gesicht. »Ich frage mich, ob…« Er ließ den vor sich hin gemurmelten Gedanken unvollendet.

»Was?« wollte Zaraghi wissen.

»Mir nach.«

48

2.16 Uhr

Sie gingen auf den Flur hinaus, und Hansen drückte den Rufknopf für den Aufzug. Die Taste leuchtete auf und signalisierte, daß der Fahrstuhl unterwegs war. Hansen sagte: »Es gibt da eine Sache, die mich wundert, seit ich bei dieser Firma angefangen habe. Hängt mit dem Fahrstuhl zusammen.«

Zaraghi warf ihm einen verständnislosen Blick zu.

Im nächsten Moment traf der Aufzug ein und die Türen öffneten sich. Zaraghi folgte Hansen nach innen. Die Türen schlossen sich, doch die Kabine bewegte sich nicht, da noch kein Stockwerk gewählt worden war.

»Yeah?« sagte Zaraghi. »Und was meinst du nun?«

»Siehst du, was passiert, wenn ich diesen Knopf drücke?« Hansen preßte wiederholt die B-Taste am untersten Ende der Leiste.

»Rein gar nichts«, erwiderte Zaraghi gelangweilt.

»Stimmt genau.« Hansen hielt die weiße Magnetstreifenkarte hoch. »Und jetzt wollen wir doch mal sehen, was passiert, wenn ich zuerst *das hier* mache.«

Hansen fuhr mit der Karte durch den Schlitz des Lesegeräts.

Dann drückte er erneut die B-Taste.

Diesmal leuchtete sie auf.

»Hey«, lächelte Zaraghi, »jetzt hast du die freie Auswahl.«

Mit einem Ruck begann der Aufzug seine geradlinige Fahrt zum Erdgeschoß hinab und weiter unter das Straßenniveau der Wall Street.

Im Basement öffneten sich die Türen und ein schwach erleuchteter Raum mit Betonwänden und Maschendrahtgittern wurde sichtbar. Auf den ersten Blick schien die B-Ebene nichts weiter als ein verwahrlostes Kellergeschoß zum Lagern irgendwelchen Krimskrams zu sein. Werkzeugkisten und Holzbretter waren planlos an der gegenüberliegenden Wand aufgestapelt, und in der feuchten Luft lag der scharfe Geruch von Acryllack. Zaraghi blickte sich in dem Halbdunkel um. »Kannst du vergessen hier unten.«

»Und warum dann die ganzen Sicherheitsvorkehrungen?« fragte Hansen.

»Woher soll ich das wissen?«

Hansen ging voran, immer tiefer in die Höhle des Löwen.

Schließlich stießen sie auf eine fensterlose Gipswand mit einer schweren Eisentür in der Mitte. Neben der Tür war eine Tastatur mit einem roten LCD-Display angebracht. Zaraghi stöhnte auf. »Ah, nichts geht mehr. Sackgasse.«

Hansen grunzte, beugte sich nach vorn und inspizierte die Anzeige. »So ein Kontrollgerät hab ich noch nie gesehen.«

»Ohne SmartCard ist das unüberwindlich.« Freddie gab ohne nachzudenken eine willkürliche Zahlenkombination ein und drückte auf ENTER. Als Resultat leuchtete ein abweisend rotes Verbotslicht auf. »Yeah. Ein zweites Fort Knox.«

Hansen drehte sich zu Zaraghi. »Was hast du da eben gesagt? Eine ›Smartcard‹?«

»Yeah, eine Ace SmartCard.« Zaraghi formte mit den Fingern ein Rechteck von der Größe einer Kreditkarte. »Es handelt sich dabei um einen winzigen Computer mit etwa diesen Maßen, der alle zwei Minuten einen neuen, kurzlebigen Code anzeigt. Diese Passiercodes werden von dem zentralen Sicherheitssystemen eurer Firma entwickelt und über Radioimpuls jeweils aktualisiert. Diese Technologie schränkt also den Zutritt auf eine kleine Gruppe autorisierter Mitarbeiter ein, damit Spitzbuben aus der Firma oder von draußen nicht in streng vertrauliche Einrichtungen gelangen können. Ist vermutlich genau dafür gedacht, neugieriges Gesindel wie uns außen vor zu lassen.«

Hansen schloß seine Augen und lächelte glückselig. *Vielen Dank, lieber Gott.*

Zaraghi glotzte ihn verwundert an. »Warum denn jetzt diese Showmastergrimasse?«

»Weil ich Tom Binghams SmartCard habe.«

Zaraghi grinste. »Chef, Sie stecken voller Überraschungen. Wie kommst du denn daran?«

»Tom Bingham hat sie mir vermacht. Warte hier. Ich bin in weniger als fünf Minuten wieder zurück.«

In Wahrheit benötigte Hansen doch über sechs Minuten, um zum War Room in den siebenunddreißigsten Stock hinaufzufahren und wieder zurück zu Zaraghi in die unterirdische Anlage zu hetzen. Seine Hand umklammerte Tom Binghams Terminkalender. Er stellte sich vor die Tastatur des Kontrollgeräts, öffnete den Kalender, schlug die letzte Seite auf und zog die Ace SecurID aus der Rückentasche.

Die aktuelle Codenummer lautete 067-455. Wenige Sekunden später sprang die Anzeige um und zeigte den nächsten kurzlebigen Passiercode an: 898-010. Hansen tippte die neue Nummer ein, ein grünes Licht leuchtete auf, und das Geräusch eines aufspringenden Schlosses hallte durch das weitläufige Kellerareal. *Zutritt gestattet.*

»Sesam öffne dich«, sagte Zaraghi.

Hansen drehte den Knauf und die fensterlose Stahltür schwang auf. Bei ihrem Eintritt gingen nach und nach automatisch die an Bewegungsmelder gekoppelten Leuchtstoffröhren an.

»Wahnsinnig cool.« Zaraghis Stimme dröhnte durch den riesigen Raum.

Im nächsten Augenblick ließ sie das Geräusch des anspringenden Notstromaggregats zusammenzucken, dessen tiefes Brummen anschließend die Stille erfüllte. Auch der brennstoffbetriebene Generator war automatisch eingeschaltet worden.

»Himmel«, entfuhr es Hansen. »Das hat mich beinahe zu Tode erschreckt.«

»Mich auch.«

Schweigend schlenderten sie durch die Einrichtung und ließen fasziniert die Atmosphäre dieses streng geheimen Notfallquartiers der Firma auf sich wirken. BEACON entsprach in der Tat einem voll funktionstüchtigen Ersatz-Trading-Floor, wie er in dem vertraulichen Gutachten beschrieben worden war. Zur Ausstattung der Anlage zählten lange Reihen von Telefonen, Standleitungen, firmeneigener CB-Funk, Anschlüsse für Marktinformationsdienste, Broker-Bildschirme von vernetzten und unabhängig operierenden Systemen, PCs, UNIX-Workstations, Datenausgabegeräte, Funktelefone, Verbindungen zum Zentralrechner in Parsipanny, Faxgeräte, Telexmaschinen, Kopierer und Tischrechner. Vor allem infolge der unterirdischen Lage war die Temperatur spürbar niedriger als in den anderen Büroräumen der Wall Street 44. Die Decken waren nicht einmal halb so hoch wie die des regulären, weit in den Himmel über Manhattan ragenden Trading Floors, aber schließlich handelte es sich hier ja auch nur um eine behelfsmäßige Einrichtung, auf die für den Fall, daß die eigentlichen Handelsräume aufgrund irgendeiner Katastrophe nicht benutzbar waren, vorübergehend ausgewichen werden konnte. Das Platzangebot reichte mal eben für zweihundert Personen, was bedeutete, daß im Fall einer Katastrophe der Stufe 1 viele der Händler und Verkäufer mit einem freien Tag rechnen durften. Zum Schutz vor Diebstahl oder Sabotage waren in einer typischen Doppelt-hält-besser-Sicherheitsmaßnahme die Computer-Keyboards in Schubladen und die Mini-Towers in Metallkäfigen unter den Schreibtischen weggeschlossen. Die Sicherheitsvorkehrungen waren eindeutig überzogen. *Neunundneunzig Prozent der Betriebsangehörigen wußte nicht einmal von der Existenz dieser Anlage,* dachte Hansen.

Offensichtlich würde das Wohl der Firma also in den Händen von zweihundert Auserwählten liegen, die weiter für Umsatz sorgen, selbst wenn eine schwere Katastrophe das Leben in New York City ansonsten zum Erliegen brachte. Herrgott, sie könnten eine Atombombe in Lower Manhattan zünden, und Wolcott

Fulbright würde weiter mit Chicago, London und den Over-the-Counter-Märkten Geschäfte betreiben, als wäre nichts geschehen.

Zaraghi schienen ähnliche Gedanken durch den Kopf zu gehen. »Wie ein Atombunker. So nach dem Motto: ›Der Dritte Weltkrieg hat angefangen, Alter, besorg mir doch gleich mal tausend Stück Coca-Cola short.‹ Gespenstisch.«

»Yeah.« Hansens Aufmerksamkeit war bereits auf etwas anderes gerichtet. »Hey, ist dir schon aufgefallen, daß alle Computerbildschirme schwarz sind bis auf den letzten?« An einer abgeschiedenen Workstation in der hintersten Ecke des für den Wertpapierhandel reservierten Bereichs ging vom Monitor ein flackerndes Licht aus.

Vorsichtig näherten sich die beiden dem Phänomen, als fürchteten sie, es würde sich sonst erschrecken und verschwinden. Sie blieben schweigend vor dem Gerät stehen und betrachteten die rasch nach oben fortlaufenden Zeilen einer Tabelle. Der Datenfluß war schon beinahe zu schnell, um ihm noch mit bloßem Auge folgen zu können.

Auf dem Fußboden bemerkte Hansen etwas, das ihm bekannt vorkam. Er bückte sich und hob es vom Teppichboden auf. Eine gelb-schwarze Zigarrenbinde … Rick stockte der Atem, als er die Aufschrift las: Liguito No. 2 … die seltene kubanische Sorte, die er in seiner ersten Woche in McGearys Büro probiert hatte. Hansen stutzte. McGeary war hier gewesen? Arbeitete er auch am BEACON-Projekt mit? Rick steckte die Zigarrenbinde in die Vordertasche seiner Anzugshose.

»Ach du heilige Scheiße«, platzte Zaraghi da heraus, und Hansen schreckte auf.

»Was ist passiert?«

Zaraghi konnte seine Augen nicht vom Bildschirm abwenden. »Auf diesem Computer läuft LINDA. *Mein Programm* läuft auf diesem Drecksteil.« Er wirbelte zu dem Anwalt herum. »Auf den Computern deiner Firma läuft *mein Programm. Wolcott Fulbright* ist es, die sich in LINDA eingeschlichen hat.«

Plötzlich geriet Hansen ins Wanken. Direkt vor seinen Augen hatte er den Beweis, daß sich Gil McGeary und Tom Bingham zusammengetan hatten, um Freddie Zaraghis Computersoftware zu kapern und mit dessen Hilfe Börsentrends zu gestalten. Zaraghi war damit in der Lage, Wolcott Fulbright wegen widerrechtlicher Aneignung geistigen Eigentums mit einer Multimillionendollarklage zu überziehen. *Und Hansen war auch noch so blöde gewesen, dem Kläger Zutritt zum Firmengelände zu verschaffen!* Der eigene Verteidiger hatte die Position der Firma für eine drohende Zivilklage kompromittiert. »Freddie, ich bin sprachlos. Aber da wir uns womöglich in einem Rechtsstreit auf verschiedenen Seiten wiederfinden werden, müssen wir die Räumlichkeiten jetzt sofort verlassen…«

»Warte mal.« Freddie Zaraghis dunkle Augen funkelten wild. »Einen Moment. Was haben wir morgen?«

»Was? Morgen ist Samstag.«

»Nein. Herrgott, ich meine *heute*. Heute ist Freitag, das weiß ich, aber welches Datum?«

Hansen blickte auf seine Uhr. »Der neunzehnte März.«

»Der neunzehnte März.« Zaraghi sprach in einer eintönigen Automatenstimme. »Der dritte Freitag des letzten Quartalmonats.«

»Ja«, bestätigte Hansen. Die nächsten drei Wörter sprachen die beiden Männer unisono aus. »Triple-Witch-Friday.«

»Stimmt schon«, sagte Hansen. »Aber was hat das hiermit zu tun?«

Zaraghi blickte mit blutunterlaufenen Augen auf den Computerbildschirm. »Im Zusammenhang mit dieser Sache über Börsencrashs, die ich für Gammage verfaßt habe? Nun, Gammage hat mich gefragt, ob es theoretisch möglich sei, LINDA so zu programmieren, daß es einen Crash verursachen würde. Ich sagte ihm, selbstverständlich sei dies möglich und nicht nur theoretisch, sondern auch ganz praktisch. Ich meine, wenn man sich in den Kapitalfluß einschaltet und für eine gewisse Erschütterung sorgt, dann könnte LINDA von da an einfach übernehmen…«

Zaraghi brach ab. Dann sagte er. »LINDA ist ein hochqualifiziertes System, auf dem alle bekannten Ereignisse und Begleitumstände des Black Monday vom 19. Oktober 1987 gespeichert sind. Es hat Zugriff zu jedem Handelsabschluß, der jemals an einer Leitbörse getätigt worden ist...«

»Worauf willst du hinaus?«

Zaraghis Gesicht verlor seine Farbe. »Dieser Computer, die Sachen, die er gerade läd. Das weicht ab von dem Programm, das ich entwickelt habe. Die Vorgänge hier auf dem Bildschirm... Es sieht so aus, als bereite er sich darauf vor..., eine Unmenge von Aktien abzustoßen.«

»Eine Unmenge? Wie viele sind das?«

»In Dollar ausgedrückt, zehn Milliarden.«

Hansen konnte nicht glauben, was er hörte.

Zaraghi deutete auf den Monitor. »Sieh doch.«

»Ich versteh überhaupt nicht, was da vor sich geht«, sagte Hansen.

»Das Programm läd Aktien von Notierungen, die allesamt den wichtigsten Indizes angehören. Und es bereitet sich darauf vor, sie allesamt durch die Börsen zu jagen. Jemand hat mein Programm so modifiziert, daß es tut, wonach Gammage sich erkundigt hat. LINDA wird morgen bei Börsenöffnung versuchen, einen Börsencrash einzuleiten.«

»Das meinst du doch nicht im Ernst?«

»Todernst. *Das* ist es, was hinter alldem steckt.«

Hansen musterte Zaraghi eindringlich, suchte nach irgendeiner Hinterlist, konnte jedoch keine ausmachen und eine lähmende Taubheit breitete sich in seinem Körper aus. Zu seinem größten Entsetzen begannen die Mutmaßungen seines jungen Freundes immer mehr Sinn zu machen, und das sich abzeichnende Bild war beängstigend. »In Ordnung, also gut, was müssen wir tun, um... dieses Programm abzubrechen?«

»Ich weiß nicht, ob wir das überhaupt können.« Hilflos starrte Zaraghi den Bildschirm an und überlegte. »Die Tastaturen und die Rechner sind alle eingeschlossen. Ich hab keinerlei Zugriffe auf die Anlage. Rick, ich schwöre dir, ich weiß nicht, ob ich die Sache noch irgendwie vereiteln kann.«

Hansen blickte auf den Computer, dann auf Zaraghi. »Das ist die falsche Antwort«, erklärte er kategorisch. »*Du* hast dieses verdammte Monster in die Welt gesetzt, Freddie. Jetzt mußt *du* es auch zur Strecke bringen.«

49

4.53 Uhr

Colbert verfolgte mit ehrfürchtigem Staunen, wie LINDA ihre Arbeit verrichtete. *Das ist gut*, sagte er zu sich selbst. *Das ist so gut.* In endloser Folge marschierten die Zahlenkolonnen den Bildschirm hinauf, jede Reihe einen Vermögenswert symbolisierend. Reichtum, destilliert in seiner reinsten Form, Ziffern, die die Gewinner von den Verlierern trennten. Colbert war fasziniert von der schieren Masse an Information, mit der er konfrontiert wurde. Der Finanzier hielt sich zwar selbst für einen Kosmopolit, aber er hatte bislang gar nicht geahnt, an wie vielen Börsen schon hektische Betriebsamkeit herrschte, während Nordamerika noch schlief. In einem kleinen Fenster oben rechts auf dem Bildschirm lieferte etwa Reuters eine Echtzeit-Kontrolliste des Börsengeschehens in Tokio, London, Frankfurt, Paris, Mailand, Madrid, Amsterdam, Stockholm, Zürich, São Paulo, Sydney und Hongkong. Selbst die weniger bekannten Börsen waren in einem Datenfenster berücksichtigt. Colbert stellte zu seiner Überraschung fest, daß es Handelshäuser in Orten gab, die er nur mit Schwierigkeiten auf dem Globus finden würde: Bangalur, Gauhati, Guayaguil, Ljubliana, Maebashi, Pernambuco. Vielleicht konnte ja LINDA darauf umprogrammiert werden, diese Dritte-Welt-Märkte auch noch zusammenbrechen zu lassen, dachte Colbert lächelnd. Ach, die Welt offerierte so viele Möglichkeiten, aus nichts Geld zu machen.

Die Wartezeit bis 5.00 Uhr vertrieb er sich damit, ein weiteres Mal in Stilettos Haus in Connecticut anzurufen. Das Besetztzeichen ließ ihn lächeln. Schließlich hatte Stilettos Frau also doch den Hörer von der Gabel genommen. Die ganze Nacht schon hatte sich Colbert einen Spaß daraus gemacht, stündlich anzurufen und sich danach zu erkundigen, wo er ihren Mann erreichen könnte. »Der sitzt in einer Nachtrunde bei den Prämienverhandlungen«, hatte seine Frau erwidert. »Ich weiß nicht einmal, ob er noch nach Hause kommt oder in der Stadt übernachtet.« Da Stiletto weder auf seinen Pager reagierte, noch Anrufe auf seinem Handy entgegennahm, blieb Colbert nichts anderes übrig, als es in regelmäßigen Abständen unter der Privatnummer seines wohldotierten Lakaien zu versuchen. Die Frau hatte also den Hörer von der Gabel genommen, und Colbert war klar, daß Stiletto heute nicht mehr nach Hause kommen würde.

Vielleicht bei einer Liebhaberin, dachte Colbert. Unwichtig.

In fünf Minuten würde all dies hinfällig werden. Dann müßten sich die Russen um nichts mehr Sorgen machen. Die Patrone saß bereits in der Kammer, und Colbert hatte den Finger am Abzug. Der Finanzier nippte an seinem Kaffee und beobachtete, wie die Minuten unwiderruflich verrannen.

Nachdem er vierzig Minuten lang die Aktenkisten im War Room durchwühlt hatte, kehrte ein erschöpfter Rick Hansen in die BEACON-Anlage zurück, um nach Zaraghis Fortschritten zu sehen. Er traf Freddie an, der wie ein Konzertpianist über seinem Laptop hing, wild entschlossen auf die Tasten einhämmerte und versuchte, etwas zuwege zu bringen.

»Na, vorangekommen?« fragte Hansen ihn.

Zaraghi schreckte hoch. »Whow, Himmel, hast du mich jetzt erschreckt.« Er schüttelte den Kopf. »Ohne direkten Zugriff auf die Workstation selbst ist das eine haarige Geschichte. Ich hab einen Selbstwählautomat an dein Telefon angeschlossen, der zur Zeit alle Anschlüsse von Wolcott Fulbright abruft. Sobald ich die richtige Verbindung habe, kann ich mit meiner Software auf Paßwortjagd gehen. Aber selbst dann dürfte es noch acht, neun Stunden dauern.«

»Freddie, die Börse macht in weniger als fünf Stunden auf.«

»Na ja, es würde natürlich sehr viel schneller gehen, wenn du die Schlüssel zu diesen Schlössern hättest«, gab Freddie zurück. »Andernfalls wird der ganze Prozeß eine echte Schwergeburt.«

Hansen winkte ab. Er hatte die BEACON-Anlage und Binghams Kisten auf den Kopf gestellt, aber keine Schlüssel gefunden. »Ich habe schon unzählige Male beim Sicherheitsdienst angerufen, aber immer nur den Anrufbeantworter erwischt.«

»Dann laß es mich halt auf meine Weise machen.«

Gedankenverloren griff Hansen in seine Hosentasche und zog die Zigarrenbinde heraus. McGeary..., vielleicht hatte ja Mc Geary einen Schlüssel. Vielleicht konnte ja McGeary einige der offenen Fragen beantworten. Aber es war noch nicht einmal fünf, und der Trading Floor würde sich nicht vor sieben zu füllen beginnen. Hansen rieb den glänzenden Papierring zwischen Daumen und Zeigefinger. »Freddie, ich hab noch mal über dieses ganze Untergangsszenario nachgedacht, und ich kann mir einfach nicht vorstellen, wie ein einziger Computer den gesamten Aktienmarkt zum Einstürzen bringen soll.«

Zaraghi hörte auf zu tippen und drehte sich um. »Dieser hier kann's.«

»Der Markt ist doch gigantisch groß«, sagte Hansen kopfschüttelnd. »Es bräuchte ein Kapital von wahrscheinlich hundert Milliarden, um den S & P 500 so stark zu beeinflussen, daß die Börse zusammenbrechen würde. Ein Computer kann doch einen derartigen Schaden gar nicht anrichten.«

»Du mußt dir das anders vorstellen. Denk doch nur an den Dow Jones Industrial Average. Wie viele Notierungen gehören zu diesem Index?«

»Dreißig«, erwiderte Hansen automatisch.

»Dreißig Aktienwerte. *Drei-Null*. Jetzt stell dir vor, plötzlich würden Hunderttausende von Verkaufsorders eingehen und den ganzen Tag auf diese Notierungen einschlagen, sie mit aller Macht in den Keller treiben. Was würde das wohl dem Dow Jones Industrial Average antun? Wenn die Leute nur einen Anflug von Panik auf dem Markt spüren, geraten sie selbst in Panik. Niemand will am Ende der Dumme sein. Es ist genauso, wie wenn jemand in einem vollbesetzten Kino ›Feuer‹ schreit. Es mag überhaupt kein Feuer geben, aber willst du wirklich sitzen bleiben und abwarten, bis du es genau weißt? Stell dir vor, wenn…« Zaraghi stoppte. Seine Augen starrten gebannt auf das Geschehen vor ihm auf dem Bildschirm. Wortlos folgte Hansen seinem Blick.

Eine merkwürdige Eingabeaufforderung war von LINDA eingeblendet worden.

MÖCHTEN SIE DIE VERKAUFSORDER
»HANDEL VON DARTMOUTH-AKTIENKORB
AN LONDONER BÖRSE«
WIRKLICH ABSENDEN?
JA NEIN

»Was hat das zu bedeuten, Freddie?«

»Keine Ahnung«, erklärte Zaraghi. »Das ist ein anderer Deal.«

Es war der Moment, auf den Colbert die ganze Nacht gewartet hatte. Ein prickelndes Gefühl einer geradezu sexuellen Erregung überfiel ihn, als er den Pfeil der Maus über das JA-Zeichen schob und die linke Taste klickte. Sofort verschwand der Bildschirm und wurde ersetzt durch:

BESTÄTIGUNG LÄUFT… BESTÄTIGUNG LÄUFT… BESTÄTIGUNG LÄUFT…

»Bestätigung?« fragte Hansen. »Was denn bestätigen? Ich denke, dein System funktioniert vollautomatisch.«

»Tut es auch, aber ich habe eine Sicherheitsfunktion eingebaut. Sobald eine Order entsteht, deren Dollarvolumen alle LINDA bekannten Abschlüsse übersteigt, bittet sie den Anwender zu bestätigen, daß der Befehl in Ordnung ist. Genau das passiert in diesem Augenblick. Und das Arschloch, das mein Programm geklaut hat, hat eben den nächsten Schritt vollzogen und die Order bestätigt.«

McGeary?

BESTÄTIGUNG LÄUFT... BESTÄTIGUNG LÄUFT... BESTÄTIGUNG LÄUFT...

»Und was passiert jetzt?« fragte Hansen.

»LINDA übermittelt die Order an das SEAQ-System der Londoner Börse und wartet darauf, daß die Gegenseite dort die Durchführung des Handels bestätigt.«

Das Stock-Exchange-Automated-Quotations-System war, wie Hansen wußte, ein elektronisches Handelssystem, das die Händler via Computer mit dem Londoner Aktienmarkt verband. Es ermöglichte den Handel mit amerikanischen Wertpapieren an der Londoner Börse, wovon besonders große, institutionelle Anleger in den Zeiten, in denen die New Yorker Börse noch geschlossen war, häufig Gebrauch machten.

Machtlos verfolgten sie, wie die Aktienpakete eins nach dem anderen abgerufen wurden und das Dollarvolumen in großen Sprüngen anstieg. Es handelte sich ausschließlich um Standardwerte, die zu den führenden Aktienindizes gehörten. Ein Schauer lief Hansen den Rücken herunter, als er sah, daß der Umfang der Abschlüsse bereits in die Milliarden Dollar ging. Ein Fenster gab den Gesamtwert mit über zehn Millarden Dollar an. *Zehn Milliarden Dollar.*

Eine halbe Minute später verkündete LINDA:

DIE DURCHFÜHRUNG IHRER ORDER(S) WURDE BESTÄTIGT.

»Und fertig«, sagte Zaraghi bündig.

»Fertig?« fragte Hansen. »Was meinst du damit?«

Die Antwort darauf kam nicht von Zaraghi, sondern von den sie umgebenden Computergeräten.

Nach und nach leuchteten überall um sie herum Bildschirme auf und begannen zu arbeiten. Innerhalb weniger Sekunden waren fast zwei Dutzend Monitore von Sun SPARCStations in Betrieb und surrten geschäftig.

Zaraghi stand auf, ließ seinen Kopf herumschnellen und fluchte leise bei dem Anblick der anspringenden Geräte.

»Freddie, sag schon, was, zum Teufel, ist hier los?«

Zaraghi verzog frustriert das Gesicht. »Phase zwei. LINDA lädt sich selbst auf andere Computer und bereitet sich damit darauf vor, die Börse mit Verkaufsorders zu überschwemmen, sobald der Markt um halb zehn öffnet.« Zaraghi wandte sich zu Hansen und meinte sarkastisch: »Na, vielleicht hast du ja recht gehabt, und ein Computer allein kann tatsächlich nicht die Börse zusammenbrechen lassen. Aber vielleicht gelingt's dann zweiundzwanzig davon.«

McGeary. Es blieben ihnen noch etwas mehr als drei Stunden, um an McGeary heranzukommen.

50

6.14 Uhr

Inzwischen war die werktägliche Pilgerfahrt in die südlichste Spitze Manhattans an diesem Freitagmorgen in vollem Schwunge. Pendlerzüge aus den grünen Vorstädten in New Jersey, Connecticut, Long Island und Westchester liefen in die Stadt ein, bis zum letzten Stehplatz vollgepackt mit Anleihehändlern, Wertpapierprüfern und Stockbrokern. Die U-Bahn brachte die Sekretärinnen und Empfangsdamen von den Außenbezirken in die City. Die Junganalysten nahmen sich von ihren Einzimmerapartments in der Upper East Side oder West Side gemeinsam Taxen den Franklin-D.-Roosevelt-Drive hinunter. Wenn an diesem Vormittag um 9.30 Uhr die Wertpapiermärkte aufmachten, würden 237 000 Arbeitskräfte die Wall Street zu einer Stadt von der Größe St. Petersburgs anschwellen lassen.

In der 44 betrat eine Handvoll besonders früher Wolcott-Fulbright-Mitarbeiter die Eingangshalle des Gebäudes, um sich auf die bevorstehende Börsensitzung vorzubereiten. Unter ihnen war auch Gil McGeary. Der Abteilungschef verschlang ein Butterbiskuit, das er bei einem Straßenhändler gekauft hatte, und spülte Kaffee hinterher. Die Verhandlungen am Abend zuvor hatten sich bis in die frühen Morgenstunden hingezogen, und um 6.30 Uhr würden sich die Kontrahenten wieder zusammensetzen. McGearys entschlossene Miene verriet, daß er bereit war, sich in die Schlacht zu stürzen.

7.07 Uhr.

»Persönlich halte ich es noch immer für möglich, daß es einen Crash gibt«, sagte Joe Money. »Und diese Dartmouth-Aktion könnte der Anfang vom Ende sein.«

Der allmorgendliche Rundruf fand ohne McGeary im Kuala-Lumpur-Konferenzzimmer statt. Das beherrschende Thema in den beteiligten Büros weltweit waren die Marathonsitzungen ihres Abteilungschefs mit der Sondergruppe Risikomanagement, die über die diesjährigen Prämienausschüttungen zu entscheiden hatte. Die endgültigen »Boni«-Beträge mußten der Buchhaltung spätestens am Mittag vorliegen, damit sie noch in die nächste Gehaltsabrechnung eingehen konnten, und McGearys kompromißloses Eintreten für das Derivateteam gefährdete den reibungslosen Handlungsablauf der Abteilung weltweit, was er zweifellos am Verhandlungstisch als Druckmittel zu benutzen wußte. Dementsprechend hatte sich Magilla mit den hohen Tieren der Vorstandsetage hinter verschlossene Türen zurückgezogen und war bis zur Börseneröffnung um 9.30 Uhr für niemanden zu sprechen.

Im Kuala-Lumpur-Raum wandte sich das Gespräch den ausländischen Märkten zu. Alle waren aufgewühlt wegen des riesigen Deals, den die Dartmouth Funds Group über das SEAQ-System an der Londoner Börse abgeschlossen hatte. Nigel Playford, ihr Londoner Derivatehändler, wertete Dartmouth' Entscheidung als deutliches Zeichen an den Markt dafür, daß zumindest ein allgemein anerkanntes Investmenthaus sich im großen Stil aus amerikanischen Standardwerten zurückzog.

»Der Gerüchteküche zufolge«, berichtete Julian Stainsby, »studieren die Pensionsfonds der drei führenden Autohersteller bereits den Entschluß von Dartmouth. Möglicherweise ziehen sie nach.«

Es folgte ein zustimmendes Gemurmel. Natürlich waren die meisten Leute in diesem Raum noch nintendosüchtige Pickelgesichter gewesen, als vor über einem Jahrzehnt der Crash von 1987 die Aktienkurse in den Keller schickte. Ihre kurzen Karrieren an der Wall Street umspannten vielmehr den fünf Billionen Dollar schweren Vermögenszuwachs in Amerika seit dem Beginn der Hausse im Winter 1991. Trotzdem war ihnen bewußt, daß die Seifenblase irgendwann einmal zerplatzen mußte. Ein Kursrutsch galt als historisch unvermeidlich. Die Frage war nur, würde es sich um eine »wohltuende Korrektur« handeln, die mit der Zeit wieder aufgefangen werden konnte, oder um eine atomare Kernschmelze, die Millionen von Anlegern in einem ungeschützten Moment erwischen würde.

»Als ob man ein fallendes Messer auffangen wollte.«

»Ich investiere bevorzugt in kurzfristige Volatilität.«

»Der Captain hat das Bitte-anschnallen-Zeichen eingeschaltet. Das dürfte ein holpriger Trip werden.«

Nach zwanzig Minuten war die Sitzung beendet, und die Truppe kehrte an ihre Schreibtische zurück, um sich für den dreifachen Hexensabbat des ablaufenden Quartals zu wappnen. Nach übereinstimmender Meinung war mit einem wildbewegten Börsentag zu rechnen.

Chicago, 7.47 Uhr.

Trader Vic erschien in seiner Kabine auf dem Parkett der Chicago Mercantile Exchange und traf dort seinen übermüdeten Mitarbeiter Andy Studd in einer sensationell schlechten Stimmung an. Andys Mannequinfreundin aus Kansas, die – wie jeder wußte – nur aufs Geld scharf war, hatte ihn wegen eines Bundesanleihenhändlers bei PaineWebber ohne viel Umschweife abserviert. Hey, was sollte Vic dazu sagen? Er versuchte es mit ein paar angestaubten Plattheiten über das Meer, das noch lange nicht leer gefischt ist, blubber-blubber, Andy würde schon merken, wenn er der Richtigen begegnete, blubber-blubber, die einzige Sache, die Miranda in den Hosen der Männer wirklich interessierte, war deren Brieftasche und so weiter. Als er damit Andys Laune nicht bessern konnte, packte er ihn bei den Schultern und meinte: »Andy, hör mal zu. Yeah, es tut weh, aber du mußt da jetzt einfach durch. Wir haben einen völlig abgedrehten Triple-Witch-Friday vor uns und müssen an die Arbeit. Also laß uns ein bißchen Licht hinter den Deal bringen, den Dartmouth in London abgeschlossen hat.«

Die nächsten fünfzehn Minuten verbrachten Trader Vic und Andy damit, sich auf dem Parkett der Merc ein wenig umzuhören. Den Telefonjungs von Refco und JP Morgan zufolge gab es einige Schwergewichte, die sich darauf eingestellt hatten, mit dem Klingeln der Eröffnungsglocke erhebliche Aktienbestände abzustoßen, was die Aktienindex-Futures unter immensen Druck setzen würde. Selbstverständlich war stets ein gewisses Mißtrauen gegenüber dem Wahrheitsgehalt solcher Gerüchte angebracht, da es sich häufig um Desinformationen handelte, mit denen die Edelhändler in New York hereingelegt werden sollten, aber der Typ bei Refco war ein Saufkumpan von Vic und hatte ihn bisher noch nie an der Nase herumgeführt. Vic sprang an den Sprechfunk, um sein New Yorker Publikum über die letzten Trends zu unterrichten. »Guten Morgen, Big Apple, herzliche Grüße aus der Windy City. Viel Getuschel, daß Dartmouth' fetter, und mit fetter mein ich wirklich fetter Verkauf von Standardwerten in London heute morgen einen bereits äußerst nervösen Markt noch gravierend geschwächt hat. Andere werden aller Voraussicht nach auf den Zug aufspringen. Wir rechnen bei Handelsbeginn mit einem außerordentlich lebhaften Markt für Aktienfutures. Das war's fürs erste, over and out.«

Long Beach, Kalifornien, 8.17 Uhr Ostküstenzeit.

In sprühender Laune betrat Eddie Slamkowski die bescheidenen Räumlichkeiten von Infinity Technology und knipste die Deckenbeleuchtung an. Die Brandung vor Tagesanbruch hatte für ein phantastisches Surfen gesorgt – »absolut vom Feinsten« in Derfs Wertung. Darüber hinaus begann die Sache mit seiner Rückkehr nach Chicago Gestalt anzunehmen. Trader Vic hatte ihm eine preiswerte Dreizimmerwohnung nicht weit vom East Bank Club besorgt. Vic hatte in Slams Namen eine Kaution hinterlegt, und Eddie konnte nach dem 15. April, wann immer er wollte, dort einziehen. Die Zulassungsleute bei der Merc hatten ihm gesagt, bis zum 1. Mai wäre sein Händlerausweis für das Parkett ausgestellt – alles in allem dürfte Slam also in etwas mehr als einem Monat wieder in den S-&-P-Pits arbeiten. *Da, wo er hingehörte!*

In der winzigen Kochnische lief der Kaffeeautomat und während Slam wartete, stellte er fest, daß er dieses elende Büro am Kilroy Airport kein bißchen vermissen wird. Ebensowenig wie die irrationalen Wutausbrüche von Chuckie Stone. *Seltsam,* dachte Slamkowski, seltsam, daß er dem Mann, für den er fünf Monate gearbeitet hatte, niemals begegnet war. Aber andererseits, *was soll's?* Slams kurzes Intermezzo bei Infinity würde in seinem Lebenslauf sowieso nur eine bizarre Fußnote bilden, zu verstehen bloß als Weg, die monatliche Stromrechnung zu begleichen, während er die *Surferphase* in seinem Leben durchlief. Sayonara, Mr. Stone.

Slam schaltete die Informationsdienste ein, um zu sehen, welcher Unfug sich in der Nacht auf den ausländischen Märkten ereignet hatte. *Ach du Scheiße!* Stones größter Kunde – die Dartmouth Funds Group – hatte vor wenigen Stunden erst eine gigantische Transaktion in London durchgeführt. Verkaufsorders im Wert von zehn Milliarden Dollar, fast ausschließlich die dreißig dem Dow Jones Industrial Average angehörenden Werte betreffend!

Das Telefon klingelte. Es war Trader Vic. Wie immer, wenn er Hintergrundinformationen nachjagte, verschwendete Vic keine Zeit mit Small talk. »Hey, Slam, Dartmouth ist doch dein Kunde, oder?«

»Yeah, der größte von Stone.«

»Neugierige Naturen wüßten natürlich gerne, was es mit diesem Monsterdeal von Dartmouth letzte Nacht in London auf sich hat.«

»Wenn ich das bloß selber wüßte«, erwiderte Slam. »Die Sache lief als Computerabschluß über SEAQ, während ich mich noch in der Tiefschlafphase befand. Aber die Folgen könnten ziemlich häßlich aussehen.«

Die Russen trugen die üblichen marineblauen Uniformen jener Firma, die für den Betriebsschutz bei Wolcott Fulbright zuständig war, und authentische Wolcott-Fulbright-Firmenausweise. Daher stellte sie auch niemand zur Rede, als sie die Firmenzentrale Stock für Stock nach dem Anwalt und dem Computerprogrammierer durchkämmten.

Die Suche verlief erfolglos, und die Gruppe sammelte sich wieder in der Eingangshalle. Die Fratze äußerte die Vermutung, daß sich die beiden inzwischen in der BEACON-Anlage aufhielten. Die Vorstellung beunruhigte Alexejew. Er zog die Antenne seines Handys ganz aus und rief seinen Auftraggeber an. »Wir brauchen sofortigen Zugang zur Anlage. Haben Sie Stiletto erreicht?«

»Ich kann ihn nicht auftreiben. Warten Sie auf weitere Instruktionen.«

Colbert legte auf, bevor Alexejew protestieren konnte.

Bedminster, New Jersey, 8.35 Uhr.

Ray Nysinger hatte bereits fast zwei Stunden Arbeit hinter sich, als Ed Savage, John Certo und Wayne Bernier ihren Schichtdienst im Network Operations Center der Telefongesellschaft antraten. Als Leiter des Anlagenschutzes bei NOC war es Ray Nysingers Aufgabe, sicherzustellen, daß die Vermittlungssysteme ständig betriebsbereit waren und daß jede Störung der Hard- und Software ohne Beeinträchtigung der Kundenversorgung behoben oder eingedämmt wurde.

Die Öffentlichkeit erwartete reibungsloses Funktionieren im Telefonbereich. Aber daran waren die Telefongesellschaften selbst schuld. Wegen des exzellenten Standards ihrer Qualitätskontrollen und der riesigen Investitionen in modernste Technologien gingen die Leute einfach davon aus, daß ein Freizeichen ertönt, sobald sie den Hörer von der Gabel nehmen. Eine Nummer eingeben, der Anruf wird durchgestellt, am anderen Ende nimmt jemand ab, und ein Gespräch in kristallklarem Ton kann beginnen. Telefonservice war eine Naturgegebenheit wie die Luft zum Atmen und die Sonne, die jeden Morgen aufging. Und unter Rays wachsamen Augen war dieser im Grunde unhaltbare Anspruch weitgehend eingelöst worden.

Scheißjob, aber irgend jemand muß ihn ja erledigen, erzählte er seinen Freunden oft. *Vor allem jemand mit drei Töchtern, die kurz vor dem Sprung auf die Uni stehen.*

»Morgen, Ray«, sagte Savage zu dem vorbeirauschenden Nysinger. »Na, noch immer Probleme mit dem Schlafen?«

Nysinger nickte andeutungsweise und war im stillen beunruhigt, daß seine altersbedingten Schlaflosigkeitsanfälle für seine Untergebenen derart offensichtlich zu sein schienen. Er wandte seine trüben Augen der über dreißig Meter breiten und ein Stockwerk hohen Wand aus fünfundsiebzig hochauflösenden Sony-Fernsehbildschirmen zu. In kinematografischer Hinsicht war das NOC eine exakte Kopie des visuell eindruckvollsten Lagebesprechungsraums im Pentagon. Geheimnisvolle alphanumerische Zustandsberichte liefen über die Bildschirme, die als zusammenhängende Einheit eine leuchtende Landkarte von den Vereinigten Staaten, Kanada, Mexiko, Europa und Asien bildete.

»Und? Wie sieht's aus heute morgen?« fragte Nysinger.

Savage hackte auf eine Taste und sofort flackerte ein aktueller Lagebericht auf seinen Bildschirm.

»Läuft alles normal«, erwiderte Savage um den Dunkin' Donut in seinem Mund herum. »Die Störung in Queens haben sie repariert, und es gibt überhaupt keine Probleme. Wirklich nirgends ein Grund, sich um den Schlaf bringen zu lassen.« Er zwinkerte seinem Chef zu. »Jetzt erzählen Sie doch mal. Hat die Älteste sich schon für eine Schule entschieden?«

8.42 Uhr.

An diesem Morgen herrschte eine spannungsgeladene Atmosphäre im Börsensaal der New York Stock Exchange, jenen geheiligten Hallen der Hochfinanz. Irgend etwas war im Schwange, so die einhellige Meinung unter den Specialists und Market-Makers, die in ihren grellfarbenen Jacken das Parkett bevölkerten.

Der berühmte Parkettboden selbst rief eher Erinnerungen an

eine High-School-Turnhalle wach. Er bestand aus schmalen abgeschliffenen Holzdielen, und ein ausgeblichener blauer Streifen, der Erstbesuchern der Börse die Orientierung erleichtern sollte, zerteilte ihn der Länge nach. Die in die Decke eingelassene mächtige Klimaanlage blies eine eisige Kälte auf das Gewimmel in den Händlerposten herab. Die Posten fungierten als eine Art Minisupermarkt für Aktien aller Art und ähnelten in ihrer Form aufplatzenden Riesenschoten. Wie die Arme eines Kraken ragten geschwungene Träger aus dem Fuß, an deren Ende Hewlett-Packard-Pixelvision-LCD-Bildschirme die neuesten Handelsdaten anzeigten. Hinter den Posten standen die Specialists und Market-Makers, die Käufern und Verkäufern von Aktien die nötige Bonität boten. Überall auf dem Parkett wurden IBM-Thinkpads zur Dateneingabe benutzt. Die alte Technologie – klappernde Keyboards und nach Farben unterschiedene Trading Tickets – vermischte sich mit der neuen, die aus High-Tech-Computern solcher Firmen bestand, die wie IBM und Hewlett-Packard zu den Spitzenwerten der New Yorker Börse zählten.

An diesem Morgen drehte sich das Gespräch wie an jedem anderen Morgen auch um die Vorhersage der Marktentwicklung.

»Habt ihr schon von diesem Monsterdeal gehört, den Dartmouth in London gelandet hat?«

»Yeah, Standardnotierungen im Wert von zehn Milliarden.«

»Die Arbitragejungs dürften heute alle Hände voll zu tun haben«, mutmaßte einer der Specialists.

»Das ist der Punkt, an dem sich die amerikanischen Märkte von den europäischen abkoppeln werden.«

»Wenn das passiert, werden die Korrekturen überaus häßlich ausfallen. Denkt dran, ich bin der erste, von dem ihr's gehört habt, Sportsfreunde.«

8.45 Uhr.

Plötzlich zeigte der Bildschirm der SPARCStation folgende Meldung:

WILLKOMMEN BEI WOLCOTT FULBRIGHTS
SECURITIES TRADE ENTRY AND PROCESSING SYSTEM
(STEPS)
BITTE JETZT PASSWORT EINGEBEN.

Zaraghi sprang von seinem Stuhl auf und reckte triumphierend eine Faust in die Luft. »Jawoll.«

Rick Hansen brach seinen Anruf bei Kilmartins Voice Mail ab und eilte zu Freddie hinüber. »Was ist passiert?«

»Ein Durchbruch, der Selbstwähler hat einen Hintereingang zum UNIX-Protokoll gefunden. Jetzt habe ich Zugriff auf das System.«

Endlich mal eine gute Nachricht! »Du bist drin? Großartig.«

»Noch nicht den Sektkorken knallen lassen, mein Freund. Erst muß ich noch das Paßwort zu Wolcotts elektronischem Handelssystem knacken.«

Augenblicklich war es mit Hansens Euphorie vorbei. »Ist das in einer halben Stunde machbar?«

»Eine Geld-zurück-Garantie gibt's nicht, aber ich werde es auf jeden Fall versuchen.« Zaraghi zog eine Floppy Disk aus seiner Tasche. Auf der Diskette war die grobe Zeichnung eines Totenschädels mit gekreuzten Knochen und die Aufschrift HACKERS KLEINE WERKZEUGKISTE zu sehen. Der junge Computerfreak schob sie in das Floppy-Disk-Laufwerk seines Laptops und rief ein Hilfprogramm zur ›Paßwortfahndung‹ ab. Der Bildschirm füllte sich mit unverständlichem Computerkauderwelsch, und der Versuch, das Paßwort des STEPS-Systems zu knacken, wurde eingeleitet.

Hansen fühlte sich bei dem Anblick des anlaufenden Programms unwohl. Er fragte sich, was wohl im Kopf des Erschaffers von LINDA vor sich ging. »Wie geht's, Freddie?«

»Mir? Ich hab Schiß«, erwiderte der Junge und verzog das Gesicht. »Richtig Schiß.«

Das war gut so. Zaraghi sollte nicht ebenso emotionslos sein, wie das von ihm entwickelte System. Hansen notierte sich die Nummer des Nebenanschlusses auf einen Zettel. »Ich geh zum Trading Floor hoch, um McGeary zu finden und das Paßwort herauszubekommen.«

»Das wäre natürlich klasse. Wann bist du wieder zurück?«

»*Auf jeden Fall* vor halb zehn.«

Hansen ließ Zaraghi allein in der BEACON-Anlage zurück und sprintete – nun völlig im Adrenalinrausch – zum Aufzug.

Pittsburgh, Pennsylvania, 9.00 Uhr.

Mit der kalten, distanzierten Präzision, die maschinelle Intelligenz nun mal besitzt, aktivierte LINDA das Backbonenetzwerk aus Supercomputern und bereitete sich darauf vor, die Finanzmärkte weltweit zu verwüsten. Die Verbindung mit Wolcott Fulbrights Back-up-Anlage und die Internetverbindungen mit den vollautomatischen Orderroutingsystemen von zweiunddreißig Finanzdienstleistungshäusern überall auf der Welt waren schon lange aufgebaut. Jetzt machte sich LINDA daran, seinen Anwender um Bestätigung für die nächsten Verkaufsaufträge im Wert von zehn Milliarden Dollar zu bitten, die pünktlich zur Eröffnung der Börsen erfolgen sollte.

Es gab zwei Möglichkeiten, an der Börse Aktien zu verkaufen – die Orders einem leibhaftigen Broker auf dem Parkett telefonisch durchzugeben oder sie direkt über das automatische Bearbeitungssystem der Börse abzuwickeln. Bei der elektronischen Variante nahm das Computersystem der Börse die Orders entgegen und leitete sie anschließend automatisch zum betreffenden Kursmaklerposten weiter. Für die Kunden war diese Methode wesentlich schneller als die durch Menschenhand vermittelte, denn während die Abfertigung einer Kaufs- oder Verkaufsorder durch einen Broker sechzig Sekunden dauerte, benötigte der Computerhandel lediglich zweiundzwanzig Sekunden dafür, eine

Order entgegenzunehmen, durchzuführen und den Abschluß zu bestätigen.

Kein Wunder also, daß in der Praxis fünfundachtzig Prozent des täglichen Handelsvolumens über die Telefonleitungen des elektronischen Handels lief. Aber vor allen Dingen wurden elektronische Orders sofort und unwiderruflich durchgeführt. War der Geist erst einmal aus der Flasche, konnte ihn keiner mehr zurückstopfen. Und genau darauf baute Colbert.

Um 9.00,00 Uhr ließ LINDA automatisch die Eingabenaufforderung zum Jüngsten Tag aufblitzen, über die Colbert nun zu entscheiden hatte.

9.00,07 Uhr.

Bei einem Frühstück aus trockenem Toast und lauwarmem Tee studierte Colbert die ihn umgebenden Geräte mit einem aufmerksamen Blick. Das erwartungsvolle Prickeln war mit nichts, was er je zuvor erlebt hatte, zu vergleichen. Colbert schaltete den Fernseher an, um sich auf CNBC das allmorgendliche Finanzmagazin *Squawk Box* anzusehen. Dartmouth' Off-Board-Abschluß und die enormen Spekulationen, die er auf beiden Seiten des Atlantiks hervorgerufen hatte, waren die Topmeldung der Stunde. *Was führte Dartmouth im Schilde?* fragten sich alle. Dartmouth selbst hielt sich bedeckt. Ein Unternehmenssprecher hatte lediglich verlauten lassen, daß Dartmouth eine einschneidende Kurskorrektur auf dem Atktienmarkt in nächster Zukunft für unvermeidlich halte. Der Name des Sprechers wurde mit Charles Stone angegeben.

Bei der Erwähnung seines Doppelgängers in einem landesweiten Fernsehprogramm brach Colbert in ein heiseres Lachen aus.

Plötzlich drang aus dem Computer ein hartnäckiges Piepen.

Colbert wandte sich dem Bildschirm zu.

SIND SIE SICHER, DASS SIE »VERKAUFSORDER(S) AN BÖRSEN(N)« ABSENDEN WOLLEN? JA/NEIN.

O ja, aber ganz sicher. Klick. Die Maschine surrte einige Sekunden lang, dann erschien abrupt die Meldung: VERKAUFSORDER(S) AN BÖRSE(N) BESTÄTIGT. Colbert grinste. Das war schon zu einfach. Ein simpler Mausklick und die Lunte brannte. Sobald die Märkte öffneten, würde das Gemetzel erst richtig losgehen. Der Moment raste mit hoher Geschwindigkeit auf ihn zu...

Zaraghi heulte gequält auf. Die Schutzmeldung, die er in das System installiert hatte, leuchtete ihm vom Bildschirm seiner Sun SPARCStation provozierend entgegen.

SIND SIE SICHER, DASS SIE »VERKAUFSORDER(S) AN BÖRSE(N)« ABSCHICKEN WOLLEN? JA/NEIN.

Aber er hatte keinen Zugriff auf LINDA und konnte deshalb nicht auf NEIN klicken. Das Keyboard mit dem Wolcott-Anschluß lag unter dem Arbeitsplatz in einem Drahtkäfig, bestens zu sehen und doch völlig unerreichbar. Inzwischen hatte der Schweinehund, der sein Programm geklaut hatte, auf JA geklickt, und LINDA begann Verkaufsorders im Werte von weiteren zehn Milliarden Dollar zusammenzustellen. Freddies Erfindung war dabei, einen vernichtenden Schlag gegen die Wirtschaft im Land und darüber hinaus vorzubereiten, und er konnte nichts dagegen tun.

Es sei denn...

Er dachte über die in seinem Laptop geladene Diskette nach. HACKERS KLEINE WERKZEUGKISTE. Sicher, die magnetische Speicherscheibe in dieser rechteckigen grauen Kunststoffhülle barg Verwerfliches, äußerst Verwerfliches. Aber im Augenblick betrachtete Freddie die Sache aus einem anderen Blickwinkel, und unter diesen besonderen Umständen barg HACKERS KLEINE WERKZEUGKISTE womöglich eine äußerst *nützliche* Verwerflichkeit...

9.06 Uhr.

Wieder einmal war es Joseph »Joe Money« Monetti, der die Meldung auf dem Dow Jones Newswire zuerst bemerkte.

»Whow, seht euch das mal an«, rief er den anderen zu und deutete erregt auf seinen Computerbildschirm.

9.06	DJN	AT&T Corp. Sell Imbalance: 546 900 Shrs.
9.06	DJN	AlliedSignal Inc. Sell Imbalance: 313 7000 Shrs.
9.06	DJN	Aluminium Co. of America Sell Imbalance: 345 000 Shrs.
9.06	DJN	American Express Co. Sell Imbalance: 412 900 Shrs.
9.06	DJN	Boeing Co. Sell Imbalance: 441 700 Shrs.
9.06	DJN	Caterpillar Inc. Sell Imbalance: 316 500 Shrs.
9.06	DJN	Chevorn Corp. Sell Imbalance: 446 700 Shrs.
9.06	DJN	Coca-Cola Co. Sell Imbalance: 546 000 Shrs.
9.06	DJN	Walt Disney Co. Sell Imbalance: 511 000 Shrs.
9.06	DJN	DuPont Co. Sell Imbalance: 346 300 Shrs.
9.06	DJN	Eastman Kodak Co. Sell Imbalance: 398 800 Shrs.
9.06	DJN	Exxon Corp. Sell Imbalance: 426 400 Shrs.

»Alles Notierungen aus dem Dow«, stellte Danny Patridge fest.

Julians Mund schrumpfte zu einem schmalen Strich. »Was zum Teufel geht hier vor? Sind das alles nur Verkäufe als Folge des Dartmouth-Deals?«

Joe Money sagte: »Das sind nur die ersten Anzeichen für den Verkaufsdruck noch vor Eröffnung. Mächtige Transaktionen im Programmhandel. Und die Specialists wünschen sich Käufer, die einspringen und die Schieflage wieder ausgleichen.«

Danny Patridge schüttelte seinen Kopf. »Eins kann ich euch versprechen, sobald die Eröffnungsglocke erklingt, wird der Markt auf geradem Weg in den Hades absacken.«

Detroit, 9.11 Uhr Ostküstenzeit.

Der Pensionfondsmanager Will Barclay blickte auf seinen Bloomberg-Nachrichtenschirm und fluchte leise vor sich hin. Was zum Teufel war heute nur auf den Märkten los?

Als Investmentmanager, der bei einem der drei großen amerikanischen Autohersteller für einen zweiunddreißig Milliarden großen Teilbereich der Pensionsrückstellungen verantwortlich war, hing Wills Lebensunterhalt davon ab, wie sorgsam er die Einlagen von einigen Millionen Fabrikarbeitern verwaltete, die nach ihrer Verrentung später einmal Anspruch auf diese Pensionsgelder haben würden. Will war lange genug im Geschäft, um zu wissen, daß bei aufziehenden Gewitterwolken das umsichtigste Vorgehen noch immer darin bestand, Unterschlupf zu suchen. Glattstellen war angesagt.

Er rief die gespeicherte Nummer von Jennifer Cleary ab, seiner persönlichen Kundenberaterin bei Merrill Lynch. Dabei handelte es sich um einen speziellen Anschluß nur für Barclay, bei dessen Klingeln Cleary sofort alle anderen Anrufe abbrach. »Guten Morgen, Will«, meldete Jennifer sich freundlich.

»Sag mal, Jenn, kennen Sie irgendwelche Hintergründe für diesen Verkaufsdruck?«

»Wir wissen auch nur, daß Dartmouth noch vor Markteröffnung einen Multimilliardenverkauf von Standardwerten in London durchgeführt hat und daß die Verkaufsorders im Programmhandel derzeit die Leitungen zum Glühen bringen.«

»Das Ende der Fahnenstange ist erreicht, Jenn, meinen Sie nicht auch?«

»Könnte sein. Ich weiß es nicht, Will. Ehrlich gesagt, wissen auch unsere Analysten nicht, was sie davon halten sollen.«

Barclay seufzte. »Na ja, die Hausse war wunderbar, solange sie andauerte, stimmt's? Okay, Jenn, ich möchte mein Verlustrisiko im Aktiengeschäft über den Tag hinweg nach und nach senken. Ich möchte das Portfolio um zwanzig Prozent reduzieren, machen Sie es zu cash.«

»Okay«, Jennifer Cleary bemühte sich um eine feste Stimme. »Zum Marktpreis?«

»Handeln Sie nach Bedarf. Und ich möchte, daß alles mit der größten Diskretion abgewickelt wird. Ich will nicht, daß die Leute später Detroit für das Blutbad verantwortlich machen.«

»Ich werde mich darum kümmern«, sagte Jennifer. Und das meinte sie durchaus ernst. Barclays Konto bedeutete Hunderttausende Dollar an Einnahmen für ihre Firma und könnte sich für sie als Schlüssel zu einem Managing-Director-Posten bei Merill erweisen. Soweit es sie betraf, gab es auf Gottes grüner Erde keine größere Berufung als für das Wohlergehen von Will Barclays Konto zu sorgen.

Sie bereitete ein Orderticket vor, mit dem über die heutige Börsensitzung hinweg Aktien im Werte von sechs Milliarden Dollar an der New Work Stock Exchange eingelöst würden.

9.17 Uhr.

Hansen betrat den Trading Floor. »Hat irgend jemand McGeary gesehen? Ich muß ihn *auf der Stelle* sprechen.«

Die Derivatespezialisten hielten ihre Blicke fest auf die Bildschirme geheftet und warteten gespannt darauf, was bei Börseneröffnung in dreizehn Minuten geschehen würde. »Er ist bis gegen halb zehn fort«, sagte Danny Patridge. »Bonisitzung mit den Oberbossen.«

Hansen sagte: »Ich muß ihn wirklich unbedingt sofort sprechen.«

Stainsby drehte sich zu ihm um. »Tut mir leid, Rick, aber er ist nicht zu erreichen. Wir wissen selbst nicht genau, wo er in diesem Moment steckt. Können wir Ihnen vielleicht weiterhelfen?«

»Kennt einer von euch das Paßwort für das automatische Abwicklungssystem?«

Stainsby Augenbrauen wanderten nach oben. »Du meinst das Paßwort für STEPS? Das kennt nur McGeary. Alles in Ordnung?«

Hansen atmete tief durch. »Schon gut. Es hat Zeit, bis er zurück ist.« *Kein Grund, eine Panik auszulösen.*

Der Händler wandten sich wieder ihren Bildschirmen und Telefonen zu.

Für Hansen hatte die Welt eine unwirkliche, unstete Form angenommen. Drohte tatsächlich in weniger als dreizehn Minuten der GAU? Es war... unvorstellbar? Rick setzte sich an eins der Pulte und wählte Zaraghis Anschluß in der BEACON-Anlage.

»Jau«, bellte Freddie Zaraghi. »Hast du das Paßwort für mich?«

»Nein. Ich kann McGeary nicht finden. Wir müssen irgend etwas unternehmen.«

»Was schlägst du vor?« fragte Zaraghi beunruhigt. In Hintergrund war wütendes Tastenhämmern zu hören.

»Ich könnte jemanden an der Börse anrufen.«

»Was willst du ihm denn erzählen? Daß ein Computersystem darauf programmiert ist, den Aktienmarkt zusammenbrechen zu lassen? Die lachen dich doch aus und legen auf.«

Hansen wirbelte in dem Drehstuhl herum und blickte auf den Bildschirm. Irgendwo in Wolcott Fulbrights Computernetzwerk rief ein Zusammenspiel aus Schaltkreisen, Leitungen und Systemplatinen einen schier endlosen Datenstrom an Verkaufsorders ab, mit dem in den nächsten siebenhundert Sekunden die amerikanische Wirtschaft erschüttert werden sollte. Hansen schlug seine Faust auf das Handelspult. »Hergott noch mal! Können wir denn wirklich nur dasitzen und untätig zusehen?«

In einem zögerlichen Ton meinte Zaraghi: »Eine Möglichkeit gäbe es noch.«

Ein letzter Hoffnungsfunke. »Welche?«

»Sie verstößt allerdings gegen alles, woran ich glaube.«

»Für philosophische Diskussionen haben wir jetzt keine Zeit, Freddie.«

»Es handelt sich um eine schwerwiegende Hackeraktion. Ich meine wirklich schwerwiegend. Bist du damit einverstanden?«

Hansen erstarrte. Aber welche Wahl blieb ihm schon? »Hör zu, was auch immer nötig sein sollte, mach's. Es ist mir egal, ob du die Dielen aus dem Boden reißt und die verdammten Kabel zerfetzt. Wir müssen die Sache nur aufhalten.«

»Verstanden. Und, Rick, denk dran, letzten Endes ist das nicht deine Aktion. Ich werde die volle Verantwortung dafür übernehmen.« Mit diesen vieldeutigen Worten legte Freddie Zaraghi den Hörer wieder auf die Gabel zurück.

Was wollte er damit sagen?

Paß auf, wonach du verlangst. Diese Maxime kam Freddie Zaraghi in den Sinn, als er sich anschickte, das Unvorstellbare zu tun. Vielleicht hätte er dem Anwalt ja reinen Wein einschenken und sagen sollen, was er vorhatte. Aber wozu wäre das schon gut gewesen? Zaraghi würde sich nicht mehr umstimmen lassen. Hansen hatte recht: es war sein Monster, und er allein mußte es zur Strecke bringen. Den Anwalt zog er da besser nicht auch noch mit hinein.

Wie ein Computerhexer hing Zaraghi über seinem Keyboard und begann hektisch zu tippen. Er rief eine Datei namens ESS-SHELL.EXE von den Floppy-Disk HACKERS KLEINE WERKZEUGKISTE ab, und die Datei wurde geladen.

Ironie des Schicksals: Da hatte Freddie Zaraghi in seinem Kampf gegen Computerterrorismus die illegale Hackersoftware mittels Reverse Engineering kopiert, und jetzt benutzte er sie selbst, um eines ihrer abscheulichsten Verbrechen zu begehen.

Aber es blieb ihm wirklich keine andere Wahl. Ein kleineres Übel wurde verursacht, um ein größeres zu verhindern.

Innerhalb von hundert Sekunden fügte Freddie Zaraghi eine Folge von Buchstaben und Zahlen aneinander, die auf den Laien zwar einen bedeutungslosen Eindruck machten, die am nächsten Tag aber für Schlagzeilen sorgen sollten.

Am Ende der Eingabeflut drückte der Ringfinger beiläufig, aber bestimmt auf ENTER und besiegelte damit einen Entschluß, der Auswirkungen auf das Leben von 1,2 Millionen Menschen haben würde.

»Feuer frei«, sagte er und schloß seine Augen. »Feuer frei.«

51

Bedminster, New Jersey und Manhattan
9.28 Uhr

Zaraghis Eingaben zeigten auf Ray Nysingers Gruppe in New Jersey umgehend Wirkung.

Ray erfuhr zuerst durch einen erregten Anruf von Ed Savage davon. Nysinger war gerade oben in seinem fensterlosen Büro damit beschäftigt, eine vorläufige Kostenaufstellung für das dritte Quartal anzufertigen und nebenher einen riesigen Becher mit einem knappen halben Liter widerlichen Kantinenkaffees in sich hineinzuschütten, da zwitscherte sein Telefon. »Nysinger.«

»Ray, wir haben hier ein echtes Problem.«

Der panische Unterton in Eds sonst so ruhiger, sachlicher Stimme signalisierte Nysinger sofort die Dringlichkeit der Angelegenheit. »Was für ein Problem?«

»CMS meldet den möglichen Ausfall einer Hauptleitung.«

Scheiße. »Hat TERESA die genaue Stelle lokalisiert?«

»Broadway 51 ESS«, antwortete Ed. »Lower Manhattan.«

Der Finanzbezirk, dachte Nysinger. »Bin schon unterwegs.«

Die Telefongesellschaft unterhielt ein Notfallteam von einem Dutzend Leuten, das im NOC saß und die Millionen von Kilometern Telefonkabeln, die Satelliten, glasfiberoptischen Einrichtungen und Computer, aus denen sich das gesamte Netz zusammensetzte, ständig überwachte und kontrollierte. Certo, Bernier und Savage waren Rays erfahrenste Techniker und engsten Mitarbeiter.

Als er in den Lagerraum kam, traf er die drei Ingenieure dichtgedrängt um eine Workstation herum an. »Okay, kurz und schmerzlos. Haben wir es nur mit einer Kakerlake in der Küche oder doch mit einem Alligator im Schlafzimmer zu tun? Vorübergehend Überlastung?« Die Vermutung, die er äußerste, gründete mehr in Hoffnung als in Wahrscheinlichkeit.

»Ich tippe auf einen lokal begrenzten Systemfehler«, sagte Wayne Bernier.

»Hard oder Soft?«

Bernier antwortete, ohne von seinem Keyboard aufzublicken. »Kann ich noch nicht sagen. Scheint mir aber nichtphysisch zu sein. Meine erste Vermutung ist, daß es sich um einen Fehler in der Software des Signaling System 7 handeln könnte.«

»Scheiße.« Das NOC-Team hatte es erheblich lieber mit Hardwareproblemen als mit Softwarefehlern zu tun. Hardwareprobleme waren klare Entweder-oder-Fälle, leicht zu identifzieren und wenn auch nicht immer einfach zu beheben, so doch zumindest stets isoliert auftretend. Telefonverbindungen konnten problemlos über andere, funktionstüchtige 5ESS-Schaltstationen umgeleitet werden. Aber Software – Software war der schlimmste Alptraum für einen Fernmeldeingenieur, dessen Job von seiner Fähigkeit abhing, die Zuverlässigkeit des Firmennetzes zu gewährleisten. »Also gut, Leute, Schluß mit dem Rätselraten, laßt uns was unternehmen. Ein paar Außendienstler sollen losziehen und sich den Schaltkasten mal auf Schäden hin ansehen.«

»Bereits geschehen, aber es ist kein Hardwareausfall, Chef«, sagte John Certo in seiner häufig imitierten hohen Fistelstimme. »Es liegt an der Software.«

»Wie kommst du darauf?« sagte Nysinger.

»Es befällt immer mehr Stationen.« Er deutete auf die aus Farbmonitoren bestehende Überblickskarte an der Wand. Die Farbe des Versorgungsbereichs Manhattan begann sich von einem sanften Blau in ein schreiend grelles Rot zu verwandeln. »5ESS in White Plains ist jetzt ebenfalls teilweise ausgefallen.«

»Mein Gott.« *Jemand ist in das X.25-Protokoll eingedrungen,* dachte Nysinger und sein Magen verkrampfte sich zu einem Tennisball. *Hacker!*

Auf jede noch so kleine Störung des Telefondienstes folgte am nächsten Tag unweigerlich die Public-Relation-Kastastrophe. Der Strom konnte stundenlang ausfallen, die U-Bahn halbe Tage blockiert sein, alles Schicksal, aber brach der Telefonverkehr auch nur für drei Minuten zusammen, schrieben die Leute sofort an ihre Kongreßabgeordneten und es schien, als hätte die Betreibergesellschaft Hochverrat gegen das eigene Land begangen.

Das letzte Mal war es am 15. Januar 1990 dazugekommen. Ein eher alltäglicher Ausfall in einer Vermittlungszentrale in Manhattan hatte eine Kettenreaktion in Gang gesetzt, die das Ferngesprächsnetz von AT&T lahmlegte, für siebeneinhalb Stunden den Telefonverkehr völlig zusammenbrechen ließ und die Verbindung von siebzig Millionen Gesprächen verhinderte.

Und das Szenario dieses 15. Januars spielte sich hier und jetzt offenbar erneut ab. Dies war Nysingers *Apollo-13-Mission*, seine *Hindenburg*, sein ganz persönlicher *15. Januar*. Schon hatte er die Szenen im Büro seines Vorgesetzten vor Augen, die abschließende Bewertung der Vorgänge, die Analyse als Selbstschutz, die nachträgliche Besserwisserei. *Hatten Sie wirklich vor, es so zu machen, Ray?* Nysinger verbannte die Gedanken aus seinem Kopf. Es lag Arbeit vor ihm.

Das Team sah den Fehler in der Software, okay, also mußten sie sich halt darum kümmern. »Hartnäckige oder vorübergehende Störung?« bellte Nysinger.

»Die normale Entstörungsfunktion ist aktiviert, aber negativ«, sagte Bernier. Damit meinte Bernier, daß die 5ESS-Station den Fehler in ihrer Elektronik selbst zu beheben versuchte. Eine gestörte Anlage dieser Generation benötigte allenfalls vier oder fünf Sekunden, um alle Anrufe abzubrechen und das System von Grund auf neu zu laden. Bei einem weniger schwerwiegenden Zwischenfall würde dieser Neustart genügen, die Schaltstation wieder funktionstüchtig zu machen. Bei der 5ESS am Broadway Nr. 51 gelang es nicht. »Auf jeden Fall hartnäckig.«

»Ist der Betrieb bereits beeinträchtigt?«

»Nein, das Netz steht noch, aber nur noch mit Mühe.«

»Ferngespräche?«

»Nicht beeinträchtigt. Bislang sind ausschließlich Schaltungen im Ortsnetz betroffen.«

»Okay, Jungs, hier ist die große Preisfrage: Programmfehler ... oder Bombe?«

Die anderen antworteten nicht sofort. Schließlich war dies tatsächlich die große Preisfrage. Handelte es sich um einen Programmfehler, konnte er isoliert und in kurzer Zeit behoben werden. Aber wenn es sich um die logische Bombe irgendwelcher heimtückischer Hackerbrüder handelte, dann war der Ausgang der Sache völlig offen.

»Läßt sich noch nicht sagen«, piepste Certo.

Vor ihren Augen wechselten die blauen Kartenausschnitte ihre Farbe und wurden erst grün, dann gelb und schließlich rot.

»Es breitet sich aus! Wir kommen in den Grenzbereich.«

Damit war die Frage beantwortet. Es handelte sich um eine logische Bombe.

»Können wir die Gespräche zu einer anderen Schaltstation umleiten?«

»Das tun wir ja bereits, aber jedesmal, wenn wir das machen, wird die nächste Station dadurch infiziert.«

»Oh, nein!« schrie Certo gequält auf.

»Was ist denn?« fragte Nysinger, der die Antwort schon kannte.

»Der lokale Betrieb in Lower Manhattan bricht zusammen.«

Wall Street.

Ein kollektives »Was soll denn das« ertönte im unteren Teil der Wall Street, als das Telefonnetz zusammenbrach und Zehntausende von Gesprächen, in denen Banker und kaufinteressierte Anleger über die Schwäche des Aktienmarkts fachsimpelten, unterbrochen wurden.

Eine noch nie dagewesene Stille legte sich über das Parkett des großen Börsensaals in der New York Stock Exchange. Die Telefone hatten einfach zu klingeln aufgehört. Gespräche waren rücksichtslos mitten im Satz abgeschnitten worden. Jegliche Aktivität hatte ein abruptes Ende gefunden, denn ohne die Leitungen, die das NYSE-Personal mit der Außenwelt verbanden, konnten keine Geschäfte zustandekommen. Alle drehten sich zu der elektronischen Anzeigentafel mit den aktuellen Notierungen. Auf dem LCD-Schirm waren weder Kürzel noch Preise angezeigt. Nur ERR... ERR... ERR. Und über die andächtige Stille hinweg rief irgendein Schlauberger unter den Kursmaklern: »Ich gehe short zehntausend Ma Bell, irgend jemand interessiert?«

Niemand lachte.

»Sieht so aus, als wäre der Markt auf dem besten Weg, abweisender als der Kuß einer Schwiegermutter zu werden«, erzählte Julian Stainsby eben einem Händler bei Tiger, da erfolgte plötzlich ein elektronisches Klicken und dann war die Leitung tot. »Was soll denn das?« sagte er laut und starrte auf den funktionslosen Hörer in seiner Hand.

Da alle Händler und Verkäufer auf dem Trading Floor von Wolcott Fulbright die gleiche Störung erlebt hatten, setzte eine riesige Konfusion ein. Verzweifelt wurde auf die zweihundert Knöpfe der Telefonkonsolen eingehämmert, um eine funktionierende Leitung zu finden, alles umsonst.

»Die Telefonleitungen sind tot!« schrie Joe Money.

»Verdammte Scheiße!«

»Ruf doch jemand mal die Technik!«

»Die Börse eröffnet in zehn Minuten! Wir dürfen auf keinen Fall draußen vor bleiben oder wir sind dran!«

Rick Hansen saß auf einem Stuhl vor McGearys Büro und beobachtete das Chaos auf dem Trading Floor. Die externen Telefonverbindungen zu kappen, bedeutete dem Verkauf den Sauerstoff abdrehen, er konnte einfach nicht ohne existieren. Wolcott Fulbright war gelähmt. Hansen drückte 44, die Vorwahl für interne Gespräche, und stellte fest, daß die hauseigenen Leitungen nicht betroffen waren. Er rief noch mal Zaraghi an. »Freddie?«

»Ja.« Die Stimme des Jungen klang schwermütig.

»Freddie? Warst du das?«

»Tut mir leid, Rick. Es blieb mir keine andere Wahl.«

Hansen spürte Nadelstiche unter seiner Bauchdecke. »Was genau war deine Wahl, Freddie?«

»Um mit Lieutenant Calley zu sprechen: Ich mußte das Dorf vernichten, um es zu retten. Ich habe die lokale Telefonversorgung vorübergehend ausgeschaltet.«

»Wie bitte?«

»Sei nicht böse. Sie werden die Sache in etwa fünfzehn Minuten behoben haben. Aber wir brauchten einfach noch ein bißchen Zeit, um das Paßwort herauszubekommen.«

Hansen vergrub sein Gesicht in seiner freien Hand. »Wie hast du denn das angestellt?«

»Na ja, ich habe eine illegale Hackershellsequenz dazu benutzt, das elektronische Schaltsystem der Telefongesellschaft in eine Rückkopplungsschleife zu bringen. Aber denk dran, Rick, es hilft nur vorübergehend. Rick? Rick, bist du noch dran?«

Das blanke Entsetzen erfaßte Hansen, als ihm die enorme Tragweite dieses Sabotageakts bewußt wurde, der nötig zu sein schien, um Wall Street vor der Vernichtung zu bewahren. Hansen hatte Anstiftung und Beihilfe zu einer äußerst schwerwiegenden Straftat geleistet, einer Straftat, die ihn seinen Job und seine Anwaltslizenz kosten würde... »O Gott«, platzte Hansen plötzlich heraus.

»Chef? Bist du noch dran?«

»Ich muß jetzt auflegen«, sagte Hansen. »Gil McGeary ist eben in den Saal gekommen.«

»Wir müssen endlich aufhören, uns auf diese Weise zu treffen«, witzelte der leitende Manager von der Pacific Stock Exchange.

Niemand lachte. Nichts an dieser Situation war besonders lustig.

Die vierzehn Beteiligten von den nationalen Aktienbörsen, den Terminbörsen, sowie der SEC, der CFTC, der Bundesbankenaufsicht und des Finanzministeriums waren über eine spezielle

Satellitenfunkleitung, die für Notfälle wie diesen installiert worden war, miteinander verbunden. Für einen Abruf der Namen blieb diesmal keine Zeit.

Der Vorstandsvorsitzende der New York Stock Exchange räusperte sich und führte das Wort. »Wie Sie alle wissen, hat es in Lower Manhattan einen bislang beispiellosen Systemausfall in der Telefonversorgung gegeben. Eine Verschiebung der Börseneröffnung ist daher unvermeidlich. Zu diesem Zeitpunkt verfügen wir weder über Informationen, was die Störung verursachte, noch wissen wir, wann der Fehler wieder behoben sein wird. Angesichts dieser Tatsachen beabsichtigen wir, den Markt um zehn Uhr oder fünfzehn Minuten nach Wiederaufnahme der Telefonversorgung zu öffnen. Irgendwelche Fragen?«

Es gab keine.

»Da wir annehmen, daß das Mobilfunknetz völlig überlastet sein wird, werden wir diese Verbindung aufrechterhalten. Wir sprechen uns wieder, sobald neue Erkenntnisse vorliegen. Ich danke Ihnen.«

Im St. Regis starrte Colbert verständnislos seinen Monitor an. Der Bildschirm war plötzlich aufgeblitzt, dann schwarz geworden und hatte schließlich gemeldet: OPERATION UNTERBROCHEN! Danach hatte sich auf dem Schirm überhaupt nichts mehr getan.

Colbert probierte die Telefonleitungen. Tot. Zwei Minuten, bevor die Orders durchgeführt werden wollten? Was für ein beschissener Zufall sollte denn das sein? Oder handelte es sich vielleicht gar nicht um einen Zufall …

Alexejews Worte aus der vergangenen Nacht fielen ihm wieder ein. *Zaraghi könnte natürlich eine Gefahr darstellen, sollte er Zugang zu der Anlage bekommen, auf der bei Wolcott die Software läuft.* War es nur ein unglückliches Zusammentreffen? Oder hatte der Computerexperte etwas damit zu tun?

Der Finanzspekulant packte sein Handy und wählte Stilettos Funknummer. Erleichtert stellte er fest, daß er noch keine

Alle-Schaltungen-belegt-Meldung erhielt. Kaum hatte Stiletto abgehoben, brüllte Colbert auch schon: »Wo hast du denn gesteckt?«

»Prämienverhandlungen.«

»Scheiß drauf! Die Russen brauchen Zugang zur BEACON-Anlage. *Jetzt sofort.* Triff dich mit ihnen in der Lobby.«

Rick folgte dem Abteilungschef in das Büro. Wie die Hälfte der Händler auf dem Trading Floor hielt McGeary ein Handy ans Ohr gepreßt und redete mit jemandem. Er bemerkte Hansens finsteren Blick und sagte: »Hör mal, Liebling, ich muß jetzt Schluß machen.« Er beendete das Gespräch und sah Rick ins Gesicht. »Morgen, Counselor, bleibt nicht viel zu tun für einen Händler, wenn alle Leitungen tot sind, was? Kann ich Ihnen irgendwie helfen?«

»McGeary …«

»Yeah?«

»Wer war das?«

»Meine Frau …, aber was interessiert Sie das?« erwiderte McGeary in neckischem Ton.

Eine unwirkliche Ruhe überkam Hansen. »Das Spiel ist vorbei, Magilla.«

»Spiel? Welches Spiel? Ich kann Ihnen nicht folgen, Counselor.«

»Ich will das Paßwort für STEPS.«

McGeary blickte Hansen durchdringend an. »Das Paßwort *wozu*?«

»*Das wissen Sie doch genau!* Zum elektronischen Abwicklungssystem.«

»Und warum, in drei Teufels Namen, sollte ich das ausgerechnet Ihnen geben?«

»Sie wissen verdammt gut warum. Es wird einen Crash geben … und Sie stecken dahinter …«

»Da haben Sie verflucht recht. Ich sag es nämlich schon die ganze Zeit, daß die Seifenblase bald platzen wird. Immerhin haben wir Samhain-Vollmond, Counselor, und ich habe einen Berg Short Calls laufen auf diesen Triple-Witch-Friday ...«

Jetzt spielte der Dreckskerl auch noch den ganz Schlauen. Hansen hielt ihm eine schwarz-gelbe Zigarrenbinde vor die Augen. »Das haben Sie in der BEACON-Anlage verloren.«

Gil McGeary starrte auf die Papierschleife und schien richtig verwirrt. »Woher wissen Sie denn von BEACON?«

Es war keine Zeit für lange Diskussionen. »Sagen Sie mir jetzt sofort das Paßwort oder ich gehe direkt zu Milgrim!«

»Wollen Sie mir drohen, Hansen?«

Hansen brüllte: »Rücken Sie endlich das verdammte Paßwort raus, McGeary!«

Die kaltblütige Gelassenheit des erfolgreichen Händlers ergriff von McGeary Besitz. Konfrontationen wie diese hatten ihn stets zu Hochform auflaufen lassen. »Eigentlich sollte ich ja einfach sagen, lecken Sie mich am Arsch, Counselor, aber, hey, Sie sind der Anwalt, hab ich recht? Sie müssen einen guten Grund dafür haben, danach zu fragen. Es ist MUDHENS, alles Großbuchstaben, keine Leerstelle.«

Hansen schnappte sich das Telefon und wählte Zaraghis Nummer. »Es lautet MUDHENS, alles Großbuchstaben, keine Leerstelle. Hast du's? Gut. Ich bin sofort unten.«

»Ich hoffe, Sie wissen, auf was Sie sich da einlassen«, erklärte Gil McGeary vielsagend. »Von diesem Punkt an lehne ich jede Verantwortung ab.«

Der Anwalt knallte den Hörer auf die Gabel und eilte aus dem Büro des Händlers.

52

9.41 Uhr

In der Zentrale in Bedminster standen die Ingenieure schon eine halbe Ewigkeit um den Monitor herum wie ein Notfallteam im Krankenhaus, das in ungläubigem Schweigen die flache Linie ihres soeben verstorbenen Patienten verfolgt, während es noch die nächsten Behandlungsschritte einleitet. *Was erwarten sie denn von uns?* ging Nysinger in diesem Moment durch den Kopf. *Wunder? Ja, genau die erwarteten sie.* Aber wer das Schwert nimmt, der wird eben durch das Schwert auch umkommen. Je stärker die Menschen Maschinen wie diesen elektronischen Schaltsystemen die Verantwortung übertrugen, desto größer die Wahrscheinlichkeit in solch einem beschissenen Schlamassel zu landen.

Certo richtete das QuietKey-QWERTY-Keyboard vor sich aus und hackte wild auf die Tasten ein. Innerhalb weniger Sekunden hatte er ein noch unerprobtes Antivirenprogramm eingespeist, an dem er über die letzten Monate hinweg zusammen mit Cheswick von der Bell-Forschungsabteilung gearbeitet hatte. Die elektronischen Impulse, die den Code transportierten, rasten über die zugewiesenen Leitungen zum Netzwerk des ESS-Systems und suchten nach den Programmen, die von dem Hackervirus befallen waren. »Okay«, sagte Certo zu dem Schwung Software, der nun im System steckte. »Jetzt bist du sicher und unbeschadet da, wo du hingehörst. Mal sehen, ob was draus wird, aus diesem *Voodoo, that you doo-doo.*«

Die nächsten fünfundsiebzig Sekunden beobachteten sie aufmerksam das Aussehen der Übersichtskarte.

»Es tut sich was«, murmelte Bernier.

Und dann, plötzlich, unvermittelt und wundervollerweise wechselte die ESS-Schaltstation auf dem unteren Broadway von Rot zu Grün. Die Station begann sich selbst neu aufzuladen. Der Betrieb wurde wieder aufgenommen.

Im nächsten Augenblick schrie Ed Savage: »Broadway 51 läuft wieder!«

Die Techniker in der Bedminster-Zentrale brachen in einen Riesenjubel aus und klopften John Certo auf die Schultern. Der junge Bursche vom MIT hatte soeben Heldenstatus gewonnen.

Kurz darauf erhob sich auf sämtlichen Finanzbühnen im südlichen Zipfel Manhattans ein Beifallssturm, als an den Pulten wieder die Freizeichen ertönten. Sie waren zurück im Geschäft!

Der Chairman der Börse meldete sich über die Satellitenverbindung und verkündete: »Alle New Yorker Wertpapierbörsen werden um 10.05 Uhr Ostküstenzeit ihr Geschäfte aufnehmen.«

Hansen kehrte erwartungsvoll in die BEACON-Anlage zurück, eilte zu Zaraghi und rief: »Hat's geklappt?«

Zaraghi war zu beschäftigt, um zu antworten.

Hansen blickte über die Schulter des jungen Computerexperten und sah, was auf dem Bildschirm des Gateway Laptop stand.

PASSWORT AKZEPTIERT. WILLKOMMEN IN WOLCOTT FULBIGHTS STEPS SYSTEM.

Der Anblick versetzte Hansen kurzfristig in einen Freudentaumel.

Schnell und gekonnt arbeitete sich Freddie Zaraghi durch die verschiedenen Schnittstellen, bis er Wolcotts Bildschirm für den elektronischen Handel gefunden hatte. Hansen erkannte ihn sofort.

»Drück Control-C«, sagte er Zaraghi.

Unmittelbar nach der Eingabe erschien auf die Schirm die Meldung:

WOLLEN SIE IHREN AUFTRAG / IHRE AUFTRÄGE WIRKLICH LÖSCHEN?

Zwei weitere Klicks und die Gefahr war fürs erste gebannt.

»Okay«, sagte Zaraghi mit einem erleichterten Seufzer. »Ich habe alle anstehenden Verkaufsorders getilgt, die über Wolcott Fulbrights Abwicklungssystem an die diversen Börsen gehen sollten.«

»Hervorragend.« Hansen fuhr sich aufgeregt mit den Fingern durch die Haare. »Das heißt, wir haben's geschafft, hab ich recht?« Es war zwar als Frage formuliert, aber Hansen erwartete doch, daß Zaraghi es als Tatsachenfeststellung bestätigen würde.

»Nicht ganz.«

»Nicht ganz? Was soll das heißen?«

»Sie haben die lokale Telefonversorgung wiederhergestellt.«

»Aber du hast doch die Aufträge rausgeworfen.«

»LINDA wird in Pittsburgh die Verkauforders innerhalb der nächsten 120 Sekunden automatisch neu laden und wieder an die Börsenhäuser zu übermitteln versuchen. Sollte das nicht gelingen, wird sie es wieder und wieder versuchen, so lange, bis sie schließlich Erfolg hat.«

Hansen erschrak über die Sisyphusarbeit, die ihnen nun bevorstand. »Wir können also gar nichts dagegen tun? Wie wäre es denn, wenn wir uns Zugang zu den Börsencomputern verschaffen und die Abschlüsse dort blockieren?«

»Völlig unmöglich. Die Börsenanlagen sind für Außenstehende absolut uneinnehmbar. Wir haben auch nur Zugriff, da der Wolcott-Insider dafür gesorgt hat.«

»Heißt das, uns bleibt nichts anderes übrig als zurücklehnen und zuschauen?«

»Nein.« Zaraghi tippte auf den Bildschirm seines Laptops. »Da ich jetzt Zugriff auf den Wolcott-Server habe, kann ich mir über diesen Umweg wiederum Zugriff auf den Server in Pittsburgh verschaffen. In dem Schutzschild gibt es jetzt einen Riß, den wir zu einer DOS-Attacke nutzen können.«

»DOS-Attacke? Du hast es auf das Betriebssystem abgesehen?«

»Nicht dieses DOS. Hier steht DOS für »Denial of Service«. Die Idee dabei ist, LINDAs Server in Pittsburgh mit Millionen unsinniger Nachrichten zu überschütten, bis am Ende der Speicherplatz ausgeht.«

»Da kann ich nicht folgen.«

»Du hast doch bestimmt nichts dagegen, wenn ich mich schon an die Arbeit mache, während wir uns unterhalten.«

»Bitte.«

Freddie begann auf die Tastatur einzuhämmern. »Wie soll ich es beschreiben? Eine DOS-Attacke ist... so ähnlich wie in dieser Folge von *I Love Lucy*, in der das Fließband in der Süßigkeitenfabrik immer schneller läuft und Lucy sich gezwungenermaßen die Backen vollstopft, um nachzukommen. Na ja, ich stopfe halt die Backen von NASCIA mit Schokolade voll. Nur daß meine Schokolade in Wirklichkeit aus Bündeln von Informationen besteht. Sieh mal, wir füttern den NASCIA-Server mit einer Feedbackschleife aus Tausenden von Serviceanfragen. Das NASCIA-System braucht fünfundsiebzig Sekunden, um falsche E-Mail-Adressen zu erkennen, bevor es die Anfrage dann ablehnt, und es kann in der Regel nur etwa einhundert dieser Bündel auf einmal bearbeiten. Mein Laptop dagegen wird hundert Stück *pro Sekunde* absenden. Die klassische Überfütterung, – Müll rein, Müll raus. Theoretisch und praktisch ist das ein tödlich effektiver Weg, ein Computersystem auszuknocken.«

»Na dann los.«

»Allerdings wird es ein regelrechtes Wettrennen sein, ob ich Pittsburgh lahmlegen kann, bevor LINDA dazu kommt, die Orders durchzujagen. Letztlich heißt das unsere Maschine gegen deren Maschine.«

»Scheiße. Und wie stehen die Chancen, daß...«

»Die Chancen stehen beschissen, das ist alles.«

Zaraghi wandte sich wieder seiner Aufgabe zu und aktivierte das Programm, das Abertausende fiktiver Anfragen stellen würde, mit denen der NASCIA-Server überlastet werden sollte.

Sobald nach der Behebung der Telefonstörung der Markt um 10.05 Uhr geöffnet wurde, verwandelte sich der Beifall an der Wall Street in ein bestürztes Aufstöhnen.

Die Verkaufsorders des Pensionfonds erschütterten das Börsenparkett wie die Druckwellen eines Erdbebens. Zwei bedeutende Aktienverkäufer – die Dartmouth Funds Group und der Großanleger bei Merrill Lynch – brachten die Gerüchteküche zum Brodeln. Die Kurse purzelten im freien Fall.

Selbst erfahrene Börsianer an der New York Stock Exchange zeigten sich von der Wucht des Verkaufsdrucks am Morgen dieses dreifachen Hexensabbats überrascht. Die NYSE-Specialists waren diejenigen, die genau in der Schußbahn des durchbrechenden Güterzugs standen.

Diesen amtlichen Kursmaklern wird das exklusive Recht zuerkannt, auf dem Parkett für ein Papier als Market-Maker zu agieren, wofür der Specialist im Gegenzug gewisse Verantwortlichkeiten übernimmt. Häufig werden die Specialists dabei mit Fluglotsen verglichen. Genau wie diese die Ordnung unter den Flugzeugen in ihrem Luftraum aufrechterhalten, sorgen die Kursmakler für einen fairen und ordnungsgemäßen Markt bei den ihnen zugewiesenen Notierungen. Die Specialists bringen als Katalysator Käufer und Verkäufer zusammen, so daß Kaufofferten stets Verkaufsangebote gegenüberstehen. Specialists sind verpflichtet, ständig aktuelle Geld- und Briefkurse für ihr Notierungen anzubieten und auf eigene Rechnung gegen den Trend zu kaufen und zu verkaufen, wenn eine vorübergehende Schwäche auf der Käufer- oder Verkäuferseite auftritt. Dies verlangt von ihnen, mit ihrem eigenen Kapital und ihren eigenen Aktienbeständen zu einer Stützung des Markts beizutragen.

In der gegenwärtigen Hysterie auf dem Markt waren die Specialists daher aufgerufen, tätig zu werden und mit ihrem Eigenkapital einzuspringen, da es an Käufern mangelte, die den Ge-

genpart zu den Verkaufswünschen übernahmen. Allerdings brachen die Orders in so schneller Folge über sie ein, daß die Kursmakler überhaupt nicht nachkamen.

Schon vor Börsenstart sahen sich die Specialists mit Sell Imbalances in der Größenordnung von einigen hunderttausend Anteilen konfrontiert. Diese Schieflage führte zu einer verspäteten Eröffnung bei insgesamt 183 Notierungen, darunter zahlreiche DJIA-Werte. Als Reaktion auf dieses Ungleichgewicht korrigierten die Specialists zur Eröffnung die Preise ihrer Papiere so weit nach unten, daß andere Kaufinteressenten sie entlasten würden. Coca-Cola wurde zur Eröffnung fünfeinhalb Prozentpunkte unter dem Schlußkurs des vorangegangenen Tages gehandelt. Eastman Kodaks Eröffnungskurs lag sogar dreizehneinhalb Punkte unter dem vom Donnerstag, und Exxon sackte um dreieinhalb Punkte ab. Angst bemächtigte sich der Specialists auf dem Parkett der NYSE. Wenn das so weiterging, würde ihre gesamte Kapitalbasis am Ende des Tages aufgefressen sein. *Alles genau wie am Black Monday 1987!*

Es ist bloß ein Videospiel, ein dämliches Videospiel, sagte Hansen zu sich selbst. Eins mit wunderschöner Graphik, mit der leuchtend bunten Wiedergabe von Wörtern und Ziffern eines geheimnisvollen Orakels. Aber in diesem Fall konnte der Ausgang des Spiels eine jahrelange Eiszeit in der Weltwirtschaft auslösen. Das wispernde Klicken der Maus, das ihm sonst ein so angenehmes Geräusch war, zermürbte den Anwalt nun völlig. Hansen blieb im Hintergrund, kaute an einem Fingernagel und beobachtete hilflos den Kampf der Giganten. War es wirklich schon soweit gekommen? Maschine gegen Maschine, mein Computer gegen deinen Computer, wollen wir doch mal sehen, wer von beiden stärker ist.

Der Bildschirm von Zaraghis Laptop war ausgefüllt mit der Meldung:

BESTÄTIGUNG IHRES KONTOS LÄUFT... BESTÄTIGUNG IHRES KONTOS LÄUFT... BESTÄTIGUNG IHRES KONTOS LÄUFT... BESTÄTIGUNG IHRES KONTOS LÄUFT...

Auf dem Monitor der SPARCStation in der BEACON-Anlage erschien derweil erneut die Eingabenaufforderung:

SIND SIE SICHER, DASS SIE »VERKAUFSORDER(S)« ABSENDEN WOLLEN? JA/NEIN.

Colbert wurde plötzlich wieder munter. JA! Mit der Ausführung dieses Befehls würden die Verkaufsorders an die diversen Broker-Dealers ausgestreut werden, und nichts konnte Colbert mehr stoppen... Er klickte wiederholt mit der Maus.

ÜBERMITTLUNG VON ORDERS(S) AN BÖRSEN(N) LÄUFT. ÜBERMITTLUNG LÄUFT... ÜBERMITTLUNG LÄUFT... ÜBERMITTLUNG LÄUFT...

BESTÄTIGUNG IHRES KONTOS LÄUFT... BESTÄTIGUNG IHRES KONTOS LÄUFT... BESTÄTIGUNG IHRES KONTOS LÄUFT... BESTÄTIGUNG IHRES KONTOS LÄUFT...

Das sah Zaraghi auf seinem Laptop. »Komm schon, komm schon«, drängte er wie bei einem Pferderennen.

Und dann. Dann... leuchtete auf Zaraghis und auf Colberts Bildschirm gleichzeitig eine identische Meldung auf:

SCHWERER FEHLER – SYSTEMKAPAZITÄTEN NICHT AUSREICHEND, UM OPERATION ABZUSCHLIESSEN. TRANSAKTION(EN) ABGEBROCHEN.

Auf der anderen Seite der Stadt schrie Colbert entsetzt auf.

Zaraghi brach in Triumphgeheul aus. »Es hat geklappt! Wir haben gewonnen!«

Wir haben gewonnen. Die Worte klangen Rick Hansen in den Ohren. *Wir haben gewonnen.* Endlich war es vorbei. Oder etwa nicht? Hansen spürte, wie ihn statt Erleichterung eine Welle der Angst überkam. War McGeary derjenige, der hinter der ganzen Sache steckte? Nein, es war noch nicht vorbei. Noch lange nicht. Es fing eben erst an. »Laß uns schleunigst von hier verschwinden, Freddie.«

Zaraghi klappte den Deckel seines Laptops zu und stopfte zusammen mit dem Anwalt hastig alle Hardwareteile in die Reisetasche. Hansen nahm die Tasche, und sie marschierten mit schnellen Schritten zum Ausgang der Anlage. Niemand sprach ein Wort. Sie waren viel zu aufgewühlt, um über das Geschehene bereits reden zu können.

Draußen vor der Anlage eilten sie den dämmrigen Flur hinunter. Instinktiv wollte Zaraghi die Ruftaste des Fahrstuhls drücken.

Hansen packte seinen Arm. »Warte«.

Zaraghi blickte ihn erstaunt an.

Der Anwalt deutete auf die leuchtende Anzeige über der Aufzugtür und flüsterte: »Er kommt bereits runter.«

Der Anwalt zog Zaraghi in eine dunkle Ecke. Sie preßten sich mit den Rücken an den Maschendrahtzaun und wagten kaum zu atmen. Ein heller Glockenschlag kündigte das Eintreffen des Fahrstuhls an. Die Türen öffneten sich, und zwei Männer in der Uniform des Sicherheitspersonals sprangen heraus. Einen von ihnen erkannte Hansen sofort. Es war der Mann, dem er in Binghams Apartment begegnet war. Im Unterschied zu den regulären Sicherheitsmännern bei Wolcott hielten diese beiden Schußwaffen in der Hand. Der zweite Mann trug außerdem eine Smart-Card, wie sie Bingham besessen hatte. Die Männer liefen den Gang zum Eingang der BEACON-Anlage hinunter. Offensichtlich kannten sie sich hier unten gut aus, dachte Hansen.

»Okay, jetzt!« Hansen stürzte in den Aufzug, stach mit dem Finger immer wieder auf die Erdgeschoßtaste und beschwor die Türen, sich zu schließen. Unmittelbar hinter ihm stolperte Zaraghi in die Kabine, und die Türen rumpelten zu.

»Meine Fresse«, zischte das junge Computergenie. »Die hatten ja Knarren.« Während der Fahrstuhl aufwärts schlingerte, blickte Zaraghi den Anwalt aus großen Augen an. »Die Leute, für die die arbeiten, dürften wohl stinksauer sein.«

Eine überaus treffende Feststellung, wie Hansen fand, und eine, bei der sich der Anwalt heimlich selbst fragte: *Und was machen wir jetzt?*

Da das im NASCIA-Netzwerk zusammengeschlossene Bündel von Supercomputern seine Funktionstüchtigkeit verloren hatte, war LINDA völlig neutralisiert. Ihre Fähigkeit, Verkaufsorders auf elektronischem Wege durch das Internet an die Abwicklungssysteme von Brokerfirmen überall in der Finanzwelt zu verschicken, hatte sie komplett eingebüßt. Von LINDA entwickelte und noch unerledigte Verkaufsaufträge in Milliardenhöhe verschwanden von den Computerbildschirmen der Finanzhäuser in das schwarze Loch des Cyberspace. Infolgedessen verflüchtigte sich der künstliche Verkaufsdruck ganz einfach, den LINDA den gesamten Börsentag über aufrechterhalten wollte.

Unvermittelt bestimmten die legitimen Kaufs- und Verkaufsvorteile wieder die Bewegungen des Aktienmarktes.

Über die nächste halbe Stunde hinweg stabilisierte sich der Markt prompt, was in diesem Fall bedeutete, er strampelte auf der Stelle. Das Handelsvolumen ließ ein wenig nach, und es konnte kein Zweifel daran bestehen, daß der Markt ernstlich angeschlagen war, aber nach der Aufhebung des enormen Verkaufsdrucks, den LINDA auf den Markt ausgeübt hatte, fehlte plötzlich der Trendsetter, der die Kursentwicklung bestimmte. Die institutionellen Anleger hielten sich unschlüssig im Hintergrund und fragten sich, was sie tun sollten.

Die Maschinen zeigten sich weniger unentschlossen. Während die Werte der wichtigsten Indizes innerhalb der nächsten Stunde nur unwesentlich schwankten, kamen die automatischen Programmhandelssysteme überall in den Fluren der Wall Street zu demselben Ergebnis. Unvoreingenommen arbeiteten sich die Systeme durch die aktuellsten Informationen zur Preisfestsetzung, unterzogen diese einer Gegenprüfung anhand ihrer derzeit gültigen Buy-Sell-Modelle und erkannten unzählige Kaufgelegenheiten. Die meisten Notierungen, die zum Dow Jones Industrial Average gehörten, waren weit unter ihren wirtschaftlich begründeten Wert gedrückt worden und wurden nun billig gehandelt.

Die computerisierten Handelsmodelle signalisierten: KAUFEN.

Am frühen Freitagmittag sorgte der Programmhandel dafür, daß der Markt sich nach 976 Punkten Verlust aus seiner Talsohle vorsichtig herausarbeiten konnte. Der Kurs legte um 62 Punkte zu.

Am späten Mittag nahm das Kaufinteresse dann stärker zu.

Und in der letzten Börsenstunde setzte ein regelrechter Boom ein.

Als die Schlußglocke um 16.00 Uhr schellte, hatte sich der Markt ganz dramatisch erholt. Am Ende des stürmischsten Triple-Witch-Friday aller Zeiten hatte der Aktienmarkt *nur* 674 Punkte eingebüßt.

Es hätte tausendmal schlimmer kommen können, beruhigte sich der Chairman der Stock Exchange, als er um 16.45 Uhr zu einer Krisensitzung in einen Konferenzraum der Securities and Exchange Commission im World Trade Center eintraf. *Es hätte genau wie beim Black Monday sein können.* Als er in den Raum kam, trat eben ein finster dreinblickender Don Neufeld ans Rednerpult.

Innerhalb der folgenden fünfundzwanzig Minuten stimmten alle Sitzungsteilnehmer darin überein, daß es angesichts der ihnen momentan vorliegenden Fakten geraten schien, das Federal Bureau of Investigation einzuschalten. Und zwar *unverzüglich.*

53

20.51 Uhr

Das Treffen begann unmittelbar, nachdem Freddie Zaraghi auf Bitten von Maxwell Schomburg das Zimmer verlassen hatte. Sobald sich die schwere Mahagonitür hinter dem Computerspezialisten geschlossen hatte, wirbelte Schomburg zu den anderen Sitzungsteilnehmern herum. Die kraftvolle Stimme des Firmenchefs hallte durch den großen, holzgetäfelten Raum. »Nun denn. Zur Zeit hält sich eine gemeinsame Sonderermittlungsgruppe der Securities and Exchange Commission und des FBI in unserem Haus auf und führt eine Untersuchung unserer Notfalleinrichtung durch, da diese offenbar von Unbekannten zur Einspeisung zahlreicher Börsenaufträge benutzt wurde. Ist das soweit korrekt?«

Die im Raum versammelten Führungskräfte murmelten beunruhigt ihre Bestätigung.

Schomburg fuhr fort: »Die SEC behauptet, daß diese Abschlüsse für den Kurseinbruch heute morgen verantwortlich gewesen sind. Ist das ebenfalls korrekt?«

»Ja«, sagte Irv Siegel und rückte nervös seine Brille zurecht.

»Nach meinen Informationen hat sowohl die Commission als auch das FBI darum gebeten, sich jetzt sofort mit einigen unserer Leute unterhalten zu dürfen, und wir haben uns ein wenig Luft bis morgen früh verschafft mit dem Argument, daß unser für die juristische Kontrolle aller Abwicklungen zuständige Abteilungsleiter – also Mike – dann erst anwesend sein kann.«

Aus einem Lautsprecher auf dem Tisch schnarrte die Stimme von Mike Kilmartin, der an einem Münzfernsprecher im Miami International Airport stand: »Ja, Max, das ist korrekt.«

Max Schomburg trommelte mit seinen manikürten Fingern auf der Platte des Konferenztischs. »Was, zum Teufel, geht hier eigentlich vor?« Schomburg wandte sich an Rick Hansen. »Wie möchten Sie angeredet werden? Rick oder Richard?«

Hansen räusperte sich. »Rick ist schon in Ordnung.«

Schomburg nickte. »Rick, Sie scheinen hier der einzige mit ein bißchen Durchblick zu sein. Das ist Ihre Sitzung.«

Eine warnende Stimme in Ricks Kopf sagte: *Nein, Schomburg, nie und nimmer ist das hier meine Sitzung.* Der Anwalt hätte ein ganzes Jahresgehalt plus Prämie dafür gegeben, nicht vor den mürrisch dreinblickenden Chefmanagern erscheinen zu müssen, die sich im erstaunlich opulenten Arbeitszimmer von Max Schomburg im sechzehnten Stock der Wolcott-Fulbright-Zentrale eingefunden hatten. Rick, der dringend eine Rasur und acht Stunden Schlaf benötigte, drehte und wand sich unter dem gleißenden Scheinwerferlicht, unter der geballten, auf ihm lastenden Aufmerksamkeit der vier mächtigsten Männer von Wolcott Fulbright sowie seines unsichtbaren Vorgesetzten Mike Kilmartin, der mit ihnen über dasselbe Telefonnetz verbunden war, das Zaraghi am Morgen vorübergehend ausgeschaltet hatte.

Während er einen klaren Kopf zu behalten versuchte, zwang sich Hansen dazu, jedem um Schomburgs Kirschholztisch sitzenden Mann direkt ins Gesicht zu sehen. Schomburg, Siegel, Milgrim, Bobby Wolcott – diese Männer waren zweifellos von einem anderen Schlag. Nur wenigen gelang der Aufstieg auf den wahren Achttausender amerikanischer Karriereträume – die New Yorker Finanzwelt –, und doch hatten diese Männer den absoluten Gipfel erreicht. Dies waren Männer, die jeden Morgen vor fünf aufstanden, per Limousine oder Hubschrauber zur Arbeit gebracht wurden und die in zweiter Ehe mit Frauen zusammenlebten, die sie als Standestrophäen betrachteten. Männer mit drei Privatanschriften und Liebhaberinnen in anderen Städten. Tagtäglich saßen diese Vorstandsmitglieder an den großen Hebeln der Finanzwelt, hoben neue Unternehmen aus der Taufe oder besorgten die Refinanzierung der Staatschulden irgendwelcher Bananenrepubliken. Und jetzt warteten diese unglaublich einflußreichen Männer darauf, was dieser Junganwalt ihnen als Erklärung für die Anwesenheit einer kleiner Gruppe von Bundespolizisten in der firmeneigenen BEACON-Anlage zu erzählen wußte.

Ganz ruhig, Hansen, sagte die Stimme in seinem Kopf. *Denk einfach, daß du es letztlich mit jedem Kerl an diesem Tisch aufnehmen kannst.*

Bei dieser Vorstellung beruhigten sich seine Nerven ein wenig.

Rick bezwang den dicken Kloß in seinem Hals und fing an. »Ja, schönen Dank. Ähh, als angestellter Rechtsberater der Firma wurde ich gebeten, heute abend an dieser Sitzung teilzunehmen, um meinen Verpflichtungen aus Paragraph 21(a) des Wertpapiergesetzes nachzukommen.« Dieser SEC-Bestimmung zufolge waren Angestellte der Rechtsprüfungsabteilungen in den Finanzfirmen verpflichtet, ihren Vorgesetzten umgehend über jede ihnen zur Kenntnis gelangende Unrechtmäßigkeit Bericht zu erstatten.

»Wir wissen alle um die Vorschriften, Rick«, meinte Schomburg knapp. »Erklären Sie uns doch jetzt bitte, was, zum Teufel, heute morgen passiert ist.«

Und Hansen hob an, die Geschichte von Anfang an zu erzählen. Binghams Terminkalender, die vermeintlichen Insider-Trading-Verstöße, die jemand nach seinem Tod konstruiert hatte, die geheimnisvollen Gutachten über Börsencrashs, die Verbindung zu Gammage, Ricks Ausflug nach Pittsburgh, um sich mit Zaraghi zu unterhalten, die Oberservierungseinrichtungen, die in seinem Büro und in seiner Wohnung gefunden wurden. Während er die Ereignisse der vergangenen Nacht und des heutigen Morgens schilderte, spürte er, wie eine eisige Kälte sich in ihm ausbreitete.

Nachdem er seinen Bericht beendet hatte, fingen alle Männer gleichzeitig an zu sprechen.

Max Schomburg bat mit erhobener Hand um Ruhe, und die Rangniedrigeren verstummten. »Ich finde, wir sollten zuerst Mike zu Wort kommen lassen. Mike?«

Aus dem kleinen Lautsprecher drang Kilmartins Stimme. »Nur um das klarzustellen, ich höre hier zum ersten Mal von dieser ganzen Geschichte. Ich habe nichts davon gewußt, bis Max sich heute nachmittag mit mir in Verbindung gesetzt hat.«

»Das stimmt«, bestätigte Hansen und opferte sich, um seinen Chef vor unberechtigten Anschuldigungen zu bewahren. »Mike war zu keinem Zeitpunkt unterrichtet, wofür ich die volle Verantwortung übernehme.«

Irv Siegel polterte: »Wann haben Sie denn mit Ihren Nachforschungen begonnen?«

»In der ersten Februarwoche.«

»Vor sieben Wochen?«

»Ja.«

»Wollen Sie damit sagen, knapp zwei Monate vergingen und Sie haben Ihrem direkten Vorgesetzten von all dem nie etwas erzählt?« Irv Siegels buschige Augenbrauen wölbten sich ungläubig über die Brillengläser hinaus.

Hansen wandte sich seufzend ab und blickte für einen kurzen Moment nachdenklich aus dem riesigen Panoramafenster hinter der Eßecke. Draußen war inzwischen die Nacht eingebrochen, und die Stadt unter ihnen funkelte wie eine spektakuläre Miniaturlandschaft. Im Süden glitzerten einem Diamantenband gleich die Lichter der Brooklyn Bridge. Die Avenues waren leuchtende Ströme aus weißem Scheinwerfer- und rotem Rücklicht von Autos, mit denen die Leute in einen unbeschwerten Freitagabend aufbrachen und ihr freies Wochenende starteten. Das Nachtleben begann. Während sie hier oben in diesem mahagonigetäfelten Raum hockten und Ereignisse besprachen, die Auswirkungen auf die Zukunft der Firma haben würden, saßen die Leute draußen zusammen, aßen, unterhielten sich, tranken und liebten sich. In diesem Augenblick mochte Hansens Leben einen gewaltsamen Stillstand erfahren haben, ja, aber nach diesem Moment würde es weitergehen. Nur mit seinem alten, vertrauten Leben war es endgültig vorbei und das neue ließ sich noch nicht erkennen.

Furchtlos sah er Siegel in die Augen. »Ursprünglich habe ich die Nachforschungen nur betrieben, da ich annahm, mein Vorgänger sei unter mysteriösen Umständen ermordet worden. Zugegebenermaßen lag dies außerhalb meines Aufgabenbereichs für die Firma. Erst in den letzten vierundzwanzig Stunden wurde mir klar, daß dieser Mord in Verbindung stand mit dem Versuch, einen Kurssturz an der Börse zu initiieren.«

Von der anderen Tischseite drang: »Beweise?«

Rick Hansen drehte sich in Richtung der rauhen Stimme von Alan Milgrim. »Wie bitte?«

Milgrim räusperte sich und wiederholte die Frage in einem vollständigen Satz. »Ich sagte, welche greifbaren Beweise haben Sie für dieses vermeintliche Komplott?«

Hansen überdachte die Frage. Er hatte Binghams Kalender und sein PDA, einen Berg unzusammenhängender Dateien und McGearys Zigarrenbinde. Was bedeutete das alles zusammen? *Einen Dreck.* Im nachhinein wirkten die Geschehnisse beinahe surreal, traumgleich. »Ich kann hier keinen konkreten Nachweis führen. In der Mehrzahl handelte es sich um... Indizienbeweise. Eigentlich war es auch Freddie Zaraghi, der den Versuch aufdeckte.«

»Wer ist denn dieser Zaraghi?« wollte Milgrim wissen. »Der Junge mit dem Bärtchen, der hier drin war?«

»Ja.«

Bob Wolcott knurrte: »Verstehe ich Sie richtig? Diese ganze Sache ist nur wegen irgend so eines frustrierten Collegeabbrechers passiert? *Der*, wie ich hinzufügen möchte, damit gedroht hat, diese Firma wegen widerrechtlicher Aneignung seiner Software zu verklagen.«

Milgrim legte nach. »Ganz richtig. Wie können Sie sicher sein, daß Zaraghi sich nicht mit irgendeinem Trick Zutritt zur Firma verschafft hat, um hier anschließend Beweismaterial für seine Anklage zu sammeln?«

»Sie verstehen nicht. Es war meine Idee, ihn nach New York kommen zu lassen und an der Aufklärung von Binghams Beteiligung mitarbeiten zu lassen.«

Siegel sagte: »Daß dies Ihre Idee war, macht es ja noch schlimmer.«

Hansen hing in den Seilen, angeschlagen und benommen. Seine Story begann ihm selbst bereits unglaubwürdig zu klingen. »Jetzt hören Sie mal zu, ich weiß doch, was ich gesehen habe. Ich weiß, wie das Programm für den automatischen Handel in der Firma funktioniert. Ich habe gesehen, wie auf unserem STEPS-System Verkaufsorders in Milliardenhöhe geladen wurden. Irgend jemand in dieser Firma war für den Börseneinbruch am heutigen Morgen verantwortlich.«

»Wer?« bohrte Milgrim nach.

»Das weiß ich nicht«, gestand Hansen. »Irgend jemand im oberen Management.«

Hörbar schnappten diverse erschütterte Vorständler nach Luft. Eine Sekunde später fragte Bobby Wolcott: »Was führt Sie denn zu *der* Annahme?«

»Verschiedene Faktoren. Bingham hatte Zutritt zu der BEACON-Notfallanlage. Er schickte ein Gutachten über die Wahrscheinlichkeit von Börsencrashs an ein nicht namentlich erwähntes leitendes Firmenmitglied. Er besaß Kennkarten und organisierte Treffen auf dem BEACON-Trading-Floor. All das ist nur denkbar, wenn er von einem führenden Manager der Firma unterstützt wurde. Jemand, der wahrscheinlich mit einer Gruppe von Außenstehenden zusammenarbeitet, die von dem ganzen Komplott profitieren sollte.«

»Das ist eine höchst erstaunliche Anschuldigung«, murmelte Schomburg und starrte dabei ins Leere.

Milgrim fragte: »Sind Sie bereits zu irgendeinem Schluß gekommen, um wen es sich handeln könnte?«

Hansen zögerte. Der Anwalt fühlte sich auf einmal unsicher, was Gil McGearys Tatbeteiligung betraf. Die Zigarrenbinde war nun nicht gerade ein Tatwerkzeug, das McGeary zweifelsfrei überführt hätte. Zudem wollte das Verhalten des Händlers, als Hansen ihn in seinem Büro zur Rede stellte, so gar nicht zu einem schuldigen Mann passen. Andererseits war der Händler berühmt dafür, gerade in extrem stressigen Situationen ruhig und gefaßt zu agieren. Vielleicht hatte ihn der Anwalt ja nur in einer Pokerfacestimmung erwischt. »Nein. Ich bin mir nicht sicher, um wen es sich handeln könnte.«

Schomburg trommelte mit seinen Fingerspitzen auf der Tischplatte. »Ich denke, einstweilen dürfte das genügen. Richard, ich erwarte, daß Sie sich morgen um sieben Uhr bereithalten, wenn wir uns vor den für acht Uhr terminierten Vorbesprechungen mit dem FBI und der SEC noch mit unseren unabhängigen Rechtsvertretern beraten. Bei dieser Gelegenheit können Sie uns dann noch einmal den genauen Ablauf der Ereignisse aus Ihrer Sicht darstellen.«

»Natürlich.«

»Bei dieser Gelegenheit hielte ich es dann auch für angebracht, wenn Sie Ihren Freund, dieses junge Computergenie, mitbringen würden.« Schomburg legte die Fingerkuppen seiner gespreizten Hände aneinander. »Es war richtig von Ihnen, Richard, daß Sie uns darüber in Kenntnis gesetzt haben. Sie dürfen jetzt gehen.«

Hansen rückte seinen Stuhl vom Tisch ab, stand auf und verließ den Raum.

»Okay, Mike«, sagte Schomburg. »Er ist fort.«

Wieder kam Kilmartins leicht verzerrte Stimme über den Lautsprecher. »Es tut mir wirklich leid, aber ich wußte vorher überhaupt nichts von Richard Hansens Aktivitäten. Meine Sekretärin Felicity machte zwar eine Bemerkung darüber, daß dieser Zaraghi gestern abend in der Abteilung herumstreunte, aber Hansen besaß mein vollstes Vertrauen.«

Mike Kilmartin war es darum getan, den eigenen Arsch in Sicherheit zu bringen, eine Strategie, die angesichts der vorliegenden Umstände äußerst verständlich erschien.

»Keiner macht irgend jemandem an diesem Punkt der Ermittlungen Vorwürfe, Michael. Möchtest du denn noch etwas hinzufügen?«

»Ja. Nur, daß wir nicht zu hart mit Hansen umspringen sollten. Die Resultate mögen mangelhaft sein, aber die Absichten waren doch ehrbar. Und wer weiß? Vielleicht hat sein Vorgehen ja tatsächlich irgendwelche illegalen Praktiken verhindert.«

»Wir werden sehen. Du kommst mit dem Nachtflieger?«

»Ja. Wir sehen uns morgen früh um sieben.«

»Sehr schön.« Schomburg kappte die Verbindung, bevor Kilmartin noch auflegen konnte.

Milgrim meinte mit skeptischer Miene: »Max, ich habe heute nachmittag noch selbst kurz mit McGeary gesprochen, als ich zum ersten Mal davon erfahren habe. Ich bin überzeugt, er hatte keinerlei Kenntnis von diesen angeblichen Machenschaften. Er erzählte mir, daß Hansen heute morgen mit Nachdruck das Paßwort für das automatische Abwicklungssystem von ihm zu wissen verlangt hatte.«

»Ach, komm, Alan«, sagte Schomburg. »McGeary ist naheliegenderweise der Hauptverdächtige, hab ich recht? Ich weiß, du bist sein unmittelbarer Vorgesetzter und mußt im Fall der Fälle den Kopf dafür hinhalten, aber wir können doch keine Scheuklappen aufziehen.«

Irv Siegel erklärte kopfschüttelnd: »Ich habe schon immer gesagt, daß man McGeary ganz genau auf die Finger sehen muß.«

Milgrim sagte: »Ich habe McGeary gebeten, sich morgen früh um sechs mit uns zu treffen, bevor wir mit Hansen und diesem Zaraghi zusammenkommen.«

»Schön«, brummte Schomburg. »Es ist unbedingt erforderlich, daß wir keine voreiligen Schlüsse ziehen. Hansen hat da einige überaus schwerwiegende Anschuldigungen vorgebracht. Ich muß euch ja wohl nicht klarmachen, daß, sollte das FBI oder die SEC sich zu einer Anklageerhebung gegen die Firma entschließen, unser beabsichtigter Börsengang eine Totgeburt ist. Aber meiner Meinung nach bringt es nichts, Großalarm zu geben, solange wir noch nicht alle Fakten kennen.«

»Das stimmt, Max«, sagte Siegel.

Bobby Wolcott, dessen Wochenende mit seiner Liebhaberin in Washington damit geplatzt war, fuhr mit einer Hand durch sein

Silberhaar und stöhnte: »Sieht aus, als würde es ein verdammt langes Wochenende.«

»Ja, das wird es bestimmt.« Schomburgs Blick fiel auf seine Uhr. »Ich werde mich noch mal unten bei den Bundesjungs sehen lassen. Der Rest von euch kann gehen, wenn er will.«

Die Sitzung war beendet.

54

21.25 Uhr

»Mir scheint, sie waren nicht sonderlich scharf drauf zu hören, was ich zu sagen hatte, was?« Freddie Zaraghi saß in einem Stuhl in Hansens Büro und blickte aus dem Fenster.

»Hatte aber nichts mit dir zu tun, Freddie«, erwiderte Hansen, während er Unterlagen in seinen Aktenkoffer warf. »Es war eine vertrauliche Besprechung mit der obersten Führungsetage. Glaub mir, morgen wird es noch reichlich Fragen geben. Und ich garantiere dir, mit den Jungs vom FBI wird's bestimmt kein Spaß.« Hansen schloß seinen Aktenkoffer und seufzte erschöpft. »Weißt du, was mich frustriert?«

»Was?«

»Ich bin mir nicht einmal sicher, ob sie mir glauben.«

Zaraghi meinte gleichglültig: »Du mußt das aus ihrer Perspektive betrachten. Zum einen ist es wirklich starker Tobak und zum anderen *wollen* sie es überhaupt nicht glauben.«

Hansen nickte, gähnte und sah auf seine Armbanduhr. Es war 21.25 Uhr. Alles, was er wollte, war, zu Stephanie ins Bett zu kriechen und zehn Stunden zu schlafen. Aber angesichts der vorgerückten Stunde und der frühmorgendlichen Verabredung mit Schomburg würde das wohl bloß ein frommer Wunsch bleiben.

»Ich glaube Ihnen, Richard.«

Die Stimme schreckte Hansen und Zaraghi auf. Sie drehten sich um, und zu Ricks Verblüffung stand Alan Milgrim in der Tür zu seinem Büro. *Wie lange hatte Milgrim dort schon gestanden?*

Milgrim lächelte verkniffen und trat in das Büro. »Sie müssen

Mr. Zaraghi sein, das Computergenie. Ich bin Alan Milgrim.« Er streckte Freddie die Hand hin, und der schüttelte sie. Dann wandte sich Milgrim wieder dem jungen Anwalt zu. »Hören Sie, Richard, ich hoffe, wir haben Ihnen in Max' Büro nicht zu hart zugesetzt. Aufgrund der Ernsthaftigkeit dieser Anschuldigungen und der Beteiligung des FBI liegt uns ungeheuer viel daran, die Sache möglichst schnell in den Griff zu bekommen.«

Hansen sagte: »Natürlich.«

»Wie Sie wissen, ist McGeary mir unmittelbar unterstellt. Sollte er in irgend etwas verwickelt sein, daß nicht ganz kosher ist, dann, na ja, hat Schomburg bereits durchblicken lassen, würde ich meinen Kopf dafür hinhalten müssen. Also bin ich hergekommen, um mir ein wenig Rückendeckung zu besorgen. Könnten Sie morgen früh um sechs im Jakarta-Raum sein und mir dabei helfen, McGeary zu befragen?«

»Sicher.«

Milgrim lächelte. »Wunderbar. Ich denke, das oberste Geschäftsgebot wird nun sein, Ihnen beiden schnell etwas Schlaf zu verschaffen. Da es um diese Uhrzeit so gut wie unmöglich ist, an der Wall Street eine Taxe zu bekommen, hat Max mich gebeten, Sie in einen der Funkmietwagen zu setzen, die unten warten. Ich werde den Voucher unterschreiben, damit Sie sich keine Gedanken über die Kostenerstattung machen müssen.«

Hansen war ausgelaugt und wollte nur noch nach Hause. »Großartig, schönen Dank.«

»Keine Ursache. Ich gehe mit runter und sag dem Fahrer Bescheid. Kommen Sie.«

Im Fahrstuhl auf dem Weg nach unten wartete Milgrim ein paar Sekunden und sagte dann: »Womöglich versteht sich das von selbst, aber ich möchte es doch noch einmal ganz klarmachen. Wenn das FBI oder die SEC in dieser Geschichte einen falschen Eindruck erhält, könnte das verheerende Folgen für den Börsengang der Firma haben. Daher darf die Weitergabe von Informationen nur in zwingenden Fällen erfolgen.«

»In Ordnung«, sagte Hansen, während er die niedriger werdenden Stockwerkszahlen auf der elektronischen Anzeige betrachtete.

»Haben Sie in diesem Zusammenhang mit irgend jemandem sonst über die vermeintlichen Vorfälle in der BEACON-Anlage gesprochen?«

»Nein«, sagte Freddie.

»Und Sie, Rick?«

»Nur mit Mike Kilmartin.«

»Sicher, sicher. Michael muß natürlich auf dem laufenden gehalten werden, schließlich ist er Ihr direkter Vorgesetzter und Leiter der Revisionsabteilung. Aber Sie haben doch Ihrer Frau gegenüber nichts davon erwähnt, oder?«

Der Anwalt zögerte. »Ein wenig schon. Aber nichts von dem, was sich heute morgen in der BEACON-Anlage zugetragen hat.« Das entsprach der Wahrheit. Er hatte sie damit nicht ängstigen wollen, nicht in ihrem gegenwärtigen Zustand.

Der Fahrstuhl hielt im Erdgeschoß und entließ sie in die Lobby. »Das ist gut«, sagte Milgrim und nickte einige Male mit dem Kopf. »Und bitte, Auskünfte nur in zwingenden Fällen.«

»Nur in zwingenden Fällen«, versprach Hansen müde.

Sie traten aus der protzigen Lobby der Wall Street 44 in die frühabendliche Ödnis, die sich über den fast menschenleeren Finanzbezirk gelegt hatte. Etwa sieben Meter vom Eingang entfernt schnurrte am Bordstein ein eleganter schwarzer Cadillac Brougham im Leerlauf. Milgrim gestikulierte erregt und winkte die Limousine näher heran.

»Cool«, entfuhr es Freddie bei dem Anblick.

Als der Wagen vor ihnen hielt, reichte Milgrim Hansen einen abgezeichneten Voucher. »Geben Sie das einfach dem Fahrer und sagen Sie ihm, er soll Sie ins Millenium und Frederic dahin, wo immer er abgestiegen ist, bringen…«

Plötzlich war Hansen hellwach. »Moment mal… woher wissen Sie…?«

Ein bestürzter Ausdruck huschte über Milgrims Gesicht. Er

wandte sich den schwarzgetönten Scheiben der überlangen Limousine zu, als würde er nun zu seinem Spiegelbild sprechen. »Versuchen Sie ein wenig zu schlafen«, sagte er und starrte dabei fortwährend die Autofenster an. »Schließlich brauchen wir Sie morgen in Bestform.«

»Alan?« beharrte Rick Hansen. »Woher wußten Sie, daß meine Frau und ich im Millenium abgestiegen sind?«

Die hintere Tür der schwarzen Limousine öffnete sich. Der Russe schwang seine Beine nach draußen und steckte den Kopf in das fahle Licht der Straßenbeleuchtung. Eine häßliche halbautomatische Pistole ruhte bedrohlich auf seinem Oberschenkel. »Steigen Sie bitte ein«, sagte Viktor Alexejew.

Alan Milgrim verfolgte, wie der Cadillac die Wall Street hinunterfuhr, dann an der William Street links abbog und aus dem Blickfeld geriet. Sobald der Wagen verschwunden war, ließ eine krampfartige Zuckung den Kopf des leitenden Managers abrupt nach vorne schnellen. Ein halbverdauter Brei aus Schmorbraten und Wodka klatschte in den Rinnstein. Milgrim beugte sich ein zweites und ein drittes Mal über den Bordstein hinaus und erbrach so lange den Inhalt seines übersäuerten Magens, bis nichts mehr zum Hochwürgen übrig war. Mit viel Mühe gelang es ihm, seinen Anzug nicht zu besudeln.

Warum haben sie mir das nur angetan? Warum haben sie sich nur entschieden, mich nach dem Börsengang abzuservieren? Schomburg wußte überhaupt keinen konkreten Grund dafür zu nennen. Der Firmenchef hatte nur etwas von Wolcott Fulbrights *kopflastiger Infrastruktur* gemurmelt, eine höhnische Phrase, die nichts anderes bedeutete als *nichts für ungut, aber wir müssen dir leider den Verdienter-Mitarbeiter-Rausschmiß mit Golduhr verpassen. Und danke auch für die schöne Zeit.*

Für Milgrim hatte diese ganze Stiletto-Geschichte mehr als eine Art Spiel begonnen. *Du fickst mich, ich fick dich.* Aber er hätte wissen sollen, daß Colbert die Sache übertreiben würde, besonders angesichts der Größenordnung des Anteils, den er Milgrim zu geben bereit war. Sie hatten Tommy Bingham umgebracht, der ein anständiger Kerl gewesen war, und dessen Freundin, diese Rechtsassistentin. Dann erledigten sie den Professor, als der allzu habgierig wurde. Und jetzt hatte sich Alan Milgrim selbst gezwungen gesehen, den Anwalt und den Computerprogrammierer an Colberts russische Ganoven auszuliefern, was die Zahl der Opfer weiter in die Höhe trieb.

Er rief auf seinem Handy die Nummer ab. »Hier ist Stiletto. Sie sind unterwegs… Ja, es herrscht wenig Verkehr. Du solltest sie in etwa zehn Minuten bei dir haben.«

Er klappte das Mobiltelefon wieder zu und preßte seine Augen fest zusammen.

Milgrim wollte sich überhaupt nicht vorstellen, was mit ihnen passieren würde. Das Vorstandsmitglied drückte das Kinn gegen seine Brust und begann leise zu weinen. Es war alles so außer Kontrolle geraten. So völlig außer Kontrolle.

55

21.42 Uhr

Rick Hansens Verstand raste, seine Gedanken waren von blankem Entsetzen erfüllt. *Was geschah bloß mit ihnen?*

Stoisch und stumm saß der Russe in dem eleganten Ledersitz der Limousine und hielt seine Waffe auf Zaraghi gerichtet. Ein kurzer Blick ins Gesicht ihres Bewachers genügte, um ihn wiederzuerkennen. Es war der Russe, der am Morgen mit einer Waffe in der Hand in die BEACON-Anlage gestürmt war. Und das, was er im Rückspiegel vom Gesicht des Fahrers sehen konnte, bestätigte Rick, daß vorn der Mann saß, auf den er in Binghams Apartment gestoßen war. Panik überfiel Hansen. Plötzlich war er sicher, daß sein Leben in dieser Nacht enden würde.

Die spannungsgeladene Stille hielt an, während die Limousine durch die abendlich-ruhigen Straßen des Finanzbezirks rollte. Der Fahrer bog an der William, Pine und am Broadway jeweils links ab, bevor er schließlich nach rechts auf den Battery Place einschwenkte. Sechs Minuten später hatte der Cadillac die Ausläufer von Lower Manhattan umkurvt und sich in den Verkehr auf dem vierspurigen West Side Highway eingereiht, auf dem es zügig Richtung Norden ging.

Wohin werden wir gebracht?

Draußen jenseits der getönten Scheiben spiegelten sich die Lichter der New-Jersey-Seite auf der Oberfläche des Hudson River. Hansen warf einen kurzen Blick auf Zaraghi. Der Gesichtsausdruck des Computerkids war unergründlich.

Sekunden später murmelte Zaraghi: »Ich halt das nicht länger aus.«

»Was war das?« fragte der Russe mißmutig.

»Ich sagte, ich halt diese Stille nicht länger aus. Warum sind wir hier?«

Mit kalter Stimme antwortete Viktor Alexejew: »Seien Sie doch nicht albern. Sie wissen genau, warum Sie hier sind.«

»Wohin bringen Sie uns?«

Der Russe erwiderte nichts.

Hansen schreckte zusammen, als sein Beeper plötzlich mit einem schrillen Piepen losging. Der Russe beobachtete argwöhnisch, wie Hansen den Beeper aus dem Gürtelholster zog.

HAB IN DEINEM BÜRO ANGERUFEN, KEINE ANTWORT. WO STECKST DU? S.

»Meine Frau«, sagte er leise. »Sie erwartet jeden Moment ein Baby.«

Der Russe sagte nichts, sondern grinste nur tückisch. Seine Backenzähne leuchteten im hellen Straßenlicht.

Gagarow fuhr zu den Chelsea Piers.

Die Chelsea Piers zwischen der Seventeenth und der Twenty-third-Street umfaßten ein etwa 120 000 Quadratmeter großes Wassergrundstück in bester Manhattaner Lage. Der darauf entstandene hundert Millionen Dollar teure Komplex symbolisierte auf hervorragende Weise die atemberaubende Renaissance, die New York City in unmittelbarer Folge jener Milliardenvermögen erlebte, die Wall Street im Verlauf der längsten Hausse aller Zeiten erschaffen hatte. 1910 ursprünglich als Anlaufhafen für Ozeandampfer eingeweiht, galten die Chelsea Piers fünfzig Jahre lang als weltbekanntes Architekturwunder, bis der Siegeszug der Passagierluftfahrt zu ihrem rapiden Niedergang geführt hatte. Mitte der Achtziger standen die Gebäude schließlich leer und verfielen, und das Land plante schon, die heruntergekommene Hafenanlage abzureißen und durch eine Schnellstraße zu ersetzen.

Haushaltsengpässe brachten die Pläne für einen neuen Highway dann allerdings zum Scheitern. Daraufhin wurde 1994 ein

Konsortium aus privaten und öffentlichen Anteilseignern aktiv und errichtete hinter der renovierungsbedürftigten Originalfassade aus rosa Granit, die sich über die vier dreihundert Meter langen Piers hinzog, einen riesigen Entertainmentkomplex. Im Sommer 1995 wurde das geschichtsträchtige Hafengelände als moderne Freizeitanlage mit Sport- und Unterhaltungseinrichtungen und einem komplett ausgestatteten Maritime Center für Privatboote wiedereröffnet.

Sie bringen uns ans Wasser, erkannte Hansen.

An der Sixteenth Street bog Die Fratze links in eine Zufahrt des fünf Häuserblocks langen, blau-rot-grauen Hauptgebäudes ein und steuerte den Cadillac auf einen überdachten Parkplatz zwischen den Piers 59 und 60. Gagarow fand einen Einstellplatz zwischen zwei stählernen Stützpfeilern und schaltete den Motor aus.

»Ich bin autorisiert, nach eigenem Ermessen zu töten«, fauchte Alexejew. »Verhalten Sie sich also ruhig, und folgen Sie mir.«

Sie stiegen aus dem Wagen. Das Geräusch der zuschlagenden Wagentüren hallte gewaltig in der höhlenartigen Parkanlage. Dem Anwalt fiel sofort die extreme Luftfeuchtigkeit auf. Im Osten ragte die weltberühmte Spitze des Empire State Building in den Abendhimmel.

»Los geht's«, sagte Alexejew und rammte Hansen die Pistole zwischen die Rippen. Hansen zuckte vor Schmerz zusammen und schlurfte auf die Boote zu, die an Pier 60 angelegt hatten.

Philip Colbert stand auf dem Vorderdeck der *Full Acquittal* und hielt krampfhaft die Reling umklammert. Er rauchte seine Liguito No. 2 und lauschte dem beruhigenden Plätschern des Hudson River gegen den Rumpf seines Schiffes. Als er sah, wie die Russen mit ihrem Fang im Schlepptau aus dem Parkdeck traten, zog er sein Handy aus der Jackentasche und drückte die Kurzwahltaste für Milgrim. Während er sprach, blieben seine Augen fest auf den beiden Gefangenen gerichtet. »Stiletto, sie sind hier.

Ich ruf dich später mit weiteren Instruktionen an. Halte dich für einen kleinen Ausflug bereit.«

Colbert klappte das Telefon zusammen und warf seine Zigarre in das spinatgrüne Wasser, wo sie mit einem kurzen Zischen ausging. Dann stieg er die Treppe zur Brücke hinauf und betrat das Steuerhaus. Er wies den Kapitän an, die Crew für einen kurzen Abstecher in die Upper Bay zu instruieren. Anschließend kletterte der Finanzier unter Deck in die Hauptkabine und bereitete sich auf die Ankunft des Anwalts und des Computerprogrammierers vor. Colbert zog sein Jackett aus, breitete eine Plastikplane auf dem Kabinenboden aus und ließ die Jalousien vor den normal hohen Fenstern herab. Aus der untersten Schublade einer Kirschholzvitrine nahm er seine Pistole.

Dann setzte er sich in einen Stuhl und wartete auf Hansen und Zaraghi. Jetzt war er bereit für sie.

Die Yacht war überwältigend in ihrer Größe. Sobald Hansen das Boot entdeckt hatte, begann er den unermeßlichen Reichtum und die Macht seines Besitzers zu ahnen. Sie waren diesem Power-Broker unabsichtlich in die Quere geraten und der hatte sie nun entführen lassen. Hansen dachte an seine Frau und unterdrückte ein ängstliches Schluchzen.

Die Russen trieben sie rüde auf die Steuerbordseite des Vorderdecks. Das Boot schaukelte leicht im Wellengang des Hudson. Unter seinen Füßen spürte Hansen, wie die kraftvollen Dieselmotoren ansprangen.

»Hier lang«, sagte Viktor Alexejew und stupste sie mit seiner Pistole in Richtung Treppe. Sie stiegen unter Deck in das Halbdunkel der Privatkabine hinab.

Die nächsten paar Minuten stampften die Maschinen auf voller Kraft. Die Schrauben wühlten das brodelnde Kielwaser auf, das musikalisch gegen die hölzerne Anlegestelle schwappte, und die *Full Acquittal* glitt seitlich von ihrem Liegeplatz. Mit einem vibrierenden Rattern, das den Kunststoffrumpf erbeben ließ, schob sich die Yacht rückwärts in den Hudson, beschrieb dann eine elegante Drehung und fuhr südwärts auf die Spitze Manhattans zu.

Die Hände wurden ihnen mit Draht vor dem Bauch zusammengeschnürt und man befahl ihnen, sich nebeneinander auf die Plane zu setzen.

Philip Colbert starrte Hansen und Zaraghi lange Zeit an, als wollte er ihre Gesichter genau in Erinnerung behalten.

»Meine Frau muß ins Krankenhaus«, drängte Hansen. »Sagen Sie schon, was Sie von uns wollen!«

Colbert trat zu dem Anwalt und blickte von oben auf ihn herab. Dann schlug er ihm mit der Faust brutal ins Gesicht. Blut und Speichel spritzten von Hansens Mund.

»Du kannst mir gar nicht mehr geben, was ich haben will«, zischte Colbert. »Das hast du mir nämlich schon genommen.«

»Lassen Sie ihn in Ruhe«, sagte Zaraghi. »Ich war's.«

Colbert wandte sich Freddie zu. »Du warst das? Du hast meine Transaktionen sabotiert?«

»Ja, und Sie haben mein Programm gestohlen«, erwiderte Zaraghi trotzig.

Colberts Stimme wurde eisig. »Weißt du überhaupt, was du da angerichtet hast?« Colberts Lippen sabberten jetzt beinahe. »Herr im Himmel, wenn du doch nur Kontakt mit mir aufgenommen hättest, dann wären wir uns bestimmt einig geworden, wären zu einer Übereinkunft gekommen. Du hättest ausgesorgt fürs Leben.«

»Meinen Sie vielleicht die gleiche Übereinkunft, die Sie auch mit Gammage und Bingham abgeschlossen haben?« gab Freddie sarkastisch zurück. »Merkwürdiges Verständnis von ›ausgesorgt fürs Leben‹?«

Halt's Maul, Freddie, halt's Maul, beschwor Hansen ihn auf telepathischem Weg.

Colbert starrte den Computerprogrammierer an. Die kalten dunklen Augen verengten sich zu schmalen Schlitzen. Ein kurzer

Anfall von Übelkeit überfiel Hansen. Er war sicher, der Geschäftsmann würde keine Sekunde zögern, sie hier und jetzt umzubringen.

Endlich sagte Colbert: »Kapierst du noch immer nicht..., daß dies hier keine Kinderspielchen sind?«

Freddie schwieg, starrte Philip Colbert aber weiter herausfordernd an.

Wütend drehte sich der Finanzier zu Alexejew um. »Leg seine Hände auf den Stuhl.«

Der breitschultrige Russe durchquerte die Kabine und zerrte Freddie an seinen zusammengebundenen Händen hoch. Zaraghi schrie gequält auf, als Viktor Alexejew ihn zu dem Kabinentisch hinüberdirigierte. »Autsch! Was zum Teufel soll das?«

Alexejew zwang Freddie, die Handflächen auf die Polsterung des Stuhls zu legen. Dann kam Colbert herüber und preßte die Mündung seiner Pistole gegen den Rücken der rechten Hand. Ein kleiner Kreis Haut wurde unter dem Schalldämpfer verdreht.

»O Gott, nein«, wimmerte Freddie mit weit aufgerissenen Augen, »Sie werden doch wohl nicht...«

Mit einem leisen *Katschunk* stieß die Waffe des Finanziers zurück. Zaraghis Hand spritzte auf in einer Explosion aus Blut und Fleisch, während die durch die Handfläche schlagende Kugel von der Polsterung des Stuhls aufgefangen wurde. Zaraghi schrie auf, schnellte nach vorn und riß seine zerfetzte Hand vom Stuhl, als läge sie dort in einem lodernden Feuer. Sein Gesicht war eine Studie aus ungläubigem Staunen, Entsetzen und Schmerz. Zaraghi begann zu schluchzen, steckte die breiig-blutige Hand zwischen seine Schenkel und schaukelte vor und zurück wie ein gezüchtigtes Kind.

»Jetzt wird dir vielleicht bewußt, was für einen Schaden du mit dieser Hand da angerichtet hast«, erklärte Colbert nüchtern. Dann sagte er zu Viktor Alexejew: »Sie wissen ja, was zu tun ist.«

Damit wandte sich Colbert ab und stieg die Treppe hinauf. Viktor Alexejew kam zu Richard Hansen hinüber und drückte diesem den Lauf an die Schläfe. »Ihre Frau befindet sich im Hotel Millenium, Zimmer 531. Sie ist im neunten Monat schwanger. Nachdem ich Sie getötet habe, kann ich die beiden also auch mit einer einzigen Kugel umbringen. Es sei denn, Sie verraten uns, was wir wissen wollen.«

Colbert kletterte die Wendeltreppe zum Vorderdeck hinauf. Die nächste halbe Stunde über würden die Russen die Gefangenen verhören und falls notwendig foltern, um in den Besitz der erwünschten Informationen zu gelangen. Danach – na ja, Alexejew würde tun, was immer getan werden mußte. Und morgen früh würde man die Leichen aus dem Hudson fischen …

Es war ein phantastischer Plan gewesen, diese Initiative, die absolute Krönung eines Lebenswerks. Der Fehlschlag war daher wirklich bedauerlich. Und aufgrund der Tatsache, daß sich jetzt die Bundespolizei eingemischt hatte, war auch nicht daran zu denken, LINDA einfach neu zu laden und das Vorhaben am Montagmorgen erneut anzugehen. Immerhin waren die GoldBridge-Derivate als kleine Entschädigung nun zig Millionen Dollar wert. Konnte er diese In-the-money-Optionen aber gefahrlos versilbern? Das mußte er von dem Anwalt in Erfahrung bringen. Sollte dies der Fall sein, so hatte Colbert beschlossen, den Erlös für sich zu behalten, scheiß doch auf die Partner.

Die Schweiz, dachte er noch, als er, kurz bevor das gleißend weiße Licht von oben auf ihn fiel, auf das Vorderdeck trat. *Er würde seinen Lebensabend in der Schweiz verbringen.*

Dann verschwand seine Welt plötzlich in einem blendend grellen Lichtkegel.

Was zum Teufel?

Verwirrt schirmte Philip Colbert seine Augen gegen das Suchscheinwerferlicht ab und starrte in den Himmel zu dem Hubschrauber, der direkt über ihm stand und dessen Rotorblätter in einer ohrenbetäubenden Lautstärke wummerten.

Sekunden später dröhnte eine Stimme aus der Verstärkeranlage des Helikopters.

»Full Acquittal, *hier spricht die US-Küstenwache von der Brooklyn Air Station. Beamte der Bundespolizei werden in Kürze an Bord Ihres Schiffes kommen. Ich wiederhole, wir kommen jetzt an Bord Ihres Schiffes.*«

56

Samstag – Sonntag, 20.–21. März

Komplott an der Wall Street? lautete die Schlagzeile, die auf der Titelseite der Morgenausgabe der *New York Post* prangte und die sich auf die Vorfälle vom vorangegangenen Morgen im Finanzbezirk sowie auf die anschließende Schießerei an Bord der Yacht des Finanziers bezog. Bei Drucklegung der Zeitung waren FBI und SEC weiter mit dem Versuch beschäftigt, das Puzzle der Ereignisse sinnvoll zusammenzufügen. Beide befanden sich noch im *Kein Kommentar*-Stadium.

Wie sich herausstellte, hatten die Bundesbeamten sich zwar damit einverstanden erklärt, Hansen und Zaraghi erst am nächsten Morgen im Beisein des Firmenanwalts zu verhören, waren deshalb aber keineswegs gewillt gewesen, sie in der Zwischenzeit auch aus den Augen zu lassen. Das FBI wollte nicht ausschließen, daß diese beiden Männer womöglich mit irgendwelchen Betrügern unter einer Decke steckten, und hielt sie dementsprechend für fluchtgefährdet. Als sie der Limousine zur Hafenanlage folgten und sahen, wie der Anwalt und der Computerprogrammierer an Bord einer Yacht namens Full Acquittal gingen, gerieten die FBI-Beamten daher regelrecht in Panik. Die beiden Männer, die wahrscheinlich in den Plan zur Manipulation der Börsenkurse verwickelt waren, versuchten das Land auf dem Seeweg zu verlassen!

Sofort wurde die Brooklyn Naval Air Station der US-Küstenwache gebeten, diese Flucht zu verhindern. Innerhalb von zwanzig Minuten wurden die Beamten per Helikopter vom Pier 59 zu der *Full Acquittal* gebracht. An Bord fanden sie Hansen und Zaraghi, die gegen ihren Willen und mit gefesselten Händen in einer Kabine festgehalten wurden. Damit wurde die vorläufige Einschätzung der Fakten durch die Bundesbeamten völlig auf den Kopf gestellt.

Bei dem Spekulanten, auf dessen Namen das Boot zugelassen war, handelte es sich um niemand anderen als Philip Colbert..., und das rief bei den Ermittlern sofort alte Erinnerungen wach. Colbert galt als einer der großen, nie rechtskräftig verurteilt Wirtschaftsverbrecher der 80er Jahre. Er war 1991 von siebenundzwanzig Anklagepunkten des Anlagebetrugs uneingeschränkt freigesprochen worden. Gerüchte über Geschworenenbestechung konnten von den frustrierten Anklägern niemals erhärtet werden. Letztlich war der Dreckskerl einfach davongekommen. Und dann besaß er auch noch die Frechheit, seine Yacht *Full Acquittal* zu nennen.

Was, zum Teufel, veranlaßte diesen Widerling, ein paar Ganoven loszuschicken, um einen Wall-Street-Anwalt und einen Ex-Studenten mit Waffengewalt zu entführen und sie anschließend auf seiner Yacht foltern zu lassen? Das würden sie mit Sicherheit noch herausfinden...

Gegen Mitternacht erreichte Max Schomburg in seiner Fünfzehnzimmer-Maisonettenwohnung an der Park Avenue die Nachricht über die Entführung von Hansen und Zaraghi.

»Dieser krumme Hund«, sagte Schomburg, als er erfuhr, daß mit Alan Milgrim einer seiner Stellvertreter in den ausufernden BEACON-Skandal verwickelt war. Dem FBI zufolge ließen sich mehrere in den vergangenen achtundvierzig Stunden über das Mobilfunknetz geführte Gespräche zwischen Colbert und Milgrim belegen.

Verzweifelte Situationen machten verzweifelte Maßnahmen notwendig. Schomburg riß Artie Lefcourt aus dem Tiefschlaf und fragte Wolcott Fulbrights leitenden Prozeßvertreter: »Na, Arthur, schon was vor am Wochenende?«

»Hört sich im Moment ganz danach an, Max«, sagte er schläfrig.

Sobald ihm Schomburg erzählt hatte, worum es ging, war Lefcourt hellwach.

Am nächsten Morgen um halb sieben wurde in Schomburgs Büro sofort beschlossen: Der Börsengang war geplatzt. Es bestand überhaupt kein Grund, sich über dieses Thema weiter zu unterhalten.

Dann auf zum nächsten Problem: Wie konnte die Firma gerettet werden? Renomee war an der Wall Street ein äußerst heikles Gut. Es aufzubauen dauerte Jahre, es zu zerstören genügte ein winziger Augenblick.

Bei Bagels und schwarzem Kaffee wurden Schomburg, Siegel und Bobby Wolcott von Lefcourt und der Phalanx junger Wirtschaftsanwälte von Wachtel, Lipton der gute Rat erteilt, daß eine Sache von Beginn an klar sei: Die SEC müsse so lange auf Distanz gehalten werden, bis Lefcourts Team die betriebsinterne, minutiöse Prüfung der Firmenbücher abgeschlossen hat…

»Absurd«, erklärte Schomburg. Mighty Max würde sich nicht daran beteiligen, die Arbeit der Aufsichtsbehörde zu behindern. Im Gegenteil, der SEC würden unverzüglich alle Informationen zugänglich gemacht, und der Vorstandsvorsitzende wünsche keinen Widerspruch in dieser Frage. Die Firma müsse jetzt Anstand und Klasse beweisen. Schließlich war Wolcott Fulbright ja selbst *das Opfer* eines verbrecherischen Topmanagers geworden.

Schomburg höchstpersönlich wählte die Privatnummer von Don Neufeld in Brooklyn Heights. Zufälligerweise war Neufeld eine Kommilitone von Lefcourt an der University of Pennsylvania gewesen. Zwar machte sich keiner von beiden in diesem Punkt etwas vor und rechnete mit einer Sonderbehandlung, aber schaden konnte es mit Sicherheit auch nicht.

Mit Neufelds Eingreifen setzte sich ein gutgeöltes Räderwerk in Bewegung. Zusammen mit den Börsenhäusern war die SEC dazu angehalten, die Integrität der öffentlichen Wertpapiermärkte zu schützen. Neufeld akzeptierte bereitwillig die Herausforderung, die für einen ambitionierten Karrieremenschen wie ihn eine einmalige Profilierungsgelegenheit zu werden versprach.

Am späten Samstagnachmittag leitete er eine hastig einberufene Sitzung in dem ehrwürdigen, creme- und goldfarbenen Konferenzraum der New York Stock Exchange, von dessen Stirnwand die früheren Börsenpräsidenten aus ihren Bilderrahmen mißtrauisch auf die Anwesenden herunterblickten. An dem enormen rechteckigen Konferenztisch versammelt waren die Vertreter aller Börsen sowie ein halbes Dutzend Mitarbeiter aus der New Yorker Filiale der SEC.

Schnell und entschieden wurden Maßnahmen ergriffen. Bis ein Team von Aufsichtsbeamten eine erste Untersuchung abgeschlossen hatte, wurde Wolcott Fulbright das Recht zum automatischen Handel entzogen. (Schomburg hatte dies bereits von sich aus angeboten, was Neufeld indes nicht zu erwähnen beabsichtigte). Außerdem wurde der Beschluß gefaßt, daß neben dem FBI auch der Secret Service und das Justizministerium unverzüglich hinzugezogen werden sollten. Schließlich wich diese Sache doch erheblich von den üblichen Feld-, Wald- und Wiesenversuchen zur Kursmanipulation ab.

Es gab also reichlich öffentlichkeitswirksame Arbeit für alle. Klar war aber auch, daß Neufelds Leute die Regie dabei führen würden.

Der Sonntagmorgen brach an und eine unsanfte Konfrontation mit Bundesbeamten war das letzte, mit dem Eddie Slamkowski gerechnet hätte.

Slamkowski hatte gerade draußen vor Huntington Beach einen phantastischen Ritt erwischt. Es war die Art von Welle, von der man in den Himmel gehoben und anschließend schnurstracks in die tiefste Talsohle geschickt wurde. Die Art, die sich am Ende des Boards in eine wirbelnde Röhre zusammenbog, von der man dann mit einer einzigartig elementaren Kraft an den Strand getrieben wird. Und plötzlich wurde Slam, der in einem blaugelben Comic-Helden-Neoprenanzug auf seinem maßangefertigten

Board hockte, von dieser Welle *verschluckt*, o Mann, raste an den glatten rollenden Wänden dieses Wassertunnels entlang, wurde eins mit dem göttlichen Genuß des Surfens, berauscht in der stahlblauen Einsamkeit, all die anderen bedauernd, all die Nichtsurfer, die dieses Leben nie begreifen würden – die ins Gesicht spritzende Gischt, das Salzwasser auf den Lippen und der Wind, der durch das Haar peitschte.

Ich werde das vermissen, dachte er. Im Vergleich zu dem singenden Rauschen der südkalifornischen Brandung fiel das Wellenplätschern des Lake Michigan nun doch ein klein wenig ab. Ha, ha, ha. Aber als Slamkowski den letzten Schub der Welle ausnutzte und das Knirschen des Surfbretts im feuchten Sand des Strands spürte, wurde er zu seiner Verblüffung von einigen uniformierten, schon vor Tagesanbruch Sonnenbrillen tragenden Bundesbeamten mit hartem Griff aus dem brodelnden Pazifik hinausgeführt. Grob drückte man ihn mit dem Gesicht zuerst in den nassen Sand, der ätzend und salzig auf seinen Lippen brannte und über sein sonnengebräuntes Gesicht scheuerte. »Hiermit verhafte ich Sie wegen Verdachts auf Verstoß gegen das Gesetz über Computerbetrug und Computermißbrauch aus dem Jahr 1986«, schrie einer der FBI-Jungs ihn an.

»Und wegen Verstöße gegen 10b–5 des Wertpapiergesetzes von 1933«, fügte eine junge Anwältin der SEC hinzu.

Während Slam noch seine Unschuld beteuerte, wurde er auf seine Beine gestellt, triefend naß über den Sandstrand gezerrt und in den Fond einer kleinen, als Dienstwagen für einfache Bundesbeamten genügenden Limousine gestoßen. Auf der Fahrt im Surferoutfit zu einem bundeseigenen Untersuchungsgefängnis irgendwo in Los Angeles wurde ihm klar, daß er letzten Endes wohl doch nicht nach Chicago zurückkehren würde. Er wußte gar nicht, wie er seinem Kumpel Trader Vic die Nachricht beibringen sollte, besonders nach allem, was Vic für ihn getan hatte…

In Captiva Island wartete um 7.47 Uhr Ostküstenzeit eine Gruppe von Bundespolizisten geduldig darauf, daß jemand die riesige Teakholztür zu einem Anwesen namens Château-sur-l'Océan öffnete. Sie unterhielten sich im Flüsterton über den unverschämten Prunk dieses Palastes, dessen Adresse mit der auf ihrem Durchsuchungs- und Beschlagnahmungsbeschluß übereinstimmte. Eine Frau in einem kuttenförmigen Umhang aus chinesischer Seide kam an die Tür. Auch ohne Make-up war ihre Schönheit unverkennbar. »Kann ich etwas für Sie tun?« erklärte sie in einem Ton, der alles andere als Hilfsbereitschaft verriet.

»Ich bin Special Agent Stephen Cavanaugh von der Abteilung Computerbetrug des Secret Service, Ma'am.« Er stellte knapp seine Begleiter von FBI und der SEC vor. Dann hielt er einen abgezeichneten richterlichen Beschluß hoch, der sie bevollmächtigte, Haus und Grundstück zu durchsuchen. Ohne ein weiteres Wort zu verlieren, schlug Mrs. Colbert ihnen die Tür vor der Nase zu und legte den Sicherheitsriegel vor.

»Sieht aus, als müßten wir hier auf die harte Tour vorgehen, Leute«, sagte Special Agent Cavanaugh, ohne sein Vergnügen daran ganz unterdrücken zu können.

In Polizistenkreisen nannte man es, sich »gewaltsam Zutritt verschaffen«, und es bedeutete, daß die Tür mit einem über zwei Zentner schweren Rammbock eingeschlagen wurde. Die Bundesbeamten schwärmten in der Villa des Multimillionärs aus und beschlagnahmten jeden Einrichtungsgegenstand, der irgend etwas mit dem Komplott zu tun haben konnte.

Die Haussuchung erbrachte sieben Computer, zwei Faxgeräte und zwölf Kartons mit Geschäftsunterlagen, die sich auf Gesellschaften bezogen, von denen die SEC bereits erfahren hatte – GoldBridge Capital Advisors und Infinity Technology Securities.

Als Alan Milgrim am Sonntagabend in seinem Haus in Southampton, Long Island, von FBI-Agenten mit den Anschuldigungen konfrontiert wurde, brach er zusammen und weinte hemmungslos. In Anwesenheit seines Anwalts erklärte er sich bereit, gegen seinen Mitverschwörer Philip Colbert auszusagen, wenn ihm im Gegenzug Strafmilderung und das Fallenlassen einiger

Anklagepunkte zugesagt würde. Milgrims persönlicher Verteidiger, ein ehemaliger Staatsanwalt aus Manhattan, bot als Köder an, daß sein Mandant den Bundesbehörden einen Brief mit dem Hinweis ZU ÖFFNEN IM FALLE MEINES TODES aushändigen würde. Der Anwalt gab an, daß Milgrim – aus Angst, Colbert könnte ihn nach vollbrachter Tat beseitigen lassen – eine detaillierte Beschreibung des Komplotts angefertigt hatte, die an die Presse gehen sollte, wenn man ihn tot auffände. Die Behörden waren an diesem Schriftstück zwar stark interessiert, aber nicht so sehr, daß sie Milgrim dafür Zugeständnisse gemacht hätten. Dann fiel einem der Anwälte vom Justizministerium auf, daß sie jetzt, da sie von der Existenz dieses Briefes wußten, dessen Vorlage ja auch ganz einfach richterlich verfügen lassen konnten. *Nein danke*, gaben sie Milgrims Anwalt zur Antwort. *Auf Wiedersehen vor Gericht.*

Milgrim und Colbert wurden in Handschellen zur Vernehmung geführt und ohne Kaution festgehalten.

Gegen acht Uhr am Sonntagabend brach Stephanies Fruchtblase.

57

New York Hospital – Cornell Medical Center, Manhattan
Montag, 22.März

Sonntag nacht, als Stephanie schlief, kam Freddie Zaraghi ins New York Hospital, um sich das Kind anzusehen. Er hatte einen Strauß Blumen und Luftballons in allen Regenbogenfarben dabei.

Rick schlich mit Freddie und seiner neugeborenen Tochter so leise wie möglich aus dem Zimmer und brachte sie in den Besucherraum am Ende des Flurs.

»Ich hab noch nie in meinem Leben ein Baby gehalten«, erklärte Zaraghi verunsichert, während er das Baby auf der Plastikschale an seiner Hand balancierte. Der Verband war übersät mit Genesungswünschen wie HEY, DU DUMMKOPF, NUR SUPERMAN KANN EINE KUGEL MIT DER HAND ABFANGEN oder UUPS! DAHIN IST FREDDIES SEXLEBEN.

»Du bist ein Naturtalent«, sagte Hansen.

»Ein gutaussehendes Mädchen«, bemerkte Zaraghi. »Muß wohl der mütterlichen Seite nachschlagen.«

»Völlig.« Hansen befreite seine neugeborene Tochter aus Zaraghis unbeholfenem Griff und küßte sie auf die Stirn. »Was macht die Hand?«

»Tut verflucht weh. Gott sei Dank gibt's Schmerztabletten. Werd wohl die Computeranlage des Krankenhauses knacken und mir selbst ein lebenslanges Rezept für diese eckigen kleinen Pillen verschreiben müssen.«

Rick Hansen lachte. »Machen sich die Ärzte noch immer Sorgen über die Heilungsaussichten?«

»Sie sind ein wenig optimistischer, als sie es noch gestern waren. Die Funktionsfähigkeit wird ganz sicher eingeschränkt bleiben, aber wenn's nicht so gekommen wäre, hätte mich halt das Karpaltunnelsyndrom erwischt.« Zaraghi gab ein leichtes ironisches Lachen von sich. »Ich werd's überleben. Der Schuß ging glatt durch, es war also noch Glück im Unglück, auch dafür sollte man dankbar sein, stimmt's?«

Hansen nickte. »Ich hab mir übrigens Gedanken gemacht, wie ich mich für die Hilfe bei der Aufdeckung dieser Bingham-Geschichte revanchieren könnte und, na ja, ich glaube, mir ist da eine total idiotische, unsinnige und äußerst heikle Möglichkeit eingefallen.«

»Ach ja? Leg los.«

»Vielleicht könnten wir LINDA ja patentieren lassen und es in der Finanzwelt vermarkten. An der Wall Street könnte es *der* Renner werden.«

Zaraghi grinste vieldeutig. »Schätze, in Publicity bräuchten wir dabei keinen Cent zu investieren, was?«

»Ne. Aber eine Sache müßtest du mir versprechen.«

Zaraghi sagte: »Und die wäre?«

»Wir bieten der Öffentlichkeit nur die Non-Crash-Version an.«

»Einverstanden.« Dann veränderte sich Zaraghis Gesichtsausdruck leicht. »Aber im Ernst, hättest du was dagegen, wenn ich mir die Sache noch einmal durch den Kopf gehen lasse? Als Erschaffer dieses Monsters bin ich mir nicht so sicher, ob es bereits lebensfähig ist.«

»Da kann ich kaum widersprechen.«

Sie unterhielten sich noch ein paar Minuten, dann erklärte Zaraghi, daß die Schmerztabletten zu wirken begännen und er sich hinlegen müßte. Hansen brachte seine kleine Tochter zum Stillen ins Zimmer der Mutter zurück.

Epilog

Freitag, 26. März

Am Freitag erschien Rick Hansen bei Wolcott, Fulbright & Company zur Arbeit mit zwei Dutzend kubanischen H.-Upmann-Zigarren, die Paul Gelbaum bei einem kürzlichen Abstecher nach London eingeschmuggelt hatte. Rick hatte sie mit pinkfarbenen IT'S A GIRL-Binden versehen.

»Herzlichen Glückwunsch«, sagte Gil McGeary, als er die Zigarre in seinem Glaskastenbüro entgegennahm. »Ein Mädchen, he? Wird bestimmt ein Papakind, da wette ich.«

»Stimmt genau. Ist es bereits.«

McGeary gab ihnen Feuer. Hansen nahm einen Zug und blickte nachdenklich seinen Upmann an. Merkwürdigerweise dachte er mit Wehmut an ihr erstes Treffen im Januar zurück, als sie auch in McGearys Büro zusammen Zigarren geraucht hatten.

McGeary schien seine Gedanken erraten zu können. »Wissen Sie, diese Castro-Specials hatte ich von Bobby Wolcott bekommen.«

»Ich weiß«, sagte Hansen. »Und Bobby hatte auch Alan Milgrim eine Schachtel gegeben. Tut mir leid, daß ich Sie nur wegen einer dämlichen Zigarrenbinde gleich als Kopf hinter diesem Komplott vermutet habe.«

»Ich war als Verdächtiger bestimmt allzu prädestiniert, Counselor. Das allein hätte Sie schon stutzig machen müssen.«

»Da haben Sie recht.«

Eine Weile rauchten sie schweigend.

»Diese Welt hier.« McGeary stieß eine pilzförmige Wolke aus blauem Rauch aus, bevor er fortfuhr: »Diese Welt, in der wir stecken, kann so völlig vereinnehmend sein. Man opfert seine gesamte Jugend der Hatz nach dem schnöden Mammon. Und natürlich ist es den Preis wert, für nichts in der Welt wollte ich einen einzigen Moment davon missen. Aber es ist derart vereinnahmend, daß der Blick verlorengeht für das, was wirklich zählt. Und das ist eben nicht das hier.« McGeary machte eine alles einbeziehende Handbewegung, die *diese Welt hier* bedeutete.

Hansen nickte zustimmend und ließ einen guten Zentimeter Asche in Gils Aschenbecher fallen. »Ich weiß, was Sie meinen. Die Perspektive verändert sich, wenn man erst einmal Kinder hat. Plötzlich beschäftigt man sich viel mehr mit Dingen wie Leben und Tod und womit man eigentlich seine Zeit verbringt.« Die Unterhaltung wurde ihm etwas zu schwermütig, weshalb Hansen versuchte, das Thema zu wechseln. Zum ersten Mal fielen ihm die Umzugskartons mit dem Wolcott-Emblem auf. Er grinste: »Na, bekommen Sie ein neues Büro, Gil?«

»So könnte man es auch sagen«, antwortete McGeary mit grimmigem Lächeln.

Die rauhe Wirklichkeit versetzte der aufgeräumten Stimmung des jungen Vaters einen herben Schlag. »Man hat Sie *gefeuert*?«

»Überrascht Sie das?«

»Aber Milgrim und Bingham steckten doch dahinter. Was haben *Sie* denn verbrochen?«

»Ach, kommen Sie, Hansen, überlegen Sie doch mal. Lesen Sie nur Scott Mendelsohns Aktenvermerk. Ich war es, der sich für den GoldBridge-Deal stark gemacht hat. Ich habe ihn den Schlund der Firma hinuntergestopft, hab alle Register meiner Überredungskunst gezogen. Ich bin für die Derivate zuständig und ich habe GoldBridge erlaubt, das Trojanische Pferd in der Firma aufzustellen. Bei einem Skandal dieser Größenordnung muß einfach ein Kopf rollen. Und in diesem Fall ist es meiner.«

»Um Himmels willen, Gil.« Hansen war erschüttert. »Auf irgendeine verschrobene Weise fühle ich mich jetzt verantwortlich.«

»Das ist ganz gut so, mein Freund, denn schließlich sind Sie ja auch verantwortlich dafür. Verantwortlich für die Ergreifung von Milgrim und Colbert-Querstrich-Stone nämlich. Und es war verdammt gut, daß Sie dafür gesorgt haben. Ich meine, Sie wollen mir doch wohl nicht erzählen, daß es Ihnen im nachhinein leid tut.«

»Ich weiß nicht.«

»Anders formuliert, wenn Sie es noch mal zu tun hätten, würden Sie es doch genauso machen, oder?«

Hansen kaute auf seiner Lippe, während er überlegte. »Yeah. Ich denke schon.«

»Natürlich würden Sie. Sie und dieses Superhirn von der Carnegie-Mellon haben zusammen einen schweren Börsencrash abgewendet. Überlegen Sie doch nur, was alles hätte passieren können.«

Für einen Moment rauchte Hansen schweigend. »Was werden Sie machen, Gil?«

»*Don't cry for me, Argentina.* Das ist genau die Art von Arschtritt, die ein Mann mittleren Alters nötig hat, um die Prioritäten in seinem Leben neu zu ordnen. Was ich tun werde? Gar nichts so furchtbar Originelles. Ich besorg mir von anderen Leuten ein Kapital von etwa fünfzig Millionen und gründe oben in Greenwich damit einen Hedge-Fonds. Schließlich brauch ich den täglichen Nahkampf, um keinen Rost anzusetzen.

Ich verziehe mich also auf die Anlegerseite und werde in meinem neuen Leben spätestens fünf Minuten nach der Schlußglocke an der Börse auf dem Heimweg sein. Yeah, ich trete ein wenig kürzer, keine Frage, aber ich habe mir immer gewünscht, das Little-League-Team meiner Kinder zu coachen und jetzt werde ich endlich Zeit dafür haben. Ich meine, ich bin beschissene *sechsunddreißig*. Fast mein halbes Leben liegt bereits hinter mir.«

»Da sind Sie ja praktisch schon im Rentenalter«, witzelte Hansen. Dann geriet er ins Grübeln. »Milgrim und Colbert dürften wohl bereits seit den wilden Achtzigern dicke Kumpels gewesen sein.«

»Yeah, Milgrim hat in seinen früheren Tagen bei einer anderen Firma mit Colbert zusammen einige windige Übernahmegeschäfte gedreht. Seitdem steckten sie unter einer Decke. Von Mad Max persönlich weiß ich, daß Milgrim offenbar auf irgendeinem Wirtschaftstreffen in London gesehen hat, wie dieser Professor Gammage die LINDA-Blackbox vorstellte. Milgrim sollte zum Börsengang abserviert werden, war stinksauer auf die Firma, geht also schließlich zu seinem guten alten Unternehmerkumpel Colbert und sagt: ›Ich hätte da ein Riesending für dich.‹

Colbert besorgte die Finanzierung, Milgrim brachte die Systeme zusammen. Dann hat Milgrim, wie mir scheint, die Kontrolle über die Sache verloren und konnte sie auch nicht wieder zurückgewinnen. Ich denke, die gute Nachricht ist, daß die Firma am Ende noch ganz ordentlich dastehen wird. Nicht unbedingt großartig, aber ganz ordentlich. Die rückhaltlose Kooperation mit der SEC dürfte die schlimmsten, wenn auch längst nicht alle, strafrechtlichen und wirtschaftlichen Folgen vermeiden helfen.«

»Wollen wir hoffen, sie beweisen bei der Beurteilung ein wenig Augenmaß.«

»Wer? Die SEC? Oh, die bestimmt. Die Firma ist doch nur das Opfer eines betrügerischen Vorstandsmitglieds geworden, erinnern Sie sich? Der Aktienmarkt hat bereits etwa ein Drittel der Verluste wieder zurückgewonnen, und in der Vergangenheit hat sich die SEC in ihren Reaktionen stets hart, aber fair gezeigt.« McGeary ließ eine Rauchsäule zur Zimmerdecke aufsteigen. »Aber was werden *Sie* denn machen, Counselor? Wie der Zufall so spielt, könnte ich oben in Greenwich gerade einen guten Anwalt gebrauchen.«

»Schönen Dank für das Angebot.« Hansen stieß Rauch aus. »Aber ich schulde es der Firma, zu bleiben, bis diese Sache vollständig aufgeklärt ist. Und wie's aussieht, kann das noch ein paar Jährchen dauern. Mein Job dürfte mir jedenfalls, solange die Aufsichtsbehörden uns weiter so mit Fragebögen bombardieren, erst mal sicher sein.«

»Yeah, das kann ich mir denken. Ihr Anwälte seid einfach vernarrt in diesen Papierkram.« McGeary warf einen Blick auf die Kartons und erhob sich von seinem geliebten Rennsitz. »Tja, bald wird der Bürodienst auch die letzten Spuren von mir hier beseitigt haben. Schätze, es wird Zeit für das leise Servus und den lächelnden Abgang. Hätten Sie Lust, mir das Geleit zu geben?«

»Sicher. Ist mir eine Ehre.«

»Schön. Dann werden Sie ja auch Zeuge der Abschiedsvorstellung.«

»Abschiedsvorstellung?«

Erstaunt verfolgte Hansen, wie McGeary draußen das Mikrofon des firmeneigenen, weltweiten Sprechfunks in die Hand nahm, den Knopf drückte und auf Sendung ging: »Hier spricht Gil McGeary aus New York.« Es gab eine Rückkopplung, und Gil wartete geduldig, bis das Piepen aufgehört hatte. Rund um den Globus hielt die Belegschaft in ihrer Arbeit inne und hörte zu. McGeary ging gleich in die vollen: »Selbst Bruce Springsteen wurde irgendwann bewußt, daß es an der Zeit war, sich von der E-Street Band zu trennen, loszuziehen und solo weiterzumachen. In genau dieser Situation befinde auch ich mich jetzt. Mich zieht's fort, und ich wollte nur noch einmal allen sagen, wie sehr mir die Arbeit hier gefallen hat. Es war ein toller Run. Nicht unbedingt das beste Finish, aber ein verflucht guter Run. Es war wunderbar, mit euch allen zu arbeiten. Auf Wiedersehen, macht's gut, Amen und wie immer: *kick ass, trade smart, have fun.* Ich hoffe, ihr werdet Gil McGeary stets als einen Mann in Erinnerung behalten, der euch zurückließ mit nichts …«

Die Leute auf dem Trading Floor wandten ihre Aufmerksamkeit von den Lautsprechern ab und blickten einander verständnislos an. *Hä? Was war das? Mit nichts?*

Sekunden später kam Gil McGeary mit einem regulären Basketball aus seinem Büro zurück. Er stellte sich an die Kreidelinie, die exakt der Entfernung einer Freiwurflinie entsprach und dribbelte den Ball einige Male auf dem Teppichboden, als wollte er ein besseres Gefühl für sein Gewicht bekommen. Dann fixierte er in einem Moment völliger Konzentration den Ring, der neben dem Zipper angebracht war, knickte das rechte Handgelenk über seinem Kopf ab und ließ den Ball fliegen.

Swiiisch.

Er nahm das Mikrofon erneut auf und sagte: »... mit nichts als Netz.«

Die Händler und Verkäufer erhoben sich alle zu donnernden Ovationen von ihren Plätzen. Gil McGeary nahm den Applaus, die Beifallsrufe und begeisterten Pfiffe mit einem kurzen Gruß entgegen und verließ dann zum letzten Mal und mit nichts weiter als dem Basketball unter dem Arm den Trading Floor.

Rick Hansen verfolgte lächelnd, wie der ehemalige Abteilungsleiter aus dem Blickfeld verschwand, und sagte dabei zu sich: *Bis bald, Magilla.*

Nachwort

Dieses Werk ist reine Fiktion. Keins der geschilderten Ereignisse ist jemals wirklich geschehen, keine der Figuren basiert auf lebenden Vorbildern. LINDA ist allein der Phantasie des Autors entsprungen, genauso wie Wolcott Fulbright. Praktisch alle global operierenden Finanz- und Brokerhäuser verwenden eine enorme Menge an Arbeitskraft und Kapital auf das Risikomanagement ihres Wertpapierhandels, und durch nichts soll hier diesbezüglich ein anderer Eindruck erweckt werden.

Danksagung

Einen Roman zu verfassen ist zwar ein extrem einsamer Prozeß, aber häufig wäre er ohne die Hilfe anderer undenkbar. Dies war bei diesem Projekt mit Sicherheit der Fall.

Angeregt wurde dieser Roman durch den Artikel »MIT Study May Find Markets ›Forecastable‹ by Computer« im *Wall Street Letter* vom 25. Januar 1993. Außerdem besaßen die Veröffentlichungen von Kevin Kelly großen Einfluß und führten unter anderem zum Titel des Romans. Für den neuesten Stand auf dem Gebiet der Supercomputer und Supercomputing Technology bin ich insbesondere den Mitarbeitern des Pittsburgh Supercomputing Resource Center zu großem Dank verpflichtet.

Als hilfreich zum Thema Wall Street und moderne Technologie erwiesen sich vor allem die Artikel von Gary Weiss (*Business Week,* 2. November 1992), Michael Schrage (*The Washington Post,* 3. Januar 1992) und Lars Tvede (*Futures Magazine,* 15. Januar 1992). Zu den Quellen für Tom Binghams Gutachten über die Unvermeidbarkeit von Börsencrashs zählten wissenschaftliche Veröffentlichungen von John Kenneth Galbraith, Alan Greenspan, Charles Kindelberger, Charles Mackay, Burton Malkiel, Hyman Minsky, Allen Sinai, Randy Updike, Albert Wojnilower und Martin Wolfson. Zur Klärung der Funktionsweise derivativer Instrumente trug John Greenwalds Titelgeschichte »The Secret Money Machine« im *Time*-Magazine vom 11. April 1994 entscheidend bei.

Für Erkenntnisse zum Thema informationelle Kriegführung gilt der Dank des Autors Winn Schwartau (dem Erfinder des Begriffs der *Information Warfare*), der RAND-Untersuchung *Strategic Information Warfare: The Emerging Face of Cyberwar*

(1996) von Molander Riddile Wilson sowie M. J. Zuckermans Artikel in der *USA Today* vom 5. Juni 1996. Dr. Richard Power vom Computer Security Institute in San Francisco bin ich dankbar für seine fachkundigen Erläuterung zu »Denial of Service«-Angriffen. Hinsichtlich Hackerangriffen auf das landesweite Telefonvermittlungsnetz wurden folgende Quellen benutzt: Dead Lord an the Chief Executive Officers: »Basic Concepts of Translation [of Electronic Switching Systems]«, *Phrack* (Nummer 26) (»Want to throw the ESS Switch into an endless loop???«) und Lou Dolinar (Newsday, 26. Februar 1990).

Ein ganz persönliches Dankeschön an alle, die zur Fertigstellung des Buches beigetragen haben: William Clark von der William Morris Agency; meinem Lektor Zach Schisgal sowie Paul Fedorko bei William Morrow – die alle das Projekt von Beginn an fördernd begleiteten. Joe Gray, ein alter Freund und Geistesverwandter, der an zahllosen nächtlichen Brainstorming-Sitzungen teilnahm und einen enormen Beitrag zur vorliegenden Fassung leistete. Ein Dankeschön auch an Roseanne Farino, die mit viel Können meine hieroglyphische Handschrift in getippte Seiten übersetzte; Anne Cole bei William Morrow und Jessica Kaye bei The Publishing Mills. Für Rat und Unterstützung auf künstlerischem Gebiet bin ich besonders Carole Sivin und Barbara Marks verpflichtet. Bedanken möchte ich mich auch bei dem »Lesekomitee«: JMGS, Adam Sifre, Rick und Jessica Steinhaus, Barbara und Robert Bangser und Mike Faber. Und ein herzliches Dankeschön an den Writer's Room in Manhattan – für die Schriftsteller in Manhattan das Äquivalent zu einem Sundance Institute – für die gewährte Geborgenheit und Freundschaft.

Eine vollständige Bibliographie der in diesem Buch verwendeten Materialien kann beim Autor über die E-Mail-Anschrift Velo Money@aol.com angefordert werden. Für etwaige Tatsachenfehler trägt allein der Autor Verantwortung.

– Stephen Rhodes
New York